EBERHARD MICHAEL IBA

AUF DEN SPUREN DER BRÜDER GRIMM

Meinen Eltern in Dankbarkeit

Auf den Spuren der
Brüder Grimm

Zwei Teile in einem Band

I: Die GrimmHeimat NordHessen,
Illustrationen von Ludwig Emil Grimm

II: Die Deutsche Märchenstraße,
Illustrationen von Markus Lefrançois

Bibliografische Information der Deutschen Nationalbibliothek
Die Deutsche Nationalbibliothek verzeichnet diese Publikation
in der Deutschen Nationalbibliografie; detaillierte bibliografische
Daten sind im Internet über http//dnb.d-nb.de abrufbar.

Kassel documenta Stadt

Lions Club Kassel – Brüder Grimm

www.grimms.de

Realisiert mit freundlicher Unterstützung von:
Stadt Kassel
Kasseler Sparkasse
Lions Club Kassel – Brüder Grimm
Brüder Grimm-Gesellschaft Kassel e. V.
Schauenburger Märchenwache

Hameln: CW Niemeyer Buchverlage GmbH, 2022
ISBN 978-3-8271-9154-0
Iba, Eberhard Michael [Hrsg.]

Titelbilder: Oben links: Kassel, das Fridericianum
Mitte: Jacob und Wilhelm Grimm
Rechts: Steinau a. d. Straße: Brüder Grimm-Haus
Großes Bild: Hanau: Brüder Grimm-Denkmal

Herstellung
C. Riethmüller, CW Niemeyer Buchverlage, Hameln
R. Frankowitz, CW Niemeyer Buchverlage, Hameln

Druck und Verarbeitung
Quedlinburg DRUCK GmbH, Quedlinburg

ISBN 978-3-8271-9154-0

INHALTSVERZEICHNIS
AUF DEN SPUREN DER BRÜDER GRIMM

TEIL II: Die Deutsche Märchenstraße:
Eine literarische Reise entlang der Deutschen Märchenstraße mit Märchen, Sagen, Legenden, Geschichten, Rezepten, Liedern und Illustrationen von Markus Lefrançois

Geleitwort

Liebe Leserinnen und Leser,

die Brüder Grimm sind gleichermaßen weltweit berühmt als auch voller Überraschungen und Neuentdeckungen. In Kassel hatten sie viele Jahre lang ihren Lebensmittelpunkt und trugen in der Region eben jene Geschichten zusammen, die heute weltweit als die Grimm'schen Märchen bekannt sind. Deren Erstausgaben mit den handschriftlichen Notizen von Jacob und Wilhelm Grimm werden heute als UNESCO-Weltdokumentenerbe geschützt. Wenig bekannt ist, dass sie bei dieser Sammlung sowohl von ihren Geschwistern als auch von anderen Zeitgenossinnen und Zeitgenossen unterstützt wurden, und dass die Orte, die Wilhelm und Jacob Grimm besuchten und an denen diejenigen lebten, deren Geschichten sie sammelten und aufschrieben, ebenso großen Einfluss auf sie hatten. Darin liegt die ‚Verortung' der Märchen begründet. Mit dem vorliegenden Doppelband stellt der Autor und Märchenforscher Eberhard Michael Iba auf kenntnisreiche und unterhaltsame Weise Zusammenhänge und Bezüge her. Dabei nimmt der Verfasser seine Leserinnen und Leser mit auf eine Reise durch die GrimmHeimat NordHessen sowie entlang der Deutschen Märchenstraße. Auf dieser literarischen Reise lernen wir lokale, zeitgeschichtliche und biografische Zusammenhänge kennen, in denen die Märchensammlung entstand, ebenso wie Sammler und Autoren in der Folge der Brüder Grimm. Dafür gilt Eberhard Michael Iba herzlicher Dank.

Dieses Projekt wäre ohne die Unterstützung der GrimmHeimat NordHessen mit ihrem Projektleiter Markus Exner und ohne den Deutsche Märchenstraße e. V. mit seinem Geschäftsführer Benjamin Schäfer nicht möglich gewesen. Beiden danke ich dafür ebenso herzlich wie allen Unterstützerinnen und Unterstützern, die zum Gelingen beigetragen haben. Ihnen allen wünsche ich eine anregende und erkenntnisreiche Reise entlang der Grimm'schen Routen und Geschichten – literarisch und vielleicht auch mit diesem Buch im Gepäck auf den Spuren der Brüder Grimm von Ort zu Ort.

Susanne Völker

Dr. Susanne Völker
Kulturdezernentin der Stadt Kassel
Vorsitzende des Deutschen Märchenstraße e. V.

Liebe Leserinnen und Leser,

wer an die Brüder Grimm denkt, denkt unweigerlich zuerst an ihre Märchen. Mit ihren „Kinder- und Hausmärchen" haben sie das weltweit bekannteste Werk der deutschen Kulturgeschichte geschrieben. Sie wurden damit zu einer Weltmarke.

Die Deutsche Märchenstraße und die GrimmHeimat NordHessen beziehen sich nicht nur auf Werk und Namen des berühmten Brüderpaars, sondern schaffen aus ihrem kulturellen Erbe Erlebnisräume. Viele Märchen, Sagen und Legenden nehmen in ihrem Titel oder in der Erzählung Bezug zu existierenden Orten oder lassen beim Lesen Bilder entstehen, die dann, durch historische Begebenheiten, Fantasie oder Marketinginteressen beflügelt, verortet werden. Die Deutsche Märchenstraße verknüpft solche Orte und reiht sie, einer Perlenkette gleich, zu einer Reiseroute: Beginnend in Hanau, der Geburtsstadt der Brüder, über vier weitere Lebensstationen sowie mehr als fünfzig märchen- und sagenhafte Orte bis nach Bremen. An manchen Orten stehen beliebte Fotomotive, wie das imposante Denkmal für Jacob und Wilhelm Grimm auf dem Neustädter Marktplatz in Hanau oder die Skulptur der Bremer Stadtmusikanten vor dem Ratskeller in Bremen. Vielerorts gibt es Märchenfestspiele, thematische Führungen in Kostümen oder andere spannende, unvergessliche Erlebnisse. In Steinau an der Straße befindet sich ein Museum im Brüder Grimm-Haus, einem ehemaligen Amtshaus und Wohnsitz der Familie Grimm, in Schauenburg widmet sich die „Märchenwache" den Märchenbeiträgern der Grimms und in Kassel werden im Ausstellungshaus GRIMMWELT Leben und Wirken der Brüder in ihrer ganzen Fülle greifbar.

In Kassel haben Jacob und Wilhelm Grimm die längste und fruchtbarste Zeit ihres Lebens verbracht. Sie haben Kassel und die Region als ihre Heimat empfunden. Darauf berufen sich nun die fünf nordhessischen Landkreise Kassel, Werra-Meißner, Hersfeld-Rotenburg, Schwalm-Eder, Waldeck-Frankenberg sowie die Stadt Kassel und bezeichnen sich als GrimmHeimat NordHessen. Die Deutsche Märchenstraße führt durch diese Region, deren sanfte Mittelgebirgshügel mit den weiten Wäldern, Tälern und Flüssen, den verwunschenen Burgen und Schlössern oder den romantischen Fachwerkstädten den Märchen entsprungen sein könnten. Ludwig Emil Grimm, der jüngere Bruder von Jacob und Wilhelm, hundert Jahre später Otto Ubbelohde und heute Markus Lefrançois fangen dies in ihren Illustrationen auf jeweils eigene Weise trefflich ein. So hat der Leser weltweit unweigerlich diese charakteristische „Märchenlandschaft“ vor Augen.

Jacob und Wilhelm Grimm waren nicht nur als Märchen- und Sagensammler, sondern auch als vielseitig interessierte Wissenschaftler aktiv. Sie haben forschend und schreibend in den Sprachwissenschaften und anderen Bereichen Pionierarbeit geleistet und waren zugleich ausgezeichnete Netzwerker, die Kassel zu einem wichtigen geistigen Zentrum machten. Als Kosmopoliten überwanden sie Grenzen und bauten Brücken. Die Deutsche Märchenstraße und die GrimmHeimat NordHessen knüpfen mit ihren grenzüberschreitenden Kontakten und Projekten daran an.

Märchen haben meist ein universales Grundmotiv und werden dadurch von Menschen in aller Welt erzählt und verstanden. Insbesondere die Märchen der Brüder Grimm öffnen die Türen zwischen Generationen und Kulturen; ihr Name und ihr Vermächtnis stiften Austausch und Verbindungen von Kassel in die ganze Welt. Die Deutsche Märchenstraße und die GrimmHeimat NordHessen können sich heimatverbunden und zugleich weltoffen präsentieren und die Geschichte(n) der Brüder Grimm in die Herzen aller tragen.

Mit diesem Doppelband, dessen erster Teil der GrimmHeimat NordHessen und dessen zweiter der Deutschen Märchenstraße gewidmet ist, nimmt uns der Autor Eberhard Michael Iba mit auf eine Reise in die Welt der Märchen, Sagen und Legenden. Ausgeschmückt mit Illustrationen von Ludwig Emil Grimm und Markus Lefrançois, ist es ein literarisches, bebildertes Vergnügen, das Unbekanntes entdecken lässt und zu Besuchen verführt.

Wir laden Sie herzlich dazu ein!
Mit den besten Grüßen

Benjamin Schäfer Geschäftsführer Deutsche Märchenstraße e. V.	Markus Exner Projektleiter GrimmHeimat NordHessen

Vorbemerkung

Schon als Student begann ich, mich für die Quellen der Märchen und Sagen der Brüder Grimm zu interessieren. Meine erste Anlaufstation bei der Suche nach ihnen in Kassel war im Jahre 1973 die Murhardsche Bibliothek, heute ein Teil der Universitätsbibliothek Kassel. Ich verfügte seinerzeit nur eingeschränkt über die Mittel, mir Fachliteratur über die Brüder Grimm kaufen zu können, doch war es seinerzeit noch relativ einfach, ältere Texte zu fotokopieren. Besonders ertragreich waren meine Nachforschungen seinerzeit im Brüder Grimm-Archiv Kassel, wo ich u. a. in Erfahrung bringen konnte, dass der Grimm-Bruder Ludwig Emil als Erster überhaupt einige ihrer „*Kinder- und Hausmärchen*" illustriert und ihr eher *unbekannter* Bruder Ferdinand Grimm ebenfalls Sagen und Märchen gesammelt und veröffentlicht hatte. Als sehr ergiebig erwiesen sich für mich die zahlreichen Veröffentlichungen von Professor Heinz Rölleke („*Die älteste Märchensammlung der Brüder Grimm*", „*Die Märchen der Brüder Grimm*" u. a.), die von Dr. Bernhard Lauer („*Die Brüder Grimm. Leben und Wirken*" u. a.) sowie die von Professor Hans-Jörg Uther („*Handbuch zu den Kinder- und Hausmärchen der Brüder Grimm*" u. a.), den besten Kennern der Entstehungsgeschichte Grimm'scher Märchen und Sagen.

Die Brüder Grimm nannten ihre Gewährsleute höchst selten, und es ist in erster Linie Röllekes Verdienst, mithilfe der Randnotizen in den Handexemplaren der „*Kinder- und Hausmärchen*" der Brüder Grimm Licht in das Dunkel gebracht zu haben, nämlich der Frage, wem welche Märchen zugeschrieben werden können („*Brüder Grimm: Kinder- und Hausmärchen mit einem Anhang sämtlicher, nicht in allen Auflagen veröffentlichter Märchen und Herkunftsnachweisen, herausgegeben von Heinz Rölleke*"). Da es bekannt ist, wo die Gewährsleute wohnten, die den Brüdern Grimm die Märchen und Sagen erzählten, so konnte trotzdem eine Zuordnung zu einzelnen Orten erfolgen, obwohl eigentlich eine Lokalisierung der Märchen nicht möglich ist, denn diese sind örtlich und zeitlich nicht festgelegt. Über die Märchenerzählerinnen und Märchenerzähler gelang es, eine Beziehung zu dem jeweiligen Ort herzustellen. So schrieb beispielsweise Friederike Mannel aus Allendorf an der Landsburg (heute Schwalmstadt) Märchen für die Brüder Grimm auf, Dorothea Viehmann aus Niederzwehren (heute Kassel) erzählte den Brüdern Märchen und Sagen und Johann Friedrich Krause, Dragonerwachtmeister a. D. aus Hoof (heute Schauenburg), erbat sich für seine Märchen von den Brüdern Grimm *abgelegte Beinkleider.*

Jacob und Wilhelm Grimm schrieben nicht, wie vielfach angenommen, nur mündlich erzählte Geschichten auf und gaben diese unverändert wieder, nein, sie griffen sehr häufig auch auf schriftliche Quellen zurück. Vor allem die Märchentexte erfuhren hierbei im Laufe der Zeit eine stilistische Überarbeitung, nicht selten kam es zu einer Verschmelzung (Kontamination) von zwei oder mehr Fassungen. Bis zur *Ausgabe letzter Hand* (der siebten) im Jahre 1857 hat vor allem Wilhelm Grimm die Märchen immer wieder bearbeitet, ohne jedoch den Inhalt und Sinn wesentlich anzutasten, wodurch ein eigener Märchenstil entstand, der bis heute genrebestimmend ist.

Sagen lassen sich meist sehr viel einfacher bestimmen, denn in der Regel sind diese an einen bestimmten Ort, eine bestimmte Zeit oder eine bestimmte Person gebunden. Eigentlich trugen sich die Brüder Grimm mit der Absicht, noch einen dritten Sagenband zu veröffentlichen, doch kam es hierzu nicht. Im Jahre 1993 gab Barbara Kindermann-Bieri, auf Quellentexten der Brüder Grimm fußend, einen dritten Band *„Deutsche Sagen"* heraus. Einige dieser bislang nicht bekannten Texte (die Grimm'schen handschriftlichen Originale befinden sich in der Staatsbibliothek zu Berlin – Preußischer Kulturbesitz) wurden in diese Neuerscheinung aufgenommen. Aus diesem wahren Schatz stammen beispielsweise die heute unbekannten Texte *Der Wolf im Hagen* (Wolfhagen), *Der Lenzingskeller* (Söhrewald) oder *Die Sandkirmes zu Westuffeln* (Calden). Wohl nur wenige dürften wissen, dass die Brüder Grimm schon relativ früh und in großem Umfang in- und ausländische Volkslieder gesammelt haben, wobei die Anregung von Clemens Brentano ausging. So finden sich in diesem Doppelband unter anderem auch Lieder aus Göttingen, Elberberg (Naumburg) oder Wilhelmshausen (Fuldatal), die selbst dort wahrscheinlich nicht bekannt sind.

Der erste Teil (GrimmHeimat NordHessen) dieses Doppelbandes enthält vierzig Sagen, Märchen, Lieder, Rezepte von Jacob und Wilhelm Grimm, einige von seiner Ehefrau Dortchen sowie von Ferdinand, dem jüngeren Bruder der Grimms.

Die Illustrationen des zweiten Teils (Deutsche Märchenstraße) fertigte Markus Lefrançois, Kassel. Die Anregungen, die von den Brüdern Grimm vor über zweihundert Jahren zum Sammeln von Märchen und Sagen gegeben wurden, blieben fruchtbar bis heute. Sammler waren oft Lehrer, Pfarrer oder Volkskundler; ihnen ist es zu verdanken, dass diese Texte nicht in Vergessenheit gerieten. Eine Reihe von Sagen und Märchen dieser regionalen Sammler, wie beispielsweise von Benzel, Bindewald, Curtze, Falckenheiner, Hoffmeister, Lyncker oder Schambach/Müller, wurde zum Teil neu aufgenommen.

Sofern es Bezüge zu Dichtern, Schriftstellern oder Märchen- und Sagensammlern gibt, sei es, dass diese in einem an der *Deutschen Märchenstraße* gelegenen Ort geboren wurden oder dort gewirkt haben, wurden sie in einem kurzen Textbeitrag nach dem Märchen, der Sage oder der Legende erwähnt. Es ist nicht immer einfach, den Quellentext bzw. den Autor zu ermitteln, auf den eine Sagenfassung zurückgeht, denn im 19. und 20. Jh. wurden teilweise bedenkenlos (ohne Kennzeichnung) fremde Texte übernommen. Wo es mir möglich war und ratsam schien und die Quelle zur Verfügung stand, wurde dem Quellentext der Vorzug gegeben. Im zweiten Teil sind alle dreiundsechzig Mitgliedsorte der *Deutschen Märchenstraße* vertreten sowie die für die Entstehungsgeschichte der Grimm'schen Märchen und Sagen so wichtige westfälische Stadt Brakel.

Die Mehrzahl der auf mannigfaltige Quellen zurückgehenden Beiträge des zweiten Teils, nämlich fast vierzig an der Zahl, stammt von Jacob und Wilhelm Grimm, von ihrem jüngeren Bruder Ferdinand sowie von Wilhelm Grimms Ehefrau Dortchen.

Zu den berühmtesten Märchen der Brüder Grimm gehören bekanntlich *Die Bremer Stadtmusikanten, Rotkäppchen, Der Wolf und die sieben jungen Geißlein, Dornröschen, Rapunzel* u. a. Diese Märchen finden sich in meinem Reise- und Lesebuch *„Deutsche Märchenstraße"*, deshalb schien es mir reizvoller, diese Märchen in den Doppelband *nicht* aufzunehmen, sondern an ihrer Stelle weniger bekannte oder so gut wie unbekannte Beiträge der Brüder Grimm oder Märchen und Sagen lokaler Sammler.

In diesen verlegerisch schwierigen Zeiten waren lange und eingehende Verhandlungen vonnöten. War ich anfangs davon ausgegangen, zwei Bände „AUF DEN SPUREN DER BRÜDER GRIMM, Band I: GrimmHeimat NordHessen und Band II: Deutsche Märchenstraße" herausgeben zu können, war dies aus Kostengründen letztendlich unmöglich. Nur durch eine großzügige finanzielle Geste seitens des Verlags CW Niemeyer, Hameln, freundliche Spenden der Kasseler Sparkasse, des Lions Club Kassel – Brüder Grimm und der Stadt Kassel, finanzieller Beteiligung meinerseits, Honorarbescheidenheit des Illustrators Markus Lefrançois, Verzicht von Honorar bei Abdruckrechten (z. B. Prof. H. Rölleke, Erika Eckhardt, Dr. T. W. Müller), unermüdlichen Einsatz von Herrn B. Schäfer (Geschäftsführer Deutsche Märchenstraße e. V.), Herrn M. Exner (Projektleiter GrimmHeimat NordHessen), Herrn Dr. B. Lauer (Geschäftsführer der Brüder Grimm-Gesellschaft) u. a. m. war es durch die Konzeption eines Doppelbandes überhaupt möglich, dieses Projekt zu realisieren.

Allen, die beim Zustandekommen dieses Bandes behilflich waren und eventuell bei der Aufzählung vergessen wurden, sage ich meinen herzlichen Dank.

Eberhard Michael Iba

Eberhard Michael Iba

Doppelbildnis Jacob und Wilhelm Grimm – 1843

Die Brüder Grimm und ihre Familie

Die Vorfahren der Brüder Grimm stammen mütterlicherseits aus Kassel und Umgebung, väterlicherseits lassen sie sich bis ins 16. Jh. auf den südhessischen Raum um Hanau zurückverfolgen. Ihr Urgroßvater Friedrich Grimm der Ältere (1672–1748) war zunächst reformierter Pfarrer an der Marienkirche in Hanau und später Inspektor der reformierten Kirchen der Grafschaft Hanau-Münzenberg; ihr Großvater Friedrich Grimm der Jüngere (1707–1777) war fast fünfzig Jahre lang als reformierter Pfarrer an der Katharinenkirche in Steinau tätig. Johann Hermann Zimmer (1709–1798), ihr Großvater mütterlicherseits, bekleidete das Amt eines Kanzleirats in Kassel. Vater Philipp Wilhelm Grimm (1751–1796) und die Mutter Dorothea Grimm, geb. Zimmer (1755–1808), schenkten in nur dreizehn Ehejahren neun Kindern das Leben. Drei von ihnen, nämlich Friedrich Hermann Georg, Friedrich und Georg Eduard, starben schon wenige Jahre nach ihrer Geburt. Fünf Jungen und einem Mädchen war ein längeres Leben vergönnt. Obwohl im Hause Grimm fünf Brüder aufwuchsen, werden nur Jacob und Wilhelm, die in ihrem Leben und ihrer Arbeit untrennbar verbunden waren, als *Brüder Grimm* bezeichnet.

Mit dem Namen der Brüder Grimm verbindet sich weltweit die Erinnerung an ihre „*Kinder- und Hausmärchen*"; gleichwohl waren Jacob und Wilhelm Grimm sehr viel mehr als nur Sammler von Märchen und Sagen. Die Brüder Grimm sind die Begründer der germanischen Altertumswissenschaften, der germanischen Sprachwissenschaft und der deutschen Philologie. Sie waren Persönlichkeiten von hohem geistigem Rang, die auf den Gebieten der Literatur, Sprachwissenschaft, Volkskunde, Geschichte, Religion und des Rechts forschten und etwa ein Dutzend Sprachen beherrschten, u. a. Latein, Altgriechisch, Französisch, Provenzalisch, Spanisch, Englisch, Dänisch, Isländisch, Niederländisch, Schwedisch, Russisch. Ihre Arbeit strahlte weit über die Grenzen Deutschlands hinaus und führte in zahlreichen europäischen Ländern zur Beschäftigung mit der eigenen Sprache und Volksdichtung und zu regem internationalem wissenschaftlichem Gedankenaustausch. Indes waren die Brüder Grimm auch nicht frei von Fehlern, bei Kritik an ihrer Arbeit konnten sie durchaus auf schroffe Weise reagieren, ebenso sich abfällig über Juden äußern.

Zusammen gaben die Brüder Grimm ihre berühmten „*Kinder- und Hausmärchen*", die „*Deutschen Sagen*" sowie das „*Deutsche Wörterbuch*" (bis Band 3) heraus; auch einzeln erschienen zahlreiche Werke: Von Jacob Grimm u. a. die „*Deutsche Grammatik*" und die „*Deutsche Mythologie*", von Wilhelm Grimm

u. a. die *„Deutsche Heldensage"* sowie die *„Altdänischen Heldenlieder, Balladen und Märchen"*.

Jacob Grimm wurde am 4. Januar 1785 in Hanau am Paradeplatz 3 (heute Freiheitsplatz) geboren. In Hanau erblickten auch seine Brüder Wilhelm (24.2.1786), Carl (24.4.1787), Ferdinand (18.12.1788) und Ludwig Emil (14.3.1790) in der Langen Gasse 41 (heute Langstraße) das Licht der Welt. Es war eine Zeit des Umbruchs; während der *Französischen Revolution* zog die Familie Grimm 1791 von Hanau nach Steinau, wo der Vater in seiner Geburtsstadt die angesehene Stelle eines landgräflichen Amtmanns (Landrat und Richter der ersten Instanz) für die Verwaltungs- und Gerichtsbezirke Steinau und Schlüchtern erhalten hatte. Unerwartet starb der Vater am 10.1.1796 an einer schweren Lungenentzündung. Die materielle Situation der Familie Grimm verschlechterte sich hierdurch dramatisch. Das Amtshaus fungierte als Dienstwohnung, und die Mutter mit den Kindern musste es nun für den Nachfolger räumen. Finanzielle Nöte sollten von nun an den weiteren Lebensweg der Brüder Grimm entscheidend bestimmen. In diesen schweren Zeiten wurde die Familie Grimm durch Henriette Zimmer, der am Kasseler Hof lebenden Schwester der Mutter, finanziell unterstützt. Sie ermöglichte ihren Neffen Jacob und Wilhelm, die nach 1798 nach Kassel umgezogen waren, den Besuch der dortigen höheren Schule sowie an der Universität Marburg das Studium der Rechtswissenschaft, das sie bald um zahlreiche andere Wissensgebiete erweiterten. Im Jahre 1803 verließen die drei anderen Grimm-Brüder Steinau und siedelten ebenso nach Kassel über, wie auch zwei Jahre später die Mutter mit der Tochter Charlotte.

Die Studienjahre in Marburg (1802–1805) gaben den Anstoß zur selbstständigen wissenschaftlichen Arbeit. Prägend für die Brüder Grimm war die Bekanntschaft mit dem jungen Professor Friedrich Carl von Savigny (1799–1861), dem Begründer der historischen Rechtsschule, der sie zu historisch-kritischen Denkmethoden anleitete. Durch dessen Schwager Clemens Brentano (1778–1842) wurden Jacob und Wilhelm Grimm schon sehr früh mit der Arbeitsweise des Sammelns und Publizierens literarischer und volkstümlicher Texte über ihre Mitarbeit an der romantischen Sammlung alter deutscher Lieder *„Des Knaben Wunderhorn"* (Achim von Arnim und Clemens Brentano) vertraut.

Ab dem Jahre 1806 begannen Jacob und Wilhelm Grimm, für Clemens Brentano Märchen und Sagen zu sammeln. Nach dem Erfolg *„Des Knaben Wunderhorn"* plante Brentano nun auch eine Sammlung von Märchen, die er neu erzählen wollte. Als Clemens Brentano die Brüder Grimm nachdrücklich um ihre Aufzeichnungen bat, sandten sie ihm am 25.10.1810 aus Kassel dreiundfünfzig Märchentexte nach Berlin – eine weitere Aufzeichnung wurde ihm am 15. Dezember geschickt. Allerdings kam Brentano über die Herausgabe einiger Vorveröffentlichung nicht hinaus, die meisten Märchen erschienen erst nach seinem Tod.

War es weise Voraussicht oder Kalkül? Von ihren Märchenfassungen hatten sich die Brüder Grimm glücklicherweise eine Abschrift gemacht; ihre Originaltexte sollten sie von Clemens Brentano nie zurückerhalten! Bei einem Besuch Achim von Arnims, am 22. Januar 1812 in Kassel, zeigten die Grimms ihm ihre Texte. Von Arnim drängte auf die Herausgabe der Märchen in einer Sammlung, und nachdem er ihnen den Verleger Reimer in Berlin vermittelt hatte, erschien am 20. Dezember 1812 der erste Band der *„Kinder- und Hausmärchen“*, Band zwei folgte 1815. Ein Jahr später wurde der erste Band ihrer *„Deutschen Sagen“*, 1818 der zweite Band herausgegeben. Eine Erfolgsgeschichte waren die *„Kinder- und Hausmärchen“*, die seit ihrem Erscheinen eine Auflage von über einer Milliarde weltweit erlebt haben, aber anfangs ganz und gar nicht, der Verkauf war sehr schleppend. Erst nachdem Wilhelm Grimm die Märchentexte stilistisch und dramatisch überarbeitete, moralisch anstößige Stellen umschrieb und später auch Illustrationen hinzukamen, wurden die *„Kinder- und Hausmärchen“* auf dem Buchmarkt ein Erfolg.

Der Schwerpunkt im Leben und Wirken von Jacob und Wilhelm Grimm liegt in den über dreißig Jahren, die sie in Kassel verbrachten. Anfangs stellungslos oder nur kurzzeitig beschäftigt, wurden sie schließlich kurfürstliche Bibliothekare und entfalteten als Gelehrte eine umfangreiche wissenschaftliche Tätigkeit. Mit dem Tod der Mutter am 27.5.1808 fiel in sehr jungen Jahren dem kränkelnden Wilhelm, vor allem aber Jacob Grimm als dem Ältesten, die schwere Last zu, für die gesamte Familie zu sorgen.

1830 verließen die Brüder Grimm tief gekränkt die Residenzstadt Kassel, weil der Kurfürst sie bei der Beförderung in der Bibliothek übergangen hatte; sie wirkten von nun an als Professoren und Bibliothekare an der Universität Göttingen. Als der neue König von Hannover, Ernst August, im Jahre 1837 gesetzeswidrig die Ständeversammlung auflöste und die Landesverfassung für ungültig erklärte, unterzeichneten Jacob und Wilhelm Grimm zusammen mit fünf weiteren bedeutenden Professoren den *Protest der Göttinger Sieben*, in dem sie sich vehement gegen den Verfassungsbruch des Königs wandten. Daraufhin wurden sie ihres Amtes enthoben; die Brüder Grimm kehrten nach Kassel zurück, wo sie bei ihrem Bruder Ludwig Emil und dessen Familie Unterschlupf fanden. In Kassel beschäftigten sie sich mit den Vorarbeiten zum *„Deutschen Wörterbuch“*, doch zwei Jahre nach ihrem Protest waren sie noch immer ohne Amt.

Schließlich wurden Jacob und Wilhelm Grimm, inzwischen schon Mitte fünfzig, im November 1840 vom neuen preußischen König Friedrich Wilhelm IV. an die Königliche Akademie der Wissenschaften berufen, eine Aus-

Dorothea Grimm mit zwei Söhnen in der Wohnung Marktgasse17 in Kassel – 1806

zeichnung, die endlich mit einem angemessenen Gehalt verbunden war. Im Mittelpunkt ihrer wissenschaftlichen Tätigkeit in Berlin stand das *„Deutsche Wörterbuch"*, das den gesamten Wortschatz von Luther bis Goethe umfassen sollte. Über der gewaltigen Aufgabe sind sie verstorben und Generationen bedeutender Germanisten haben weiterhin am schließlich zweiunddreißig Bände umfassenden *„Deutschen Wörterbuch"* gearbeitet, das erst im Jahre 1961 beendet werden konnte. Wilhelm starb am 16. Dezember 1859, sein Bruder Jacob folgte ihm am 20. September 1863. Ihre letzte Ruhestätte fanden beide auf dem Friedhof der Matthäus-Gemeinde in Berlin-Schöneberg.

Die einzige Schwester Lotte, verheiratet mit dem späteren kurhessischen ultrakonservativen Justiz- und Innenminister Ludwig Hassenpflug, war bereits am 15.6.1833 nach der Geburt ihres sechsten Kindes in Kassel verstorben.

Schon als Kind zeigte sich die zeichnerische Begabung von Ludwig Emil Grimm. Mit fünfzehn Jahren erlernte er als Schüler in der Zeichenklasse von Johann Gottlieb Kobold an der Kasseler Kunstakademie vor allem die Technik der Radierung. Einem breiteren Publikum wurde er erstmals durch seine Bilder bekannt, die er 1808 für den dritten Band der Volksliedersammlung *„Des Knaben Wunderhorn"* radierte. Von 1809–1817 studierte Ludwig Emil Grimm – mit Unterbrechungen – bei Professor Carl Heß an der Münchner Kunstakademie. Danach lebte und arbeitete er in Kassel, wo er 1832 als Professor an die Kunstakademie berufen wurde. Zusammen mit Gerhardt von Reutern (1794–1865) gilt er als Begründer der Malerkolonie Willingshausen in der Schwalm. Am 4.4.1863 starb Ludwig Emil Grimm in Kassel.

So gut wie unbekannt sind die beiden Grimm-Brüder Ferdinand (verstorben am 6.1.1845 in Wolfenbüttel) und Carl (verstorben am 25.5.1852 in Kassel), ein Sonderling. Was immer er auch anfasste, Carl Grimm scheiterte: Seine drei Hamburger Jahre in einer kaufmännischen Stellung waren ein Fehlschlag – er hatte kein Glück im Umgang mit Geld. Seine Tätigkeit bei einer Hamburger Weinfirma, für die er durch Frankreich reiste und in Bordeaux arbeitete, war ein weiterer Misserfolg; schließlich schlug sich Carl in Kassel als Sprachlehrer durch.

Als noch problematischer erwies sich Ferdinand, der in Berlin durch die Vermittlung seines Bruders Wilhelm und Achim von Arnims eine Anstellung als Korrektor und Korrespondent in Reimers Realschulbuchhandlung erhielt. Ferdinand galt als faul, unstet, geldverschwenderisch und ließ sich von seinen Brüdern aushalten. Nicht unbegabt, war Ferdinand dennoch das schwarze Schaf der Familie. Im Schatten der großen Brüder zu stehen und für sie Sagen und Märchen zu sammeln und aufzuschreiben, scheint ihm nicht genügt zu haben. Vielleicht waren es Bedenken wegen eventueller Kritik der Brüder, der

Öffentlichkeit oder auch eine Trotzreaktion. Seine Sammlungen veröffentlichte er unter Pseudonym:

1) 1820 in Leipzig: *Volkssagen und Märchen der Deutschen und Ausländer*, herausgegeben von Lothar.
2) 1838 in Zeitz: *Volkssagen der Deutschen*, herausgegeben von Philipp von Steinau.
3) 1846 posthum in Wolfenbüttel: *Burg- und Bergmärchen,* gesammelt von Friedrich Grimm.
4) 1979 posthum in Düsseldorf/Köln: *Der unbekannte Grimm. Deutsche Sagen von Ferdinand Grimm.* Aus dem Nachlass herausgegeben von Gerd Hoffmann und Heinz Rölleke

Einzeln, zusammen oder mit Mitgliedern ihrer Familie unternahmen Jacob und Wilhelm Grimm Wanderungen und Ausflüge in die nähere und weitere Umgebung von Kassel, so auch in Orte, die heute in der GrimmHeimat NordHessen bzw. an der Deutschen Märchenstraße liegen, so u. a. zur Weidelsburg bei Wolfhagen, auf den Dörnberg, nach Fritzlar, Bad Wildungen, Allendorf an der Landsburg (Schwalmstadt), Willingshausen, Nentershausen, Iba-Friedrichshütte (Bebra), Hann. Münden, Großalmerode, Witzenhausen, Heiligenstadt, Bökendorf (Brakel) oder zum Köterberg.

Im Juni 1851 fuhr Jacob Grimm mit der Kutsche nach Hameln, später mit dem Dampfschiff die *Weser* aufwärts vorbei an Bodenwerder, Polle, Holzminden, Höxter nach Carlshafen, von wo aus er die *Carlsbahn* über Trendelburg, Hofgeismar, Grebenstein nach Kassel nahm.

Auf den Spuren der Brüder Grimm
Teil I:

GrimmHeimat NORDHESSEN

Die *GrimmHeimat NordHessen*, die ihren Namen Jacob und Wilhelm Grimm verdankt, ist eine themen- und branchenübergreifende Marke zur Förderung und Vermarktung der Region Nordhessen. Sie soll deren Attraktivität als wirtschaftlichen, wissenschaftlichen, kulturellen und touristischen Standort steigern, erlebbar und sichtbar machen.

In Deutschlands Mitte gelegen, zeichnet sich die *GrimmHeimat NordHessen* durch eine malerische Märchen- und Sagenlandschaft, weite Wälder, heimelige Fachwerkorte, romantische Burgen und Schlösser sowie zahlreiche Flüsse und Seen aus. Die Region ist so verwunschen und ursprünglich, dass es keineswegs verwundert, wenn hier Figuren, Feen und Fabelwesen aus den Märchen der Brüder Grimm auch heute noch allgegenwärtig scheinen. Wer die *GrimmHeimat NordHessen* bereist, kann Lebensstationen und Ausflugszielen der Brüder Grimm folgen und viele märchenhafte Orte entdecken.

Jacob und Wilhelm Grimm verbrachten ihre längste und fruchtbarste Schaffenszeit in Kassel und der Region Nordhessen, die sie als ihre Heimat betrachteten. Es ist nun über zweihundert Jahre her, dass sich die Brüder Grimm freitags in ihrer Wohnung in der Kasseler Marktgasse in geselliger Runde mit jungen Leuten Märchen und Sagen erzählen ließen. Diese schrieben sie am eigenen Schreibtisch auf; darüber hinaus übernahmen Jacob und Wilhelm Grimm Texte aus anderen Büchern und erhielten schriftliche Aufzeichnungen von Gewährsleuten. Der Erfolg ihrer 1812/15 erstmals erschienenen „*Kinder- und Hausmärchen*" stellte sich nicht sofort ein. Dies änderte sich aber, nachdem nachfolgende Auflagen illustriert und die Märchentexte bearbeitet worden waren.

Der überwiegende Teil der Grimm'schen Märchen und Sagen stammt aus Nordhessen. Sie sind weltweit bekannt und wurden inzwischen in mehr als einhundertachtzig Sprachen übersetzt. Die Handexemplare der „*Kinder- und Hausmärchen*" mit eigenhändigen Randnotizen der Brüder Grimm sind in der GRIMMWELT Kassel ausgestellt. Sie gehören zum Weltdokumentenerbe der UNESCO.

Im Jahre 2016 wurde der *GrimmHeimat NordHessen* eine ganz besondere Ehrung zuteil; sie wurde als *Europäische Kulturtourismusregion des Jahres 2016* ausgezeichnet. In der Begründung der Jury hieß es:

„Wer die Grimm'schen Märchen liest, hat unweigerlich die sanfte Hügellandschaft Nordhessens mit den riesigen Wäldern, den Schlössern und Burgen vor Augen. Das Ausstellungshaus GRIMMWELT Kassel und Veranstaltungen wie die Märchenwoche in Bad Sooden-Allendorf, das Brüder-Grimm-Festival Kassel, der Kultursommer Nordhessen mit einer GRIMM-Sonderreihe oder der Literarische Frühling zahlen ganz lebendig auf die Identität der Region und ihre Geschichte ein …"

2017, also schon ein Jahr später, folgte eine weitere Auszeichnung, nämlich der *German Brand Award* in der Kategorie *Public Affairs, City & State*.

Auf den Spuren der Brüder Grimm

I: Eine literarische Reise durch die GrimmHeimat NordHessen mit Märchen, Sagen, Legenden, Geschichten, Rezepten, Liedern und Illustrationen von Ludwig Emil Grimm

KASSEL

Der Froschkönig oder der eiserne Heinrich (Brüder Grimm*)

In den alten Zeiten, wo das Wünschen noch geholfen hat, lebte ein König, dessen Töchter waren alle schön, aber die jüngste war so schön, dass die Sonne selber, die doch so vieles gesehen hat, sich verwunderte, sooft sie ihr ins Gesicht schien. Nahe bei dem Schloss des Königs lag ein großer dunkler Wald, und in dem Wald unter einer alten Linde war ein Brunnen. Wenn nun der Tag recht heiß war, so ging das Königskind hinaus in den Wald und setzte sich an den Rand des kühlen Brunnens – und wenn sie Langeweile hatte, so nahm sie eine goldene Kugel, warf sie in die Höhe und fing sie wieder, und das war ihr liebstes Spielwerk.

Nun trug es sich einmal zu, dass die goldene Kugel der Königstochter nicht in ihr Händchen fiel, das sie in die Höhe gehalten hatte, sondern vorbei auf die Erde schlug und geradezu ins Wasser hineinrollte. Die Königstochter folgte ihr mit den Augen nach, aber die Kugel verschwand, und der Brunnen war tief, so tief, dass man keinen Grund sah. Da fing sie an zu weinen und weinte immer lauter und konnte sich gar nicht trösten, und wie sie so klagte, rief ihr jemand zu: „Was hast du vor, Königstochter, du schreist ja, dass sich ein Stein erbarmen möchte." Sie sah sich um, woher die Stimme käme, da erblickte sie einen Frosch, der seinen dicken hässlichen Kopf aus dem Wasser streckte. „Ach, du bist's, alter Wasserpatscher", sagte sie. „Ich weine über meine goldene Kugel, die mir in den Brunnen hinabgefallen ist." – „Sei still und weine nicht", antwortete der Frosch, „ich kann wohl Rat schaffen, aber was gibst du mir, wenn ich dein Spielwerk wieder heraufhole?" – „Was du haben willst, lieber Frosch", sagte sie, „meine Kleider, meine Perlen und Edelsteine, auch noch die goldene Krone, die ich trage." Der Frosch antwortete: „Deine Kleider, deine Perlen und Edelsteine und deine goldene Krone, die mag ich nicht, aber wenn du mich liebhaben willst, und ich soll dein Geselle und Spielkamerad sein, an deinem Tischlein neben dir sitzen, von deinem goldenen Tellerlein essen, aus deinem Becherlein trinken, in deinem Bettlein schlafen: Wenn du mir das versprichst, so will ich hinuntersteigen und dir die goldene Kugel wieder heraufholen." – „Ach ja", sagte sie, „ich verspreche dir alles, was du willst, wenn du mir nur die Kugel wiederbringst." Sie dachte aber: ‚Was der einfältige Frosch schwätzt, der sitzt im Wasser bei seinesgleichen und quakt und kann keines Menschen Geselle sein.' Der Frosch, als er die Zusage erhalten hatte, tauchte seinen Kopf unter, sank hinab, und über ein Weilchen kam er wieder heraufgerudert, hatte die Kugel im Maul und warf sie ins Gras. Die Königstochter war voll Freude, als sie ihr schönes Spielwerk wieder erblickte, hob es auf und sprang damit fort. „Warte, warte", rief der Frosch, „nimm mich mit, ich kann nicht so laufen wie du!" Aber was half es ihm, dass er ihr sein Quak, Quak so laut nachschrie, als er konnte! Sie hörte nicht darauf, eilte nach Hause und hatte bald den armen Frosch vergessen, der wieder in seinen Brunnen hinabsteigen musste.

Am andern Tag, als sie sich mit dem König und allen Hofleuten zur Tafel gesetzt hatte und von ihrem goldenen Tellerlein aß, da kam, plitsch-platsch, plitsch-platsch, etwas die Marmortreppe heraufgekrochen, und als es oben angelangt war, klopfte es an die Tür und rief: „Königstochter, jüngste, mach mir auf." Sie lief und wollte sehen, wer draußen wäre, als sie aber aufmachte, so saß der Frosch davor. Da warf sie die Tür hastig zu, setzte sich wieder an den Tisch, und es war ihr ganz angst. Der König sah wohl, dass ihr das Herz gewaltig klopfte und sprach: „Mein Kind, was fürchtest du dich, steht etwa ein Riese vor der Tür und will dich holen?" – „Ach nein", antwortete sie, „es ist kein Riese, sondern ein garstiger Frosch." – „Was will der Frosch von dir?" – „Ach, lieber Vater, als ich gestern im Wald bei dem Brunnen saß und spielte, da fiel meine goldene Kugel ins Wasser; und weil ich so weinte, hat sie der Frosch wieder heraufgeholt, und weil er es durchaus verlangte, so versprach ich ihm, er sollte mein Geselle werden. Ich dachte aber nimmermehr, dass er aus seinem Wasser herauskönnte. Nun ist er draußen und will zu mir herein." Indem klopfte es zum zweiten Mal und rief:

„Königstochter, jüngste,
Mach mir auf,
Weißt du nicht, was gestern
Du zu mir gesagt
Bei dem kühlen Brunnenwasser?
Königstochter, jüngste,
Mach mir auf."

Da sagte der König: „Was du versprochen hast, das musst du auch halten, geh nur und mach ihm auf." Sie ging und öffnete die Tür, da hüpfte der Frosch herein, ihr immer auf dem Fuße nach bis zu ihrem Stuhl. Da saß er und rief: „Heb mich herauf zu dir." Sie zauderte, bis es endlich der König befahl. Als der Frosch erst auf dem Stuhl war, wollte er auf den Tisch, und als er da saß, sprach er: „Nun schieb mir dein goldenes Tellerlein näher, damit wir zusammen essen." Das tat sie zwar, aber man sah wohl, dass sie's nicht gerne tat. Der Frosch ließ sich's gut schmecken, aber ihr blieb fast jedes Bisslein im Halse. Schließlich sprach er: „Ich habe mich sattgegessen und bin müde, nun trag mich in dein Kämmerlein und mach dein seiden Bettlein zurecht, da wollen wir uns schlafen legen." Die Königstochter fing an zu weinen und fürchtete sich vor dem kalten Frosch, den sie nicht anzurühren getraute und der nun in ihrem schönen, reinen Bettlein schlafen sollte. Der König aber ward zornig und sprach: „Wer dir geholfen hat, als du in der Not warst, den sollst du hernach nicht verachten." Da packte sie ihn mit zwei Fingern, trug ihn hinauf und setzte ihn in eine Ecke. Als sie aber im Bett lag, kam er gekrochen und sprach: „Ich bin müde, ich will schlafen so gut wie du, heb mich herauf oder ich sag's deinem Vater." Da ward sie erst bitterböse, holte ihn herauf und warf ihn aus allen Kräften wider die Wand: „Nun wirst du Ruhe haben, du garstiger Frosch."

Als er aber herabfiel, war er kein Frosch, sondern ein Königssohn mit schönen und freundlichen Augen. Der war nun nach ihres Vaters Willen ihr lieber Geselle und Gemahl. Da erzählte er ihr, er wäre von einer bösen Hexe verwünscht worden, und niemand hätte ihn aus dem Brunnen erlösen können als sie allein, und morgen wollten sie zusammen in sein Reich gehen. Dann schliefen sie ein, und am andern Morgen, als die Sonne sie aufweckte, kam ein Wagen herangefahren, mit acht weißen Pferden bespannt, die hatten weiße Straußenfedern auf dem Kopf und gingen in goldenen Ketten, und hinten stand der Diener des jungen Königs, das war der treue Heinrich. Der treue Heinrich hatte sich so betrübt, als sein Herr in einen Frosch verwandelt worden war, dass er drei eiserne Bande um sein Herz hatte legen lassen, damit es ihm nicht vor Weh und Traurigkeit zerspränge. Der Wagen aber sollte den jungen König in sein Reich abholen; der treue Heinrich hob beide hinein, stellte sich wieder hinten auf und war voller Freude über die Erlösung. Als sie ein Stück Weges gefahren waren, hörte der Königssohn, dass es hinter ihm krachte, als wäre etwas zerbrochen. Da drehte er sich um und rief:

„Heinrich, der Wagen bricht."
„Nein, Herr, der Wagen nicht,
Es ist ein Band von meinem Herzen,
Das da lag in großen Schmerzen,
Als Ihr in dem Brunnen saßt,
Als Ihr eine Fretsche (Frosch) wast (wart)."

Noch einmal und noch einmal krachte es auf dem Weg, und der Königssohn meinte immer, der Wagen bräche, und es waren doch nur die Bande, die vom Herzen des treuen Heinrich absprangen, weil sein Herr erlöst und glücklich war.

Abkürzung KHM = Kinder- und Hausmärchen der Brüder Grimm

(* KHM 1: In der handschriftlichen Urfassung, 1810 von Wilhelm Grimm nach mündlicher Überlieferung der Familie Wild in Kassel notiert.)

Der Lotte ihre Stube – 1821

Welsche Nüsse einzumachen
(Lotte Grimm*)

Nachdem man jede Nuss vier bis fünf Mal mit einer feinen Spicknadel durchgestochen hat, legt man sie in frisches Wasser und lässt sie zwölf bis vierzehn Tage darin liegen, gibt aber täglich frisches Wasser darauf, alsdann setzt man sie mit kaltem Wasser auf und lässt sie so weich kochen, dass man sie mit einem Strohhalm durchstechen kann. Jedoch dürfen sie nicht auseinanderfallen. Dann nimmt man die Nüsse behutsam aus dem kochenden Wasser und lässt sie auf einem Haarsieb rein ablaufen und steckt in jede eine ganze Nelke und zwei Stückchen Zimt. Nun nimmt man so viel Zucker als man nötig zu haben glaubt, schüttet etwas Wasser darauf und lässt ihn recht dick einkochen. Doch muss er zuvor geschäumt werden, tut dann die Nüsse hinein, lässt sie ein paar Minuten mitkochen und schüttet sie dann in Töpfe zum Aufbewahren.

Sollte nach einigen Tagen der Zucker zu dünn werden, so kocht man ihn wieder und tut noch ein Stückchen Zucker dazu und gießt ihn dann wieder heiß in die Töpfe. Wenn es ganz kalt geworden, schüttet man ein Weinglas voll Franzbranntwein über die Nüsse her und bindet es mit Papier zu.

d. 14. Juli 1825

Das alte, reizvolle Kasseler Stadtbild wurde im Zweiten Weltkrieg fast vollständig vernichtet. Mit der Altstadt ging auch der erste Wohnsitz der Brüder Grimm, das sogenannte Märchenhaus (1805–1814) in der Marktgasse, für immer verloren. Von ihrem Wohnsitz in der nördlichen Torwache am Brüder-Grimm-Platz ist trotz Kriegszerstörung immerhin die Außenfassade erhalten. Von 1814–1822 wohnten hier die Brüder Grimm mit ihrer Schwester Lotte in der geräumigen Wohnung im zweiten Stock; in dieser Zeit arbeiteten sie u. a. an der zweiten Auflage der *„Kinder- und Hausmärchen“* und an den *„Deutschen Sagen“*. Ein weiterer Wohnsitz der Brüder Grimm war das nach dem Krieg wiederaufgebaute Haus an der Schönen Aussicht 9.

Kassel war der Lebens- und Schaffensmittelpunkt von Jacob und Wilhelm Grimm sowie ihres Bruders Ludwig Emil Grimm, der 1832 eine Professur an der Kasseler Kunstakademie erhielt. In Kassel entstanden ihre weltbe-

Blick auf die Orangerie in Kassel – Frühjahr 1850

rühmten „*Kinder- und Hausmärchen*", die „*Deutschen Sagen*", die Zeitschrift „*Altdeutsche Wälder*" sowie Jacob Grimms „*Deutsche Grammatik*" (Bände 1+2).

Wertvollstes Stück der Ausstellung in der GRIMMWELT Kassel sind die mit Anmerkungen versehenen Grimm'schen Handexemplare, die zum Weltdokumentenerbe der UNESCO gehören. In der GRIMMWELT Kassel werden nicht nur historische, mediale und zum Mitmachen gedachte Ausstellungsstücke der Märchen- und Sagenwelt gezeigt, sondern es stehen auch die umfangreichen sprachwissenschaftlichen Untersuchungen der Brüder Grimm im Fokus, zudem werden handgeschriebene Manuskripte, Porträts und Landschaftsbilder von Ludwig Emil Grimm, Möbel und persönliche Erinnerungsstücke der Familien Grimm und Hassenpflug präsentiert.

Die Brüder Grimm fanden ihre Märchen und Sagen übrigens nicht, wie oft angenommen, durch Besuche bei den Bewohnern in den Ortschaften der waldreichen Umgebung von Kassel, sondern in der Kasseler Altstadt selbst – quasi vor ihrer Haustür. Eine wichtige Quelle für die Brüder war in der Marktgasse die benachbarte Apothekerfamilie Wild (Frau Wild, Dortchen, Lisette, Marie Elisabeth und Gretchen Wild). Als mindestens ebenso wichtig erwies sich die Bekanntschaft mit der Familie Hassenpflug. Einmal in der Woche wurde bei den Brüdern Grimm in der Marktgasse ein literarisches Kränzchen abgehalten, bei dessen Gelegenheit u. a. Marie, Jeanette und Amalie Hassenpflug, Dortchen und Gretchen Wild Märchen und Sagen erzählten, welche die Brüder Grimm später aufschrieben. Man lernte einander immer besser kennen; im Jahre 1822 heiratete Lotte Grimm Ludwig Hassenpflug (1794–1862), den Sohn des späteren Regierungspräsidenten Johannes Hassenpflug. 1825 folgte die Vermählung von Dorothea Wild (1793–1867), Dortchen genannt, und Wilhelm Grimm. Aus der Ehe gingen drei Kinder hervor. Ihr ältester Sohn Herman steuerte als Kind für die *„Kinder- und Hausmärchen"* *Die Erbsenprobe* sowie eine Parallelfassung von *Der arme Müllerbursch und das Kätzchen* bei. Herman Grimm (1828–1901) wurde später in Berlin ebenfalls Professor (Neuere Kunstgeschichte: *„Das Leben Michelangelos"*). Er gab die Weimarer Ausgabe von Goethes Werken heraus und betreute nach dem Tod des Vaters und Onkels die Neuauflagen der Grimm'schen *„Kinder- und Hausmärchen"* sowie der *„Deutschen Sagen"*.

Auf die Familien Hassenpflug und Wild gehen mehr als ein Drittel der Märchen des ersten Bandes der *„Kinder- und Hausmärchen"* zurück. Über Julia und Charlotte Ramus, Töchter des französischen Stadtpredigers, lernten die Brüder Grimm Dorothea Viehmann (vgl. Baunatal) kennen. In der Vorrede zum zweiten Band von 1815 der *„Kinder- und Hausmärchen"* schreibt Wilhelm Grimm: „Einer jener guten Zufälle aber war die Bekanntschaft mit einer Bäuerin aus dem nah bei Cassel gelegenen Dorfe Zwehrn ..." Bei der Bäuerin handelte es sich um die Ehefrau des Dorfschneiders von Niederzwehren, damals noch vor den Toren Kassels gelegen. Weit über dreißig Märchen des zweiten Bandes der *„Kinder- und Hausmärchen"* stammen von der Märchenfrau Dorothea Viehmann (1755–1815).

Das Schlösschen Schönfeld, ab 1813 in kurfürstlichem Besitz, war Treffpunkt jüngerer Romantiker um die von ihrem Mann getrennt lebende Kurfürstin Auguste, die Familie Brentano sowie die Brüder Grimm u. a. In Kassel wurden der zweite und dritte Band der Sammlung *„Des Knaben Wunderhorn"* von Clemens Brentano und Achim von Arnim abgeschlossen.

Die Brüder Grimm-Gesellschaft, die in Kassel ihren Sitz hat, sieht ihre Aufgabe in der vorurteilsfreien, kritischen Erforschung von Leben, Werk und Wirken von Jacob, Wilhelm und Ludwig Emil Grimm. Auf Antrag der Brüder Grimm-Gesellschaft wurden im Jahre 2005 die Kasseler Handexemplare der *„Kinder- und Hausmärchen“* mit den zahlreichen eigenhändigen Notizen und Ergänzungen von Jacob und Wilhelm Grimm zum UNESCO Weltdokumentenerbe erklärt.

In der Universitätsbibliothek Kassel am Brüder-Grimm-Platz befinden sich in der Handschriftenabteilung eine Reihe bibliophiler Schätze, darunter eine 68-zeilige Abschrift des *„Hildebrandliedes“* aus dem 9. Jh., das die Brüder Grimm erstmalig editierten, die im 6. Jahrhundert in Italien entstandene Handschrift *„Vom Jüdischen Krieg“* von Flavius Josephus oder die vollständige farbenprächtige *„Willehalm-Trilogie“* (Motive aus dem Leben des Grafen Wilhelm von Toulouse und den Sarazenenkämpfen).

Im Stadtteil Niederzwehren haben sich in und um den Märchenweg, unweit der auf einer Anhöhe gelegenen Pfarrkirche, einige gepflegte Fachwerkhäuser aus dem 18.+19. Jh. erhalten, darunter im Märchenweg 11 ein schön restauriertes Fachwerkhaus, in dem die Familie Viehmann von 1787–1798 zur Miete wohnte. Eine Gedenktafel an dem kleinen Fachwerkhaus in der Brüder-Grimm-Str. 46 (1822 nach einem Brand neu errichtet) erinnert an D. Viehmann, die von 1798 bis zu ihrem Tod 1815 in dem Vorgängerbau wohnte. Ihre letzte Ruhestätte fand sie auf dem Niederzwehrener Kirchhof, woran ein Gedenkstein erinnert.

Auf den Spuren der Brüder Grimm in Kassel

GRIMMWELT Kassel, Brüder Grimm-Gesellschaft.
Wohnungen: Torwachtgebäude am Brüder-Grimm-Platz, vor dem etwas entfernt das Brüder Grimm-Denkmal steht; das Haus Schöne Aussicht 9.
Wirkungsstätten: Fridericianum, Schloss Wilhelmshöhe. Schloss Schönfeld.
Grabstätten: Auf dem alten Friedhof an der Lutherkirche: Gräber der Mutter und der Schwester Lotte der Brüder Grimm sowie der ersten Frau von Ludwig Emil Grimm. Hauptfriedhof: Grab von Ludwig Emil Grimm, seiner zweiten Frau sowie von Carl Grimm.
Stadtteil Niederzwehren: Gedenkstein für Dorothea Viehmann auf dem Friedhof bei der Kirche, Wohnhäuser von D. Viehmann: Märchenweg 11 und Brüder-Grimm-Str. 46, Heimatverein Dorothea Viehmann.

BAUNATAL

Der Teufel und seine Großmutter
(Brüder Grimm*)

Es war ein großer Krieg, und der König hatte viel Soldaten, gab ihnen aber wenig Sold, sodass sie nicht davon leben konnten. Da taten sich drei zusammen und wollten ausreißen. Einer sprach zum andern: „Wenn wir erwischt werden, so hängt man uns an den Galgenbaum – wie wollen wir's machen?", sprach der andere: „Seht dort das große Kornfeld, wenn wir uns da verstecken, so findet uns kein Mensch, das Heer darf nicht hinein und muss morgen weiterziehen." Sie krochen in das Korn, aber das Heer zog nicht weiter, sondern blieb rundherum liegen. Sie saßen zwei Tage und zwei Nächte im Korn und hatten so großen Hunger, dass sie beinah gestorben wären; gingen sie aber hinaus, so war ihnen der Tod gewiss. Da sprachen sie: „Was hilft uns unser Ausreißen, wir müssen hier elendig sterben." Indem kam ein feuriger Drache durch die Luft geflogen, der senkte sich zu ihnen herab und fragte sie, warum sie sich da versteckt hätten. Sie antworteten: „Wir sind drei Soldaten und sind ausgerissen, weil unser Sold gering war. Nun müssen wir hier Hungers sterben, wenn wir liegen bleiben, oder wir müssen am Galgen baumeln, wenn wir hinausgehen." – „Wollt ihr mir sieben Jahre dienen", sagte der Drache, „so will ich euch mitten durchs Heer führen, dass euch niemand erwischen soll." – „Wir haben keine Wahl und müssen es annehmen", antworteten sie. Da packte sie der Drache in seine Klauen, führte sie durch die Luft über das Heer hinweg und setzte sie weit davon wieder auf die Erde; der Drache war aber niemand als der Teufel. Er gab ihnen ein Peitschlein und sprach: „Peitscht und knallt ihr damit, so wird so viel Geld vor euch herumspringen, wie ihr verlangt. Ihr könnt dann wie große Herren leben, Pferde halten und im Wagen fahren; nach Verlauf der sieben Jahre aber seid ihr mein eigen." Dann hielt er ihnen ein Buch vor, in das mussten sie alle drei unterschreiben. „Doch will ich euch", sprach er, „erst noch ein Rätsel aufgeben, könnt ihr das raten, sollt ihr frei sein und aus meiner Gewalt entlassen." Da flog der Drache von ihnen weg, und sie reisten fort mit ihren Peitschlein, hatten Geld die Fülle, ließen sich Herrenkleider machen und zogen in der Welt umher. Wo sie waren, lebten sie in Freuden und Herrlichkeit, fuhren mit Pferden und Wagen, aßen und tranken, taten aber nichts Böses.

Die Zeit verstrich ihnen schnell, und als es mit den sieben Jahren zu Ende ging, ward Zweien gewaltig angst und bang, der Dritte aber nahm's auf die leichte Schulter und sprach: „Brüder, fürchtet nichts, ich bin nicht auf den Kopf gefallen, ich errate das Rätsel." Sie gingen hinaus aufs Feld, saßen da, und die Zwei machten betrübte Gesichter. Da kam eine alte Frau daher, die fragte, warum sie so traurig wären. „Ach, was liegt Euch daran, Ihr könnt uns doch nicht helfen." – „Wer weiß", antwortete sie, „vertraut mir nur euren Kummer." Da erzählten sie ihr, sie wären des Teufels Diener gewesen, fast sieben Jahre lang, der hätte ihnen Geld wie Heu verschafft, sie hätten sich ihm aber verschrieben und wären ihm verfallen, wenn sie nach sieben Jahren nicht ein Rätsel auflösen könnten. Die Alte sprach: „Soll euch geholfen werden, so muss einer von euch in den Wald gehen; da wird er an eine eingestürzte Felsenwand kommen, die aussieht wie ein Häuschen, in das muss er eintreten, dann wird er Hilfe finden." Die zwei Traurigen dachten: ‚Das wird uns doch nicht retten', und blieben sitzen. Der Dritte aber, der Lustige, machte sich auf und ging so weit in den Wald, bis er die Felsenhütte fand. In dem Häuschen aber saß eine steinalte Frau, die war des Teufels Großmutter und fragte ihn, woher er käme und was er hier wollte. Er erzählte ihr alles, was geschehen war, und weil er ihr wohlgefiel, hatte sie Erbarmen und sagte, sie wollte ihm helfen. Sie hob einen großen Stein auf, der über einem Keller lag, und sagte: „Da verstecke dich, du kannst alles hören, was hier gesprochen wird, sitz nur still und rege dich nicht. Wenn der Drache kommt, will ich ihn wegen der Rätsel befragen. Mir sagt er alles und dann achte auf das, was er antwortet." Um zwölf Uhr nachts kam der Drache angeflogen und verlangte sein Essen. Die Großmutter deckte den Tisch und trug Trank und Speise auf, dass er vergnügt war, und sie aßen und tranken zusammen. Da fragte sie ihn im Gespräch, wie's den Tag ergangen wäre und wie viel Seelen er gekriegt hätte. „Es wollte mir heute nicht recht glücken", antwortete er, „aber ich habe drei Soldaten gepackt, die sind mir sicher." – „Ja, drei Soldaten", sagte sie, „die haben etwas an sich, die können dir noch entkommen." – Sprach der Teufel höhnisch: „Die sind mein, denen gebe ich noch ein Rätsel auf, das sie nimmermehr raten können." – „Was ist das für ein Rätsel?", fragte sie. – „Das will ich dir sagen – in der großen Nordsee liegt eine tote Meerkatze, das soll ihr Braten sein, und von einem Walfisch die Rippe, das soll ihr silberner Löffel sein, und ein alter, hohler Pferdefuß, das soll ihr Weinglas sein." Als der Teufel zu Bett gegangen war, hob die alte Großmutter den Stein auf und ließ den Soldaten heraus. „Hast du auch alles wohl in Acht genommen?" – „Ja", sprach er. „Ich weiß genug und will mir schon helfen." Darauf musste er auf einem andern Weg heimlich durchs Fenster und in aller Eile zu seinen Gesellen zurückgehen. Er erzählte ihnen, wie der Teufel von der alten Großmutter überlistet worden wäre und wie er die Auflösung des Rätsels von ihm vernommen hätte. Da waren sie alle fröhlich und guter Dinge, nahmen die Peitsche und schlugen sich so viel Geld, dass es auf der Erde herumsprang.

Als die sieben Jahre völlig herum waren, kam der Teufel mit dem Buch, zeigte die Unterschrift und sprach: „Ich will euch mit in die Hölle nehmen, da sollt ihr eine Mahlzeit haben; könnt ihr raten, was für einen Braten ihr zu essen kriegen werdet, so sollt ihr frei und los sein und dürft auch das Peitschlein behalten." Da fing der erste Soldat an: „In der großen Nordsee liegt eine tote Meerkatze, das wird wohl der Braten sein." Der Teufel ärgerte sich, machte: „Hm! Hm! Hm!", und fragte den Zweiten: „Was soll aber euer Löffel sein?" – „Von einem Walfisch die Rippe, das soll unser silberner Löffel sein." Der Teufel schnitt ein Gesicht, knurrte wieder drei Mal: „Hm! Hm! Hm!", und sprach zum Dritten: „Wisst ihr auch, was euer Weinglas sein soll?" – „Ein alter Pferdefuß, das soll unser Weinglas sein." Da flog der Teufel mit einem lauten Schrei fort und hatte keine Gewalt mehr über sie; aber die Drei behielten das Peitschlein, schlugen Geld hervor, so viel sie wollten, und lebten vergnügt bis an ihr Ende.

(* KHM: 125: Am 4.9.1814 durch Dorothea Viehmann mitgeteilt.)

Dorothea Viehmann – 1819

Die Knallhütte, heute direkt an der A 49 (Ausfahrt Baunatal-Nord) gelegen, ist ein wichtiger Ort für die Entstehungsgeschichte der *„Kinder- und Hausmärchen“* der Brüder Grimm.

Am 8. November 1755 kam im Gasthaus Zum Birkenbaum bei Rengershausen, das noch im Laufe des 18. Jhs. den Namen Knallhütte erhielt, Catharina Dorothea Pierson zur Welt. Ihr Vater war der aus der Hofgeismarer Hugenottenkolonie Schöneberg stammende Wirt Johann Friedrich Isaac Pierson. Vor den Toren Kassels gelegen, lauschte (Catharina) Dorothea im Gasthaus den Erzählungen einkehrender Fuhrleute, Handwerksburschen und Kaufleute; die Mehrzahl ihrer Beiträge (weit über dreißig Texte) wird sie wohl auf der Knallhütte gehört haben. Unter ihrem Ehenamen Viehmann wurde sie später als Märchenfrau der Brüder Grimm bekannt. Von ihr stammen u. a. so schöne Märchen wie *„Die Gänsemagd“*, *„Der Teufel mit den drei goldenen Haaren“*, *„Der Frieder und das Catherlieschen“*, eine Variante des *„Aschenputtels“*, *„Die zwölf Brüder“* oder *„Der Eisenofen“*. Viele ihrer Märchen sind schwank- oder sagenhaft geprägt und stammen wahrscheinlich aus der Kasseler Gegend. Der französische Einfluss auf ihre Märchen dürfte ungleich geringer als bei den Märchen der Familie Hassenpflug (vgl. Kassel) sein, doch speist sich auch bei Dorothea Viehmann ein Teil ihres Repertoires aus hugenottischer Tradition.

Ihr Elternhaus, in dem sie zweiunddreißig Jahre wohnte, bevor sie mit ihrem Mann, dem Schneider Nikolaus Viehmann, ins benachbarte Niederzwehren zog, befindet sich seit über 250 Jahren in Familienbesitz. Scherenschnitte der Künstlerin Luise Neupert (1926–2009) mit Motiven aus Märchen von Dorothea Viehmann (1755–1815) zieren die Gasträume des historischen *Brauhauses Knallhütte.*

Bemerkenswert ist die Ahnengalerie Dorothea Viehmanns. Sie ist über die Linie ihrer Großmutter mit Johann Wolfgang Goethe und Friedrich Carl von Savigny verwandt. Ihre Großmutter war Cousine vierten Grades von J.W. Goethe und von F.C. von Savigny, Professor an der Universität Marburg, der den Werdegang der Brüder Grimm entscheidend prägte. Dorotheas Altgroßvater Abraham Pierson hatte zu Beginn des Dreißigjährigen Krieges in Metz Judith de Savigny geheiratet.

GUDENSBERG

Kaiser Karl des Großen Auszug
(Brüder Grimm*)

Zwischen Gudensberg und Besse in Hessen liegt der Odenberg, in welchem Kaiser Karl der Große mit seinem ganzen Heer versunken ist. Ehe ein Krieg ausbricht, tut sich der Berg auf, Kaiser Karl kommt hervor, stößt in sein Hifthorn** und zieht nun mit seinem ganzen Heer aus in einen anderen Berg.

(* * Signalhorn)

(* Deutsche Sagen: Mündlich aus Hessen)

Der Schmied und der Odenberg
(Jacob Grimm*)

Ein Schmied suchte in den Hecken des Odenbergs nach einem Weißdorn zum Hammerstiel, plötzlich entdeckte er ein vorher nie wahrgenommenes Loch in dem Steingefälle, trat hinein und stand in einer neuen Wunderwelt. Starke Männer kegelten da mit eisernen Kugeln, der Schmied schaute ihnen zu. Sie forderten ihn auf mitzuspielen, was er ablehnte, ‚die Eisenkugeln wären seinen Händen zu schwer.' Die Männer blieben aber freundlich und sagten, er solle sich ein Geschenk wählen. Der Schmied bat um eine der Kugeln, trug sie heim und legte sie unter sein Eisengerät. Als er sie nun später verschmieden wollte und rotgeglüht hatte, zersprang sie auf dem Amboss in Stücke und jedes Stück war *eitel Gold*. Sooft er wieder auf den Odenberg kam, fand er die Öffnung nicht mehr. Jenes Mal hatte er eben den Tag getroffen, an welchem der Berg den Menschen offensteht.

(* Deutsche Mythologie)

Schon in grauer Vorzeit besaßen die Vorfahren der Hessen, der Stamm der Chatten, auf dem Wodansberg ihre Thingstätte. Wodan, der Sturm- und Schlachtengott und Vater aller Götter und Menschen, wurde hier verehrt. Der Wodansberg, von dem die Stadt Gudensberg ihren Namen ableitet, war religiöser und politischer Mittelpunkt des Chattenlandes.

Die Gegend um Gudensberg ist uraltes Sagenland, schon in Jacob Grimms 1835 erschienener *„Deutscher Mythologie"* wird über den Odenberg berichtet: Es sind die Sagen *Karls durstendes Heer am Glissborn und im Odenberg* sowie die von einem „Schmied", der in die Wunderwelt des Odenbergs hineingeht. Ebenfalls in Jacob Grimms *„Deutscher Mythologie"* findet sich die Sage vom *„Scharfenstein"*, den ein Riese in seinem Zorn dahingeworfen habe.

Karl Lynckers *„Deutsche Sagen und Sitten in hessischen Gauen"* enthalten Sagen über einen *„Hirt im Odenberg"*, der eine wunderschöne Blume fand, von einem *„Müllerburschen"*, der sieben Jahre im Odenberg verbringen musste, sowie über ein *„Kind im Odenberg"*.

DER SCHARFENSTEIN BEI GUDENSBERG – 1825

SCHAUENBURG

Der alte Sultan
(Brüder Grimm*)

Es hatte ein Bauer einen treuen Hund, der Sultan hieß, der war alt geworden und hatte alle Zähne verloren, sodass er nichts mehr fest packen konnte. Zu einer Zeit stand der Bauer mit seiner Frau vor der Haustür und sprach: „Den alten Sultan schieß ich morgen tot, der ist zu nichts mehr nütze.“ Die Frau, die Mitleid mit dem treuen Tier hatte, antwortete: „Da er uns so lange Jahre gedient hat und ehrlich bei uns gehalten, so könnten wir ihm wohl das Gnadenbrot geben.“ – „Ei was“, sagte der Mann, „du bist nicht recht gescheit; er hat keinen Zahn mehr im Maul, und kein Dieb fürchtet sich vor ihm, er kann jetzt abgehen. Hat er uns gedient, so hat er sein gutes Fressen dafür gekriegt.“

Der arme Hund, der nicht weit davon in der Sonne ausgestreckt lag, hatte alles mit angehört und war traurig, dass morgen sein letzter Tag sein sollte. Er hatte einen guten Freund, das war der Wolf, zu dem schlich er abends hinaus in den Wald und klagte über das Schicksal, das ihm bevorstände. „Höre, Gevatter“, sagte der Wolf, „sei guten Mutes, ich will dir aus deiner Not helfen. Ich habe etwas ausgedacht. Morgen in aller Frühe geht dein Herr mit seiner Frau ins Heu, und sie nehmen ihr kleines Kind mit, weil niemand im Hause zurückbleibt. Sie pflegen das Kind während der Arbeit hinter die Hecke in den Schatten zu legen; lege dich daneben, so als ob du es bewachen wolltest. Ich will dann aus dem Wald herauskommen und das Kind rauben; du musst mir eifrig nachspringen, als wolltest du mir es wieder abjagen. Ich lasse es fallen, und du bringst es den Eltern wieder zurück, die glauben dann, du hättest es gerettet, und sind viel zu dankbar, als dass sie dir ein Leid antun sollten; im Gegenteil, du kommst in völlige Gnade, und sie werden es dir an nichts mehr fehlen lassen.“

Der Anschlag gefiel dem Hund, und wie er ausgedacht war, so ward er auch ausgeführt. Der Vater schrie, als er den Wolf mit seinem Kind durchs Feld laufen sah, als es aber der alte Sultan zurückbrachte, da war er froh, streichelte ihn und sagte: „Dir soll kein Härchen gekrümmt werden, du sollst das Gnadenbrot essen, solange du lebst.“ Zu seiner Frau aber sprach er: „Geh gleich heim und koche dem alten Sultan einen Weckbrei, den braucht er nicht zu beißen, und bring das Kopfkissen aus meinem Bett, das schenk ich ihm zu seinem Lager." Von nun an hatte es der alte Sultan so gut, wie er sich's nur wünschen konnte. Bald hernach besuchte ihn der Wolf und freute sich, dass alles so wohl gelungen war. „Aber Gevatter", sagte er, „du wirst doch ein Auge zudrücken, wenn ich bei Gelegenheit deinem Herrn ein fettes Schaf weghole. Es wird einem heutzutage schwer, sich durchzuschlagen." „Darauf rechne nicht", antwortete der Hund, „meinem Herrn bleibe ich treu, das darf ich nicht zugeben." Der Wolf meinte, das wäre nicht im Ernst gesprochen, kam in der Nacht herangeschlichen und wollte sich das Schaf holen. Aber der Bauer, dem der treue Sultan das Vorhaben des Wolfes verraten hatte, passte ihm auf und kämmte ihm mit dem Dreschflegel garstig die Haare. Der Wolf musste ausreißen, schrie aber dem Hund zu: „Wart, du schlechter Geselle, dafür sollst du büßen."

Am andern Morgen schickte der Wolf das Schwein und ließ den Hund hinaus in den Wald fordern, da wollten sie ihre Sache ausmachen. Der alte Sultan konnte keinen Beistand finden als eine Katze, die nur drei Beine hatte, und als sie zusammen hinausgingen, humpelte die arme Katze daher und streckte zugleich vor Schmerz den Schwanz in die Höhe. Der Wolf und sein Beistand waren schon an Ort und Stelle. Als sie aber ihren Gegner daherkommen sahen, meinten sie, er führte einen Säbel mit sich, weil sie den aufgerichteten Schwanz der Katze dafür ansahen. Und wenn das arme Tier so auf drei Beinen hüpfte, dachten sie nichts anders, als höbe es jedes Mal einen Stein auf und wollte damit auf sie werfen. Da ward ihnen beiden angst; das Wildschwein verkroch sich ins Laub, und der Wolf sprang auf einen Baum. Der Hund und die Katze, als sie herankamen, wunderten sich, dass sich niemand sehen ließ. Das Wildschwein aber hatte sich im Laub nicht ganz verstecken können, sondern die Ohren ragten noch heraus. Während die Katze sich bedächtig umschaute, zwinste das Schwein mit den Ohren. Die Katze, welche meinte, es regte sich da eine Maus, sprang darauf zu und biss herzhaft hinein. Da erhob sich das Schwein mit großem Geschrei, lief fort und rief: „Dort auf dem Baum, da sitzt der Schuldige." Der Hund und die Katze schauten hinauf und erblickten den Wolf; der schämte sich, dass er sich so furchtsam gezeigt hatte, und nahm von dem Hund den Frieden an.

(* KHM 48: 1812, nach einer Erzählung des pensionierten Dragonerwachtmeisters Johann Friedrich Krause aus Hoof in „Niederhessen.")

Bauernmädchen aus Hoof – 1815

Schauenburg ist eine Gemeinde mit Märchen- und Sagentradition und ein gelungenes Beispiel, wie man diese Tradition auch in der heutigen Zeit auf angemessene Weise pflegen kann.

Der aus Breitenbach stammende, verarmte Dragonerwachtmeister a. D. Johann Friedrich Krause (1747–1828) erbat sich von den Brüdern Grimm abgelegte Kleidungsstücke (J.F. Krause und Wilhelm Grimm hatten zufälligerweise dieselbe Kleidergröße) für einige Märchen, die er gesammelt und aufgeschrieben hatte. Krauses Märchen *„Der alte Sultan"*, *„Die drei Schlangenblätter"* u. a. fanden Eingang in die *„Kinder- und Hausmärchen"*.

An Johann Friedrich Krause und die Grimm'sche Märchenerzählerin Marie Hassenpflug (vgl. Hanau und Kassel) wird in der *Märchenwache* in Breitenbach erinnert. Auf Vermittlung Marie Hassenpflugs kam der Kontakt der Brüder Grimm zu Johann Friedrich Krause zustande. 1814 heiratete M. Hassenpflug in Hoof den dort ansässigen Hauptmann Friedrich von Dalwigk; nach ihrer Vermählung lebte sie in Kassel und auf der „Burg" in Hoof.

Von einem Nachfahren Krauses, dem in Breitenbach geborenen Zeichner, Grafiker und bibliophilen Herausgeber Grimm'scher Märchen, Albert Schindehütte (*1939, Heinz Rölleke/Albert Schindehütte, *„Es war einmal ... Die wahren Märchen der Brüder Grimm und wer sie ihnen erzählte"*), wurde die Märchenwache, einst das ehemalige Gerätehaus der Feuerwehr, künstlerisch umgestaltet; u. a. ziehen vier riesige Holzschnitte Schindehüttes mit Märchenmotiven die Blicke der Besucher auf sich.

WOLFHAGEN

Der Wolf im Hagen
(Brüder Grimm*)

Zu Wolfhagen bei dem Schützeberger Tor steht ein Turm an der Mauer mit dem in Stein gehauenen deutlichen Bildnis eines Wolfs und eines Schützen, der den Bogen spannt. In ihrem Wappen führt die Stadt einen flüchtigen Wolf durch drei Bäume laufend. Man erzählt, dass in der Gegend, wo die neue Stadt angelegt werden sollte, Wald und Hain, den man erst ausrotten musste, gestanden habe; dabei sei ein Wolf angetroffen und erlegt worden und davon führe die Stadt Namen und Wappen.

(* Deutsche Sagen – Handschrift Jacob Grimm)

Wer nun ein faules Gritchen hat
(Brüder Grimm*)

Wer nun ein faules Gritchen hat
der nehm es wohl in Acht
das schläft ja allen Morgen
bis dass die Sonne scheint.

Als nun der Vater aus dem Holze kam
schläft faules Gritchen noch
schlaf du zu tausend Teufel
unser Hirt ist schon im Wald
unser' Kuh steht noch im Stall.

Faul Gritchen aus dem Bettchen sprang
den Rock in ihre Hand sie nahm
sie tät das Kühlein melken

mit ungewaschner Hand
ist das nicht eine große Schand?

Als sie die Kuh gemolken hat
da maß sie Wasser zu
sie sprach zu ihrem Vater
so viel gibt unser' Kuh
das macht die liebe lange Ruh.

Sie nahm das Rütlein in die Hand
und trieb das Kühlein nach
sie tät das Kühlein jagen
bis in den kühlen Wald
da sie den Hirten fand.

Ach nun, mein lieber Hirte mein
was hab' ich euch getan
dass ich muss alle Morgen
bis in den grünen Wald?

Gibst du mir nun die Buttermilch
wie ander Weiber tun
so will ich dir alle Morgen
pfeifen vor deiner Tür:
Faules Gritchen komm herfür!

Gibst du mir nun die Buttermilch
die süße auch dazu
so will ich dir alle Morgen
pfeifen vor deiner Tür
Faules Gritchen komm herfür!

(* Mündlich in Hessen, Ippinghausen – Handschrift Jacob Grimm)

Zu den Brüdern Grimm hat Wolfhagen etliche Bezüge aufzuweisen: In Jacob und Wilhelm Grimms Nachlass wartete seit über 150 Jahren ein Manuskript für einen dritten Band ihrer „*Deutschen Sagen*" auf Veröffentlichung; u. a. finden sich hier die zwei kleineren Wolfhager Sagen, nämlich *Der Wolf im Hagen* und *Der Glockenborn*. Zu Lebzeiten der Brüder Grimm wurde dieser geplante dritte Sagenband, obwohl diese fest damit rechneten, nicht mehr realisiert. Erst 1993 war es so weit: Barbara Kindermann-Bieri gab den Band Brüder Grimm: *„Deutsche Sagen"*, Band 3, heraus.

Neben Sagen und Märchen haben die Brüder Grimm auch eine Unmenge von Volks- und Kinderliedern gesammelt. Mehr als ein halbes Dutzend Volkslieder aus dem Wolfhager Stadtteil Ippinghausen (oft mit erotisch gefärbtem Inhalt) sowie zwei Rätsel hielt Jacob Grimm schriftlich fest.

Der jüngste Grimm-Bruder, der Zeichner und Maler Ludwig Emil Grimm, war als Leutnant beim Advokaten Kleinhans in der Teichstr. 6 in Wolfhagen einquartiert. L.E. Grimm zeichnete neben anderen Wolfhager Motiven auch die sagenumwobene Weidelsburg, unweit von Ippinghausen, die zu den eindrucksvollsten Burgruinen in Nordhessen zählt und ein beliebtes Wanderziel ist.

Das Tor der Weidelsburg – 1824

NAUMBURG

Die Kaiserin hatte einen alten Mann
(Brüder Grimm*)

Die Kaiserin hatte einen alten Mann
sie hatte weder Lust noch Freude daran,
sie hatte einen jungen Knaben
der Knabe und der war hübsch und fein
bei ihm da war gut schlafen.

Als es wohl gegen den Abend ging
da kam der Kaiser gegangen
sie wusste den Knaben nicht zu lassen
sie stach ihn wohl zu dem Fenster hinaus
wohl in das tiefe Wasser.

Sie sahen ihn so barmherzig an
die Tränen auf dem Wasser steh'n,
„Jung Fräulein, sie brauchen für mich nicht zu sorgen
untertauchen und schwimmen das kann ich wohl,
bis an den hellen Morgen."

Als er wohl auf die Mitte kam,
Maria Gottes Mutter rief er an,
Maria mit ihrem lieben Kinde
will sie mein' Hilfe mein Beistand sein,
meine Kunst ist gar geringe.

Als er wohl an das Ufer kam
schneeweißes Hemdchen zog er an
dies geschieht dem Knaben zu gefallen
sonst mögt ich wohl sein eine Kaiserinne
und sitzen oben an.

(* Mündlich, Elberberg? – Handschrift Wilhelm Grimm)

Es war ein feiner Zimmergesell
(Brüder Grimm*)

Es war ein feiner Zimmergesell
der war ein junges Blut
er baut einem jungen Markgrafen ein Haus
ein Haus und das war gut.

Als er das Haus ihm fertig hat
legt er sich drein und schlief
da kam des jungen Marktgrafen Weib
mit ihrem schneeweißen Kleid.

Komm her du feiner Zimmergesell
schlaf diese Nacht bei mir
und wenn ich bei ihr entschliefe,
das brächte mich morgen in Schimpf.

Das alte Kammerweib das guckte zum Schlüsselloch
ein Markgraf, das will ich ihm sagen,
von seinem stolzen Weib, das liegt bei einem Zimmergesell
in ihrem schneeweißen Kleid.

Liegt er bei meinem Weibe
den Galgen will ich ihm bauen
den Galgen will ich ihm bauen
aus lauter Marmelstein.

Als sie wohl auf die Heide kamen
die Heide war weit und breit
was trug sie in ihrem Schuhe
dreitausend Dukaten an Gold.

Komm her du feiner Zimmergesell
das Geld, das geb ich dir
und wenn du das Geld verzehret hast,
so wende dich wieder zu mir.

(* Mündlich, Elberberg? – Handschrift Wilhelm Grimm)

BAD WILDUNGEN

Brotpudding
(Dortchen Grimm*)

Neun Lot** getrocknetes fein gestoßenes Brot, zehn Eier, sechs Lot gestoßenen Zucker, etwas gestoßene Nelken und die Schale von einer Zitrone. Das Brot wird mit einem Glas Wein angefeuchtet, das Eigelb und der Zucker werden zusammengerührt, dann das andere dazugetan und zuletzt der Schnee von den Eiern. Die Form wird mit Butter geschmiert und mit Weckkrumen bestreut. Zwei Stunden kochen. Die Sauce kann man nach Belieben machen.

(** Ein Lot = ca. 15,13 g – 32 Lot entsprechen in Kurhessen 1 Pfund = 484,242 g)

(* Von Wildungen, den 20. April 1824, dort gegessen)

Brottorte
(Dortchen Grimm*)

Man nimmt ein halbes Pfund** fein gestoßenen Zucker, ein halbes Pfund fein gestoßene Mandeln, acht Lot ganz trockenes gestoßenes Brot, zwölf gestoßene Nelken, ein Quentchen*** gestoßenen Zimt, etwas Zitronat und eingemachte Orangenschale (geschnitten), vierzehn Eier (man kann auch sechzehn nehmen). Nun feuchtet man mit einem Weinglas voll Wein das Brot an, rührt das Eigelb, den Zucker und die Mandeln eine Weile zusammen und tut dann zuletzt das Brot und den Schnee von den vierzehn Eiern dazu, schmiert die Pfanne mit Butter, bestreut sie mit Weckkrumen und bäckt sie langsam.

(** ca. 242 g)

(*** 4 g)

(* Von Frau R. Treiner, ich habe sie den 19. April 1824 am zweiten Ostertag in Wildungen auf der Kindtaufe gegessen. Sehr gut)

Im Nachlass der Familie Grimm fanden sich handgeschriebene Kochbücher. Wilhelm Grimms spätere Ehefrau Dorothea (1795–1867) sammelte Rezepte in ihrer näheren Umgebung und brachte weitere von Besuchen und Ausflügen mit. Im April 1824 war sie in Wildungen, von wo zwei Rezepte stammen: Ein Rezept für Brotpudding, das andere eine Brottorte (Dorothea merkt an „sehr gut“).

FRITZLAR
Fritzlars Verwüstung
(Ferdinand Grimm*)

Landgraf Konrad von Thüringen und Hessen griff wegen Streit mit Mainz 1232 Fritzlar in Hessen an und steckte es in Brand. Bei seinem Abzug erschienen mehrere Frauen auf der Stadtmauer, zeigten ihm den Hintern und riefen, wenn er einmal nicht wüsste, wohin er fliehen sollte, wüssten sie ihm eine Herberge. Das erzürnte den Landgrafen so, dass er wieder umkehrte, die Stadt mit Feuer und Schwert verwüstete und Kirchen, Türme und Mauern umstürzte. Die Einwohner fanden den Tod, bis auf wenige, welche herauskamen und sich seiner Gnade unterwarfen.

(* Nach mündlicher Tradition)

Bettina von Arnim (1785–1859), eine Schwester des Romantikers Clemens Brentano, war Schülerin des Fritzlarer Ursulinenklosters. Ihr Aufenthalt in der Klosterschule von 1794–1801 ist eingegangen in ihr bekanntestes Werk *„Goethes Briefwechsel mit einem Kinde“* sowie in ihr romanhaftes Kunstmärchen *„Das Leben der Hochgräfin Gritta von Rattenzuhausbeiuns“*.

Die mit Jacob und Wilhelm Grimm befreundete Familie von Arnim erhielt bei Erscheinen der *„Kinder- und Hausmärchen“* im Jahre 1812 eines der ersten Exemplare mit besonderer Widmung für Frau Bettina und den kleinen Sohn Johannes Freimund.

Im Kreuzgang der Fritzlarer Stiftskirche
St. Petri – 1825

WABERN

Die Wichtellöcher bei Uttershausen
(Jacob Grimm*)

An der Schwalm bei Uttershausen liegt der Dosenberg, dicht am Ufer gehen zwei Löcher hervor, die waren von alters her Aus- und Eingänge der Wichtelmännchen. Zu dem Großvater des Bauern Tobi in Singlis kam öfter ein Wichtelmännchen freundlich auf den Acker.

Eines Tages, als der Bauer Korn schnitt, fragte es, ob er in der künftigen Nacht für reichen Geldlohn Fuhren durch den Fluss übernehmen wolle. Der Bauer sagte zu. Abends brachte der Wichtel einen Sack voll Weizen als Handgeld in des Bauern Haus, nun wurden vier Pferde angeschirrt, und der Bauer fuhr zum Dosenberg. Aus den Löchern lud der Wichtel schwere unsichtbare Lasten auf den Wagen, die der Bauer durchs Wasser auf das andere Ufer brachte. So fuhr er hin und her, von abends zehn bis morgens vier Uhr, dass die Pferde schließlich ermüdeten. Da sprach der Wichtel: „Es ist genug, nun sollst du auch sehen, was du gefahren hast!" Er hieß den Bauern über die rechte Schulter blicken. Da sah der Bauer, wie das weite Feld voll von Wichtelmännchen war. Darauf sagte der Wichtel: „Seit tausend Jahren haben wir im Dosenberg gehaust, jetzt ist unsere Zeit um, wir müssen in ein anderes Land. Im Berg bleibt aber so viel Geld zurück, dass die ganze Gegend genug daran hätte." Dann lud er Tobis Wagen voll Geld und schied. Der Bauer brachte mühsam den Schatz nach Hause und war ein reicher Mann geworden. Seine Nachkommen sind heute noch vermögende Leute, die Wichtelmännchen aber aus dem Land verschwunden.

(* Deutsche Mythologie)

Das Geldfeuer auf dem Dosenberg
(Jacob Grimm*)

Der Dosenberg hat oben eine Glatze, auf welcher nichts wachsen kann, denn die Stelle ist von den Wichteln, die sich darauf herumtummelten, verzaubert. Alle sieben Jahre freitags zeigt sich darüber eine hohe blaue Flamme, die auf der Erde, über dem Umfang eines großen Kessels brennt. Die Leute nennen es das *Geldfeuer*; man hat es mit den Füßen weggestrichen, denn es hält keine Glut. Man hat gedacht, einen Schatz heben zu können, aber vergeblich. Der Teufel weiß immer den Leuten durch neues Gaukelwerk irgendein Wort hervorzulocken. Um einen Schatz heben zu können, muss man still sein.

(* Deutsche Mythologie)

BORKEN

Ursprung der von Hund
(Jacob Grimm*)

Unfern Kerstenhausen in Hessen, am westlichen Ausgang des Löwensteiner Grunds, liegt die Hundsburg. In alten Zeiten, erzählt man, begegnete einem Edelmann, der sein Hauptgeschäft aus der Jagd machte, eine Frau mit einem großen, verdeckten Korb. Er fragte sie, was sie da trage. Sie antwortete: Zwei Hunde, welche ersäuft werden sollen. Der Edelmann entgegnete ihr, dass er die Hunde sehen, und da er ein großer Freund von Hunden sei, solche behalten wolle. Die Frau weigerte sich hartnäckig, den Korb aufzudecken, weil es ihr bei schwerer Strafe untersagt sei. Schließlich wollte der Edelmann Gewalt brauchen, zitternd deckte sie ihren Korb auf und – was fand sich darin? Zwei neugeborene Kinder, die wahrscheinliche Frucht heimlicher unerlaubter Liebe, die nun einer falschen Scham geopfert werden sollten. Der Edelmann ließ die beiden Knaben in seine Burg tragen, sorgte für deren Erhaltung und nahm sie, da er kinderlos war, an Kindes statt an.

Er schickte zu einem benachbarten Geistlichen und ließ ihn bitten, zwei junge Hunde auf seiner Burg zu taufen. Dieser lehnte den Antrag mit Unwillen und Heftigkeit ab. Ein anderer Geistlicher machte es ebenso. Als er zu einem dritten schickte (es soll der Pfarrer zu Metze in Niederhessen gewesen sein, bei dessen Stelle sich noch ein besonderer und wie man sagt davon herrührender Zehnte befindet), vermutete dieser sogleich eine andere eigene Bewandtnis der Sache. Er versprach zu kommen, fand sich wirklich auf dem Schloss des Edelmanns ein und taufte die zwei schönen Knaben, welche der Edelmann an Kindes statt mit dem beigelegten Namen der Hunde annahm. Von diesen Knaben, die sich später hervortaten und eine eigene Burg bauten, stammt die noch altadlige Familie der von Hund.

(* Deutsche Sagen – Handschrift Jacob Grimm)

Die Frau Kreisrätin wird uns
zu Homberg vorgestellt – um 1824

HOMBERG (Efze)

Die Riesin auf der Burg zu Homberg
(Jacob Grimm*)

Eine Riesin wohnte bei Homberg in Niederhessen. Die Trümmer einer Burg zeigen die Wohnung der Riesin. Zwei Stunden davon seitwärts, in nordwestlicher Richtung neben dem Dorfe Gombeth, liegt ein Stein, den sie in einem Wurf von Homberg dahin schleuderte; die Finger ihrer Hand sieht man in dem Stein eingedrückt.

(* Deutsche Mythologie)

Aus der Engelsapotheke am Marktplatz stammt der später in Willingshausen lebende Grimm-Forscher Wilhelm Schoof.

SCHWALMSTADT

Die Goldkinder
(Brüder Grimm*)

Es waren ein armer Mann und eine arme Frau, die hatten nichts als eine kleine Hütte und nährten sich vom Fischfang, und es ging bei ihnen von Hand zu Mund. Es geschah aber, als der Mann eines Tages beim Wasser saß und sein Netz auswarf, dass er einen Fisch herauszog, der ganz golden war. Und als er den Fisch voll Verwunderung betrachtete, hub dieser an zu reden und sprach: „Hör', Fischer, wirfst du mich wieder hinab ins Wasser, so mach' ich deine kleine Hütte zu einem prächtigen Schloss." Da antwortete der Fischer: „Was hilft mir ein Schloss, wenn ich nichts zu essen habe?" – Sprach der Goldfisch weiter: „Auch dafür soll gesorgt sein; es wird ein Schrank im Schloss sein, wenn du den aufschließt, so stehen Schüsseln darin mit den schönsten Speisen, soviel du dir wünschest." – „Wenn das so ist," sprach der Mann, „kann ich dir wohl den Gefallen tun." – „Ja", sagte der Fisch, „es ist aber die Bedingung dabei, dass du keinem Menschen auf der Welt, wer es auch immer sein mag, entdeckst, woher dein Glück gekommen ist. Sprichst du ein einziges Wort, so ist alles vorbei."

Nun warf der Mann den wunderbaren Fisch wieder ins Wasser und ging heim. Wo aber sonst seine Hütte gestanden hatte, da stand jetzt ein großes Schloss. Da machte er ein paar Augen, trat hinein und sah seine Frau, mit schönen Kleidern geputzt, in einer prächtigen Stube sitzen. Sie war ganz vergnügt und sprach: „Mann, wie ist das auf einmal gekommen? Das gefällt mir wohl." – „Ja", sagte der Mann, „es gefällt mir auch, aber es hungert mich auch gewaltig, gib mir erst was zu essen." – Sprach die Frau: „Ich habe nichts und weiß in dem neuen Haus nichts zu finden." – „Das hat keine Not", sagte der Mann, „dort sehe ich einen großen Schrank, den schließ einmal auf." Wie sie den Schrank aufschloss, stand da Kuchen, Fleisch, Obst, Wein und lachte einen ordentlich an. Da rief die Frau voll Freude: „Herz, was begehrst du nun, und sie setzten sich nieder, aßen und tranken zusammen. Wie sie satt waren, fragte die Frau: „Aber, Mann, wo kommt all dieser Reichtum her?" – „Ach", antwortete er, „frage mich nicht darum, ich darf dir's nicht sagen. Wenn ich's jemand entdecke, so ist unser Glück wieder dahin." – „Gut", sprach sie, „wenn ich's nicht wissen soll, so begehr ich's auch nicht zu wissen." Das war aber ihr

Ernst nicht, es ließ ihr keine Ruhe Tag und Nacht, und sie quälte und stachelte den Mann so lang, bis er in der Ungeduld heraus sagte, es käme alles von einem wunderbaren goldenen Fisch, den er gefangen und dafür wieder in Freiheit gelassen hätte. Und wie's heraus war, da verschwand alsbald das schöne Schloss mit dem Schrank, und sie saßen wieder in der alten Fischerhütte.

Der Mann musste von vorne anfangen, seinem Gewerbe nachgehen und fischen. Das Glück wollte es aber, dass er den goldenen Fisch noch einmal herauszog. „Hör", sprach der Fisch, „wenn du mich wieder ins Wasser wirfst, so will ich dir noch einmal das Schloss mit dem Schrank voll Gesottenem und Gebratenem zurückgeben. Nur halt dich fest und verrat beileibe nicht, von wem du's hast, sonst geht's wieder verloren." – „Ich will mich schon hüten", antwortete der Fischer und warf den Fisch in sein Wasser hinab. Daheim war nun alles wieder in voriger Herrlichkeit, und die Frau war in einer Freude über das Glück, aber die Neugierde ließ ihr doch keine Ruhe, dass sie nach ein paar Tagen wieder zu fragen begann, wie es zugegangen wäre, und wie er es angefangen habe. Der Mann schwieg eine Zeitlang still dazu, schließlich aber machte sie ihn so ärgerlich, dass er herausplatzte und das Geheimnis verriet. In dem Augenblick verschwand das Schloss, und sie saßen wieder in der alten Hütte. „Nun, hast du's", sagte der Mann, „jetzt können wir wieder am Hungertuch nagen." – „Ach", sprach die Frau, „ich will den Reichtum lieber nicht, wenn ich nicht weiß, von wem er kommt, sonst habe ich doch keine Ruhe."

Der Mann ging wieder fischen, und über eine Zeit so war's nicht anders, er holte den Goldfisch zum dritten Mal heraus. „Hör", sprach der Fisch, „ich sehe wohl, ich soll immer wieder in deine Hände fallen. Nimm mich mit nach Haus und zerschneid mich in sechs Stücke, zwei davon gib deiner Frau zu essen, zwei deinem Pferd und zwei leg in die Erde, so wirst du Segen davon haben." Der Mann nahm den Fisch mit nach Haus und tat, wie er ihm gesagt hatte. Es geschah aber, dass aus den zwei Stücken, die in die Erde gelegt waren, zwei goldene Lilien aufwuchsen und dass das Pferd zwei goldene Füllen bekam und des Fischers Frau zwei Kinder, die ganz golden waren.

Die Kinder wuchsen heran, wurden groß und schön, und die Lilien und Pferde wuchsen mit ihnen. Da sprachen sie: „Vater, wir wollen uns auf unsere goldenen Rosse setzen und in die Welt ausziehen." Er aber antwortete betrübt: „Wie will ich's aushalten, wenn ihr fortzieht, und ich nicht weiß, wie's euch geht?" Da sagten sie: „Die zwei goldenen Lilien bleiben hier, daran könnt ihr sehen, wie's uns geht. Sind sie frisch, so sind wir gesund, sind sie welk, so sind wir krank, fallen sie um, so sind wir tot." Sie ritten fort und kamen in ein Wirtshaus, darin waren viele Leute, und als sie die zwei Goldkinder erblickten, fingen sie an zu lachen und zu spotten. Wie der eine das Gespött hörte, so schämte er sich, wollte nicht in die Welt, kehrte um und kam wieder heim zu seinem Vater. Der andere aber ritt fort und gelangte zu einem großen Wald. Und als er hineinreiten wollte, sprachen die Leute: „Es geht nicht, dass Ihr durchreitet, der Wald ist voll Räuber, die werden übel mit Euch umgehen und gar, wenn sie sehen, dass Ihr golden seid und Euer Pferd auch, so werden sie Euch totschlagen". Er aber ließ sich nicht schrecken und sprach: „Ich muss und soll hindurch." Da nahm er Bärenfelle und überzog sich und sein Pferd damit, dass nichts mehr vom Gold zu sehen war, und ritt getrost in den Wald hinein. Als er ein wenig fortgeritten war, so hörte er es in den Gebüschen rauschen und vernahm Stimmen, die miteinander sprachen. Von der einen Seite rief 's: „Da ist einer", von der andern aber: „Lasst ihn laufen, das ist ein Bärenhäuter und arm und kahl wie eine Kirchenmaus, was sollen wir mit ihm anfangen!" So ritt das Goldkind glücklich durch den Wald, und es geschah ihm kein Leid.

Eines Tages kam er in ein Dorf, darin sah er ein Mädchen, das war so schön, dass er nicht glaubte, es könnte ein schöneres auf der Welt sein. Und weil er eine so große Liebe zu ihm empfand, so ging er zu ihm und sagte: „Ich habe dich von ganzem Herzen lieb, willst du meine Frau werden?" Er gefiel aber auch dem Mädchen, dass es einwilligte und sprach: „Ja, ich will deine Frau werden und dir treu sein mein Leben lang." Nun hielten sie Hochzeit zusammen, und als sie eben in der größten Freude waren, kam der Vater der Braut heim, und als er sah, dass seine Tochter Hochzeit machte, wunderte er sich und sprach: „Wo ist der Bräutigam?" Sie zeigte ihm das Goldkind, das hatte aber noch seine Bärenfelle um. Da sprach der Vater zornig: „Nimmermehr soll ein Bärenhäuter meine Tochter haben", und wollte ihn ermorden. Da bat ihn die Braut, was sie konnte, und sprach: „Er ist einmal mein Mann, und ich habe ihn von Herzen lieb", bis er sich endlich besänftigen ließ. Doch aber kam's ihm nicht aus dem Gedanken, sodass er am andern Morgen früh aufstand und seiner Tochter Mann sehen wollte, ob er ein gemeiner und verlumpter Bettler wäre. Wie er aber hinblickte, sah er einen herrlichen, goldenen Mann im Bett, und die abgeworfenen Bärenfelle lagen auf der Erde. Dann ging er zurück und dachte: ‚Wie gut ist's, dass ich meinen Zorn bändigte, ich hätte eine große Missetat begangen.'

Dem Goldkind aber träumte, er zöge hinaus auf die Jagd nach einem prächtigen Hirsch, und als er am Morgen erwachte, sprach er zu seiner Braut: „Ich will hinaus auf die Jagd." Ihr war angst, und sie bat ihn dazubleiben und sagte: „Leicht kann dir ein großes Unglück begegnen, aber er antwortete: „Ich soll und muss fort." Da stand er auf und zog hinaus in den Wald und gar nicht lange, so hielt auch ein stolzer Hirsch vor ihm, ganz nach seinem Traum. Er legte an und wollte ihn schießen, aber der Hirsch sprang fort. Da jagte er ihm nach, über Gräben und durch Gebüsche und ward nicht müde den ganzen

Tag. Am Abend aber verschwand der Hirsch vor seinen Augen, und als das Goldkind sich umsah, so stand es vor einem kleinen Haus, darin saß eine Hexe. Er klopfte an, und ein Mütterchen kam heraus und fragte: „Was wollt Ihr so spät noch mitten in dem großen Wald?“ Er sprach: „Habt Ihr keinen Hirsch gesehen?“ – „Ja“, antwortete sie, „den Hirsch kenn ich wohl“, und ein Hündlein, das mit ihr aus dem Haus gekommen war, bellte dabei den Mann heftig an. – „Willst du schweigen, du böse Kröte“, sprach er, „sonst schieß ich dich tot“. Da rief die Hexe zornig: „Was, mein Hündchen willst du töten!“, und verwandelte ihn alsbald, dass er dalag wie ein Stein, und seine Braut erwartete ihn umsonst und dachte: Es ist gewiss eingetroffen, was mir so Angst machte und so schwer auf dem Herzen lag.

Daheim aber stand der andere Bruder bei den Goldlilien, als plötzlich eine davon umfiel. „Ach Gott“, sprach er, „meinem Bruder ist ein großes Unglück zugestoßen, und ich muss fort, damit ich ihn vielleicht errette.“ Da sagte der Vater: „Bleib hier, wenn ich auch dich verliere, was soll ich anfangen?“ Er aber antwortete: „Ich soll und muss fort.“ Da setzte er sich auf sein goldenes Pferd und ritt fort und kam in den großen Wald, wo sein Bruder lag und Stein war. Die alte Hexe kam aus ihrem Haus, rief ihn an und wollte ihn auch berücken, aber er näherte sich nicht, sondern sprach: „Ich schieße dich nieder, wenn du meinen Bruder nicht wieder lebendig machst.“ Sie rührte, so ungerne sie's auch tat, den Stein mit dem Finger an, und alsbald erhielt er sein menschliches Leben zurück. Die beiden Goldkinder aber freuten sich, als sie sich wiedersahen, küssten und herzten sich und ritten zusammen fort aus dem Wald, der eine zu seiner Braut, der andere heim zu seinem Vater. Da sprach der Vater: „Ich wusste wohl, dass du deinen Bruder erlöst hattest, denn die goldene Lilie ist auf einmal wieder aufgestanden und hat fortgeblüht“. Nun lebten sie vergnügt, und es ging ihnen wohl bis an ihr Ende.

(* KHM 85: 1812, nach der Niederschrift von Friederike Mannel aus Allendorf in den „Schwalmgegenden“.)

Ankunft bei Herrn Pfarrer Mannel
spät abends in Allendorf – um 1824

Friederike Mannel (1783–1833), die Tochter des Pfarrers Johann Adam Mannel (1758–1834) aus Allendorf an der Landsburg bei Ziegenhain, schickte an Clemens Brentano einige Volkslieder, von denen dieser fünf in seiner Sammlung *„Des Knaben Wunderhorn"* veröffentlichte. Auf Einladung Brentanos kam Wilhelm Grimm im September 1808 in das Haus des Pfarrers Mannel nach Allendorf, wo Friederike schon in der frühen Sammelphase als Märchenbeiträgerin gewonnen werden konnte. Da Clemens Brentano sein Märchenprojekt nicht weiterverfolgte, fanden die teils von Friederike Mannel selbst, teils von anderer Hand aufgezeichneten und von ihr vermittelten Märchen Eingang in die *„Kinder- und Hausmärchen"* der Brüder Grimm. Friederike Mannel sandte u. a. die Märchen *Die Goldkinder, Fitchers Vogel* und *Fundevogel* an die Brüder Grimm. Nicht ganz auszuschließen ist, dass auch französisches Märchengut über den Vater Friederikes überliefert wurde. Er war von 1781–1788 Pfarrer in Hilmes (Kreis Hersfeld-Rotenburg), wo er auch die hugenottische Gemeinde im benachbarten Gethsemane zu betreuen hatte. Dort wohnten im Jahre 1785 acht französische, aber auch sechs deutsche Familien; wie groß ein eventueller französischer Anteil von Märchen ist, die Pfarrer Mannel Friederike als Kind erzählt haben könnte, ist heute nicht mehr zu ermitteln.

Auf Veranlassung Friedrike Mannels zeichnete in Treysa der Pfarramtskandidat Ferdinand Siebert (1791–1847) für die Brüder Grimm eine ganze Reihe von Märchen wie z. B. *Der Arme und der Reiche, Die drei Brüder* oder *Vom klugen Schneiderlein* auf. Zu vermuten ist, dass sich Siebert die Märchen von seinen Schülern hatte erzählen lassen. Gut möglich, dass Friederike in Wilhelm Grimm und Ferdinand Siebert verliebt war, doch reagierten beide nicht.

WILLINGSHAUSEN

Droll

(Wilhelmine von Schwertzell*)

Es war einmal ein Knabe, der gab sich nicht umsonst Mühe, das ganze Jahr hindurch gut und fleißig zu sein, sodass seine Spielkameraden und Nachbarsleute sagten: „Für ihn kommt am Weihnachtsabend gewiss ein helles Bäumchen."

Da nun die Zeit kam, wo draußen alles erstarrte, drinnen alles in ängstlich froher Erwartung glühte, legte sich das Kind hin, wurde krank und rings umher wurde alles dunkel.

Als aber der Winter allmählich die starren Glieder regte, da wuchs ein Bäumchen aus der Erde, und die übrigen Kinder dachten: ‚Wer fromm gewesen ist, darf nicht an Freude zu kurz kommen, darum ist's herangewachsen. Was hängen wir nun, um des eigenen Vergnügens willen, daran?'

Über dem vergeblichen Nachsinnen wurde es Nacht, der Mond ging auf, und die Kinder gingen hinaus, sich in kindlichen Gedankenspielen erschöpfend. Da sprang mit einem Mal ein lustiges Figürchen vor ihnen her, an dem sich alle ergötzten, denn bald war's wie ein Eichhörnchen, dann wieder wie ein Ästchen. Sah man es aber ganz starr an, so war's ein ordentlicher kleiner Mensch. Jetzt fing's auch an zu reden, nannte sich Droll und versprach jedem Kind einen guten Rat, wenn sie zum Walde folgten. Gerne taten sie es, und nun umhüpfte das lustige Figürchen bald eine Menge kleiner Flammen, von denen ein gescheites Kind sagte, es seien Irrlichter.

Immer tiefer und tiefer ging's in den Wald hinein. Da stand plötzlich Droll, deutete auf einen großen Stein und sagte: „Da habt ihr, was ihr sucht!"

Das Wort war noch nicht verhallt, als Droll schon über alle Berge war. Die Flämmchen aber blieben zurück, drängten sich in einem dichten Kreis, und nun sahen die armen Kinder, dass der Stein mit tausend Kreuz- und Querzügen beschrieben war, worin sie den Rat des kleinen Kobolds suchten. Die Klugen forschten schweigend nach der Bedeutung, die Mädchen weinten über Drolls Bosheit.**

Schließlich beschlossen sie, die geheimnisvollen Zeichen mit nach Hause zu nehmen, um dort weiter drüber nachzudenken. Der Stein wurde emporgehoben und siehe! Da lagen in einer kleinen Vertiefung allerhand bunte und glänzende Sachen. Die Lichtchen rückten näher, und heraus stieg ein Geldbeutel, der die Eigenschaft hat, auf Reisen immer schwerer zu werden, ein Kranz, der die Serviette umflechten soll, dessen erste Blume mit *G*, die letzte mit *M* anfängt, welches heißt: *Gesegnete Mahlzeit.* Ein Tuch, das, sobald man es umknüpft, jedwedes Körperweh verscheucht, ein Blumenstock, dessen Duft die frischen fröhlichen Studentenjahre herbeizaubert, ein Leuchter, durch welchen ein Licht nach dem andern aufgeht, ein Stock, der, wohin er auf dem Spaziergang gesetzt wird, immer neue Freudenquellen aufschließt, und ein Tintenfass, worin 196.000 gute sinnreiche Gedanken stecken, und ein Fläschchen mit Blumensaft, der düstere Phantome zerstreut. Die Flämmchen leuchteten vor, die Kinder eilten heilfroh mit den Geschenken nach Hause, da keuchte etwas hinter ihnen her. Sie blickten zurück, es war Droll mit dem beschriebenen Stein.

Alles näherte sich dem Bäumchen, die Flammen stiegen auf die einzelnen Äste, da erhob der Kobold die Stimme: „Und ich schenke dem Kind die Auflösung der geheimnisvollen Zeichen, die ich mit Schlittschuhen selbst darauf gelaufen."

(* Wilhelm Grimm zu seinem Geburtstag, dem 24. Februar, von Wilhelmine von Schwertzell gewidmet.)

(** Von diesem Vorfall stammt das Sprichwort: „Der Kummer liegt wie ein Stein auf dem Herzen, und sie weinten, dass sich ein Stein in der Erde hätte erbarmen mögen.")

Mädchen aus Willingshausen – 1828

Wilhelm Grimms Freundschaft zur Familie von Schwertzell geht auf Fritz von Schwertzell zurück, der mit Wilhelm in Kassel das Fridericianum besuchte und später auch in Marburg studierte. Auf Schloss Willingshausen waren die Brüder Grimm gern gesehene Gäste. Wilhelmine von Schwertzell (1790–1849), Fritz' Schwester, hat auch Märchen gesammelt und stand in regem Briefwechsel mit Wilhelm Grimm (75 Briefe sind erhalten). Wilhelmines Schwager, der Baltendeutsche Gerhardt von Reutern (1794–1865), der in den Freiheitskriegen gegen Napoleon in der russischen Armee gekämpft hatte, war mit Ludwig Emil Grimm, die beide als Begründer der hessischen Trachtenmalerei gelten, befreundet. Von ihm erhielt von Reutern während Ludwig Emils Aufenthalten in Willingshausen Mal- und Zeichenunterricht. Beide zeichneten als Erste überhaupt die Trachten der Schwalm.

An die große Zeit von Willingshausen, als sich hier in den 40er-Jahren des 19. Jhs. eine bedeutende Künstlerkolonie (G. v. Reutern, C. Bantzer, J. F. Dielmann, H. Kätelhön, L. Knaus, W. Thielmann, H. von Volkmann u.a.) etablierte, erinnert das „Malerstübchen" im Gerhardt-von Reutern-Haus.

In Willingshausen lebte der Grimm-Forscher Wilhelm Schoof (1876–1975, *„Zur Entstehungsgeschichte der Grimm'schen Märchen"*); auf dem Friedhof fand er seine letzte Ruhestätte.

Mittagessen in Hersfeld – 1850

BAD HERSFELD

Der ausgehende Rauch
(Brüder Grimm*)

Zu Hersfeld dienten zwei Mägde in einem Haus, die pflegten jeden Abend, eh sie zu Bett schlafen gingen, eine Zeitlang in der Stube still zu sitzen. Den Hausherrn wunderte das schließlich, er blieb daher einmal auf, verbarg sich im Zimmer und wollte die Sache belauern. Wie die Mägde sich nun beim Tisch allein sitzen sahen, hob die eine an und sagte:

„Geist, tue dich entzücken
Und tue jenen Knecht drücken!"

Darauf stieg ihr und der anderen Magd gleichsam ein schwarzer Rauch aus dem Hals und kroch zum Fenster hinaus; die Mägde fielen zugleich in tiefen Schlaf. Da ging der Hausvater zu der einen, rief sie mit Namen und schüttelte sie, aber vergebens, sie blieb unbeweglich. Schließlich ging er davon und ließ sie. Des Morgens darauf war diejenige Magd tot, die er gerüttelt hatte, die andere aber, die er nicht angerührt, blieb lebendig.

(* Deutsche Sagen)

BEBRA
Die klugen Leute
(Brüder Grimm*)

Eines Tages holte ein Bauer seinen hagebuchenen Stock aus der Ecke und sprach zu seiner Frau: „Trine, ich gehe jetzt über Land und komme erst in drei Tagen wieder zurück. Wenn der Viehhändler in der Zeit bei uns einspricht und will unsere drei Kühe kaufen, so kannst du sie losschlagen, aber nicht anders als für zweihundert Taler, geringer nicht, hörst du." – „Geh nur in Gottes Namen", antwortete die Frau, „ich will das schon machen." – „Ja, du!", sprach der Mann. „Du bist als kleines Kind einmal auf den Kopf gefallen, das hängt dir bis auf diese Stunde nach. Aber das sage ich dir, machst du dummes Zeug, streiche ich dir den Rücken blau, und das ohne Farbe, bloß mit dem Stock, den ich da in der Hand habe, und der Anstrich soll ein ganzes Jahr halten, darauf kannst du dich verlassen." Damit ging der Mann seiner Wege.

Am andern Morgen kam der Viehhändler, und die Frau brauchte mit ihm nicht viel Worte zu machen. Als er die Kühe besehen hatte und den Preis vernahm, sagte er: „Das gebe ich gerne, so viel sind sie unter Brüdern wert. Ich will die Tiere gleich mitnehmen." Er machte sie von der Kette los und trieb sie aus dem Stall. Als er eben zum Hoftor hinauswollte, fasste ihn die Frau am Ärmel und sprach: „Ihr müsst mir erst die zweihundert Taler geben, sonst kann ich Euch nicht gehen lassen." – „Richtig", antwortete der Mann, „ich habe nur vergessen, meine Geldkatze umzuschnallen, aber macht Euch keine Sorge, Ihr sollt Sicherheit haben, bis ich zahle. Zwei Kühe nehme ich mit, und die dritte lasse ich Euch zurück, so habt Ihr ein gutes Pfand." Der Frau leuchtete das ein, sie ließ den Mann mit seinen Kühen abziehen und dachte: ‚Wie wird sich der Hans freuen, wenn er sieht, dass ich es so klug gemacht habe.' Der Bauer kam den dritten Tag, wie er gesagt hatte, nach Haus und fragte gleich, ob die Kühe verkauft wären. „Freilich, lieber Hans", antwortete die Frau, „und wie du gesagt hast, für zweihundert Taler. So viel sind sie kaum wert, aber der Mann nahm sie ohne Widerrede." – „Wo ist das Geld?", fragte der Bauer. „Das Geld, das habe ich nicht", antwortete die Frau, „er hatte gerade seine Geldkatze vergessen, wird's aber bald bringen; er hat mir ein gutes Pfand zurückgelassen." – „Was für ein Pfand?", fragte der Mann. „Eine von den drei Kühen, die kriegt er nicht eher, als bis er die andern bezahlt hat. Ich habe es klug gemacht, ich habe die kleinste zurückbehalten, die frisst am wenigsten." Der Mann ward zornig, hob seinen Stock in die Höhe und wollte ihr damit den verheißenen Anstrich geben. Plötzlich ließ er ihn sinken und sagte: „Du bist die dümmste Gans, die auf Gottes Erdboden herumwackelt, aber du dauerst mich. Ich will auf die Landstraße gehen und drei Tage lang warten, ob ich jemand finde, der noch einfältiger ist als du. Glückt mir's, so sollst du frei sein, finde ich ihn aber nicht, so sollst du deinen wohlverdienten Lohn ohne Abzug erhalten."

Er ging hinaus auf die große Straße, setzte sich auf einen Stein und wartete auf die Dinge, die kommen sollten. Da sah er einen Leiterwagen heranfahren, und eine Frau stand mitten darauf, statt auf dem Gebund Stroh zu sitzen, das dabei lag, oder neben den Ochsen zu gehen und sie zu leiten. Der Mann dachte: „Das ist wohl eine, wie du sie suchst", sprang auf und lief vor dem Wagen hin und her, wie einer, der nicht recht gescheit ist. „Was wollt Ihr, Gevatter", sagte die Frau zu ihm, „ich kenne Euch nicht, von wo kommt Ihr her?" – „Ich bin vom Himmel gefallen", antwortete der Mann, „und weiß nicht, wie ich wieder hinkommen soll, könnt Ihr mich nicht hinauffahren?" – „Nein", sagte die Frau, „ich weiß den Weg nicht, aber wenn Ihr aus dem Himmel kommt, so könnt Ihr mir wohl sagen, wie es meinem Mann geht, der schon seit drei Jahren dort ist, Ihr habt ihn gewiss gesehen." – „Ich habe ihn wohl gesehen, aber es kann nicht allen Menschen gutgehen. Er hütet die Schafe, und das liebe Vieh macht ihm viel zu schaffen, das springt auf die Berge und verirrt sich in der Wildnis, und da muss er hinterherlaufen und es wieder zusammentreiben. Abgerissen ist er auch, und die Kleider werden ihm bald vom Leib fallen. Schneider gibt es dort nicht, der heilige Petrus lässt keinen hinein, wie Ihr aus dem Märchen wisst." – „Wer hätte sich das gedacht!", rief die Frau. „Wisst Ihr was? Ich will seinen Sonntagsrock holen, der noch daheim im Schrank hängt, den kann er dort mit Ehren tragen. Ihr seid so gut und nehmt ihn mit." – „Das geht nicht wohl", antwortete der Bauer, „Kleider darf man nicht in den Himmel bringen, die werden einem vor dem Tor abgenommen." – „Hört mich an", sprach die Frau, „ich habe gestern meinen schönen Weizen verkauft und ein hübsches Geld dafür bekommen, das will ich ihm schicken. Wenn Ihr den Beutel in die Tasche steckt, so wird's kein Mensch gewahr." – „Kann's nicht anders sein", erwiderte der Bauer, „so will ich Euch wohl den Gefallen tun." – „Bleibt nur da sitzen", sagte sie, „ich will heimfahren und den Beutel holen, ich bin bald wieder hier. Ich setze mich nicht auf das Bund Stroh, sondern stehe auf dem Wagen, so hat's das Vieh leichter." Sie trieb ihre Ochsen an, und der Bauer dachte: ‚Die hat Anlage zur Narrheit, bringt sie das Geld wirklich, so kann meine Frau von Glück sagen, denn sie kriegt keine Schläge.' Es dauerte nicht lange, so kam sie gelaufen, brachte das Geld und steckte es ihm selbst in die Tasche. Ehe sie wegging, dankte sie ihm noch tausend Mal für seine Gefälligkeit.

Als die Frau wieder heimkam, so fand sie ihren Sohn, der aus dem Feld zurückgekehrt war. Sie erzählte ihm, was sie für unerwartete Dinge erfahren hätte, und setzte dann hinzu: „Ich freue mich recht, dass ich Gelegenheit gefunden habe, meinem armen Mann etwas zu schicken. Wer hätte sich vorgestellt, dass er im Himmel an etwas Mangel leiden würde?" – Der Sohn war in der größten Verwunderung. „Mutter", sagte er, „so einer aus dem Himmel kommt nicht alle Tage, ich will gleich hinaus und sehen, dass ich den Mann noch finde. Der muss mir erzählen, wie's dort aussieht und wie's mit der Arbeit geht." Er sattelte das Pferd und ritt in aller Hast fort. Er fand den Bauer, der unter einem Weidenbaum saß und das Geld, das im Beutel war, zählen wollte. „Habt Ihr nicht den Mann gesehen", rief ihm der Junge zu, „der aus dem Himmel gekommen ist?" – „Ja", antwortete der Bauer, „der hat sich wieder auf den Rückweg gemacht und ist den Berg dort hinaufgegangen, von wo er's etwas näher hat. Ihr könnt ihn noch einholen, wenn Ihr scharf reitet." – „Ach", sagte der Junge, „ich habe mich den ganzen Tag abgerackert, und der Ritt hierher hat mich vollends müde gemacht. Ihr kennt den Mann, seid so gut und setzt Euch auf mein Pferd und überredet ihn, dass er hierherkommt." Aha, meinte der Bauer, das ist auch einer, der keinen Docht in seiner Lampe hat. „Warum sollte ich Euch den Gefallen nicht tun?", sprach er, stieg auf und ritt im nächsten Trab fort. Der Junge blieb sitzen, bis die Nacht einbrach, aber der Bauer kam nicht zurück. Gewiss, dachte er, hat der Mann aus dem Himmel große Eile gehabt und nicht umkehren wollen, und der Bauer hat ihm das Pferd mitgegeben, um es meinem Vater zu bringen. Er ging heim und erzählte seiner Mutter, was geschehen war: Das Pferd habe er dem Vater geschickt, damit er nicht herumzulaufen brauche. „Du hast wohlgetan", antwortete sie, „du hast noch junge Beine und kannst zu Fuß gehen."

Als der Bauer nach Hause gekommen war, stellte er das Pferd in den Stall, neben die verpfändete Kuh, ging dann zu seiner Frau und sagte: „Trine, das war dein Glück, ich habe zwei gefunden, die noch einfältigere Narren sind als du. Diesmal kommst du ohne Schläge davon, ich will sie für eine andere Gelegenheit aufsparen." Dann zündete er seine Pfeife an, setzte sich in den Großvaterstuhl und sprach: „Das war ein gutes Geschäft, für zwei magere Kühe ein glattes Pferd und dazu einen großen Beutel voll Geld. Wenn die Dummheit immer so viel einbrächte, so wollte ich sie gerne in Ehren halten." So dachte der Bauer, aber dir sind gewiss die Einfältigen lieber.

(* KHM: 10: Von Dortchen Grimm, nach mündlicher Tradition im Oktober 1851 auf der Friedrichshütte aufgezeichnet.)

Bei dem Dorf Iba (heute ein Stadtteil von Bebra) liegt die Friedrichshütte, die Mitte des 18. Jahrhunderts als Kupferschmelze erbaut wurde. Erhalten ist das repräsentative Verwaltungsgebäude; hier wohnten im 19. Jahrhundert Dortchen Grimms ältere Schwester Johanna, ihr Ehemann und Leiter der Friedrichshütte Bergrat Fulda sowie ihre fünf Kinder. Als Jacob Grimm nach dem Protest der Göttinger Sieben im Jahre 1837 aus dem Königreich Hannover ausgewiesen wurde, bot sein Schwager Fulda ihm, Wilhelm Grimm und seiner Familie, an, auf der Friedrichshütte zu wohnen.

Vom 12. August – 4. September 1840 verbrachte Dortchen Grimm mit ihren Kindern Hermann und Auguste Grimm drei Sommerwochen auf der Friedrichshütte. Der zwölfjährige Herman schrieb seinerzeit das Märchen *Die tanzenden Hasen* auf, das er seinem Onkel Jacob Grimm widmete.

Während eines mehrwöchigen Besuchs vom 29. September – 7. November 1851 bei ihrem inzwischen verwitweten Schwager zeichnete Dortchen das Märchen *Die klugen Leute* auf, das 1857 Eingang in die 7. Auflage der „*Kinder- und Hausmärchen*“ fand.

NENTERSHAUSEN

Der Liebste Roland
(Brüder Grimm*)

Es war einmal eine Frau, die war eine rechte Hexe und hatte zwei Töchter, eine hässliche und böse, und die liebte sie, weil sie ihre rechte Tochter war, und eine schöne und gute, die hasste sie, weil sie ihre Stieftochter war. Zu einer Zeit hatte die Stieftochter eine schöne Schürze, die der andern gefiel, so dass sie neidisch war und ihrer Mutter sagte, sie wollte und müsste die Schürze haben. „Sei still, mein Kind", sprach die Alte, „du sollst sie auch haben. Deine Stiefschwester hat längst den Tod verdient, heute Nacht, wenn sie schläft, so komm ich und haue ihr den Kopf ab. Sorge nur, dass du hinten ins Bett zu liegen kommst und schieb sie recht vorne hin." Um das arme Mädchen war es geschehen, wenn es nicht gerade in einer Ecke gestanden und alles mitangehört hätte. Es durfte den ganzen Tag nicht zur Tür hinaus, und als Schlafenszeit gekommen war, musste es zuerst ins Bett steigen, damit sie sich hinten hinlegen konnte. Als sie aber eingeschlafen war, da schob es sie sachte vorne hin und nahm den Platz hinten an der Wand. In der Nacht kam die Alte geschlichen, in der rechten Hand hielt sie eine Axt, mit der linken fühlte sie erst, ob auch jemand vorne lag, und dann fasste sie die Axt mit beiden Händen und hieb ihrem eigenen Kind den Kopf ab.

Als sie fortgegangen war, stand das Mädchen auf und ging zu seinem Liebsten, der Roland hieß, und klopfte an seine Tür. Als er herauskam, sprach sie zu ihm: „Höre, liebster Roland, wir müssen eilig flüchten, die Stiefmutter hat mich totschlagen wollen, hat aber ihr eigenes Kind getroffen. Kommt der Tag, und sie sieht, was sie getan hat, so sind wir verloren." – „Aber ich rate dir", sagte Roland, „dass du erst ihren Zauberstab wegnimmst, sonst können wir uns nicht retten, wenn sie uns nachsetzt und verfolgt." Das Mädchen holte den Zauberstab, und dann nahm es den toten Kopf und tröpfelte drei Blutstropfen auf die Erde, einen vors Bett, einen in die Küche und einen auf die Treppe. Darauf eilte es mit seinem Liebsten fort.

Als nun am Morgen die alte Hexe aufgestanden war, rief sie ihre Tochter und wollte ihr die Schürze geben, aber sie kam nicht. Da rief sie: „Wo bist du?" – „Ei, hier auf der Treppe, da kehr ich", antwortete der eine Blutstropfen. Die

Alte ging hinaus, sah aber niemand auf der Treppe und rief abermals: „Wo bist du?“ – „Ei, hier in der Küche, da wärm' ich mich“, rief der zweite Blutstropfen. Sie ging in die Küche, aber sie fand niemand. Da rief sie noch einmal: „Wo bist du?“ – „Ach, hier im Bett, da schlaf ich,“ rief der dritte Blutstropfen. Sie ging in die Kammer ans Bett. Was sah sie da? Ihr eigenes Kind, das in seinem Blute schwamm und dem sie selbst den Kopf abgehauen hatte.

Die Hexe geriet in Wut, sprang ans Fenster, und da sie weit in die Welt schauen konnte, erblickte sie ihre Stieftochter, die mit ihrem Liebsten Roland forteilte. „Das soll euch nichts helfen“, rief sie, „wenn ihr auch schon weit weg seid, ihr entflieht mir doch nicht.“ Sie zog ihre Meilenstiefel an, in welchen sie mit jedem Schritt eine Stunde machte, und es dauerte nicht lange, so hatte sie beide eingeholt. Das Mädchen aber, wie es die Alte daherschreiten sah, verwandelte mit dem Zauberstab seinen Liebsten Roland in einen See, sich selbst aber in eine Ente, die mitten auf dem See schwamm. Die Hexe stellte sich ans Ufer, warf Brotbrocken hinein und gab sich alle Mühe, die Ente herbeizulocken, aber die Ente ließ sich nicht locken, und die Alte musste abends unverrichteter Dinge wieder umkehren. Darauf nahm das Mädchen mit seinem Liebsten Roland wieder die natürliche Gestalt an, und sie gingen die ganze Nacht weiter bis zu Tagesanbruch. Da verwandelte sich das Mädchen in eine schöne Blume, die mitten in einer Dornhecke stand, seinen Liebsten Roland aber in einen Geigenspieler. Nicht lange, so kam die Hexe herangeschritten und sprach zu dem Spielmann: „Lieber Spielmann, darf ich mir wohl die schöne Blume abbrechen?“ – „O ja“, antwortete er, „ich will dazu aufspielen.“ Als sie nun mit Hast in die Hecke kroch und die Blume brechen wollte, denn sie wusste wohl, wer die Blume war, so fing er an aufzuspielen und, sie mochte wollen oder nicht, sie musste tanzen, denn es war ein Zaubertanz. Je schneller er spielte, desto gewaltigere Sprünge musste sie machen, und die Dornen rissen ihr die Kleider vom Leibe, stachen sie blutig und wund, und da er nicht aufhörte, musste sie so lange tanzen, bis sie tot liegenblieb.

Als sie nun erlöst waren, sprach Roland: „Nun will ich zu meinem Vater gehen und die Hochzeit bestellen.“ – „So will ich derweil hierbleiben“, sagte das Mädchen, „und auf dich warten, und damit mich niemand erkennt, will ich mich in einen roten Feldstein verwandeln.“ Da ging Roland fort, und das Mädchen stand als roter Stein auf dem Feld und wartete auf seinen Liebsten. Als aber Roland heimkam, geriet er in die Fallstricke einer andern, die es dahin brachte, dass er das Mädchen vergaß. Das arme Mädchen stand lange Zeit, als er aber schließlich gar nicht wiederkam, so ward es traurig und verwandelte sich in eine Blume und dachte: ‚Es wird ja wohl einer dahergehen und mich umtreten.‘

Es trug sich aber zu, dass ein Schäfer auf dem Feld seine Schafe hütete und die Blume sah, und weil sie so schön war, so brach er sie ab, nahm sie mit sich und legte sie in einen Kasten. Von der Zeit ging es wunderlich in des Schäfers Haus zu. Wenn er morgens aufstand, so war schon alle Arbeit getan: Die Stube war gekehrt, Tisch und Bänke abgeputzt, Feuer auf dem Herd gemacht und Wasser getragen, und mittags, wenn er heimkam, war der Tisch gedeckt und ein gutes Essen aufgetragen. Er konnte nicht begreifen, wie das zuging, denn er sah niemals einen Menschen in seinem Haus, und es konnte sich auch niemand in der kleinen Hütte versteckt haben. Die gute Aufwartung gefiel ihm freilich, aber zuletzt ward ihm doch angst, so dass er zu einer weisen Frau ging und sie um Rat fragte. Die weise Frau sprach: „Es steckt Zauberei dahinter, gib einmal morgens in aller Frühe acht, ob sich etwas in der Stube regt, und wenn du etwas siehst, es mag sein, was es will, so wirf schnell ein weißes Tuch darüber, dann wird der Zauber gehemmt." Der Schäfer tat, wie sie gesagt hatte, und am andern Morgen, eben als der Tag anbrach, sah er, wie sich der Kasten auftat und die Blume herauskam. Schnell sprang er hinzu und warf ein weißes Tuch darüber. Alsbald war die Verwandlung vorbei, und ein schönes Mädchen stand vor ihm, das bekannte ihm, dass es die Blume gewesen wäre und seinen Haushalt bisher besorgt hätte. Es erzählte ihm sein Schicksal, und weil es ihm gefiel, fragte er, ob es ihn heiraten wollte, aber es antwortete: „Nein", denn es wollte seinem Liebsten Roland, obgleich er es verlassen hatte, doch treu bleiben, aber es versprach, dass es nicht weggehen, sondern ihm fernerhin haushalten wollte.

Nun kam die Zeit, dass Roland Hochzeit halten sollte; da ward nach altem Brauch im Land bekanntgemacht, dass alle Mädchen sich einfinden und zu Ehren des Brautpaares singen sollten. Das treue Mädchen, als es davon hörte, ward so traurig, dass es meinte, das Herz im Leib würde ihm zerspringen, und wollte nicht hingehen, aber die andern kamen und holten es herbei. Wenn aber die Reihe kam, dass es singen sollte, so trat es zurück, bis es allein noch übrig war, da konnte es nicht anders. Aber wie es seinen Gesang anfing und er zu Rolands Ohren kam, so sprang er auf und rief: „Die Stimme kenne ich, das ist die rechte Braut, eine andere begehr ich nicht." Alles, was er vergessen hatte und ihm aus dem Sinn verschwunden war, das war plötzlich in sein Herz wieder heimgekommen. Da hielt das treue Mädchen Hochzeit mit seinem Liebsten Roland und war sein Leid zu Ende und fing seine Freude an.

(* KHM 56: Nach einer Erzählung von Dortchen Wild „im Gartenhaus von Nentershausen".)

Dortchen Wild – 1815, spätere Ehefrau von W. Grimm

In etwa 12 Kilometer Entfernung von Iba-Friedrichshütte liegt Nentershausen.

Im Januar 1812 waren Dortchen und Wilhelm Grimm zu Gast auf dem Gutshof der Familie von Baumbach in Nentershausen; im Handexemplar der „*Kinder- und Hausmärchen*" der Brüder Grimm findet sich der Eintrag, dass die drei Märchen *Der singende Knochen*, *Die sechs Schwäne* sowie *Der Liebste Roland* von „Dortchen" (seinerzeit sechzehn Jahre alt) am 19.1.1812 „am Ofen des Gartenhauses" erzählt wurden. Das Gartenhaus von Nentershausen gibt es heute nicht mehr, in der Hofanlage aus dem 17. Jahrhundert befinden sich heute Ferienwohnungen und Ferienhäuser.

SONTRA

Fräulein von Boyneburg
(Brüder Grimm*)

Auf eine Zeit lebten auf der Boyneburg drei Fräulein zusammen. Der Jüngsten träumte in einer Nacht, es sei in Gottes Rat beschlossen, dass eine von ihnen im Wetter erschlagen werden sollte. Morgens sagte sie ihren Schwestern den Traum, und als es Mittag war, stiegen schon Wolken auf, die immer größer und schwärzer wurden, also dass abends ein schweres Gewitter am Himmel hinzog und ihn bald ganz zudeckte und der Donner immer näher herbeikam. Als nun das Feuer von allen Seiten herabfiel, sagte die Älteste: „Ich will Gottes Willen gehorchen, denn mir ist der Tod bestimmt", ließ sich einen Stuhl hinaustragen, saß draußen einen Tag und eine Nacht und erwartete, dass der Blitz sie träfe, aber es traf sie keiner. Da stieg am zweiten Tag die Zweite herab und sprach: „Ich will Gottes Willen gehorchen, denn mir ist der Tod bestimmt", und sie saß den zweiten Tag und die zweite Nacht, die Blitze verzehrten auch sie nicht, aber das Wetter wollte nicht fortziehen. Da sprach die Dritte am dritten Tag: „Nun sehe ich Gottes Willen, dass ich sterben soll"; da ließ sie den Pfarrer holen, der ihr das Abendmahl reichen musste, dann machte sie auch ihr Testament und stiftete, dass an ihrem Todestag die ganze Gemeinde gespeist und beschenkt werden sollte. Nachdem das geschehen war, ging sie getrost hinunter und setzte sich nieder, und nach wenigen Augenblicken fuhr ein Blitz auf sie herab und tötete sie.

Hernach, als das Schloss nicht mehr bewohnt war, ist sie oft als ein guter Geist gesehen worden. Ein armer Schäfer, der all sein Hab und Gut verloren hatte und dem am andern Tag sein Letztes ausgepfändet werden sollte, weidete an der Boyneburg. Da sah er im Sonnenschein an der Schlosstür eine schneeweiße junge Frau sitzen. Sie hatte ein weißes Tuch ausgebreitet, darauf lagen Knotten, die sollten in der Sonne aufklinken. Der Schäfer wunderte sich, an dem einsamen Ort eine junge Frau zu finden, trat zu ihr hin und sprach: „Ei, was für schöne Knotten!", nahm ein paar in die Hand, besah sie und legte sie wieder hin. Sie sah ihn freundlich und doch traurig an, antwortete aber nichts. Da ward dem Schäfer angst, dass er fortging, ohne sich umzusehen, und die Herde nach Hause trieb. Es waren ihm aber ein paar Knotten, als er darin gestanden, in die Schuhe gefallen, die drückten ihn auf dem Heimweg.

Da setzte er sich, zog den Schuh ab und wollte sie herauswerfen. Wie er hineingriff, so fielen ihm fünf oder sechs Goldkörner in die Hand. Der Schäfer eilte zur Boyneburg zurück, aber die weiße junge Frau war samt den Knotten verschwunden, doch konnte er sich mit dem Gold schuldenfrei machen und seinen Haushalt wieder einrichten.

Viele Schätze sollen noch in der Burg verborgen liegen. Ein Mann hatte Glück und sah in der Mauer ein Schubfach, als er es aufzog, war es ganz voll Gold. Eine Witwe hatte nur eine Kuh und Ziege, und weil an der Boyneburg schöne Heiternesseln wachsen, wollte sie davon zum Futter abschneiden; wie sie aber eben nach einem Strauch packte, glitt sie aus und fiel tief hinab. Sie schrie und rief nach Hilfe, es war aber niemand mehr in der einsamen Gegend, bis abends ihre Kinder, denen angst geworden war, herbeikamen und ihre Stimme hörten. Sie zogen sie an Stricken herauf, und nun erzählte sie ihnen, tief da unten sei sie vor ein Gitter gefallen, dahinter habe sie einen Tisch gesehen, der mit Reichtümern und Silberzeug ganz beladen gewesen sei.

(* Deutsche Sagen: Mündlich aus Hessen)

Die Boyneburg-Brot- und Speckspende besteht bis zum heutigen Tag und ist zu einem Volksfest im Ringgau zu Christi Himmelfahrt geworden. Aus diesem Anlass wandern ganze Familienverbände mit Verpflegung und Tagesausrüstung den Berg kilometerweit hinauf. Etliche der eintausend gebackenen Brotlaibe werden an diesem Feiertag von Ortsvorstehern dreier umliegender Dörfer an gebrechliche, alte und kranke Menschen in den Dörfern verteilt. Die übrigen Brotlaibe werden nach dem Festgottesdienst an der Ruine der Boyneburg von Baron Boyneburgk unter die bei gutem Wetter bis zu fünftausend feiernden Menschen geworfen. Die Boyneburg-Laibchen sollen, hebt man sie denn ein Jahr lang zu Hause auf, gegen Blitzgefahr schützen, und es wird in dem Haushalt auch nicht an Brot mangeln.

ESCHWEGE

Die Kirche zu Eltmannshausen
(Brüder Grimm*)

Bei Eltmannshausen, einem Dorf des Gerichts Bilstein, wollten die Einwohner vor Zeiten die auf einem Berg gebaute Kirche abtragen und unten ins Tal bauen. Doch kam das nie zustande, weil der Weg dazu beschwerlich war. Alle Steine, die sie des Tags herabtrugen, fanden sich morgens früh wieder oben, sodass die Leute schließlich davon ablassen mussten.

(* Deutsche Sagen – Handschrift Jacob Grimm)

WITZENHAUSEN
Die Perlschnur der Frau Holle
(Ferdinand Grimm)

Ein Mädchen aus Witzenhausen kam mit einer Schnur Perlen nach Haus. Die Eltern fragten, von wem sie solche erhalten habe, die Tochter wollte es aber erst in drei Tagen sagen.

Da befahlen sie ihr, die Schnur als Koboldsgabe in den Strom zu werfen. Sie tat es, riss aber vorher noch einige Perlen davon ab.

Die Perlen waren ein Geschenk der *Mutter Holle* vom Berge Meißner und von großem Wert.

Als das die Eltern vernahmen, suchten sie die Schnur wiederzubekommen, allein vergebens.

Kapelle bei Witzenhausen – um 1825

Schloss Ludwigstein
(Ferdinand Grimm)

Schloss Ludwigstein, mit ansehnlichen Ruinen, liegt am linken Werraufer unweit Hanstein. Man nimmt hier auf Mauersteinen zuweilen seltsame und widerliche Gesichter wahr und erzählt, das Schloss sei zur Zeit des Landgrafen Ludwig von Thüringen und Hessen mit Hilfe des Teufels in einer Nacht erbaut worden.

Die wegen ihres Protestes am Verfassungsbruch des neuen hannoverschen Königs Ernst August aus ihren Ämtern entlassenen und aus Göttingen vertriebenen Professoren Dahlmann, Gervinius und Jacob Grimm kamen am 17. Dezember 1837 in die hessische Stadt Witzenhausen, wo sich an der Werrabrücke bei eisiger Kälte an die dreihundert Göttinger Studenten eingefunden hatten. Sie begrüßten ihre Professoren mit einem donnernden Hoch, spannten die Pferde von den Kutschen ab und zogen die beiden Fuhrwerke über die Brücke. Im Triumphzug wurden sie zum Rathaus geführt, wo eine eindrucksvolle Kundgebung stattfand. Im Gasthaus *Zur Krone* nahmen sie ein Mittagsmahl ein und übernachteten dort.

HESSISCH LICHTENAU

Der Teufelsstein bei Reichenbach
(Brüder Grimm*)

Nicht weit von Reichenbach, im Amte Lichtenau, den *Großen Steinen*** gegenüber, liegt in einem Wald der *Teufelsstein*. Er sieht aus, als wären etliche hundert Karren Steine kunstreich zusammengeschüttet, indem sich wunderbar Gemächer, Keller und Kammern von selbst gebildet, in welchem bei schweren und langen Kriegen die Bewohner der Gegend mit ihrem ganzen Haushalt wohnten. Dieser Stein soll der Teufel in einer einzigen Nacht abgebildet haben.

(* Deutsche Sagen)

(** Quelle Brüder Grimm: dem hohen Steine)

Frau-Holle-Bad
(Brüder Grimm*)

Am Meißner in Hessen liegt ein großer Pfuhl oder See, zumeist trüb von Wasser, den man Frau-Holle-Bad nennt. Nach alter Leute Erzählung wird Frau Holle zuweilen badend um die Mittagsstunde darin gesehen und verschwindet nachher. Berg und Moore in der ganzen Umgegend sind voll von Geistern, und Reisende oder Jäger sind oft von ihnen verführt oder verunstaltet worden.

(* Deutsche Sagen)

Frau Hollen Bad – um 1855

Am südlichen Ortsausgang des Hessisch Lichtenauer Stadtteils Hollstein befinden sich die *Hollensteine*, drei Zechstein-Dolomitfelsen, deren Name sich als die Steine der Frau Holle deuten lässt. Von den Hollensteinen bietet sich bei gutem Wetter ein herrlicher Blick auf den *Hohen Meißner*, den König der hessischen Berge.

Etliche Märchen und Sagen sind um den Meißner entstanden und wurden von den Brüdern Grimm und anderen schriftlich festgehalten. Wenn zur Winterszeit die Schneeflocken vom Himmel fallen, dann heißt es am Meißner: „Frau Holle schüttelt ihre Betten." Auf dem Grunde des Frau-Holle-Teiches, dessen Glocken in stillen Abendstunden aus der Tiefe heraufklingen sollen, liegt das versunkene Schloss der Frau Holle. Altem Volksglauben zufolge kommen aus dem Wasser des Frau-Holle-Teichs die neugeborenen Kinder auf die Welt. Auf dem Frau-Holle-Stuhl, inmitten einer kleinen Feuchtwiese unterhalb der Hausener Hute gelegen, nimmt Frau Holle am zweiten Tag im Mai Platz und strählt ihr Goldhaar, so dass es wie Sonnenstrahlen glänzt.

Die Brüder Grimm haben sich eingehend mit der mythologischen Gestalt der Frau Holle (Holda) befasst und ihr in den *„Kinder- und Hausmärchen"* sowie in den *„Deutschen Sagen"* ein Denkmal gesetzt. Wilhelm Grimm reiste zwischen 1817–1821 vier Mal zum Gut Glimmerode (im 20. Jh. abgerissen) bei Hessisch Lichtenau, wo sein Freund Otto von der Malsburg mit seiner Familie wohnte. Von dort aus besuchte er die Hollensteine, den Frau-Holle-Teich und die Kalbe. In seinem Tagebuch steht unter dem 22. Juli 1821 der Eintrag: „Am Nachmittag zwischen prächtigen Buchen zu dem Frau-Holle-Teich."

Jacob Grimm, der Holda (Frau Holle) in seiner *„Deutschen Mythologie"* mehrere Seiten widmet, besuchte im Jahre 1819 den Meißner, um sich in den Dörfern, allerdings vergeblich, nach vorhandenen Volkssagen zu erkundigen.

Im *HOLLEUM*, dem Frau-Holle-Museum, befindet sich eine Dauerausstellung über die Märchen- und Sagenwelt im Frau-Holle-Land sowie zu den Themenbereichen Meißnerwelt, Kräuterwelt, Frau Holle, Unterwelt – Mythen und Sagen.

SPANGENBERG

Der Liebenbach
(Brüder Grimm*)

Die Stadt Spangenberg in Hessen erhält ihr Trinkwasser durch einen Bach, welcher die gute Quelle des gegenüberliegenden Bergs herbeileitet. Von der Entstehung dieses Baches wird Folgendes erzählt:

Ein Jüngling und ein Mädchen in der Stadt liebten sich herzlich, aber die Eltern wollten lange nicht zu ihrer Verheiratung einwilligen. Schließlich gaben sie unter der Bedingung nach, dass die Hochzeit erst dann gefeiert werden solle, wenn die zwei Liebenden die gute, frische Quelle von dem gegenüberliegenden Berg ganz allein herübergeleitet hätten; dadurch würde die Stadt Trinkwasser erhalten, woran sie bisher Mangel gelitten. Da fingen beide an, den Bach zu graben und arbeiteten ohne Unterlass. So haben sie vierzig Jahre gegraben; als sie aber fertig waren, starben sie beide in demselben Augenblick.

(* Deutsche Sagen: Mündlich aus Hessen)

Hans Wilhelm Kirchhof(f), Burggraf (Verwalter) auf Schloss Spangenberg, Schwank- und Historiendichter, wurde um 1525 in Kassel geboren. Seine bekannteste Sammlung ist „*Wendunmuth*" (1563), eine Quelle auch für die „*Kinder- und Hausmärchen*" sowie für die „*Deutschen Sagen*" der Brüder Grimm. In seinen Geschichten tummeln sich Ritter, Landsknechte, Pfaffen, Edelfräulein, Ratsherren, Bürgerstöchter, Strauchdiebe, Narren, Heilige u. a. m.

KOHLENBRENNER AUS SPANGENBERG – 1815

SÖHREWALD
Der Lenzingskeller
(Brüder Grimm*)

Zwischen Eiterhagen und Wattenbach, unweit der Fulda, liegt in wüster Waldgegend eine Höhlung, genannt der Lenzingskeller, wo nach Meinung der Leute ein großer Schatz vergraben sein soll, aber nur zu gewissen heiligen Tagen vermag man den Eingang finden. Einmal kam am St. Veits-Tag ein Bauernknecht dahin, da sah er mehrere gläserne Kutschen anfahren und Leute aussteigen, die zu einer Tür in den Keller hineingingen. Unbemerkt wischte er auch mit hinein. Er fand viele Zimmer mit Kostbarkeiten und eine junge Frau trat zu ihm, die gab ihm ein Zeichen in die Hand, das solle er wohl bewahren, denn sonst würde er nicht nach Hause kommen, von den kostbaren Sachen dürfe er sich nehmen so viel er wolle. Der Bauer war begierig und rapschte sich alle Taschen voll, die junge Frau sprach: „Vergiss das Beste nicht!" Er glaubte, sie meine irgendeine Kostbarkeit von denen, die da lagen, und wählte sich immer wieder etwas aus. Endlich war er allein und dachte, es wäre Zeit zu gehen. Da hatte er das Zeichen verloren; es fiel ihm schwer aufs Herz, aber alles Suchen war vergeblich. Lange irrte er in den unterirdischen Gängen umher, konnte aber keinen Ausgang in der Dunkelheit finden. Drei Tage und Nächte musste er in großer Angst da zubringen; schließlich fand er ein Loch und kam wieder ans Tageslicht, aber mittlerweile hatte er alle herrlichen Sachen verloren und brachte nichts mit nach Hause.

(* Deutsche Sagen: Mündlich aus Niederhessen – Handschrift Jacob Grimm)

KAUFUNGEN

Die heilige Kunigund
(Brüder Grimm*)

Kaiser Heinrich II. und Kunigunde, die blieben beide unbefleckt bis an ihren Tod. Der Teufel wollte sie entehren – der Kaiser beschuldigte Kunigunde, sie stünde mit einem Herzog in Ungebühr.

Da nahm sie ihr Recht wahr, vor den Bischöfen und Fürsten des Reiches ihre Unschuld zu beweisen. Sieben glühende Eisenscharen wurden gelegt, auf die sollte Kunigunde treten. Sie erhob ihre Hände zu Gott und sprach: „Gott, du allein weißt wohl meine Unschuld, befreie mich aus dieser Not, wie bei der guten Susanna, die man zu Unrecht verfolgte." Kunigunde trat vor die Schar und sprach: „Sieh', Kaiser, so schuldig ich Deiner bin, bin ich aller Männer." Sie schritt unverletzt über die glühenden Eisen und bezeugte so in allen Ehren ihre Unschuld. Da fielen der Kaiser und all die Herren ihr zu Füßen.

(* Deutsche Sagen)

Am Rande des Kaufunger Waldes lag auf einer Anhöhe über der Losse der Königshof coufunga. Ab dem Jahre 1017 erfolgte nach einem Gelübde der Kaiserin Kunigunde, Gemahlin Heinrich II., der Umbau zu einem Benediktinerinnenkloster und der Bau einer Klosterkirche, der heutigen Stiftskirche. Nach dem Tod ihres Gatten trat Kunigunde in das Kloster Kaufungen ein, wo sie 1033 starb.

Die bekannteste Legende ist das Pflugscharwunder der Kaiserin Kunigunde mit der Abbitte Heinrich II. (s. obigen Text *„Deutsche Sagen"* Nr. 482) Auch der jüngere Grimm-Bruder Ferdinand (Pseudonym Philipp von Steinau: *„Volkssagen der Deutschen"*, 1838) hat in einer anderen Fassung das Pflugscharwunder aufgezeichnet.

NIESTETAL
Der Teufel als Baumeister
(Jacob Grimm*)

Ein Bauer auf Gut Ellenbach am Sandershäuser Berg unweit Kassel hatte so viel Getreide einzuernten, dass er es nicht unterzubringen wusste. Seine Scheuer (Scheune) war zu klein, eine größere zu bauen, fehlte ihm das Geld. Nachdenklich und sorgenvoll schritt er durch seine Felder, da trat ein altes graues Männchen auf ihn zu und fragte nach der Ursache seiner Traurigkeit. Der Bauer sagte ihm seine Bekümmernis, das graue Männchen lächelte und sprach: „Eine Scheuer wollte ich dir wohl verschaffen, so geräumig, dass du alle deine Frucht in ihr ernten kannst, und eh' morgen der Tag graut, soll sie fertig auf deinem Hof stehen, wenn du mir dafür verschreiben willst, was du an verborgenem Gut besitzest!" Der Bauer dachte an Schätze unter der Erde, die ihm nichts helfen konnten, solange sie nicht gehoben waren, und ging den angebotenen Vertrag ein. Erst beim Abschiednehmen sah er einen Kuhfuß und Pferdefuß unter dem grauen Rock hervorragen.

Nun kam der Bauer heim und erzählte seiner Frau, was ihm auf dem Feld widerfahren war. „Ach Gott, was hast du getan? Ich trage ein Kind unterm Herzen, das hast du dem Bösen verschrieben!"

Als es dunkelte, erhob sich auf dem Bauernhof ungeheurer Lärm. Fuhrleute, Zimmerleute und Maurer arbeiteten miteinander. Der Teufel als Baumeister leitete das ganze Werk, das mit unerhörter Schnelligkeit entstand. Wenige Stunden, und die Scheune stand schon aufgezimmert. Das Dach wurde gedeckt, die Wände ausgefüllt, der Dachstuhl aufgesetzt, nur einige Gefache lagen noch offen. Da schlich sich die listige Frau in den Kleidern ihres Mannes über den Hof ins Hühnerhaus, schlug in die Hände und ahmte den Hahnenschrei nach, worauf alsbald alle Hähne der Reihe nach krähten. Im Nu eilten alle bösen Geister brausend davon, nur ein Giebelfach der neuen Scheune stand leer. Einen Fuhrmann, der eben noch mit vier Füchsen (Pferden) einen großen Stein herangebracht hatte, ergriff der Teufel und zerschmetterte ihn mit Rossen und Wagen an der Scheuer, wo seine Gestalt abgebildet wurde.

Den Scheunengiebel hat keine Menschenhand schließen können; was man bei Tag zubaute, fiel über Nacht wieder ein. Der Berg, auf welchem das graue Männchen dem Bauern zuerst erschien, heißt noch heute *Teufelsberg*.

(* Deutsche Mythologie)

FULDATAL

Auf den Bergen fließt ein Wasser
(Brüder Grimm*)

Auf den Bergen fließt ein Wasser
wenn das all wär' kühler Wein
wär' es lauter kühler Wein
sollst du Schatz mein Eigen sein.

Auf dem Wasser schwimmt ein Fisch
lustig, weil's noch ledig ist
o wie weh o wie weh
schönster Schatz ich sag Ade.

Schätzchen, reich mir deine Hand
zu getreuem Liebespfand
o wie weh wenn ich geh
schönster Schatz ich sag Ade
einen Kuss zum Beschluss
weil ich von dir scheiden muss.

(* Wilhelmshausen 1809 – Handschrift Jacob Grimm)

Der Grenzstreit
(Brüder Grimm*)

Zu Wilhelmshausen, einem hessischen Dorf unweit Hann. Münden, war vormals Uneinigkeit zwischen der Gemeinde und einer benachbarten über ihre Grenze entsprungen. Man wusste sie nicht mehr recht auszumitteln. Also kam man überein, einen Krebs zu nehmen und ihn über das streitige Ackerfeld laufen zu lassen, folgte seinen Spuren und legte die Marksteine danach. Weil er nun so wunderlich kreuz und quer lief, ist daselbst eine sonderbare Grenze mit mancherlei Ecken und Winkeln bis auf den heutigen Tag.

(* Mündlich aus Hessen)

Einige der von den Brüdern Grimm nach mündlichem Vortrag in den Jahren 1806–1815 aufgezeichneten *„Volkslieder"*, die erst zu ihrem 200. Geburtstag herausgegeben werden konnten (vgl. Marburg), stammen aus Wilhelmshausen.

Eine von Ludwig Emil Grimm gefertigte Bildrolle mit Text, die den Titel *Kurze Lebensbeschreibung einer merkwürdigen und liebevollen Sau, geb. in Ihringshausen 1849,* trägt, veranschaulicht u. a. auf humorvolle Weise die Aufregung, die eine Hausschlachtung im Hause Grimm hervorrief.

Landschaft mit zwei Eichen: Ihringshausen – 1821

CALDEN

Brauch zu Meimbressen
(Brüder Grimm*)

Das Wolff von Gudenbergische Dorf Meimbressen (eine Stunde von Westuffeln) hat folgende alte Sitte: Im Dorf steht ein sogenanntes Rathaus mit zwei Sälen, in einem versammeln sich auf einen gewissen Tag die Männer, im andern die Frauen. Der Bursch muss nun aus dem Frauensaal sein Mädchen durch List oder Gewalt entführen. Gelingt es den Mädchen, einen Burschen festzuhalten, so wird er von den anderen Burschen auf einer Leiter liegend herumgetragen, muss vor einer Steinbank knien und wird von einem Pritschenmeister, den die Gemeinde fortwährend unterhält, und der zugleich Spruchmacher sein muss, gepritscht. Dabei siegt der Pritschenmeister.

(* Handschrift Jacob Grimm)

Die Sandkirmes zu Westuffeln
(Brüder Grimm*)

Unweit Westuffeln liegt eine mit Gesträuch umwachsene Steinmasse, die einen Altar und Sitz darum zu bilden scheint. Die Bauern des Dorfes bestehen darauf, dass jeder neue Bewohner ein Bürger werden müsse. Außer der gewöhnlichen Kirmes feiern sie eine sogenannte Sandkirmes von vierundzwanzig Stunden. Des Morgens müssen drei jungfräuliche Mädchen zwei Stunden weit vom Dorf vor Sonnenaufgang Sand an demselben Ort holen und in drei Umgängen um die Dorfkirche streuen. Die Dorfburschen spritzen Wasser aus Fenstern, von den Dächern und sogar vom Turm herab, und suchen die Mädchen auf alle Weisen zu hindern. Nachmittags, bis zur Nacht, spielen die Mädchen des Dorfes Ball, wobei ein eigenes Spiel gespielt wird.

(* Handschrift Jacob Grimm)

LIEBENAU

Liebenau – Marienau
(Brüder Grimm*)

Die kleine Stadt Liebenau in Hessen, an der Grenze des Paderbörnischen, hieß ehemals Marienau oder Mergenau. Nach einer, bis auf die heutige Zeit fortlebenden Sage soll der Wechsel des Namens folgende Ursache haben.

Gerade als sich der Landesherr in den Ringmauern der Stadt befand, wurde sie von dem Feind belagert und berannt, um den Fürsten gefangen zu nehmen. Bald wäre dies gelungen, aber die Bürger halfen tapfer bei der Gegenwehr, und ihre Frauen stiegen auf die Mauern zu den Ehemännern und gossen siedenden Roggenbrei auf die sturmlaufenden Feinde herunter. Diese Kühnheit vertrieb den Feind, der eilends flüchtete; um aber der Stadt den Treuedienst zu verewigen, ordnete der Landesherr an, dass sie ab jetzt Liebenau heißen solle.

(* Deutsche Sagen – Handschrift Jacob Grimm)

TRENDELBURG

Der Erdfall
(Brüder Grimm*)

Zwischen Trendelburg und Gottsbüren, im Amt Sababurg, ist ein Erdfall, von dem die Sage der Leute geht, dass da vor alten Zeiten ein Schloss gestanden und darin eine geizige Frau gewohnt habe, die schließlich ihre Geldkiste in der Hand haltend versunken sei. Unter der Erde soll ein schwarzes Wasser sein und der große Schatz darum schwer zu heben.

Einmal ging eine Bauersfrau um die Mittagsstunde an der Stelle vorbei und sah daselbst eine Gestalt stehen, doch hinderten die Sonnenstrahlen, dass sie recht darauf blicken konnte. Die Erscheinung rief der Bäuerin zu, sie möchte nähertreten und sie erlösen, unter der Erde solle sie den großen Schatz erhalten und für immer reich bleiben. Wie die Bauersfrau näher kam, sah sie eine Alte mit ganz verschimmeltem und verschrumpftem Gesicht stehen, welche sprach: „Geht mit mir hinab und erlöst mich!" Die Bäuerin sagte: „Wie kann ich, denn unten ist Wasser." „Wenn Ihr's nicht tut", versetzte die Alte, „muss ich wieder mit Schmerzen harren, nur alle sieben Jahre einmal und nur eine Stunde um Mittag darf ich den Menschen sichtbar erscheinen." Der Bäuerin aber grauste es, sie ging weg, ohne auf das Flehen der Erscheinung zu achten, und erzählte im Dorf, was ihr widerfahren war. Bald darauf erfuhr man, dass auch ein Schäfer in der nämlichen Stunde vorübergegangen und von der alten Frau angesprochen worden sei, dass er sich aber ebenso wenig darauf eingelassen habe.

(* Deutsche Sagen – Handschrift Jacob Grimm)

Doppelporträt Brüder Grimm

Im Nachlass der Brüder Grimm finden sich zwei mündlich überlieferte Sagen, die mit dem Trendelburger Stadtteil Gottsbüren in Verbindung gebracht werden, nämlich *Der Erdfall bei Gottsbüren*, womit die *Wolkenbrüche* gemeint sind, sowie *Der Diemelnix*. Das ist ziemlich überraschend, liegt doch Trendelburg an der Diemel, Gottsbüren jedoch grenzt an den Reinhardswald.

Die *Wolkenbrüche* sind zwei durch Erdfälle entstandene Trichter, unweit von Trendelburg. Bei dem Erdfall der Brüder Grimm handelt es sich um das Naturdenkmal und Geotop *Nasser Wolkenbruch*. Im *Nassen Wolkenbruch* hat sich ein kleiner See gebildet, der *Trockene Wolkenbruch* hingegen ist nicht mit Wasser gefüllt.

Ansicht von Karlshafen – 1814

BAD KARLSHAFEN

Sieburg
(Brüder Grimm*)

Auf dem Königsberg, eine halbe Stunde von Karlshafen, sind zwei lange, in ziemlich weiter Entfernung parallel laufende Linien sichtbar, welche aus lauter mühsam zusammengetragenen, unbearbeiteten kleinen Steinen bestehen, und da sie an einigen Orten niedriger, an andern höher sind, gleichen sie den Überresten einer zerfallenen Stadt. Diese jetzt mit Bäumen bepflanzten Steinaufwürfe laufen von Abend gegen Morgen und erstrecken sich von dem unten an der Diemel anfangenden Königsberg quer mitten durch den Wald bis auf die andere abhängende Seite dieses Waldes, Wiesenfeld genannt; an dessen Fuß liegt die Weser, sodass sie die beiden Füße, die Diemel und Weser berühren.

Die Einwohner glauben, dass hier eine Stadt Sieburg gestanden und dass sich in dieser Gegend die Sachsen gegen Karl den Großen gesetzt und verteidigt hätten.

(* Deutsche Sagen – Handschrift Wilhelm Grimm)

Königstisch
(Brüder Grimm*)

Auf dem Königsberg bei Karlshafen liegt ein kleines Viereck, acht Schritte lang und breit, mit einem niedrigen alten Mauerwerk umgeben, in dessen Mitte jetzt eine junge Eiche steht. Die Sage geht, dies sei der Platz, wo der Tisch eines alten Königs stand, als er mit einem großen Heer auf dem Berg gewesen sei. Einige nennen Karl den Großen, andere Gustav Adolph.

(* Deutsche Sagen – Handschrift Wilhelm Grimm)

Im Nachlass der Brüder Grimm finden sich drei Sagen aus Bad Karlshafen, nämlich *Hunnenschule (Nr. 150), Sie(ge)burg (Nr. 151)* und *Königstisch (Nr. 152)* sowie aus Helmarshausen die Sage *Der Zauberer auf dem Krukeberg (Nr. 157)*, die von Wilhelm Grimm aufgeschrieben wurden.

Der jüngste Bruder, Ludwig Emil Grimm, war im Herbst 1814 mit dem Garderegiment in Karlshafen stationiert, wo er bei dem hugenottischen Kaufmann Jean Laporte in der Weserstraße einquartiert war. Während seines Aufenthaltes fertigte er eine Ansicht von Carlshafen, auf der die Hugenottenstadt mit Diemel und Weser, die sie umgebenden Berge und das Gradierwerk der Saline zu sehen sind.

Ludwig Emil Grimm, Selbstbildnis – 1815

Auf den Spuren der Brüder Grimm

II: Eine literarische Reise entlang der
Deutschen Märchenstraße von Hanau nach Bremen
mit Märchen, Sagen, Legenden,
Geschichten, Rezepten, Liedern
und Illustrationen von Markus Lefrançois

Brüder Grimm-Haus Steinau

Die Deutsche Märchenstraße

Es war einmal ein Landrat aus der hessischen Stadt Kassel, der besuchte eines Tages als Vizepräsident des Deutschen Landkreistages das inzwischen untergegangene Riesenreich der Sowjetunion. Ein Mann aus Kassel? Die bestens vorbereiteten Gastgeber zogen beim Besuch einer Volksbücherei fast beiläufig ein schon arg zerlesenes Buch aus dem Regal. Die kyrillischen Buchstaben konnte der Landrat nicht lesen, aber die Bilder kamen ihm so wundersam bekannt vor. Waren das denn nicht die fleißige *Frau Holle*, das liebreizende *Dornröschen* sowie *Hänsel und Gretel*, die ihn an seine hessische Heimat erinnerten? Wenn meine Landeskinder in aller Welt so bekannt sind, dachte der Landrat, dann muss ich sie in meinen Sold nehmen, damit sie den Leuten in der Welt erzählen, wie schön es in Deutschland ist. Wieder in Kassel, lud Landrat Dr. Herberg Günther (1929–2013) Touristikfachleute aus Hessen, Niedersachsen, Nordrhein-Westfalen und Bremen ein, die nach eingehenden Beratungen beschlossen, die Lebensstationen der großen deutschen Sprachgelehrten Jacob und Wilhelm Grimm in einer Route miteinander zu verbinden, aber auch hinzuführen zu den Wohn- und Wirkungsstätten der Freunde der Brüder Grimm und in die Heimatorte der Grimm'schen Märchenerzählerinnen und Märchenerzähler. Den Begriff Märchen wollte man nicht allzu streng auslegen, auch Sagen, Legenden, Lieder, Schelmenstreiche und andere lustige Geschichten würden recht gut zu einer *Märchen-Straße* passen. Warum sollten sich beispielsweise *Baron von Münchhausen*, *Max und Moritz* oder der grimme *Doktor Eisenbart* nicht mit dem *Aschenputtel*, der *Gänsemagd* und den *Bremer Stadtmusikanten* vertragen?

Die Idee einer *Deutschen Märchenstraße* war geboren! Am 11. April 1975 war es so weit, und die Arbeitsgemeinschaft *Deutsche Märchenstraße* wurde im historischen Rathaussaal der südhessischen Kleinstadt Steinau an der Straße, in der die Brüder Grimm ihre schönsten Kindheitsjahre verbrachten, aus der Taufe gehoben. Der märchenhafte Weg führt den Reisenden von Hanau, dem Geburtsort der Brüder Grimm, in die lieblichen Landschaften Hessens, Thüringens und des niedersächsischen und westfälischen Weserlandes bis nach Bremen. Einzigartige Naturparks, darunter der Nationalpark Kellerwald-Edersee (*UNESCO-Weltnaturerbe*), mehrere Landschaftsschutzgebiete, über ein halbes Hundert historische Städte und Dörfer, Burgen und Schlösser liegen am Wege und sind einen Besuch wert. Inzwischen gehören dreiundsechzig Städte und Gemeinden sowie die beiden nordhessischen Mitgliedsregionen *Geo-Naturpark Frau-Holle-Land* und *Rotkäppchenland* der *Deutschen Märchenstraße* an.

König Drosselbart

Brüder-Grimm-Stadt H A N A U

König Drosselbart
(Brüder Grimm*)

Ein König hatte eine Tochter, die war über alle Maßen schön, aber dabei so stolz und übermütig, dass ihr kein Freier gut genug war. Sie wies einen nach dem andern ab und trieb noch dazu Spott mit ihnen. Einmal ließ der König ein großes Fest anstellen und lud dazu die heiratslustigen Männer aus der Nähe und Ferne ein. Sie wurden alle in eine Reihe nach Rang und Stand geordnet; erst kamen die Könige, dann die Herzöge, die Fürsten, Grafen und Freiherrn, zuletzt die Edelleute. Nun ward die Königstochter durch die Reihen geführt, aber an jedem hatte sie etwas auszusetzen. Der Eine war ihr zu dick: „Das Weinfass!", sprach sie. Der Andere zu lang: „Lang und schwank hat keinen Gang." Der Dritte zu kurz: „Kurz und dick hat kein Geschick." Der Vierte zu blass: „Der bleiche Tod!" Der Fünfte zu rot: „Der Zinshahn!" Der Sechste war nicht gerad genug: „Grünes Holz, hinterm Ofen getrocknet!" Und so hatte sie an jedem etwas auszusetzen, besonders aber machte sie sich über einen guten König lustig, der ganz oben stand und dem das Kinn ein wenig krumm gewachsen war. „Ei", rief sie und lachte, „der hat ein Kinn wie die Drossel einen Schnabel"; und seit der Zeit bekam er den Namen „Drosselbart". Der alte König aber, als er sah, dass seine Tochter nichts tat als über die Leute zu spotten und alle Freier, die da versammelt waren, verschmähte, ward zornig und schwur, sie sollte den ersten Bettler zum Manne nehmen, der vor seine Türe käme.

Ein paar Tage darauf hob ein Spielmann an, unter dem Fenster zu singen, um damit ein geringes Almosen zu verdienen. Als es der König hörte, sprach er: „Lasst ihn heraufkommen." Da trat der Spielmann in seinen schmutzigen, verlumpten Kleidern herein, sang vor dem König und seiner Tochter und bat, als er fertig war, um eine milde Gabe. Der König sprach: „Dein Gesang hat mir so wohl gefallen, dass ich dir meine Tochter zur Frau geben will." Die Königstochter erschrak, aber der König sagte: „Ich habe den Eid getan, dich dem ersten besten Bettelmann zu geben, den will ich auch halten." Es half keine Einrede, der Pfarrer ward geholt, und sie musste sich gleich mit dem Spielmann trauen lassen. Als das geschehen war, sprach der König: „Nun schickt sich's nicht, dass du als Bettelweib noch länger in meinem Schloss bleibst, du kannst mit deinem Manne fortziehen."

Der Bettelmann führte sie an der Hand hinaus, und sie musste mit ihm zu Fuß fortgehen. Als sie in einen großen Wald kamen, da fragte sie:

„Ach, wem gehört der schöne Wald?"
„Der gehört dem König Drosselbart;
Hättst du'n genommen, so wär' er dein."
„Ich arme Jungfer zart,
Ach, hätt' ich genommen den König Drosselbart!"

Darauf kamen sie über eine Wiese, da fragte sie wieder:

„Wem gehört die schöne grüne Wiese?"
„Die gehört dem König Drosselbart;
Hättst du'n genommen, so wär' sie dein."
„Ich arme Jungfer zart,
Ach, hätt' ich genommen den König Drosselbart!"

Dann kamen sie durch eine große Stadt, da fragte sie wieder:

„Wem gehört diese schöne große Stadt?"
„Sie gehört dem König Drosselbart;
Hättst du'n genommen, so wär' sie dein."
„Ich arme Jungfer zart,
Ach hätt' ich genommen den König Drosselbart!"

„Es gefällt mir gar nicht", sprach der Spielmann, „dass du immer einen anderen Mann wünschest – bin ich dir nicht gut genug?" Endlich kamen sie an ein ganz kleines Häuschen, da sprach sie:

„Ach Gott, was ist das Haus so klein!
Wem mag das elende winzige Häuschen sein?"

Der Spielmann antwortete: „Das ist mein und dein Haus, wo wir zusammen wohnen." Sie musste sich bücken, damit sie zu der niedrigen Tür hineinkam. „Wo sind die Diener?", sprach die Königstochter. „Was Diener!", antwortete der Bettelmann. „Du musst selber tun, was du getan haben willst. Mach nur gleich Feuer an und stell Wasser auf, dass du mir mein Essen kochst; ich bin ganz müde." Die Königstochter verstand aber nichts vom Feueranmachen und Kochen, und der Bettelmann musste selber mit Hand anlegen, dass es noch so leidlich ging. Als sie die schmale Kost verzehrt hatten, legten sie sich zu Bett – aber am Morgen trieb er sie schon ganz früh heraus, weil sie das Haus besorgen sollte. Ein paar Tage lebten sie auf diese Art schlecht und recht und zehrten ihren Vorrat auf. Da sprach der Mann: „Frau, so geht's nicht länger, dass wir hier zehren und nichts verdienen. Du sollst Körbe flechten." Er ging aus, schnitt Weiden und brachte sie heim. Da fing sie an zu flechten, aber die harten Weiden stachen ihr die zarten Hände wund. „Ich sehe, das geht nicht", sprach der Mann, „spinn lieber, vielleicht kannst du das besser." Sie setzte sich hin und versuchte zu spinnen, aber der harte Faden schnitt ihr bald in die weichen Finger, dass das Blut daran herunterlief. „Siehst du", sprach der Mann, „du taugst zu keiner Arbeit, mit dir bin ich schlimm angekommen. Nun will ich's versuchen und einen Handel mit Töpfen und irdenem Geschirr anfangen; du sollst dich auf den Markt setzen und die Ware feilhalten". – Ach, dachte sie, wenn auf den Markt Leute aus meines Vaters Reich kommen und sehen mich dasitzen und feilhalten, wie werden sie mich verspotten! Aber es half nichts, sie musste sich fügen, wenn sie nicht Hungers sterben wollten. Das erste Mal ging's gut, denn die Leute kauften der Frau, weil sie so schön war, gern ihre Ware ab und bezahlten, was sie forderte – ja, viele gaben ihr das Geld und ließen ihr die Töpfe noch dazu. Nun lebten sie von dem Erworbenen, solang es dauerte, da handelte der Mann wieder eine Menge neues Geschirr ein. Sie setzte sich damit an eine Ecke des Marktes und stelle es um sich her und hielt feil. Da kam plötzlich ein trunkener Husar dahergejagt und ritt geradezu in die Töpfe hinein, dass alles in tausend Scherben zersprang. Sie fing an zu weinen und wusste vor Angst nicht, was sie anfangen sollte. „Ach, wie wird mir's ergehen!", rief sie. „Was wird mein Mann dazu sagen!" Sie lief heim und erzählte ihm das Unglück. „Wer setzt sich auch an die Ecke des Marktes mit irdenem Geschirr!", sprach der Mann. „Lass nur das Weinen, ich sehe wohl, du bist zu keiner ordentlichen Arbeit zu gebrauchen. Da bin ich in unseres Königs Schloss gewesen und habe gefragt, ob sie nicht eine Küchenmagd brauchen könnten, und sie haben mir versprochen, sie wollten dich dazu nehmen; dafür bekommst du freies Essen."

Nun ward die Königstochter eine Küchenmagd, musste dem Koch zur Hand gehen und die sauerste Arbeit tun. Sie machte sich in beiden Taschen ein Töpfchen fest, darin brachte sie nach Hause, was ihr von dem Übriggebliebenen zuteil ward, und davon nährten sie sich. Es trug sich zu, dass die Hochzeit des ältesten Königssohnes gefeiert werden sollte; da ging die arme Frau hinauf, stellte sich vor die Saaltür und wollte zusehen. Als nun die Lichter angezündet waren und immer einer schöner als der andere hereintrat und alles voll Pracht und Herrlichkeit war, da dachte sie mit betrübtem Herzen an ihr Schicksal und verwünschte ihren Stolz und Übermut, der sie erniedrigt und in so große Armut gestürzt hatte. Von den köstlichen Speisen, die da ein- und ausgetragen wurden und von welchen der Geruch zu ihr aufstieg, warfen ihr die Diener manchmal ein paar Brocken zu, die tat sie in ihr Töpfchen und wollte es heimtragen. Auf einmal trat der Königssohn herein, war in Samt und Seide gekleidet und hatte goldene Ketten um den Hals. Und als er die schöne Frau in der Türe stehen sah, ergriff er sie bei der Hand und wollte mit ihr tanzen, aber sie weigerte sich und erschrak, denn sie sah, dass es der

König Drosselbart war, der um sie gefreit und den sie mit Spott abgewiesen hatte. Ihr Sträuben half nichts, er zog sie in den Saal – da zerriss das Band, an welchem die Taschen hingen, und die Töpfe fielen heraus, dass die Suppe floss und die Brocken umhersprangen. Und wie das die Leute sahen, entstand ein allgemeines Gelächter und Spotten, und sie war so beschämt, dass sie sich lieber tausend Klafter unter die Erde gewünscht hätte. Sie sprang zur Tür hinaus und wollte entfliehen, aber auf der Treppe holte sie ein Mann ein und brachte sie zurück, und wie sie ihn ansah, war es wieder der König Drosselbart. Er sprach ihr freundlich zu: „Fürchte dich nicht, ich und der Spielmann, der mit dir in dem elenden Häuschen gewohnt hat, sind eins – dir zuliebe habe ich mich so verstellt, und der Husar, der die die Töpfe entzwei geritten hat, bin ich auch gewesen. Das alles ist geschehen, um deinen stolzen Sinn zu beugen und dich für deinen Hochmut zu strafen, womit du mich verspottet hast.“ Da weinte sie bitterlich und sagte: „Ich habe großes Unrecht gehabt und bin nicht wert, deine Frau zu sein.“ Er aber sprach: „Tröste dich, die bösen Tage sind vorüber, jetzt wollen wir unsere Hochzeit feiern.“ Da kamen die Kammerfrau und taten ihr die prächtigsten Kleider an, und ihr Vater kam und der ganze Hof und wünschten ihr Glück zu ihrer Vermählung mit dem König Drosselbart, und die rechte Freude fing jetzt erst an. Ich wollte, du und ich, wir wären dabei gewesen.

(*KHM 52: In der handschriftlichen Urfassung von 1810, eine Niederschrift Jacob Grimms nach einer Erzählung der Geschwister Hassenpflug aus ihrer Kinderzeit in Hanau aus „den Maingegenden“.)

Jacob (1785–1863) und Wilhelm Grimm (1786–1859), ihre Brüder Carl (1787–1852), Ferdinand (1788–1845) sowie ihr Malerbruder, Zeichner und Radierer Ludwig Emil Grimm (1790–1863) wurden in Hanau geboren. Von „Tante Schlemmer“, der Schwester des Vaters, und vom Großvater mütterlicherseits Johann Hermann Zimmer (1709–1798) erhielten die Brüder Grimm ihren ersten Unterricht. Schon früh lernten sie Französisch; in seinen Memoiren erinnert sich Wilhelm Grimm wie sie *„beide, Jacob und ich, Hand in Hand über den Markt der Neustadt zu einem französischen Sprachlehrer gingen, der neben der (Wallonischen) Kirche wohnte.“*

Ebenfalls in Hanau verbrachten die Grimm'schen Märchenerzählerinnen Jeanette (1791–1860, geb. in Hanau) und Marie Hassenpflug (1788–1856, geb. in Altenhaßlau) ihre Kinderjahre. Auch wenn sie ihre Märchen den Brüdern Grimm erst später in Kassel erzählten, so haben doch nicht wenige ihren Ursprung in und um Hanau. Die Brüder Grimm unterschieden in ihren Anmerkungen bei den Herkunftsangaben hinsichtlich: *Hanau*, *Aus den Maingegenden* und *Hessen*, womit *Kassel* gemeint ist. Johannes Hassenpflug (1755–1834), der Vater der Märchenerzählerinnen, war in der Hanauer Neustadt als Stadtschultheiß tätig; im Jahre 1798 wurde er in die Residenzstadt Kassel berufen, wo er bis zum Regierungspräsidenten aufstieg. Mütterlicherseits stammten die Vorfahren der Geschwister Hassenpflug aus Frankreich und der französischsprachigen Schweiz; bei Tisch wurde im Hause Hassenpflug ausschließlich Französisch gesprochen. Über die Familie Hassenpflug fand eine ganze Reihe von Märchen französischen Ursprungs aus den Sammlungen von Charles Perrault und der Madame d'Aulnoy Eingang in die *„Kinder- und Hausmärchen der Brüder Grimm"* (*Brüderchen und Schwesterchen*, *Rotkäppchen*, *Der gestiefelte Kater*, *Der Wolf und die sieben jungen Geißlein*, u. a. m.).

Im Jahre 1896 wurde das Brüder-Grimm-Nationaldenkmal auf dem Markt der Neustadt errichtet. Seitdem muss Jacob Grimm auf dem Sockel stehen, während es sich Wilhelm Grimm auf einem Stuhl bequem machen und in einem dicken Wälzer blättern kann. Allerdings sollen die beiden Brüder, so wird gemunkelt, in der Geisterstunde ihren Platz tauschen, damit sich auch Jacob einmal ausruhen kann.

Großer Beliebtheit bei Besuchern und Einheimischen erfreuen sich die Hanauer Brüder-Grimm-Festspiele, die jährlich in den Monaten Mai bis Juli im Amphitheater von Schloss Philippsruhe veranstaltet werden. Das sehenswerte Schloss Philippsruhe ist u. a. Domizil von *GrimmsMärchenReich*, dem ersten Brüder-Grimm-Mitmachmuseum in Deutschland überhaupt, und einer beachtenswerten Grimm-Sammlung (Erinnerungsstücke und Zeichnungen von L.E. Grimm) sowie des traditionsreichen, im Jahre 1844 gegründeten Hanauer Geschichtsvereins.

Alle zwei Jahre wird von der Stadt Hanau der renommierte Brüder-Grimm-Preis für ein herausragendes Werk (Prosa, Lyrik, Drama) in deutscher Sprache verliehen.

Auf den Spuren der Brüder Grimm:

Die Brüder-Grimm-Stadt Hanau erinnert an ihre berühmtesten Söhne auf mannigfaltige Weise, durch:

- das Brüder-Grimm-Nationaldenkmal (Am Markt)
- die Brüder-Grimm-Festspiele
- das GrimmsMärchenReich und die Grimm-Sammlung im Schloss Philippsruhe
- den Hanauer Märchenpfad
- die Verleihung des Brüder-Grimm-Literaturpreises
- Grimm-Erinnerungsorte, wie
    a) Geburtshaus der Brüder Grimm (Am Freiheitsplatz 3)
    b) Geburtshaus L. E. Grimm (Langstr. 41)
    c) Denkmal L.E. Grimm (Heumarkt 8)
    d) Wohnhaus der Tante Schlemmer (Fahrstr. 11)
    e) Wandgestaltung „Lauschet den Gassen" in Form eines Märchenbuches (Fahrstr./Langstr.)
    f) Wohnhaus der Großeltern Zimmer (Johanneskirchplatz)
    g) Marienkirche: Wirkungsstätte des Urgroßvaters Pfarrer Friedrich Grimm
    h) Wohnhaus der Familie Hassenpflug (Am Markt 13)

EXKURS: Hofgut Trages

Rund sechzehn Kilometer von Hanau entfernt liegt bei Freigericht-Somborn das erstmals 1370 urkundlich erwähnte, noch immer in Familienbesitz befindliche Hofgut Trages, heute von einem Golfplatz umgeben. Auf Hof Trages versammelten sich Anfang des 19. Jhs. auf Einladung des Hausherrn, dem in Marburg lehrenden Rechtshistoriker Friedrich Carl von Savigny (1779–1861), führende Vertreter der deutschen Romantik: Clemens und Bettina Brentano (sie heiratete 1811 Achim von Arnim), Karoline von Günderode sowie Jacob und Wilhelm Grimm. Auf dem Hofgut Trages verfasste Clemens Brentano das Märchen *„Gockel, Hinkel und Gackeleia"*.

GELNHAUSEN

Kaiser Barbarossas Burg
(Ferdinand Grimm)

Nahe bei der alten Reichsstadt Gelnhausen am Kinzigfluss liegen die Ruinen einer Burg, die einst Lieblingsaufenthalt des Kaisers Barbarossa war. Nicht weit von der Burg befand sich ein kleiner, von Buchen und Birken umgebener See, von dem jetzt nur noch ein Quellchen übrig ist.

Lustig spielten in diesem See viele Fische bunt durcheinander, die an Schönheit alles übertrafen, was man sehen mochte. Goldfarbene, milchweiße und wieder kohlschwarze und silberschimmrige. Niemand wagte, einen daraus zu fangen, denn ein Nix mit langem, zottigem Haar, der im See wohnte, bewachte die Fische. Er tat keinem ein Leid. Schien der Mond hell, so saß er am Ufer und strich sich die grünen Haare. Die Leute sahen ihn, schwiegen und gingen still weg.

Es hatte aber der Kaiser eine Geliebte, welche sehr schön war und Godula (Gela) hieß. Zuweilen ging er mit ihr nach dem See, ruhte im Schatten der Birken, Godula an seiner Seite.

Godula gewann große Freude und Liebe zu einem Fisch, der blutrot war und durchs Wasser blitzte wie Sonnenstrahlen. Sie gab ihm einen schönen Namen, lockte ihn an den Uferrand und streute ihm Krümchen von ihrem Morgenmahl, die er fröhlich aufschnappte.

Wenn das Mädchen den Liebling nicht sah, war sie betrübt.

Auf einmal verschwand der Fisch, sie lockte ihn und harrte und weinte, als er nicht wiederkam.

Da tauchte der wassergrüne Nix aus den Wellen, sagte der traurigen Godula, dass sie den roten Fisch nicht mehr rufen sollte, er wäre tot, und auch sie werde bald nicht mehr leben.

Wie der Nix gesagt hatte, geschah es. Etliche Tage später starb des Kaisers Geliebte jung und in Blüte; die Burgglocke läutete zu ihrem Begräbnis.

Barbarossa soll hierauf fortgegangen und nicht wieder auf die Burg Gelnhausen gekommen sein.

Kaiser Friedrichs Jagdauszug
(Jacob Grimm)

Oft weilte der große Kaiser Friedrich, der Rotbart genannt, in der schönen Gegend von Gelnhausen und ruhte hier, von den Lasten und Mühen seiner Regierung. Er vergnügte und erheiterte sich an der Jagd, in den nahen, noch mit Wild reich gesegneten Wäldern, besonders in dem königlichen Bannforst des Büdinger Waldes, in welchem durch ihn zu Ortenberg, Büdingen und Wächtersbach Jagdschlösser entstanden. Ein Forstmeister mit zwölf Förstern führte die Aufsicht über diesen Wald. Wenn der Kaiser jagen wollte, so musste der Forstmeister ihm einen Hund mit hängenden Ohren, der stets in der Burg unterhalten wurde, mit einem silbernen und goldenen Halsband und einer seidenen Leine, auf einem seidenen Kolter (Decke) oder Kissen liegend, darbringen. Gleiche Verpflichtungen oblag auch den Förstern der genannten Schlösser. Dann musste dem Kaiser eine Armbrust mit einem Eibenbogen, seidener Sehne und Hängeband, elfenbeinener Nuss und silbernem, mit Pfauenfedern geziertem Pfeil, überreicht werden; auch die Riemen waren mit solchen Federn geziert. Der Forstmeister folgte dem Kaiser auf einem weißen Ross, und es ging weiter in das dunkle Gebirge, auch die zwölf Reichsförster mussten aufsitzen und folgen.

Friedrichs großer Name lebt noch in mancherlei Sagen der Gegend. Vor Jahren zeigte man einen uralten Baum, die *Kaisereiche*, in deren kühlendem Schatten er oft geruht, und noch rinnt eine Quelle, an der er sich oft mit seinem Jagdgefolge erfrischt haben soll. Vor mehreren Jahrzehnten sah man in deren Nähe noch einen Stein mit einer Inschrift, der leider in Haitz als Bruchstein verwendet worden ist.

Im Dreißigjährigen Krieg wurde Gelnhausen schwer getroffen. Den beklagenswerten Zustand seiner in diesem Krieg verwüsteten Vaterstadt und ihrer Menschen beschreibt der Barockdichter Hans Jakob Christoffel von Grimmelshausen (um 1622–1676) in seinem „*Simplicissimus*".

Das Kunstmärchen „*Gockel, Hinkel und Gackeleia*" von Clemens Brentano (1778–1842) spielt in Gelnhausen und im Tal der Kinzig. Brentano soll von den Zeugnissen aus dem Mittelalter am und um den Untermarkt zu seinem Kunstmärchen inspiriert worden sein.

Zusammen mit seinem Freund Achim von Arnim (1781–1831) gab Brentano eine dreibändige Sammlung von sechshundert altdeutschen Kunst- und Volksliedern, „*Des Knaben Wunderhorn*“ (1805/08), heraus, an der auch die Brüder Grimm seit 1806 tatkräftig mitgearbeitet hatten.

Vor den Toren Gelnhausens liegt Linsengericht-Altenhaßlau, Geburtsort von Marie Hassenpflug (vgl. Hanau und Kassel), die den Brüdern Grimm eine ganze Reihe von Märchen zutrug.

Kaiserpfalz Gelnhausen

Schloss Steinau

Brüder-Grimm-Stadt
S T E I N A U an der Straße

Die Hochzeit der Frau Füchsin
(Brüder Grimm*)

Erstes Märchen

Es war einmal ein alter Fuchs mit neun Schwänzen, der glaubte, seine Frau wäre ihm nicht treu, und wollte sie in Versuchung führen. Er streckte sich unter die Bank, regte kein Glied und stellte sich, als wenn er mausetot wäre. Die Frau Füchsin ging auf ihre Kammer, schloss sich ein, und ihre Magd, die Jungfer Katze, saß auf dem Herd und kochte. Als es nun bekannt ward, dass der alte Fuchs gestorben war, so meldeten sich die Freier. Da hörte die Magd, dass jemand vor der Haustüre stand und anklopfte; sie ging und machte auf, und da war's ein junger Fuchs, der sprach:

„Was macht sie, Jungfer Katze?
Schläft se oder wacht se?"

Sie antwortete:

„Ich schlafe nicht, ich wache.
Will er wissen, was ich mache?
Ich koche warm Bier, tue Butter hinein:
Will der Herr mein Gast sein?"
„Ich bedanke mich, Jungfer", sagte der Fuchs,
„was macht die Frau Füchsin?"

Die Magd antwortete:

„Sie sitzt auf ihrer Kammer,
Sie beklagt ihren Jammer,
Weint ihre Äuglein seidenrot,
Weil der alte Herr Fuchs ist tot."
„Sag sie ihr doch, Jungfer, es wäre ein junger Fuchs da,
der wollte sie gerne freien." „Schon gut, junger Herr."

Da ging die Katz, die Tripp, die Trapp,
Da schlug die Tür, die Klipp, die Klapp.

„Frau Füchsin, sind Sie da?"
„Ach ja, mein Kätzchen, ja."
„Es ist ein Freier draus."
„Mein Kind, wie sieht er aus?"

„Hat er denn auch neun so schöne Zeiselschwänze wie der selige Herr Fuchs?" – „Ach nein", antwortete die Katze, „er hat nur einen." – „So will ich ihn nicht haben."

Die Jungfer Katze ging hinab und schickte den Freier fort. Bald darauf klopfte es wieder an und war ein anderer Fuchs vor der Türe, der wollte die Frau Füchsin freien; er hatte zwei Schwänze; aber es ging ihm nicht besser als dem ersten. Danach kamen noch andere, immer mit einem Schwanz mehr, die alle abgewiesen wurden, bis zuletzt einer kam, der neun Schwänze hatte wie der alte Herr Fuchs. Als die Witwe das hörte, sprach sie voll Freude zu der Katze:

„Nun macht mir Tor und Türe auf
Und kehrt den alten Herrn Fuchs hinaus."

Als aber eben die Hochzeit sollte gefeiert werden, da regte sich der alte Herr Fuchs unter der Bank, prügelte das ganze Gesindel durch und jagte es mit der Frau Füchsin zum Haus hinaus.

(*KHM 38: Im Jahre 1808 hatte Jacob Grimm eine handschriftliche Aufzeichnung des ersten Märchens an seinen Lehrer Professor F.C. von Savigny geschickt und dabei angemerkt: „Mir eines der allerliebsten …, vielleicht weil es mir von Jugend auf erzählt worden ist.")

Schon der Großvater Friedrich Grimm hatte in Steinau, wo vierzehn Träger des Namens Grimm begraben sind, fast fünfzig Jahre lang als reformierter Pfarrer an der Katharinenkirche gewirkt. In dem romantischen Städtchen an der Kinzig verbrachten Jacob, Wilhelm sowie ihre Brüder Carl, Ferdinand und Ludwig Emil Grimm ihre Jugendzeit. Hier wurde ihre einzige Schwester, Charlotte Amalie Grimm (1793–1833), Lotte genannt, geboren

In Steinau, Geburtsort ihres Vaters Philipp Wilhelm Grimm (1751–1796), der ab 1791 die angesehene Stelle des Amtmanns (Landrat und Richter der 1. Instanz) bekleidete, verlebten die Grimm-Kinder eine sorgenfreie, unbeschwerte und glückliche Kindheit. Domizil der Familie Grimm, zu der auch die verwitwete Schwester Juliane des Vaters, Tante Schlemmer genannt, gehörte, war das *Steinauer Amtshaus*, ein stattliches, geräumiges Fachwerkgebäude mit Treppenturm, umgeben von Scheune, Ställen, Obst- und Gemüsegärten. Durch den plötzlichen Tod des Vaters, er starb am 10.1.1796 an einer bösartigen Lungenentzündung, fand diese überaus glückliche Zeit ein jähes Ende, und die weiteren Jahre waren geprägt durch materielle Not.

In der *Reformierten Schule (das heutige Gebäude ist ein Nachfolgebau)* hinter dem Rathaus erhielten die Brüder Grimm unter dem strengen Regiment des pedantischen und gefürchteten Stadtpräzeptors Zinckhan „Unterricht in der Violine, Klavier, Rechnen, Religion und Lateinisch."

Ludwig Emil Grimm beschreibt in seinen *„Erinnerungen aus meinem Leben"* ausführlich die Steinauer Jahre mit der Familie und auch in Wilhelm Praesents *„Märchenhaus des deutschen Volkes"* wird, wie im Untertitel nachzulesen, *„Aus der Kinderzeit der Brüder Grimm"* berichtet.

Auf den Spuren der Brüder Grimm:

- *Brüder Grimm-Haus Steinau*, erbaut 1562 (Historisches Amtshaus und Wohnhaus der Familie Grimm mit umfangreicher Ausstellung zum Leben und Wirken der Brüder Grimm: Vier Generationen Grimm – Leben in Steinau – Ludwig-Emil-Grimm-Kabinett – Ursprung des Märchens – Das Märchen bei den Brüdern Grimm – Die internationale Ausbreitung der Märchen u. a.).
- *Amtshofscheune*, einst Lieblingsort der Grimm-Kinder (gegenüber dem Brüder Grimm-Haus – heutzutage Domizil des *Museums Steinau*):
- Schloss Steinau: Ausstellung über das Leben und Wirken der Brüder Grimm, persönliche Erinnerungsstücke der Familie Grimm.
- *Huttensches Hospital*: Nach dem Tod des Vaters zeitweise Wohnstätte.

- *Alte Kellerei* (Neubau): Wohnhaus der Witwe Grimm, ihrer Schwägerin und der Grimm-Kinder.
- *Stadtborn*: Trinkwasserquelle innerhalb der Stadtmauer, beliebter Spielplatz der Grimm-Kinder.
- *Reformiertes Pfarrhaus*, erbaut 1690, Wohnhaus der Großeltern und Geburtshaus des Vaters.

EXKURS: Schlüchtern

Im Garten des Lauter'schen Schlösschens spielten Jacob und Wilhelm Grimm mit den Kindern des Schlossbesitzers Stickel, wenn ihr Vater, Amtmann Philipp Wilhelm Grimm, nach Schlüchtern kam, um im Rathaus seine Sprechstunden abzuhalten. Das Lauter'sche Schlösschen beherbergt heutzutage das *Bergwinkelmuseum*, in dem u. a. auch eine Grimm-Sammlung mit Erinnerungsstücken an die Familie Grimm, Zeichnungen von L.E. Grimm und eine großformatige Kreidezeichnung von Elisabeth Jerichau-Baumanns (1819–1881) bekanntem Doppelportrait der Brüder Grimm zu sehen ist.

FREIENSTEINAU

Christkindleins Wiege
(Theodor Bindewald*)

Ein Felsgeröll auf dem Winterberg, einem einzelnen, hohen Basaltkegel bei Freiensteinau, führt den Namen der „Wilde Stein". In ihm ist eine ziemliche Vertiefung, die fast wie eine Krippe aussieht; Alt und Jung nennt sie die Christkindchenswiege. Jungfrau Maria, die Hochgebenedeite, soll hier auf ihrer Wanderung einmal über Nacht geblieben sein und ihr holdes Jesuskind hineingelegt haben. Andere aber sagen, es wäre die Frau Holle gewesen. Einst wurde hier immer auf Johannistag Musik und Tanz gehalten.

(*Aus dem Volksmund gesammelt)

Der Schneider von Freiensteinau
(Herta Ketels)

Einst lebte in Freiensteinau ein Schneider, der täglich nach Radmühl zur Arbeit ging. In der Schneiderei des Meisters gab es viel zu tun, und gar oft kam es vor, dass er sich erst nach Einbruch der Dunkelheit auf den Heimweg machen konnte. Als es wieder einmal sehr spät geworden war, begegnete ihm auf dem Rückweg eine Weiße Frau, die ihn mit den Worten ansprach: „Reich mir deine Hand, dann bin ich erlöst!" Der Schneider erschrak sehr und beeilte sich, so schnell wie möglich nach Freiensteinau zu gelangen. Den Leuten im Dorf erzählte er von seinem Erlebnis, und die Freiensteinauer rieten ihm, er solle der Frau anstatt der Hand seine Elle entgegenstrecken. Am andern Tag erschien dem Schneider die Weiße Frau erneut und flehte ihn wieder an. Sogleich reichte er ihr die Elle, und im Nu verschwand die Frau mit einem Seufzer. Als sich der Schneider danach die

Elle ansah, stellte er fest, dass sie an der Stelle, wo die Weiße Frau sie angefasst hatte, ganz verbrannt war. Von dieser Zeit an ist der Schneider stets bei Tage nach Hause gegangen.

Der Lyriker und Popularphilosoph Karl Dieffenbach („*Sinn- und vermischte Gedichte*") wurde 1763 im Ortsteil Nieder-Moos geboren. Im Jahre 1787 ernannte ihn der Landgraf zum Amtsadvokaten in Alsfeld, dort war er später als Syndikus zuständig für die Rechtsgeschäfte.

Theodor Bindewald (vgl. Herbstein) hat viele Sagen im Vogelsberg gesammelt. Drei davon, nämlich *Christkindleins Wiege*, *Kobold im Märzenstrauch* sowie *Naxburg* spielen in der Gegend von Freiensteinau.

Christkindleins Wiege

GREBENHAIN

Die Teufelsmühle zu Ilbeshausen und der Teufelsstein (Theodor Bindewald*/Eberhard Michael Iba)

Wer im Vogelsberg wandert und auf dem Weg zum Oberwald durch Ilbeshausen kommt, wird unter allen Gebäuden das schöne, lang gestreckte Fachwerkhaus mit allerlei Zierrat an Fenstern, Türen und Gebälk bewundern. Am zweiten Stock befindet sich ein Wandfach, das einen schwarz gemalten Mannskopf mit einem Hut, man spricht vom Teufel, darstellen soll.

Ein Mann, so geht die Sage, hat sieben Jahre lang im Oberwald Holz für den Bau des Hauses geschlagen und nach einem selbst erdachten Plan behauen. Als es nun ans Bauen ging, übermannte den Mann der Hochmut, und er wettete in seinem Übermut mit dem Teufel, dass er genauso schnell und schön bauen könne wie er.

Die Zwei machten sich ans Werk, der Teufel baute den unteren Teil des Giebels, der wunderschön ist und noch heute die Bewunderung aller erregt. Der Mann zimmerte den oberen Teil, der dem unteren nicht im Mindesten entspricht. Der Teufel war eher fertig und hing zum Hohn seinen Hut auf die oberste Spitze des Gebäudes nach dem Walde hin. Dann führte er den Mann ins *Crainfelder Feld* und zerriss ihn in den Lüften. Seitdem heißt das wunderschöne Fachwerkhaus *Teufelsmühle*. In ihr befindet sich ein Wandfach, welches von außen wie ein Fenster aussieht, durch das der Teufel noch heute zuweilen aus- und einschlüpfen soll.

Geht man von Ilbeshausen nach Breungeshain durch den Oberwald, so liegt nicht weit vom Weg ein großer Stein, der wird der *Teufelsstein* genannt. Dort haben einmal schlechte Leute eine ganze Nacht hindurch mit dem Bösen Karten gespielt. Noch heutzutage kann man eine Delle im Stein sehen, dahinein hat der Teufel seine Spielheller gelegt.

(*Aus dem Volksmund gesammelt)

Teufelsmühle Ilbeshausen

HERBSTEIN

Der Traum von der Brücke
(Ulrich Benzel*)

Es war einmal ein armer Bauer. Dieser hatte kein Geld, seine Schulden zu bezahlen. Bald wusste er nicht mehr ein und aus und fürchtete, dass ihm sein kleiner Hof weggepfändet würde. Als er wieder einmal voller Sorgen eingeschlafen war, träumte er, dass eine Stimme ihm zurufen würde: „Auf der Sachsenhäuser Brück, findst du dein Glück! Auf der Sachsenhäuser Brück, findst du dein Glück!" Am Morgen erinnerte er sich an die geheimnisvolle Stimme, aber er konnte sich nichts Gescheites zusammenreimen und schüttelte den Kopf über das „dumme Zeug", das er da gehört hatte. Aber in der zweiten Nacht träumte er dasselbe noch einmal. Am nächsten Morgen war er nachdenklicher. Als er aber in der dritten Nacht schon wieder diese Stimme hörte, sprang er aus dem Bett. Er war neugierig, was dieser Traum zu bedeuten hätte, und er beschloss, noch in dieser Nacht zu dem langen Marsch vom Hohen Vogelsberg zur Sachsenhäuser Brücke in Frankfurt anzutreten.

Am Nachmittag des folgenden Tages traf der arme Vogelsberger Bauer in Frankfurt ein. Auf der Sachsenhäuser Brücke fuhren viele Wagen, gingen viele Menschen an ihm vorüber. Keiner beachtete ihn. Dann ging der Bauer auf der Brücke auf und ab, um sich die Beine zu vertreten, aber nichts geschah.

Schon wollte er zornig und missmutig den langen Wanderweg zurück in sein Dorf antreten, da kam ein Mann herbeigeschritten, der fragte ihn: „Ich beobachte dich schon eine lange Zeit, was willst du hier? Wartest du auf jemand, kann ich dir helfen?" „Ach, lass nur, mir kann keiner mehr helfen. Ich habe einen ganzen Berg von Schulden, und dann habe ich auch noch drei Mal so einen komischen Traum gehabt, dass ich auf dieser Brücke mein Glück finden würde. In meiner Dummheit bin ich auch noch dem Ruf gefolgt, als wenn ich nicht genug durch ewigen Hunger geschwächt worden wäre." „Ach, das kenn ich, ich habe auch in der letzten Zeit so etwas Dummes vom Glück und von vergangenen Schätzen geträumt," sagte der Fremde auf der Brücke. Dann fuhr er fort in seiner Rede: „Da habe ich doch in der letzten Nacht von einem Bauernhof im Vogelsberg geträumt mit einem kleinen Fachwerkhaus

Der Traum von der Brücke

mit vier Fenstern, einem Stall dahinter und hinter dem Stall ein Backhaus und hinter dem Backhaus ein großer Pflaumenbaum. Und unter dem Baum soll ein Schatz vergraben sein. Nun find einmal diesen Bauernhof! Du siehst, Träume sind Schäume!"

Erstaunt und genau hatte der Vogelsberger Bauer dem Frankfurter zugehört. In der Beschreibung, die ihm der fremde Mann gab, erkannte er seinen eigenen Hof wieder. Hastig verabschiedete er sich, und trotz seiner Müdigkeit wanderte er schnell seinem Heimatdorf entgegen. Obwohl ihm alle Knochen schmerzten, musste sofort unter dem Pflaumenbaum gegraben werden. Und wirklich – sein Spaten stieß auf eine vergrabene Kiste. In der Stille der Nacht bargen seine Frau und er, unbemerkt von den Nachbarn, den reichen Schatz. Diese wunderten sich sehr, wie der arme Bauer alle seine Schulden bezahlen konnte und ein so reicher Mann geworden war.

(*Erzähler: Robert Fölsing, Herbstein)

Im Stadtteil Altenschlirf wurde der Pfarrer Theodor Bindewald (1829–1880) geboren, der 1869 seine „*Neue Sammlung von Volkssagen aus dem Vogelsberg und seiner nächsten Umgebung*", eine stattliche Anzahl von 172 Sagen, in den Schriften des *Historischen Vereins für das Großherzogtum Hessen* herausgab. Bereits 1873 erschien die 2. Auflage dieser „*Aus dem Volksmunde*" gesammelten Sagen unter dem neuen Titel „*Oberhessisches Sagenbuch*" mit jetzt 220 Sagen. Unter dem Pseudonym Heinrich Scharfenberg hatte Bindewald 1869 „*dem deutschen Volk*" seine „*Historien aus Oberhessen*" erzählt, denen er 1873 einen zweiten Band: „*Ernst und Humor. Neue Historien aus Oberhessen*" folgen ließ, in dem er „*den Namen des wahren Verfassers*" enthüllte.

Der aus Pommern stammende und nach dem Krieg in Lauterbach wohnhafte und dort tätige Volkskundler Ulrich Benzel (1925–1999) hat fast zwanzig lokale und regionale Sagen- und Märchensammlungen (u. a. „*Pommersche Sagen und Märchen*", „*Märchen und Sagen der Deutschen aus Böhmen und Mähren*") herausgegeben. Für den Bereich des Vogelsberges und der Stadt Herbstein sind dank der Arbeit Benzels außerordentlich viele Sagen und Märchen überliefert. Seine Sammlung „*Herbstein, die Stadt auf dem Berge: Sagen – Märchen – Schwänke*" 1993 ist hierbei von besonderer Bedeutung.

Rathaus Alsfeld

ALSFELD
Die Fettaugen
(Ulrich Benzel*)

Vor vielen Jahren, in alten Zeiten, ging einst der Herrgott auf der Erde umher um zu erfahren, wie die Menschen seine Gebote hielten.

Eines Abends kam er in ein kleines Dorf und bat die reichen Bauern um ein Nachtquartier. Überall wurde er abgewiesen. Nur in einem Häuschen am Ende des Dorfes fand er Aufnahme. Das kleine Haus wurde von einer armen Frau bewohnt. Sie war bereit, alles mit dem fremden Wandersmann zu teilen. Sie holte Kartoffeln und etwas Milch. Auch eine armselige Suppe bot sie ihm an. Weil sie keine Butter im Hause hatte, war auch die Suppe fast ohne Fett geblieben. Deshalb schwammen unzählige winzige Fettaugen auf der Suppe.

Als sich der Herrgott gestärkt hatte, bot ihm die Frau ihr ärmliches Bett an, sie selbst hatte nur ein Strohlager für sich. „Du bist ein alter Mann und gewiss sehr müde, deshalb schlafe in meinem Bett. Ich kann mich eine Nacht auch mit einem Strohlager behelfen“, sagte sie und duldete keinen Widerspruch.

Am anderen Morgen verabschiedete sich der Herrgott von der armen Frau. Er sagte: „Weil du so gastfreundlich gewesen bist, will ich dich reichlich belohnen. Für jedes der Fettaugen in deiner Suppe sollst du ein Goldstück erhalten.“ Der Frau gingen die Augen über, als der fremde Wanderer in seinen Sack langte und Goldstück für Goldstück hervorholte und auf den Tisch zählte. Bald war der ganze Tisch mit Gold bedeckt, und der Herrgott wollte mit dem Aufzählen nicht aufhören. Als der Fremde gegangen war, war die Frau reich geworden. In diesem Augenblick kam eine reiche Nachbarin zur Tür herein. Als sie das Gold erblickte, schienen ihr die Augen aus den Höhlen zu fallen. „Woher hast du diesen Reichtum?“, fragte sie. „Da kam gestern ein Wanderer vorbei, der bat um ein Nachtquartier. Ich habe ihn aufgenommen, und da hat er mir für jedes Fettauge in der Suppe ein Goldstück auf den Tisch gezählt“, antwortete die Frau.

Die Nachbarin wusste, was sie zu tun hatte. Sie dachte: „Wenn der Fremde bei einer so kärglichen Aufwartung so viel Geld verschenkt, was wird der mir erst zahlen, wenn ich ihn gut und reichlich bewirte.“ Sie bespannte einen Wagen und fuhr dem Wandersmann nach. Bald hatte sie ihn eingeholt. Sie bat und bettelte so lange, entschuldigte sich sooft für ihr Verhalten am vergangenen Tage, bis der Herrgott endlich einwilligte, auch bei ihr zu Gast zu sein. Er stieg in den Wagen und fuhr mit der reichen Bäuerin in das Dorf zurück.

Hier in ihrem Hause trug die Bäuerin ihrem Gast die herrlichsten Speisen auf: Kuchen, Wein, Braten, Schinken, Eierspeisen, feines Gemüse, Beeren und eine besonders gute Suppe. In die Suppe tat sie das feinste Fett, frische würzige Butter. Einen großen Klumpen hatte sie genommen. Auf der Suppe erschien ein einziges, riesengroßes Fettauge. Es breitete sich in der weiten Schüssel nach allen Seiten aus, bis es die gesamte Oberfläche der Schüssel bedeckte.

Der Herrgott hatte von jeder Speise nur eine winzige Menge gegessen. Dann erhob er sich und sprach: „Liebe Frau, ich danke dir für die köstliche Bewirtung. Ich kann jedoch nicht länger bei dir bleiben, ich muss heute noch weiterwandern. Ich will dich belohnen. Für jedes Fettauge auf der Suppe sollst du ein Goldstück erhalten." Dann griff er in seinen Sack und legte ein Goldstück auf den Tisch. Vorbei an der betroffenen Bäuerin ging er zur Tür hinaus und war im gleichen Augenblick spurlos verschwunden.

(*Erzählerin Jeanette Voller, Alsfeld – gehört von Elsa Vollmer)

Über die Geschichte Jesu, von der Kreuzigung bis zum Pfingstwunder, wird in dem literaturhistorisch bedeutenden *Alsfelder Passionsspiel* aus dem 15./ Anf. 16. Jh.) berichtet.

Auf dem alten Alsfelder Friedhof erinnert ein Grabstein an die Dichterin Johanna Merck (1737–1773), die zu den Wegbereitern der deutschen Klassik zu zählen ist. 1759/60 erschienen zwei Gedichtsammlungen von ihr unter dem Titel *„Gedichte eines Frauenzimmers"*.

Der in Nieder-Moos geborene Lyriker und Popularphilosoph Karl Dieffenbach (1763–1822) wirkte 35 Jahre in Alsfeld, wo er auch verstarb. Er war Urheber und Herausgeber des *„Oberhessischen Intelligenzblattes"*.

In Alsfeld geboren, wurden der Dramatiker und Lyriker Karl Weiser *(1848–1913, „Hutten")* sowie der Journalist, Schriftsteller, Mundartdichter und Verleger Karl Brodhäcker (1919–2013) Verfasser zahlreicher Erzählungen, Romane *„Das Herz im Schnee"* sowie heimatgeschichtlicher Bücher, wie etwa *„Handiel und Jerlud"*.

Der aus Pommern stammende und nach dem Krieg in Lauterbach wohnhafte und dort tätige Volkskundler Ulrich Benzel (1925–1999, vgl. Herbstein) hat fast zwanzig lokale und regionale Sagen- und Märchensammlungen herausgegeben. Für den Bereich des Vogelsberges ist seine Sammlung *„Märchen, Sagen und Schwänke aus Lauterbach und dem Vogelsbergkreis“* eine sehr bedeutende Quelle.

Das im Jahre 1628 erbaute *Alsfelder Märchenhaus* entführt Jung und Alt in das Reich der Märchen, Sagen und Legenden. Die Räume sind märchenhaft gestaltet und mit unterschiedlichen Märchen belegt. Im Erzählraum hält eine Märchenerzählerin ihre Zuhörer in Bann.

Ein idyllisches Plätzchen in der Altstadt ist der *Grabbrunnen* mit seinem alten Brunnenbecken. Der Sage nach werden hier vom Klapperstorch die neugeborenen Kinder geholt.

Ein sagenumwobener Ort ist der *Hexentanzplatz* auf dem Bechtelsberg beim Stadtteil Berfa, wo sich die Hexen in der Walpurgisnacht tummeln.

Schloss Marburg

MARBURG

Aschenputtel
(Brüder Grimm*)

Einem reichen Manne, dem wurde seine Frau krank, und als sie fühlte, dass ihr Ende herankam, rief sie ihr einziges Töchterlein zu sich ans Bett und sprach: „Liebes Kind, bleib fromm und gut, so wird dir der liebe Gott immer beistehen, und ich will vom Himmel auf dich herabblicken und will um dich sein." Darauf tat sie die Augen zu und verschied. Das Mädchen ging jeden Tag hinaus zu dem Grabe der Mutter und weinte und blieb fromm und gut. Als der Winter kam, deckte der Schnee ein weißes Tüchlein auf das Grab, und als die Sonne im Frühjahr es wieder herabgezogen hatte, nahm sich der Mann eine andere Frau.

Die Frau hatte zwei Töchter mit ins Haus gebracht, die schön und weiß von Angesicht waren, aber garstig und schwarz von Herzen. Da ging eine schlimme Zeit für das arme Stiefkind an. „Soll die dumme Gans bei uns in der Stube sitzen?", sprachen sie. „Wer Brot essen will, muss es verdienen – hinaus mit der Küchenmagd." Sie nahmen ihm seine schönen Kleider weg, zogen ihm einen grauen alten Kittel an und gaben ihm hölzerne Schuhe. „Seht einmal die stolze Prinzessin, wie sie geputzt ist!", riefen sie, lachten und führten es in die Küche. Da musste es von morgens bis abends schwere Arbeit tun, früh vor Tag aufstehen, Wasser tragen, Feuer anmachen, kochen und waschen. Obendrein taten ihm die Schwestern alles ersinnliche Herzeleid an, verspotteten es und schütteten ihm die Erbsen und Linsen in die Asche, so dass es sitzen und sie wieder auslesen musste. Abends, wenn es sich müde gearbeitet hatte, kam es in kein Bett, sondern musste sich neben den Herd in die Asche legen. Und weil es darum immer staubig und schmutzig aussah, nannten sie es „Aschenputtel".

Es trug sich zu, dass der Vater einmal auf die Messe ziehen wollte, da fragte er die beiden Stieftöchter, was er ihnen mitbringen sollte? „Schöne Kleider", sagte die eine, „Perlen und Edelsteine", die zweite. „Aber du, Aschenputtel", sprach er, „was willst du haben?" – „Vater, das erste Reis, das Euch auf Eurem Heimweg an den Hut stößt, das brecht für mich ab." Er kaufte nun für die beiden Stiefschwestern schöne Kleider, Perlen und Edelsteine, und auf dem

Rückweg, als er durch einen grünen Busch ritt, streifte ihn ein Haselreis und stieß ihm den Hut ab. Da brach er das Reis ab und nahm es mit. Als er nach Haus kam, gab er den Stieftöchtern, was sie sich gewünscht hatten, und dem Aschenputtel gab er das Reis von dem Haselbusch. Aschenputtel dankte ihm, ging zu seiner Mutter Grab und pflanzte den Reis darauf und weinte so sehr, dass die Tränen darauf niederfielen und es begossen. Es wuchs aber und ward ein schöner Baum. Aschenputtel ging alle Tage drei Mal darunter, weinte und betete und allemal kam ein weißes Vöglein auf den Baum, und wenn es einen Wunsch aussprach, so warf ihm das Vöglein herab, was es sich gewünscht hatte.

Es begab sich aber, dass der König ein Fest anstellte, das drei Tage dauern sollte und wozu alle schönen Jungfrauen im Lande eingeladen wurden, damit sich sein Sohn eine Braut aussuchen möchte. Die zwei Stiefschwestern, als sie hörten, dass sie auch dabei erscheinen sollten, waren guter Dinge, riefen Aschenputtel und sprachen: „Kämm uns die Haare, bürste uns die Schuhe und mache uns die Schnallen fest, wir gehen zur Hochzeit auf des Königs Schloss." Aschenputtel gehorchte, weinte aber, weil es auch gern zum Tanz mitgegangen wäre, und bat die Stiefmutter, sie möchte es ihm erlauben. „Du, Aschenputtel", sprach sie, „bist voll Staub und Schmutz und willst zur Hochzeit? Du hast keine Kleider und Schuhe und willst tanzen?" Als es aber mit Bitten anhielt, sprach sie endlich: „Da habe ich dir eine Schüssel Linsen in die Asche geschüttet, wenn du die Linsen in zwei Stunden wieder ausgelesen hast, so sollst du mitgehen." Das Mädchen ging durch die Hintertüre nach dem Garten und rief: „Ihr zahmen Täubchen, ihr Turteltäubchen, all ihr Vöglein unter dem Himmel, kommt und helft mir lesen,

die guten ins Töpfchen,
die schlechten ins Kröpfchen."

Da kamen zum Küchenfenster zwei weiße Täubchen herein, und danach die Turteltäubchen, und endlich schwirrten und schwärmten alle Vöglein unter dem Himmel herein und ließen sich um die Asche nieder. Und die Täubchen nickten mit den Köpfchen und fingen an: Pik, pik, pik, pik, und da fingen die Übrigen auch an: Pik, pik, pik, pik, und lasen alle guten Körnlein in die Schüssel. Kaum war eine Stunde herum, so waren sie schon fertig und flogen alle wieder hinaus. Da brachte das Mädchen die Schüssel zur Stiefmutter, freute sich und glaubte, es dürfte nun mit auf die Hochzeit gehen. Aber sie sprach: „Nein, Aschenputtel, du hast keine Kleider und kannst nicht tanzen. Du wirst nur ausgelacht." Als es nun weinte, sprach sie: „Wenn du mir zwei Schüsseln voll Linsen in einer Stunde aus der Asche rein lesen kannst, so sollst du mitgehen", und dachte, „das kann es ja nimmermehr." Als sie die zwei Schüsseln Linsen in die Asche geschüttet hatte, ging das Mädchen durch die Hintertüre nach dem Garten und rief: „Ihr zahmen Täubchen, ihr Turteltäubchen, all ihr Vöglein unter dem Himmel, kommt und helft mir lesen,

die guten ins Töpfchen,
die schlechten ins Kröpfchen."

Da kamen zum Küchenfenster zwei weiße Täubchen herein, und danach die Turteltäubchen, und endlich schwirrten und schwärmten alle Vöglein unter dem Himmel herein und ließen sich um die Asche nieder. Und die Täubchen nickten mit ihren Köpfchen und fingen an: Pik, pik, pik, pik, und da fingen die Übrigen auch an: Pik, pik, pik, pik, und lasen alle guten Körner in die Schüsseln. Und eh eine halbe Stunde herum war, waren sie schon fertig und flogen alle wieder hinaus. Da trug das Mädchen die Schüsseln zu der Stiefmutter, freute sich und glaubte, nun dürfte es mit auf die Hochzeit gehen. Aber sie sprach: „Es hilft dir alles nichts. Du kommst nicht mit, denn du hast keine Kleider und kannst nicht tanzen; wir müssten uns deiner schämen." Darauf kehrte sie ihm den Rücken zu und eilte mit ihren zwei stolzen Töchtern fort.

Als nun niemand mehr daheim war, ging Aschenputtel zu seiner Mutter Grab unter den Haselbaum und rief:

„Bäumchen rüttel dich und schüttel dich,
Wirf Gold und Silber über mich."

Da warf ihm der Vogel ein golden und silber Kleid herunter und mit Seide und Silber ausgestickte Pantoffeln. In aller Eile zog es das Kleid an und ging zur Hochzeit. Seine Schwestern aber und die Stiefmutter kannten es nicht und meinten, es müsste eine fremde Königstochter sein, so schön sah es in dem goldenen Kleide aus. An Aschenputtel dachten sie gar nicht und meinten, es säße daheim im Schmutz und suche die Linsen aus der Asche. Der Königssohn kam ihm entgegen, nahm es bei der Hand und tanzte mit ihm. Er wollte auch sonst mit niemand tanzen, also dass er ihm die Hand nicht losließ, und wenn ein anderer kam, es aufzufordern, sprach er: „Das ist meine Tänzerin."

Es tanzte, bis es Abend war, da wollte es nach Hause gehen. Der Königssohn aber sprach: „Ich gehe mit und begleite dich", denn er wollte sehen, wem das schöne Mädchen angehörte. Sie entwischte ihm aber und sprang in das Taubenhaus. Nun wartete der Königssohn, bis der Vater kam, und sagte ihm, das fremde Mädchen wäre in das Taubenhaus gesprungen. Der Alte dachte: „Sollte es Aschenputtel sein?", und sie mussten ihm Axt und Hacken bringen, damit er das Taubenhaus entzweischlagen konnte – aber es war niemand darin. Und als sie ins Haus kamen, lag Aschenputtel in seinen schmutzigen Kleidern in der Asche, und ein trübes Öllämpchen brannte im Schornstein, denn Aschenputtel war geschwind aus dem Taubenhaus hinten herabgesprungen und war zu dem Haselbäumchen gelaufen. Da hatte es die schönen Kleider abgezogen und aufs Grab gelegt, und der Vogel hatte sie wieder weggenommen, und dann hatte es sich in seinem grauen Kittelchen in die Küche zur Asche gesetzt.

Am andern Tag, als das Fest von neuem anhub und die Eltern und Stiefschwestern wieder fort waren, ging Aschenputtel zu dem Haselbaum und sprach:

„Bäumchen rüttel dich und schüttel dich,
Wirf Gold und Silber über mich."

Da warf der Vogel ein noch viel stolzeres Kleid herab als am vorigen Tag. Und als es mit diesem Kleide auf der Hochzeit erschien, staunte jedermann über seine Schönheit. Der Königssohn aber hatte gewartet, bis es kam, nahm es gleich bei der Hand und tanzte nur allein mit ihm. Wenn die Anderen kamen und es aufforderten, sprach er: „Das ist meine Tänzerin." Als es nun Abend war, wollte es fort, und der Königssohn ging ihm nach und wollte sehen, in welches Haus es ging, aber es sprang ihm fort und in den Garten hinter dem Haus. Darin stand ein schöner großer Baum, an dem die herrlichsten Birnen hingen, es kletterte so behänd wie ein Eichhörnchen zwischen die Äste, und der Königssohn wusste nicht, wo es hingekommen war. Er wartete aber, bis der Vater kam, und sprach zu ihm: „Das fremde Mädchen ist mir entwischt, und ich glaube, es ist auf den Birnbaum gesprungen." Der Vater dachte: „Sollte es Aschenputtel sein?", ließ sich die Axt holen und hieb den Baum um, aber es war niemand darauf. Und als sie in die Küche kamen, lag Aschenputtel da in der Asche, wie sonst auch, denn es war auf der anderen Seite vom Baum herabgesprungen, hatte dem Vogel auf dem Haselbäumchen die schönen Kleider wiedergebracht und sein graues Kittelchen angezogen.

Am dritten Tag, als die Eltern und Schwestern fort waren, ging Aschenputtel wieder zu seiner Mutter Grab und sprach zu dem Bäumchen:

„Bäumchen rüttel dich und schüttel dich,
Wirf Gold und Silber über mich."

Nun warf ihm der Vogel ein Kleid herab, das war so prächtig und glänzend, wie es noch keins gehabt hatte, und die Pantoffeln waren ganz golden. Als es in dem Kleid zur Hochzeit kam, wussten sie alle nicht, was sie vor Verwunderung sagen sollten. Der Königssohn tanzte ganz allein mit ihm, und wenn es einer aufforderte, sprach er: „Das ist meine Tänzerin."

Als es nun Abend war, wollte Aschenputtel fort, und der Königssohn wollte es begleiten, aber es entsprang ihm so geschwind, dass er nicht folgen konnte. Der Königssohn hatte aber eine List gebraucht und hatte die ganze Treppe mit Pech bestreichen lassen; da war, als es hinabsprang, der linke Pantoffel des Mädchens hängengeblieben. Der Königssohn hob ihn auf, und er war klein und zierlich und ganz golden. Am nächsten Morgen ging er damit zu dem Mann und sagte zu ihm: „Keine Andere soll meine Gemahlin werden als die, an deren Fuß dieser goldene Schuh passt." Da freuten sich die beiden Schwestern, denn sie hatten schöne Füße. Die Älteste ging mit dem Schuh in die Kammer und wollte ihn anprobieren, und die Mutter stand dabei. Aber sie konnte mit der großen Zehe nicht hineinkommen, und der Schuh war ihr zu klein. Da reichte ihr die Mutter ein Messer und sprach: „Hau die Zehe ab – wenn du Königin bist, so brauchst du nicht mehr zu Fuß zu gehen." Das Mädchen hieb die Zehe ab, zwängte den Fuß in den Schuh, verbiss den Schmerz und ging heraus zum Königssohn. Da nahm er sie als seine Braut aufs Pferd und ritt mit ihr fort. Sie mussten aber an dem Grabe vorbei, da saßen die zwei Täubchen auf dem Haselbäumchen und riefen:

„Rucke di guck, rucke di guck,
Blut ist im Schuck (Schuh):
Der Schuck ist zu klein,
Die rechte Braut sitzt noch daheim."

Da blickte er auf ihren Fuß und sah, wie das Blut herausquoll. Er wendete sein Pferd um, brachte die falsche Braut wieder nach Haus und sagte, das wäre nicht die rechte, die andere Schwester sollte den Schuh anziehen. Da ging diese in die Kammer und kam mit den Zehen glücklich in den Schuh, aber die Ferse war zu groß. Da reichte ihr die Mutter ein Messer und sprach: „Hau ein Stück von der Ferse ab – wenn du Königin bist, brauchst du nicht mehr zu Fuß zu gehen." Das Mädchen hieb ein Stück von der Ferse ab, zwängte den Fuß in den Schuh, verbiss den Schmerz und ging hinaus zum Königssohn. Da nahm er sie als seine Braut aufs Pferd und ritt mit ihr fort. Als sie an dem Haselbäumchen vorbeikamen, saßen die zwei Täubchen darauf und riefen:

„Rucke di guck, rucke di guck,
Blut ist im Schuck:
Der Schuck ist zu klein,
Die rechte Braut sitzt noch daheim."

Er blickte nieder auf ihren Fuß und sah, wie das Blut aus dem Schuh quoll und an den weißen Strümpfen ganz rot heraufgestiegen war. Da wendete er sein Pferd und brachte die falsche Braut wieder nach Haus. „Das ist auch nicht die rechte", sprach er, „habt ihr keine andere Tochter?" – „Nein", sagte der Mann, „nur von meiner verstorbenen Frau ist noch ein kleines, schmutziges Aschenputtel da – das kann unmöglich die Braut sein." Der Königssohn sprach, er sollte es heraufschicken, die Mutter aber antwortete: „Ach nein, das ist viel zu schmutzig, das darf sich nicht sehen lassen." Er wollte es aber durchaus haben, und Aschenputtel musste gerufen werden. Da wusch es sich erst Hände und Angesicht rein, ging dann hin und neigte sich vor dem Königssohn, der ihm den goldenen Schuh reichte. Dann setzte es sich auf einen Schemel, zog den Fuß aus dem schweren Holzschuh und steckte ihn in den Pantoffel, der war wie angegossen. Und als es sich in die Höhe richtete und der Königssohn ihm ins Gesicht sah, so erkannte er das schöne Mädchen, das mit ihm getanzt hatte, und rief: „Das ist die rechte Braut!“ Die Stiefmutter und die beiden Schwestern erschraken und wurden bleich vor Ärger; er aber nahm Aschenputtel aufs Pferd und ritt mit ihm fort. Als sie an dem Haselbäumchen vorbeikamen, riefen die zwei weißen Täubchen:

„Rucke di guck, rucke di guck,
Kein Blut ist im Schuck:
Der Schuck ist nicht zu klein,
Die rechte Braut, die führt er heim.“

Und als sie das gerufen hatten, kamen sie beide herabgeflogen und setzten sich dem Aschenputtel auf die Schultern, eine rechts, die andere links, und blieben da sitzen.

Als die Hochzeit mit dem Königssohn gehalten werden sollte, kamen die falschen Schwestern, wollten sich einschmeicheln und teil an seinem Glück nehmen. Als die Brautleute nun zur Kirche gingen, war die Älteste zur linken, die Jüngste zur rechten Seite – da pickten die Tauben einer jeden das eine Auge aus. Und waren sie also für ihre Bosheit und Falschheit mit Blindheit auf ihr Lebtag gestraft.

(*KHM 21: Aus Hessen, laut Wilhelm Grimm, im September 1810 nach mündlicher Erzählung von einer alten Frau im Elisabeth-Hospital. Erst nach über zweihundert Jahren gelang es Holger Ehrhardt, das Rätsel um die *Marburger Märchenfrau* zu lösen. Bei ihr handelt es sich um Elisabeth Schellenberg (1746–1814), die verarmt nicht im Elisabeth-Hospital, sondern im (unteren) Siechenhaus St. Jost lebte und dort verstarb.)

Wegen ihrer Nächstenliebe lebt die *heilige Elisabeth* in Legenden fort. Landgraf Ludwig IV. von Thüringen schenkte im Jahre 1221 seiner Ehefrau Elisabeth Marburg zur Hochzeit. Schon 1227 starb der Landgraf auf einem Kreuzzug in das Heilige Land; die wegen ihrer Mildtätigkeit beim Volk beliebte, aber am thüringischen Hof verachtete Elisabeth zog von der Wartburg nach Marburg. Dort ließ sie ein Hospital errichten, pflegte Bedürftige und Kranke und führte ein Leben in Armut.

Während ihres Studiums der Rechtskunde erhielten die Brüder Grimm in Marburg durch ihren Lehrer Professor Friedrich Carl von Savigny, durch Clemens Brentano sowie Achim und Bettina von Arnim, geb. Brentano, wesentliche Anstöße zur Beschäftigung mit der „Poesie des Volkes" (Lieder, Märchen und Sagen). Der unterhalb des Schlosses gelegene Forsthof, wo F. C. von Savigny seine Wohnung hatte, in der Jacob und Wilhelm Grimm ein- und ausgingen, wurde zur Wiege der „Marburger Romantik". Nachdem Clemens Brentano den Brüdern Grimm gegenüber erwähnt hatte, dass ihm im Hospital eine alte Frau sechs bis acht Märchen erzählt hatte, von denen er einzelne Worte, aber nicht den Wortlaut aufgeschrieben habe, machte Wilhelm Grimm den Versuch, von dieser Frau Märchen zu erfahren, doch „das Orakel wollte nicht sprechen". Über Umwege konnte er aber schließlich doch noch an eine Fassung von *Aschenputtel* und *Der goldene Vogel* gelangen. Nach über 200 Jahren gelang es dem Kasseler Grimm-Forscher Holger Ehrhardt durch detektivische Kleinarbeit, das Rätsel um die *Marburger Märchenfrau* zu lösen. Seinen Recherchen zufolge handelt es sich um Elisabeth Schellenberg (1746–1814), die im Haus ihrer Eltern Mühltreppe 1 (heutige Bezeichnung) wohnte und später verarmt ins untere Siechenhaus St. Jost zog.

Zu ihren Lebzeiten war es den Brüdern Grimm nicht vergönnt, die von ihnen gemeinsam gesammelten in- und ausländischen *„Volkslieder"* herauszubringen. Erst zu Jacob Grimms 200. Geburtstag im Jahre 1985 konnte der Textband unter dem Titel *„Brüder Grimm Volkslieder"* in Marburg erscheinen (eine insgesamt dreibändige wissenschaftliche Edition, hrsg. von Charlotte Oberfeld/Peter Assion/Ludwig Denecke u. a., 1985–1989).

Im *Hessischen Staatsarchiv* und im *Museum für Kunst und Kulturgeschichte der Philipps-Universität*, Biegenstr. 11, werden zahlreiche Originalzeugnisse und -dokumente aus dem Nachlass der Brüder Grimm aufbewahrt. Zeichnungen des Grimm-Bruders Ludwig Emil Grimm (vgl. Kassel) und des in Marburg geborenen hessischen Malers Otto Ubbelohde (vgl. Lahntal) findet man ebenfalls im Museum für Kunst und Kulturgeschichte in der Biegenstr. Auf der *„Marburger Märchenroute"* in und um die Elisabethkirche, in der Altstadt und am Schloss stößt der Besucher auf Motive, die Ubbelohde als Vorlage der Grimm'schen *„Kinder- und Hausmärchen"* und der *„Deutschen Sagen"* gedient haben.

Das *Haus der Romantik* (Markt 16) informiert u. a. über Leben und Werk der romantischen Schriftsteller, Philosophen und Wissenschaftler, die im frühen 19. Jahrhundert in Marburg zusammenkamen: Bettina und Clemens Brentano, Achim von Arnim, Karoline von Günderode, Sophie Mereau, Caroline Schlegel-Schelling, Karl Wilhelm Justi, Jacob, Wilhelm und Ludwig Emil Grimm, Leonhard und Friedrich Creuzer und Pfarrer Johann Heinrich Christian Bang (vgl. Lahntal).

Eine wahre Fundgrube für volkskundlich Interessierte ist das Zentralarchiv der Deutschen Volkserzählung im Institut für Europäische Ethnologie/Kulturwissenschaft mit seinen über 75.000 Aufzeichnungen mündlich überlieferten Erzählgutes. Der erste Leiter war Gottfried Henßen *(„Volk erzählt. Münsterländische Sagen, Märchen und Schwänke“)*, der als Erster in Deutschland die Erzählforschung systematisch betrieb. Hier wirkte später die Volkskundlerin Charlotte Oberfeld (1915–1998), die auch Märchensammlungen herausgab: *„Volksmärchen aus Hessen“* u. a.

Eingang in die Literatur fand Marburg als Schauplatz bei Werner Bergengruen (1892–1964): *„Drei Schwestern aus dem Mohrenland“* sowie bei Ina Seidel (1885–1974): *„Drei Städte meiner Jugend“*. In Marburg verstarben die Verfasserin des märchenhaften Erfolgsromans, Agnes Günther (1863–1911): *„Die Heilige und ihr Narr“* sowie der Literaturhistoriker und Schriftsteller Max Kommerell (1902–1944): *„Der Lampenschirm aus den drei Taschentüchern“*.

In Marburg weilten von 1905–1910 der spanische Philosoph und Essayist José Ortega y Gasset und 1912 der russische Dichter Boris Pasternak.

Auf den Spuren der Brüder Grimm:

- Grimm-Dich-Pfad: Er führt über 15 Stationen vom Steinweg bis zum Schloss, vorbei an monumentalen Märchenobjekten, teilweise in luftiger Höhe, an Häusern, Treppen und Mauern.
- Forsthof (Ritterstr. 15, Wohnung von Professor F.C. von Savigny).
- Wohnungen: Barfüßerstr. 35 (Wilhelm Grimm) und Wendelgasse 4 (Brüder Grimm).
- Marburger Haus der Romantik.
- Museum für Kunst und Kulturgeschichte der Philipps-Universität.
- Marburger Märchenroute.
- Haus Mühltreppe 1: Wohnort der Grimm'schen Märchenerzählerin Elisabeth Schellenberg.

- Dauerausstellung im Landratsamt Marburg-Cappel: Zahlreiche Illustrationen (Kopien) Otto Ubbelohdes zu den Märchen der Brüder Grimm.

Otto-Ubbelohde-Haus Gossfelden

LAHNTAL

Wie Sarnau entstand
(Jacob Grimm*)

Zwischen Goßfelden und Wetter lag vormals ein jetzt ausgestorbenes Dorf Elbringhausen. Die Bauern lebten darin so üppig, dass der Teufel Gewalt über sie bekam und sie aus ihrer guten Erde auf einen sandigen Boden, den die austretende Lahn jährlich überschwemmt, zu versetzen beschloss. Er nahm also das ganze Dorf in seine Kötze (Rückentragekorb) und trug es durch die Lüfte, dahin, wo jetzt Sarnau steht. Er fing an, die einzelnen Häuser zu packen und der Reihe nach aufzustellen. Unversehens stürzte ihm die Kötze um, und der ganze Plunder fiel durcheinander zur Erde. Daher rührt, dass zu Sarnau die sechs ersten Häuser in gerader Gasse stehen, alle übrigen durcheinander.

(*Deutsche Mythologie)

Riesen backen gemeinsam
(Jacob Grimm*)

Auf dem Weißenstein und Rimberg bei Caldern wohnten früher Riesen. Sie hatten beide gemeinschaftlich einen Backofen, der mitten im Felde lag. Wenn sie nun Teig kneteten, warfen sie einander Steine zu. Auf dies Zeichen sollte Holz zum Ofenheizen von des Nachbarn Burg gebracht werden. Einmal geschah es, dass beide zu gleicher Zeit warfen und die Steine in der Luft zusammenfuhren; die liegen noch heutigentags mitten im Feld oberhalb Michelbach, jedwedem ist eine große Riesenhand eingedrückt. Ein anderes Zeichen gab der Riese damit, dass er sich am Leib kratzte. Es war so laut, dass man es jenseits deutlich hörte.

(*Deutsche Mythologie)

Durch Professor Savigny, der im Hause des Goßfeldener Pfarrers Johann Heinrich Christian Bang (1774–1851) verkehrte, fand der Marburger Romantikerkreis mit Achim von Arnim, den Geschwistern Brentano, dem Philosophen Hauff und den Brüdern Grimm den Weg in das Lahndorf Goßfelden. Die Brüder Grimm und Pfarrer Bang waren einander freundschaftlich verbunden. Jacob Grimm bedankte sich bei Bang am 7. Januar 1817 für die Übersendung von vier Sagen und bat um weitere Mitarbeit. Der Malerbruder Ludwig Emil Grimm weilte im Sommer 1829 in Goßfelden, wo er einige Trachtenbilder fertigte und auch Pfarrer Bang zeichnete. An den Besuch der Marburger Romantiker bei Pfarrer Bang in Goßfelden erinnert die einfühlsame, märchenhafte Erzählung *„Die Märchenlinde"* von Pfarrer Hans Theodor Siebert (1901–1970).

1898 erwarben der Marburger Maler, Zeichner und Radierer Otto Ubbelohde (1867–1922) und seine Ehefrau Hanna (1873–1948), eine Künstlerin, die sich hauptsächlich mit Kunststickerei beschäftigte, in Goßfelden ein Wiesengrundstück an der Lahn. Zwei Jahre später bezogen sie ihr am Rande des Dorfes gelegene Haus mit Atelier, das heutige weithin bekannte Otto-Ubbelohde-Haus. In Goßfelden und seiner näheren und weiteren Umgebung fand Ubbelohde viele seiner Landschaftsmotive, durch die er gerne als *Hessenmaler* bezeichnet wurde; dies stellt aber nur einen Teil seines umfangreichen Schaffens dar. Hier entstand sein Hauptwerk, Hunderte von Illustrationen zu den *„Kinder- und Hausmärchen"* und den *„Deutschen Sagen"* der Brüder Grimm, aber auch viele Gemälde und Zeichnungen für Lieder- und Kinderbücher.

2010 wurde der idyllische Rundweg *Auf den Spuren von Otto Ubbelohde durch Goßfelden* eingeweiht; an sechzehn Stationen weisen Bild- und Texttafel auf Motive im Ort hin, die man noch heute wiedererkennen kann, darunter auch Zeichnungen Grimm'scher Märchen.

RAUSCHENBERG

Das Märchen vom Hinkelchen und vom Hähnchen
(Charlotte Oberfeld*)

An einem schönen Sommertag sagte das Hähnchen zu seinem Hinkelchen: „Hörst du, die Dreschmaschine brummt auf dem Hof drüben. Ich will ein paar Körner holen. Setz du dich aufs Nest und lege Eier, ich komme bald wieder."

Das Hähnchen ging also zur Dreschmaschine und das Hinkelchen setzte sich aufs Nest. Aber es dauerte ihm zu lange, und es wollte so gerne ein bisschen in der warmen Sonne gehen. Das tat es dann auch. Aber kaum war es draußen, da kam der Habicht und nahm es mit nach Zettrichhausen.

Kurz darauf kam das Hähnchen heim und konnte sein Hinkelchen nirgends finden. Es dachte sich gleich: ‚Halt, der Habicht hat's mit nach Zettrichhausen genommen.' Es spannte seine sechs Mäuschen vor den Wagen nach Zettrichhausen.

Wie es so ein Stück gefahren war, stand da eine Kuh. Die sagte: „Wo willst dann hin, Hähnchen?" Spricht's Hähnchen: „Ei, ich will nach Zettrichhausen, will mir mein Hinkelchen wiederholen. Willst dann mit?" „Ja!" „Setz' dich hinten drauf, dann fällste vorne net runter. Hotte, Mäuschen, je!"

Als sie wieder ein Stück gefahren waren, begegnete ihnen ein Esel, der sagte auch: „Wo willst dann hin, Hähnchen?" „Ei, ich will nach Zettrichhausen und will mir mein Hinkelchen holen. Willst dann mit?" „Ja!" „Setz' dich hinten drauf, dann fällste vorne net runter. Hotte, Mäuschen, je!"

So begegneten ihnen noch ein Hund, eine Katze, eine Ente, eine Nadel und eine Hechel, und es wurde Abend, bis sie nach Zettrichhausen kamen.

Der Habicht war nicht zu Hause. Das Hähnchen fand sein Hinkelchen bald und fuhr mit ihm nach Hause. Die Tiere suchten sich aber alle eine Unterkunft. Die Kuh stellte sich in den Stall, der Esel auf den Hof, der Hund hinter die Tür, die Katze in die Asche. Die Ente in den Wasserzuber, die Nadel in den weichen Stuhl, die Hechel ins Bett.

Als nun der Habicht nach Hause kam, dachte er: ‚Ich will mir ein bisschen Stroh im Stall holen.' Als er in den Stall kommt, kriegt er von der Kuh eine mit dem Schwanz um die Ohren. Er macht, dass er übern Hof kommt. Da kriegt er aber vom Esel eine mit dem Hinterhuf. Da will er schnell in sein Haus.

Das Märchen vom Hinkelchen und vom Hähnchen

Da kriegt ihn aber der Hund ins Bein. Dann läuft er schnell in die Küche an den Herd, da spritzt ihm aber die Katze in die Augen. Schnell läuft er an den Wasserzuber, da plätscht ihn aber die Ente ganz nass. Erschöpft setzt er sich in den weichen Stuhl. Da sticht ihn aber die Nadel ganz fürchterlich. Ganz verzweifelt kriecht er ins Bett. Da kratzt ihn aber die Hechel blutig. Da hatte er aber genug und hat nie mehr ein Hinkelchen geholt.

(*Oberfeld: Volksmärchen aus Hessen, von Hildegard Zeiß in Haina aufgezeichnet, die es einer alten Frau aus Rauschenberg verdankt.)

Künstlerkolonie Willingshausen

WILLINGSHAUSEN
Vom Grauen Männchen im Grauen Born
(Erika Eckhardt)

Im *Buchenköpfchen* bei Willingshausen – in der Nähe liegt die Wüstung eines versunkenen Dorfes – entspringt ein kleiner Waldbach. Die Gegend heißt *Im Grauen Born*. Dort treibt heute noch das *Graue Männchen* sein Unwesen. Von ihm sollen hier zwei Geschichten erzählt werden:

Einst mähte dort zur Heuernte ein Knecht aus Willingshausen. Als er sich zum Frühstücken hingesetzt hatte, erschien das *Graue Männchen* und bat um einen Bissen Brot und einen Schluck Schnaps aus seiner Flasche. Davon wollte aber der Knecht nichts wissen. „Du tust nichts und kriegst nichts", sagte er. „Das wirst du noch bereuen", erwiderte das Männchen und verschwand. Und siehe da, beim Weitermähen glitt dem Knecht die Sense aus der Hand und fuhr ihm ins Bein, sodass er zeit seines Lebens einen Schaden davontrug. Aus der Nähe aber erklang schadenfrohes Gelächter.

Ein anderes Mal hatte eine Frau ihr kleines Töchterchen zum Heumachen mit in den *Grauen Born* genommen. Während sie rechte, setzte sie es an einem schattigen Plätzchen ab und gab ihm auch ein Stückchen Brot in die Hand. Als sie zurückkam, hörte sie von weitem ein fröhliches Kichern. Das Kind saß aber immer noch allein an seinem Platz. „War denn jemand bei dir, als ich fort war?", fragte die Mutter verwundert. „Ja", antwortete es, „als ich mein Brot ins Wasser tunken wollte, da ist das *Graue Männchen* gekommen, und ich habe ihm ein Stückchen abgegeben. Darüber hat es sich so gefreut, dass es für mich getanzt hat."

Heute noch sagt man in Willingshausen, wenn jemand im *Grauen Born* zu tun hat: „Vergiss nicht, ein Frühstück fürs *Graue Männchen* mitzunehmen!"

Wilhelm Grimms Freundschaft zur Familie von Schwertzell geht auf Fritz von Schwertzell zurück, der mit Wilhelm in Kassel das Fridericianum besuchte und später auch in Marburg studierte. Auf Schloss Willingshausen waren die Brüder Grimm gern gesehene Gäste. Wilhelmine von Schwertzell (1790–1849), Fritz' Schwester, hat auch Märchen gesammelt und stand in regem Briefwechsel mit Wilhelm Grimm (75 Briefe sind erhalten). Wilhelmines Schwager, der Baltendeutsche Gerhardt von Reutern (1794–1865), der in den Freiheitskriegen gegen Napoleon in der russischen Armee gekämpft hatte, war mit Ludwig Emil Grimm, die beide als Begründer der hessischen Trachtenmalerei gelten, befreundet. Von ihm erhielt von Reutern während Ludwig Emils Aufenthalten in Willingshausen Mal- und Zeichenunterricht. Beide zeichneten als Erste überhaupt die Trachten der Schwalm.

An die große Zeit von Willingshausen, als sich hier in den 40er-Jahren des 19. Jhs. eine bedeutende Künstlerkolonie (G. v. Reutern, C. Bantzer, J. F. Dielmann, H. Kätelhön, L. Knaus, W. Thielmann, H. von Volkmann u. a.) etablierte, erinnert das „Malerstübchen" im Gerhardt-von Reutern-Haus.

Das Märchen vom Rotkäppchen stammt nicht aus der Schwalm, sondern es ist vielmehr französischen Ursprungs und wurde den Brüdern Grimm von den beiden Schwestern Jeanette und Marie Hassenpflug erzählt, die mütterlicherseits hugenottische Vorfahren hatten. Das Rotkäppchen-Märchen findet sich schon in der Märchensammlung von Charles Perrault (1628–1703, „Histoires ou Contes du temps passé, avec des Moralités. Les Contes de ma mère l'Oye", 1697). Durch ihren Bruder Ludwig Emil Grimm kannten die Brüder Grimm die Schwälmer Tracht, die ihr Bruder malte. Es gibt eine wunderbare Übereinstimmung mit dem Rotkäppchen der Brüder Grimm, denn junge Schwälmerinnen in Tracht gleichen mit ihrer roten Haube dem Rotkäppchen, und so ist es nicht verwunderlich, dass man in der Schwalm davon überzeugt ist, in der Heimat des Rotkäppchens zu wohnen.

In Willingshausen lebte der Grimm-Forscher Wilhelm Schoof (1876–1975, „Zur Entstehungsgeschichte der Grimm'schen Märchen"); auf dem Friedhof fand er seine letzte Ruhestätte.

SCHWALMSTADT

Die drei Brüder
(Brüder Grimm*)

Es war ein Mann, der hatte drei Söhne und weiter nichts im Vermögen als das Haus, worin er wohnte. Nun hätte jeder gerne nach seinem Tode das Haus gehabt, dem Vater war aber einer so lieb wie der andere, da wusste er nicht, wie er's anfangen sollte, dass er keinem zu nahe tät; verkaufen wollte er das Haus auch nicht, weil's von seinen Voreltern war, sonst hätte er das Geld unter sie geteilt. Da fiel ihm endlich ein Rat ein, und er sprach zu seinen Söhnen: „Geht in die Welt und versucht euch, und lerne jeder sein Handwerk, wenn ihr dann wiederkommt, wer das beste Meisterstück macht, der soll das Haus haben."

Das waren die Söhne zufrieden, und der älteste wollte ein Hufschmied, der zweite ein Barbier, der dritte aber ein Fechtmeister werden. Darauf bestimmten sie eine Zeit, wo sie wieder nach Haus zusammenkommen wollten, und zogen fort. Es traf sich auch, dass jeder einen tüchtigen Meister fand, wo er was Rechtschaffenes lernte. Der Schmied musste des Königs Pferd beschlagen und dachte: „Nun kann dir's nicht fehlen, du kriegst das Haus." Der Barbier rasierte lauter vornehme Herren und meinte auch, das Haus wäre schon sein. Der Fechtmeister kriegte manchen Hieb, biss aber die Zähne zusammen und ließ sich's nicht verdrießen, denn er dachte bei sich: „Fürchtest du dich vor einem Hieb, so kriegst du das Haus nimmermehr."

Als nun die gesetzte Zeit herum war, kamen sie bei ihrem Vater wieder zusammen; sie wussten aber nicht, wie sie die beste Gelegenheit finden sollten, ihre Kunst zu zeigen, saßen beisammen und ratschlagten. Wie sie so saßen, kam auf einmal ein Hase übers Feld gelaufen. „Ei", sagte der Barbier, „der kommt wie gerufen", nahm Becken und Seife, schäumte so lange, bis der Hase in die Nähe kam, dann seifte er ihn in vollem Laufe ein und rasierte ihm auch in vollem Laufe ein Stutzbärtchen, und dabei schnitt er ihn nicht und tat ihm an keinem Haare weh. „Das gefällt mir", sagte der Vater, „wenn sich die andern nicht gewaltig anstrengen, so ist das Haus dein." Es währte nicht lang, so kam ein Herr in einem Wagen in vollem Jagen daher. „Nun sollt Ihr sehen, Vater, was ich kann", sprach der Hufschmied, sprang dem Wagen nach, riss dem Pferd, das in einem fortjagte, die vier Hufeisen ab und schlug ihm auch im Jagen vier neue wieder an. „Du bist ein ganzer Kerl“, sprach der Vater, „du machst deine Sache so gut wie dein Bruder; ich weiß nicht, wem ich das Haus geben soll.“ Da sprach der Dritte: „Vater, lasst mich auch einmal gewähren“, und weil es anfing zu regnen, zog er seinen Degen und schwenkte ihn in Kreuzhieben über seinem Kopf, dass kein Tropfen auf ihn fiel. Als der Regen stärker ward und endlich so stark, als ob man mit Mulden vom Himmel gösse, schwang er den Degen immer schneller und blieb so trocken, als säß er unter Dach und Fach. Wie der Vater das sah, erstaunte er und sprach: „Du hast das beste Meisterstück gemacht, das Haus ist dein.“

Die beiden anderen Brüder waren damit zufrieden, wie sie vorher gelobt hatten, und weil sie sich einander so liebhatten, blieben sie alle drei zusammen im Haus und trieben ihr Handwerk. Da sie so gut gelernt hatten und so geschickt waren, verdienten sie viel Geld. So lebten sie vergnügt bis in ihr Alter zusammen, und als der eine krank ward und starb, grämten sich die zwei andern so sehr darüber, dass sie auch krank wurden und bald starben. Da wurden sie, weil sie so geschickt gewesen waren und sich so liebgehabt hatten, alle drei zusammen in ein Grab gelegt.

(*KHM 124: Aus der Schwalmgegend, also wohl durch Ferdinand Siebert in Treysa.)

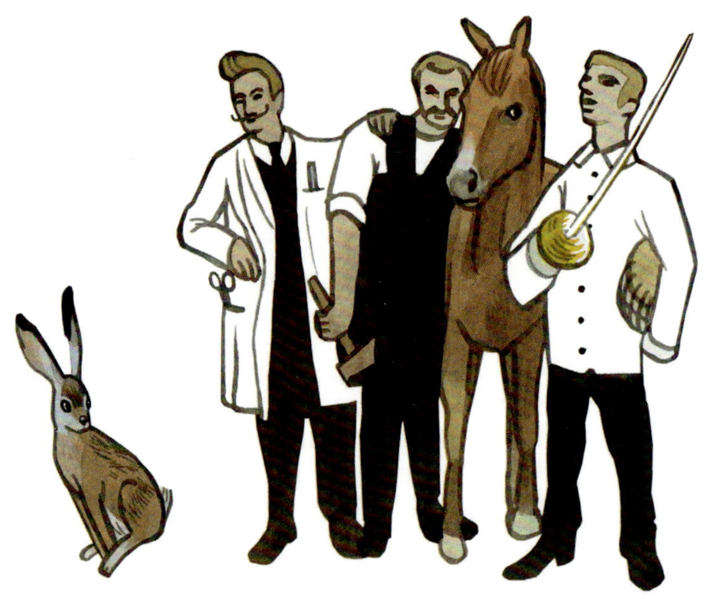

Die drei Brüder

Friederike Mannel (1783–1833), die Tochter des Pfarrers Johann Adam Mannel (1758–1834) aus Allendorf an der Landsburg bei Ziegenhain, schickte an Clemens Brentano einige Volkslieder, von denen dieser fünf in seiner Sammlung *„Des Knaben Wunderhorn"* veröffentlichte. Auf Einladung Brentanos kam Wilhelm Grimm im September 1808 in das Haus des Pfarrers Mannel nach Allendorf, wo Friederike schon in der frühen Sammelphase als Märchenbeiträgerin gewonnen werden konnte. Da Clemens Brentano sein Märchenprojekt nicht weiterverfolgte, fanden die teils von Friederike Mannel selbst, teils von anderer Hand aufgezeichneten und von ihr vermittelten Märchen Eingang in die *„Kinder- und Hausmärchen"* der Brüder Grimm. Friederike Mannel sandte u. a. die Märchen *Die Goldkinder, Fitchers Vogel* und *Fundevogel* an die Brüder Grimm. Nicht ganz auszuschließen ist, dass auch französisches Märchengut über den Vater Friederikes überliefert wurde; er war von 1781–1788 Pfarrer in Hilmes (Kreis Hersfeld-Rotenburg), wo er auch die hugenottische Gemeinde im benachbarten Gethsemane zu betreuen hatte. Dort wohnten im Jahre 1785 acht französische, aber auch sechs deutsche Familien; wie groß ein eventueller französischer Anteil von Märchen war, die Pfarrer Mannel seiner Tochter Friederike als Kind erzählt haben könnte, ist heute nicht mehr zu ermitteln.

Auf Veranlassung Friederike Mannels zeichnete in Treysa der Pfarramtskandidat Ferdinand Siebert (1791–1847) für die Brüder Grimm eine ganze Reihe von Märchen wie z. B. *Der Arme und der Reiche, Die drei Brüder* oder *Vom klugen Schneiderlein* auf. Zu vermuten ist, dass sich Siebert die Märchen von seinen Schülern hatte erzählen lassen. *Gut möglich, dass Friederike in Wilhelm Grimm und Ferdinand Siebert verliebt war, doch reagierten beide nicht.*

In der Schwalm haben sich sehr lange Überlieferungen (Hausbau, Tracht, Sitten, Märchen, Sagen) in besonderer Weise erhalten. Noch im 20. und 21. Jh. konnte man bei der Märchen- und Sagensuche in der Schwalm fündig werden. Im Jahre 1962 gab Charlotte Oberfeld ihre *„Volksmärchen aus Hessen"* (Schwerpunkt die Schwalm) heraus. 1982 und 2020 folgte Erika Eckhardt mit ihrem *„Schwälmer Sagenborn"* – viele Sagen stammen vom Volkserzähler und Ziegenhainer Schulrat Johann Heinrich Schwalm (1864–1946) und von dem langjährigen Leiter der Volksschule in Wiera, Heinz Krause (1921–1994), doch hat E. Eckhardt auch eine Reihe von Sagen aus mündlicher Überlieferung selbst aufgezeichnet.

Märchenhaus Neukirchen

N E U K I R C H E N (Knüllgebirge)

Der Pflüger und die jungen Frauen

(Karl Lyncker*)

Zwischen Asterode und Christerode, unfern Neukirchen, liegt der sogenannte Burgberg, auf welchem noch deutlich die Spuren einer der Geschichte ganz unbekannten Burg zu sehen sind.

Eine Sage erzählt, als einst ein Mann von Christerode seinen dicht am Burgberg liegenden Acker bestellt habe, seien zwei junge Frauen gekommen und hätten ihn gebeten, seine Arbeit einzustellen, denn sie wollten backen; wenn er pflüge, falle ihnen Sand in den Teig. Er habe unter der Bedingung eingewilligt, dass sie ihn bei seiner Rückkehr mit einem Stück Kuchen erfreuten. Das sei auch geschehen, denn auf seinem zurückgelassenen Pflug habe ein großes Stück des schönsten Kuchens gelegen.

(*Mündlich)

Neukirchner Babiller

(Erika Eckhardt)

Die Neukirchner tragen den Namen *Babiller*, und ihre Kirmes heißt *Babillerkirmes*. Warum das so ist, dafür gibt es verschiedene Erklärungen. Eine davon lautet so:

Es muss wohl zu irgendeiner Kriegszeit gewesen sein, wie sonst ist es zu erklären, dass Soldaten in der Stadt lagen und der Turmwächter mit feindlichen Truppen rechnete?

Jedenfalls ertönte plötzlich vom Turm der Nikolaikirche das Signal „Feind in Sicht!“ Sofort rückte die in der Stadt liegende bewaffnete Einheit vor die Tore – und stürmte mit Büchsen und Bajonetten mitten hinein in einen Schwarm weißer Schmetterlinge! Die hatte der Wächter für die hellen Uniformen der Feinde gehalten. Fehlalarm! Doch was soll's? Wachsam und schnell waren sie gewesen, die Neukirchner, auch wenn die kleinen Flattertierchen keine Gefahr darstellten. Diese kriegerische „Heldentat" soll den Knüllstädtern den Spitznamen *Babiller* eingebracht haben. Das kommt von *papillon* und ist französisch. Dazu muss man wissen, dass Neukirchen zur Zeit des Königreichs Westphalen Kantonshauptstadt war. Deshalb hat man damals fleißig Französisch gelernt, und aus dem Schmetterling ist ein *Babiller* geworden. Und so geht der hübsche Name *Neukirchner Babiller* wohl auf die „Franzosenzeit" zurück.

Im Stadtteil Seigertshausen wurde der Volkserzähler und Ziegenhainer Schulrat Johann Heinrich Schwalm (1864–1946) geboren. Schwalm, „nomen est omen", war einer der besten Kenner der Schwalm überhaupt. Seiner Forschungsarbeit verdanken wir, dass eine größere Zahl Schwälmer Sagen aufgezeichnet und später veröffentlicht wurde: *„Aus Sagas Schloss. Lustige Geschichten und Sagen aus dem Hessenlande"*.

KNÜLLWALD
Der Predigerstuhl bei Wallenstein
(Karl Wehrhan)

Die malerischen Trümmer der Burg zu Wallenstein auf ihrer ragenden Höhe zeigen noch heute, wie stolz und stark die Burg war, als ihre Türme und Mauern sich noch in den drei großen Fischteichen im Grunde spiegelten.

Zu jener Zeit lebte im Dorf Wallenstein ein armer Waisenknabe. Da das Kirchdorf in Oberhülsa ohne Pfarrer war, musste der Knabe über den weiten Wald nach Raboldshausen in die Konfirmandenstunde gehen. Auf dem Heimweg verirrte er sich in dem undurchdringlichen Waldgebiet. Schon war die Nacht nahe, und die wilden Tiere heulten in den Tiefen des Waldes. Er wusste nicht mehr Weg und Steg und lief aufs Geratewohl weiter. Zuletzt sank er ermattet auf die Knie, und in seiner Todesangst erhob er die Hände zu Gott und betete laut: „Zeige mir, Herr, den Weg deiner Rechte!"(Psalm 119,33) – ein Wort, über das der Pfarrer in Raboldshausen gesprochen hatte. Ernst und feierlich verklang das Gebet im Brausen des Waldes. Doch horch! – Was war das? Hundegebell und rufende Stimmen näherten sich rasch. Und zwischen den Bäumen hervor trat ein stattlicher Jäger, sein Retter aus höchster Not. Der Ritter Georg Wilhelm von Wallenstein war es, der hier gejagt und des Knaben Gebet mitgehört hatte. „Komm mit mir!", sagte der Ritter, und der Knabe folgte im frohgemut auf seine Burg, wo er bleiben durfte. Bald erwarb er sich durch Fleiß, Geistesgaben und Wohlbetragen des Ritters Gunst in hohem Maße. Dieser erfüllte auch seinen Herzenswunsch und ließ ihn Pfarrer werden.

Einmal wurde am Geburtstag des Burgherrn eine große Jagd veranstaltet, zu der sogar der hohe Landesfürst erschien. Nach der Jagd sammelten sich die Jäger nebst Gefolge auf jener Höhe, die des Knaben Todesangst gesehen hatte. Erinnerungen zogen durch die Seele des jungen Gottesgelehrten. Von einem schnellen Entschluss getrieben, trat er auf den Hügel inmitten der Jagdgesellschaft und hielt über das Wort: „Zeige mir, Herr, deinen Weg!", eine ergreifende Predigt, in der er auch den Dank gegen seinen Wohltäter nicht vergaß. Dem Landesfürsten gefiel die Predigt so wohl, dass er dem jungen Pfarrer eine der besten Pfarrstellen seines Landes gab. Die Stelle aber, an der ein Altar aus Rasen und eine Kanzel errichtet wurden, heißt seitdem der „Predigerstuhl".

Auf den sechs Waldwegen, die sich hier treffen, stiegen an schönen Sommersonntagen oft die Bewohner von Raboldshausen, Salzberg, Grebenhagen, Appenfeld, Wallenstein und Ellingshausen herauf, um im grünen Dom des Waldes die urewige Weisheit zu hören, die schon auf den Bergen Galiläas erklungen war.

Burg Wallenstein und der Predigerstuhl

HOMBERG (Efze)

Der Erleborn
(Philipp Hoffmeister*)

Beim heutigen Homberger Freibad Erleborn befand sich früher die alte Stadtbleiche, der Erleborn. Hier brachten die ehrsamen Bürgersfrauen schon in frühester Zeit den heimlichen Reichtum der Haushaltungen, das Leinen, wieder zu Glanz und Frische, und dieses Geschäft überließen damals die sorglichen Mütter nicht etwa fremden Händen, sondern sie selbst zogen mit den Mägden und Waschfrauen zum Erleborn, und da wurde es denn mitunter spät, bis es wieder zur Stadt ging.

So eilte auch einst an einem Abend, als es schon mächtig dunkelte, eine geschäftige Hausfrau von der Bleiche ganz allein nach Hause, denn die Magd war, die Wäsche zu bewachen, draußen geblieben. Als sie zu der Stelle kam, wo der Weg nach dem Schlossberg abbiegt, trat ihr eine wunderholde Frau entgegen, überreichte ihr eine Blume, wie sie noch nie eine gesehen hatte, und bat sie, ihr zu folgen. Nach einem kurzen Gang durch die tauigen Wiesen kamen die beiden vor ein, mit mächtiger eiserner Tür verschlossenes, Gewölbe. Die Unbekannte blieb stehen und erzählte, dass hier große Schätze verborgen lägen und dass, solange diese nicht gehoben seien, sie keine Ruhe im Grabe hätte. Alle hundert Jahre sei es ihr gestattet, zu dieser Stelle zu treten, um einen Menschen zu finden, der sie endlich erlöse. Heute Abend habe wieder eine solche Stunde für sie geschlagen. Sie solle ihr getrost folgen und vor nichts zurückschrecken, was sich auch begäbe. Es sei keine Gefahr da, solange sie die Blume, welche sie ihr gegeben habe, nicht aus der Hand lasse. Mit diesem Talisman dürfe sie zu jeder Zeit kommen, die Tür würde sich auftun, aber sie dürfe niemand etwas davon sagen. Von der Blume berührt, öffnete sich nach diesen Worten das Tor, und sie befand sich in einem Saal von so viel Gold und Edelsteinen angefüllt, dass der Glanz ihre Augen blendete. Allerdings wurden die Schätze von fürchterlichen Hunden an glühenden Ketten bewacht, die wohl auf die zitternde Frau losgefahren wären, ihr jedoch nichts anhaben konnten, weil sie die Wunderblume in den Fingern hielt. Vor einer Kiste voller neuer Goldstücke blieb sie stehen, weil die Unbekannte ihr bedeutete, dass sie so viel wie möglich davon nehmen und einen Teil für sich behalten, einen den Armen geben und einen Teil an die Kirche abliefern sollte.

Die Homberger Bürgersfrau,
der Erleborn und die Wunderblume

Zugleich erinnerte sie die Fremde daran, das Beste nicht zu vergessen. Und so raffte denn die Bürgersfrau so viel von den Goldstücken zusammen wie ihre Schürze zu fassen vermochte und eilte damit zum Ausgang, weil ihr vor den Hunden bange war. Kaum hatte sie das Freie erreicht, so schloss sich die Tür mit furchtbarem Krachen, und alles war verschwunden. In ihrer Angst hatte sie die Blume fallen lassen, welche ihr jederzeit den Eintritt zu den Schätzen gestattet hätte. Zu Hause angekommen, wurde die Frau krank und sie starb bald darauf, sodass niemand wieder etwas von dem Gewölbe gesehen hat.

(*Mitgeteilt von dem Lehrer Wiegand)

Um 1525 wurde in Homberg an der Efze der Verfasser des ersten Reiseberichts über Brasilien, Hans Staden, geboren, der in seiner „*Warhaftig Historia und beschreibung eyner Landtschafft der Wilden/Nacketen/Grimmigen Menschfressen Leuthen ...*" von seinen beiden abenteuerlichen Reisen in den Jahren 1547 und 1554 berichtet und eine umfassende Darstellung des Lebens der brasilianischen Ureinwohner während der beginnenden Kolonisation gibt.

In Homberg lebte der bekannte hessische Heimatschriftsteller und Erzähler Heinrich Ruppel (1886–1974, „*Rhönbauern*"), dessen Grab sich auf dem Homberger Friedhof befindet. Zusammen mit Alfred Häger (vgl. Hofgeismar) sammelte er „kreuz und quer" in Hessen Schwänke und Schnurren, die unter dem Titel „*Der Schelm im Volk*" erschienen und sich großer Beliebtheit erfreuten.

Aus der Engelsapotheke am Marktplatz stammt der später in Willingshausen lebende Grimm-Forscher Wilhelm Schoof.

Dom zu Fritzlar

FRITZLAR

Eine Königswahl
(Walter Hartmann)

Kurz vor dem Weihnachtsfest des Jahres 918 starb König Konrad I. aus fränkischem Stamm und wurde mit Schwert und Schild zu Fulda begraben. Noch auf seinem Sterbebett galt seine größte Sorge dem deutschen Volk. Der Mächtigste unter den Herzögen sollte sein Nachfolger werden. Deshalb sprach er zu seinem Bruder Eberhard, der als Herzog die Herrschaft über den fränkischen Stamm ausüben sollte, die denkwürdigen Worte: „Nimm diese Insignien, die heilige Lanze, die goldenen Armspangen, das Obergewand, das Schwert und die Krone der alten Könige, geh damit zu Heinrich dem Sachsenherzog, mache Frieden mit ihm, auf dass du ihn zum Verbündeten habest für alle Zukunft." Eberhard erfüllte diese königliche Bitte, berief die Führer und Ältesten der Franken und Sachsen nach Fritzlar und bat sie, dem Rat seines toten Bruders zu folgen und dem Sachsenherzog die Königswürde zu übertragen. Die Versammelten stimmten laut und beifällig zu und reichten dem Erkorenen die Hand zum Treuegelöbnis. Während dies geschah, warteten der Erzbischof von Mainz und die Geistlichkeit mit der großen Masse des freien Volkes in der Peterskirche auf den Einzug Heinrichs. Das altdeutsche Königstum beruhte auf der Volkswahl, und die Vorwahl durch die Fürsten wurde erst rechtskräftig, wenn die anwesenden Freien sie durch Zuruf und Zusammenschlagen der Waffen bestätigt hatten.

Als nun der neue König nahte, schritt ihm der Erzbischof entgegen und geleitete ihn an der rechten Hand auf die Stufen des Altars, wo ihn jeder sehen konnte, und rief: „Seht, ich führe euch Heinrich zu, den König Konrad euch als König bestimmt hat und den jetzt alle Fürsten auserkoren haben! Gefällt euch solche Wahl, so hebt zum Schwur die Hände zum Himmel!" Da erscholl lauter Jubelruf, und unter dem Geklirr der Waffen flehte man Glück und Segen auf das Haupt des neuen Herrschers herab. Darauf nahm der Erzbischof Schwert und Wehrgehenk vom Altar und sprach nach dem damaligen Brauch: „Nimm hin das Schwert und triff damit alle Feinde des Herrn, Heiden und schlechte Christen!" Dann nahm er die goldenen Spangen und den Mantel und sagte: „Die Säume dieses Gewandes, die bis zur Erde hinabreichen, sollen dich ermahnen, nicht kalt zu werden im Eifer für den Schutz des Friedens!" Zuletzt wollte er dem neuen König Zepter und Krone der alten Könige überreichen und ihn mit heiligem Öl salben. Aber Heinrich lehnte in tiefer Bescheidenheit die kirchliche Weihe, die darin zum Ausdruck kam, ab. „Mir genügt es", entgegnete er, zum Volke gewandt, „durch euren Willen König zu heißen. Kirchliche Salbung und Krönung und feierliche Weihe mögen einem Würdigeren zuteilwerden." Darauf erscholl immer wieder aufs Neue der Ruf: „Lang lebe König Heinrich!"

Der von Papst Gregor II. mit der Germanenmission beauftragte Bonifatius, der *Apostel der Deutschen*, kam auch nach Niederhessen, wo er 723 bei Geismar, unweit von Fritzlar, die den Germanen heilige Donareiche fällte. Dieses Ereignis ist in Legenden überliefert, ebenso wie das Wirken des heiligen Wigbert im Weingarten Gottes zu Fritzlar.

Um 1180 wurde in Fritzlar der Dichter Herbort von Fritzlar geboren. Er besuchte die Fritzlarer Klosterschule und schrieb im Auftrag des Landgrafen Hermann von Thüringen die älteste bekannte deutsche Bearbeitung der beliebten Troja-Sage.

Bettina von Arnim (1785–1859), eine Schwester des Romantikers Clemens Brentano, war, ebenso wie ihre Schwestern Gunda, Lulu und Meline, Schülerin des Fritzlarer Ursulinenklosters. Ihr Aufenthalt in der Klosterschule von 1794–1801 ist u. a. eingegangen in ihr bekanntestes Werk *„Goethes Briefwechsel mit einem Kinde"* sowie in ihr romanhaftes Kunstmärchen *„Das Leben der Hochgräfin Gritta von Rattenzuhausbeiuns"*. Die mit Jacob und Wilhelm Grimm befreundete Familie von Arnim erhielt bei Erscheinen der *„Kinder- und Hausmärchen"* im Jahre 1812 eines der ersten Exemplare mit besonderer Widmung für Frau Bettina und den kleinen Sohn Johannes Freimund.

Der Schweizer Autor Jakob Schaffner (1875–1944), der während des Ersten Weltkrieges im Lazarett von Fritzlar lag, erinnert in seinem 1917 erschienenen Roman *„Der Dechant von Gottesbüren"* an Fritzlar. Er war einer der erfolgreichsten Schweizer Erzähler, bevor er sich in den frühen 30er-Jahren in den Dienst der NS-Ideologie stellte, gemieden wurde und in Vergessenheit geriet.

In der Dombibliothek werden etwa zweihundert wertvolle alte Handschriften und ungefähr neunzig Drucke aufbewahrt, die man sich nach Anmeldung anschauen kann.

BAD WILDUNGEN

Der Wassermann
(Louis Curtze*)

Es war einmal ein Ritter, der hatte nur eine einzige Schwester, und beide wohnten in einem Schloss. Wenn nun der Ritter auf die Jagd ging und wiederkam, so ging sie jedes Mal in den Garten und auf die Wiesen, suchte Blumen, wand sie zum Kranz und brachte ihm diesen immer entgegen. Als er nun eines Tages auch wieder auf die Jagd ging, so ging sie wieder auf eine Wiese, bei der ein kleiner Bach floss, und wollte Blumen suchen. Als sie das nun getan hatte, wollte sie sie zu einem Kranz winden und setzte sich unter einen Baum. Da sie aber mit den Blumen zu sehr beschäftigt war, merkte sie nicht, dass der Bach immer größer wurde, bis er sie ganz umflossen hatte und sie jetzt nicht mehr weggehen konnte. Auf einmal stand ein großer Mann mit einem Bart und einem großen Mantel vor ihr. Als sie fortlaufen wollte, so konnte sie dies wegen des Wassers nicht. Der Wassermann sagte nun zu ihr: „Lange habe ich schon nach dir gelüstet und konnte keine erwünschte Gelegenheit dazu finden, jetzt aber sollst du mir nicht entgehen!" Er schlug sie also in seinen Mantel und trug sie trotz ihres Schreiens in seine Höhle. Als sie nun darin war, brachte er ihr immer allerlei Blumen und schöne Steine, um sich ihre Liebe zu erwerben. Durch nichts aber vermochte er das, und wenn er wegging, so ließ er immer eins von seinen Tieren bei ihr zur Wache.

Als nun der Ritter von der Jagd wieder zurückkam und seine Schwester ihm nicht entgegenkam, so geriet er gleich in Angst, aber noch mehr, da er ins Schloss kam und rufen mochte so viel er wollte und sie ihm keine Antwort gab. Als er nun in ihr Zimmer kam und sie auch da nicht fand, so wusste er nicht, was er vor Verzweiflung tun sollte. Er ergriff seine Flinte und schwur, nicht eher ins Schloss zurückzukommen, bis er sie entweder gefunden oder Nachricht hätte, wo sie wäre. Er nahm also die Flinte und ging weg, immer in den Wald hinein, bis er endlich vor einen Wald kam, der mit einer Hecke umgeben war und von dem schon lange gesagt worden war, dass es darin nicht richtig wäre. Allein es war ihm ganz einerlei, wohin er kam. Er ging immer weiter fort, bis er sich endlich unter einen Baum setzte, bei dem eine Wiese war, durch welche ein kühlender Bach floss. Auf einmal kam eine weiße

Der Wassermann

Hirschkuh und wollte in dem Bach trinken. Er nahm jetzt seine Flinte an den Kopf und wollte schießen. Da rief eine Stimme über ihm: „Schieße nicht!" Als er nun in die Höhe guckte, so sah und hörte er keinen Menschen als lauter lange Nasen, die sich aus den Bäumen hervorstreckten und sich immer bewegten. Er fragte jedoch nicht nach und schoss doch. Als er nun schoss, traf er die Hirschkuh am Bein, und da sie nicht mehr schnell laufen konnte, so verfolgte er sie durch alle Gebüsche und Sträucher, bis sie endlich verschwunden war, denn sie war in eine Höhle versunken. Da er nun hineinging, so lag die Hirschkuh auf der Erde und eine alte Frau, die ihre Mutter war, war beschäftigt, sie zu verbinden. Als die Fee ihn sah, so war sie sehr böse und schalt ihn, dass er ihr Kind geschossen hätte. Weil sie jedoch sein Schicksal kannte, so vergab sie ihm und sagte, sie wolle ihm helfen, seine Schwester bald wiederzubekommen. Da er nun sehr abgemattet und hungrig war, so hieß sie ihn sich niederzusetzen und brachte ihm etwas zu essen. Während der Zeit ging sie vor die Höhle und ließ ihr Horn in den Wald erschallen, worauf alle Tiere, die ihr zu Gebote standen und die es hörten, herbeikommen mussten. Sobald nun alle Tiere herbeigekommen waren, so fragte sie alle, ob sie nichts Neues wüssten. Alle wussten jedoch nichts, bis zuletzt ein Fischotter kam, der aber gescholten kriegte, weil er so lange geblieben war. Und die Fee fragte auch den Fischotter, ob er nichts Neues wüsste, und nun sagte dieser: „Ich suchte mir gestern Fische drüben in dem Bach des Wassermannes, als plötzlich der Wassermann kam und ein schönes Mädchen hatte, das vorher unter einem Baum gesessen und einen Kranz gemacht hatte. Als er es in seine Höhle führte, machte ich mich weg, weil ich glaubte, dass mich der Wassermann sehen würde, und weil ich auch kein Tier mehr sah, woraus ich schloss, dass alle bei dir versammelt wären." Sowie die Fee das gehört hatte, gab sie den Tieren den Auftrag, einen Damm zu machen, dass der Bach einen anderen Lauf bekäme, wozu jetzt gerade die passendste Zeit wäre, weil der Wassermann zu seinem Bruder verreist wäre. Alle ihre Tiere machten sich nun an die Arbeit, denn sie hassten ihn, weil er manchmal alle seine Wasser zusammenraffte und ihr Land überschwemmte.

Der Ritter ging nun wieder in sein Schloss und kam jeden Tag zur Fee, welche ihm die weiße Hirschkuh jedes Mal entgegenschickte, damit er den Weg finden konnte. Als die Tiere nun den Damm fertig hatten und das Wasser bald abgedämmt war, so merkte es eine Schlange, die der Wassermann zur Wache zurückgelassen hatte, und floss mit dem Wasser zum Wassermann und meldete ihm, was vorgefallen war. Allein, es war schon zu spät, denn das Wasser war schon abgedämmt. Seine Wut half ihm nichts mehr, er musste sich eine andere Höhle machen. Nachdem nun der Ritter seine Schwester aus der Höhle geholt hatte, so führte er sie wieder aufs Schloss und sagte der Fee für ihre Hilfe den größten Dank und besuchte sie auch noch viele Male.

Der Ritter und seine Schwester lebten seit der Zeit vergnügt auf ihrem Schloss, und der Fee und auch ihnen tat der Wassermann keinen Schaden mehr.

(*Mündlich, Fundort Bad Wildungen)

Der Lehrer und Historiker Louis Friedrich Christian Curtze hat im 19. Jh. im Fürstentum Waldeck u. a. Märchen und Sagen gesammelt (vgl. Waldeck). Das oben abgedruckte Märchen *Der Wassermann* ist eines von vier, das er für (Bad) Wildungen aufgezeichnet hat.

In unmittelbarer Nähe von Schloss Friedrichstein befindet sich in einem 1550 erbauten Burgmannenhaus die Rudolf-Lorenz-Stiftung, in dem das regional-geschichtliche Archiv der Stadt Bad Wildungen untergebracht ist. 15.000 Bände zur Geschichte, Geografie, Biologie und Volkskunde, darunter zahlreiche bibliophile Kostbarkeiten, hat der Buchhändler und Heimatforscher Rudolf Lorenz (1906–1979) gesammelt.

Auf dem Armsfelder Friedhof liegt der Maler und Schriftsteller Erich Scheurmann (1878–1957) begraben, Autor des 1920 erschienenen fiktiven Reiseberichts „*Der Papalagi. Die Reden des Südseehäuptlings Tuiavii aus Tiavea.*“

Knaggen mit Relief-Huckepackfiguren
am Rathaus von Frankenberg

FRANKENBERG (Eder)

Die Frau unter den Wichtelmännchen

(Karl Lyncker*)

Es ist noch nicht lange her, dass in Frankenberg eine Kinderfrau lebte, die viel wunderliche Dinge von den Wichtelmännchen zu erzählen wusste, denn sie hatte einmal ganze acht Tage unter ihnen zugebracht und ihr Tun und Treiben beobachtet. In einer dunklen Nacht, da alle Nachbarn schon in tiefem Schlummer lagen, war die Frau durch ein starkes Klopfen an der Haustür geweckt worden. Sie sprang auf und lugte durchs Fenster, sah aber nichts als eine Laterne vor dem Haus. Da rief eine Stimme hinauf: „Werft Eure Kleider über und kommt mit mir, eine Frau harrt Eures Dienstes!" Die Kinderfrau tat wie ihr geheißen, ging hinunter und folgte der Laterne, die schon eine Ecke voraus war, zweifelnden Schrittes nach, denn es kam ihr doch höchst seltsam vor, dass sie nur die Laterne sah und nicht den Menschen, der sie trug. So ging es durch mehrere Gassen, dann zum Klostertor hinaus und noch eine gute Strecke ins Freie. Da blieb das Licht endlich stehen, es öffnete sich eine verborgene Falltür, und viele Stufen führten in die Tiefe. Mit Zittern und Gebet folgte die Kinderfrau ihrem rätselhaften Führer, und es währte nicht lange, so befand sie sich in einem hellen geräumigen Gemach mitten unter Wichtelmännchen, die sie freundlich willkommen hießen. Ehe sie Zeit hatte, sich von ihrem Staunen zu erholen, trat aber schon eins der kleinen Männchen zu ihr heran und forderte sie auf, ihm zu der Frau zu folgen, um derentwillen sie gerufen worden war. Bald darauf kam denn auch ein ganz kleines niedliches Wichtelmännchen zur Welt, und da sich Mutter und Kind wohl befanden und alles gut vonstattengegangen war, so hoffte die Kinderfrau, am Morgen wieder zu den Ihrigen zurückkehren zu können. Daraus wurde aber nichts, die Wichtelmännchen wollten sie nicht gehen lassen, bewirteten sie einen Tag besser als den andern und ließen es ihr an nichts fehlen.

Während dieser Zeit gingen die Wichtelmännchen oft fort und kehrten nicht wieder, ohne mit allerlei schönen Sachen beladen zu sein. Ehe sie weggingen, benetzten sie jedes Mal ihre Augen mit einer Flüssigkeit, welche sie in einem Glas aufbewahrten. Der Alten war das nicht entgangen, und als einmal das kleine Volk wieder ausgezogen war, suchte und fand sie das Glas und tupfte ein wenig von dem Inhalt auf ihr rechtes Auge.

Acht Tage waren inzwischen vergangen, und die Wichtelmännchen widerstanden nun nicht länger mehr den Bitten der alten Frau. Sie erlaubten ihr, sobald es dunkel wäre heimzukehren, und sagten zum Abschied: „Den Kehrdreck, der hinter der Tür liegt, nimm bitte als Belohnung mit." Sie war klug genug, das unscheinbare Geschenk nicht zu verschmähen, raffte den Kehrdreck in ihre Schürze und folgte guten Mutes der Laterne, die ihr, wie vor acht Tagen, von unsichtbarer Hand voraus getragen wurde. Nach einer halben Stunde langte sie wohlbehalten zu Hause an, zur großen Verwunderung ihres Mannes, der sich in den acht Tagen fast den Kopf zerbrochen hatte vor lauter Gedanken über ihr Ausbleiben. Nun erzählte sie ihm, wie das alles gekommen war und schüttete den Kehrdreck, den sie noch in der Schürze trug, vor ihn hin auf den Tisch. Ach, wie bebten da die Herzen der beiden Alten vor Freude! Wie blinzelten ihre Augen, und wie schwiegen sie so still, als fürchteten sie durch ein lautes Wörtchen, durch einen Jubelschrei das, was sie entzückte, wieder wie ein Traumbild verschwinden zu sehen! Aber schließlich lösten sich ihre Zungen, ihr Staunen ging in Worte über, und jetzt sahen sie, dass es kein Traum, dass es Wirklichkeit war – ein Haufen von schimmernden Goldstücken lag auf dem Tisch!

(*Mündlich)

In seiner „*Frankenberger Chronik*" zeichnet der Chronist Wigand Gerstenberg (1457–1522) ein Bild von der Blütezeit der Stadt und dem verheerenden Feuer im Jahre 1476.

Berühmte Zeitgenossen Gerstenbergs waren die Humanisten Helius Eobanus Hessus (1488–1540) sowie Euricius Cordus (1486–1535, Autor satirischer Epigramme), die in Frankenberg die Lateinschule besuchten.

WALDECK
Reinhold das Wunderkind
(Louis Curtze*)

Ein gewisser Graf G. hatte ein schönes Schloss und eine große Grafschaft und lebte wohl und in Freuden. Seine Burg war stets voll von fremden Rittern und Reisigen (schwerbewaffnete Reiter), er musste deshalb ein Dorf nach dem andern verkaufen, bis er schließlich ganz arm wurde und weder Rennen noch Turniere veranstalten, noch Falkenjagd halten und Besuch annehmen konnte. Er hatte aber eine sehr tugendhafte Gemahlin und drei hübsche tugendsame Töchter. Als nun dem alten Grafen nichts übriggeblieben war als ein Schloss, sein Jagdgewehr und sein Büchsenranzen, ging er vor Ungeduld von seiner Burg ins Feld, um ein Feldhuhn zu schießen. Die Ungeduld und Unruhe waren aber so groß bei ihm, als er an seinen früheren Wohlstand und seine jetzige Armut dachte – er konnte nicht einmal ein Feldhuhn kriegen –, dass er beschloss, in den Berg zu gehen, wo er wohl ein Wild erjagen könnte. Dieser Berg war aber ein Zauberberg. Als er mitten im Berg war, bekam er Appetit, setzte sich nieder und nahm ein Frühstück, das aus abgesottenen Kartoffeln bestand. Auf einmal kam ein wütender Bär stracks auf den Jäger los mit dem Ton: „Verwegener Jäger, was unterstehst du dich in mein Gebiet zu gehen und mich meines Wildes zu berauben? Das sollst du mit deinem Leben büßen!" Voll Schrecken und Angst sagte der Graf: „Gemach, gemach!, lieber Herr Bär, wenn dich hungert, genieße dieses Frühstück mit mir." „Nein", sagte der Bär, „daran ist mir nicht gelegen. Gib mir deine älteste Tochter Wulfhild zur Gemahlin, so soll dir dein Leben geschenkt sein. Ich verlange sie jedoch nicht umsonst. Ich bringe dir einen Zentner Gold mit." Wer war froher als der Graf? Er dachte, damit könnte er die ganze Grafschaft wiedergewinnen. „Ihr seid ein wackerer Schwiegersohn", sagte er und reichte ihm die Hand. Der Bär nahm seine rechte Tatze und schlug ein: „Morgen über acht Tage hole ich mein Liebchen ab und bringe den Zentner Gold mit."

Der Graf ging nach Hause, voller Gedanken und Schwermut, denn seine Tochter war ihm sehr lieb und auch seine Gemahlin, und zu beiden durfte er doch von dem Handel nichts sagen.

Reinhold das Wunderkind

Als nun der Tag und die Stunde da war, kam eine Kutsche mit einem großen Gefolge und einem hübschen Prinzen darin in dem Schloss an und holte des Grafen Tochter Wulfhild ab. Die Tochter und die Mutter wussten nicht, wohin und woher. Der Graf aber rief hinter seiner Tochter her: „Lebe wohl, du Bärenbraut!“ Hierauf fragte die Gräfin, was das für ein Wort sei, „Bärenbraut.“ Jetzt sagte der Graf, dass er sie für einen Zentner Gold an den Bären verkauft hätte. Als er sich nun auf der Diele umsah, da lag da ein Sack mit Gold. Er nahm ihn und setzte die Burg wieder in vorigen Stand und lebte nun wieder in Freuden. Er meinte, das Glück könne ihm nun nicht weiter fehlen und er hätte für sein Leben genug. Es dauerte nicht lange, da war das Vermögen wieder draufgegangen. Nur ein Falke blieb ihm, mit dem er bisweilen eine Falkenjagd anstellte. Eines Tages ging er aus und ließ den Falken in die Luft fliegen, bis über den Zauberwald. Der Graf eilte dem Falken in den Wald nach. Als er nun dort war, kam auf einmal ein Adler geflogen und fragte: „Was tust du, verwegener Jäger, hier und störst mir meine Völker in meinem Gebiet mit deinem Geflügel? Das sollst du mit deinem Leben büßen!“ „Gemach, gemach!, Herr Adler“, sagte der Graf, „verschont mein Leben. Ich bin nur hinter meinem Falken hergeeilt. Ich will mich augenblicklich wieder in meine Heimat begeben.“ „Nein, das ist mir nicht genug!“, sagte der Adler. „Gib mir deine zweite Tochter Adelheid zur Gemahlin. Ich bezahle sie dir mit einem Sack voll goldener Eier; wenn nicht, so bist du des Todes hier in meinem Gebiet!“ Ja, da dachte der Graf: ‚In der Not ist einem alles recht. Ihr seid ein wackerer Eidam (Schwiegersohn). Der Handel soll fertig sein.‘ Hierauf gaben sie sich die Hände, und der Adler sagte: „In vierzehn Tagen hole ich mein Liebchen heim.“

Der Graf ging nun wieder voller Gedanken und Sorgen nach Hause. Der Tochter und Frau, dachte er, wollte er nichts sagen. Wenn du nur deine Grafschaft wieder in den vorigen Stand setzen könntest. Die vierzehn Tage vergingen. Auf einmal kam des Morgens ein Gerassel mit einem Prinzen auf die gräfliche Burg; er nahm die zweite Tochter Adelheid bei sich in den Wagen und fuhr mit ihr über die donnernde Brücke hinüber. Der Graf sagte weiter nichts als: „Halt dich wohl, du Adlerbraut!“ Die Mutter fiel in Ohnmacht. Mit Hilfe der Magd und des Grafen wurde sie wieder zurechtgebracht und getröstet. Jetzt sah sich der Graf um. Da lag wieder ein Sack voll goldener Eier. Hierauf wurde nun noch wieder besser gelebt als früher, weil der Graf meinte, das Vermögen nähme kein Ende. Als es aber schließlich doch wieder verprasst war, behielt der Graf wieder nichts übrig, als seinen alten Büchsenranzen, seine Flinte und auch noch eine alte Fischangel. Er machte sich wieder einmal fort auf die Jagd, bekam aber kein Wild. In der Ferne jedoch sah er einen Teich, näherte sich diesem und bemerkte dort Fische. Der Teich war groß, und da der Graf die meisten Fische in der Mitte sah, so bestieg er ein Schiff, welches er am Ende stehen sah. Er nahm einen Stock in die Hand und wollte in die Mitte fahren. Auf einmal begab sich das Schiff vom Ende weg. Je weiter es davonkam, umso mehr dehnte es sich auseinander. Auf einmal sah der Graf, was es war, was sich unter ihm aufhob. Er sah, dass es ein Walfisch war. Der sagte: „Was willst du, verwegener Mensch? Warum willst du meinen Teich entvölkern? Das sollst du mit deinem Leben büßen!" „Gemach, gemach!, Herr Walfisch", sagte der Graf, „meine Absicht war es ja nicht, den Teich zu entvölkern!" „Genug, du kommst nicht aus diesem Teich, denn du bist des Todes, es sei denn, du gibst mir deine jüngste Tochter Bertha zur Gemahlin. Ich verspreche dir dafür zwei Säcke Goldperlen". Der Graf dachte: ‚Hättest du nur noch mehr Töchter.' Der Töchterhandel wird gut. Dann sagte er zum Walfisch: „Der Handel ist fertig." – „Ich hole in vier Wochen mein Liebchen heim und bringe dir zwei Säcke Goldperlen", antwortete der Walfisch. Der Graf ging nun wieder nach Hause, ganz betrübt und traurig, doch freute er sich auch wieder, dass er die Grafschaft zum dritten Mal in den Stand setzen konnte.

Als nun die vier Wochen herum waren, da machte sich der alte Graf aus dem Staub und verreiste; er dachte, ‚das willst du doch nicht mit ansehen, dass deine beste Tochter geholt wird.' Als nun die Stunde da war, kam wieder ein Gerassel über die Fallbrücke herüber, und ein junger Prinz nahm seine Bertha mit in den Wagen und fort in den Zauberwald. Die Gräfin lag in Ohnmacht. Mit Hilfe der Diener kam sie wieder zu sich. Als nun des Abends der Graf kam, fragte er nach seiner Tochter Bertha. Die Gräfin gab zur Antwort: „Die wirst du wohl verkauft haben, wie deine andern beiden auch." Der Graf stellte sich aber grimmig an, als wisse er von nichts. Als er sich umsah, sah er da zwei Säcke Goldperlen liegen, und nun musste alles schweigen, was auf dem Hofe war. Es wurden wieder Rennen und Turniere veranstaltet, wie noch nie. Die Gräfin aber konnte sich nicht wegen ihrer drei Töchter beruhigen und litt täglich. Schließlich wurde ihr Leid in Freude verwandelt. Sie bekam noch einen jungen Prinzen, dem sie den Namen Reinhold das Wunderkind beilegten.

Der junge Prinz wuchs schnell und wacker in die Höhe und war mit Geschicklichkeit und Tugend recht begabt, und die Freude der Eltern war groß. Als der Prinz nun etwas größer war, da hatte er Lust, sich einmal in den Zauberberg zu begeben, weil er öfter gehört hatte, dahin wären seine drei Schwestern gebracht worden. Bisher war er immer von Vater und Mutter davon abgehalten worden. Schließlich ließ er sich nicht mehr zurückhalten; er sagte seinem Vater, er wolle auf die Jagd und ein Wildbret fällen. Nun machte er sich stracks in den Zauberwald und dachte, du willst nun so weit gehen, bis du eine von deinen Schwestern antriffst. Er konnte keinen Menschen fragen, wo sich eine aufhielt; so ging er gut bewaffnet immer weiter. Schließlich kam er in ein ungeheures Dickicht. Er war genötigt, sich mit seinem Seitengewehr einen Durchgang zu hauen. Als er hindurch war, kam er an ein Wiesental, durch welches ein Brunnenwässerchen floss. Er ging der Quelle nach. Auf einmal sah er auf einem grünen Rasen eine Frau sitzen, die mit einem Bären spielte, der um sie herumlief. Er schlich sich behutsam bis zu ihr. Als sie ihn erblickte, rief sie: „Oh, verwegener Jüngling, wie kommst du hier her? Du wirst leider deines Lebens beraubt!" Er aber sagte: „O, nicht so. Ich bin Reinhold das Wunderkind. Bist du nicht meine Schwester Wulfhild, des Grafen G. Tochter?" „Die Wulfhild bin ich, und du bist Reinhold das Wunderkind, das nach meiner Abreise geboren ist. Ich habe wohl von dir gehört, habe dich aber bis jetzt nicht gesehen. Es tut mir leid, dass ich dich jetzt hier sehe, denn heute Abend, wenn mein Gemahl, der Bär, kommt, wird er dich zerreißen!" „O", sagte Reinhold, an das Seitengewehr greifend, „dann müsste ich dies nicht haben, mir ist nicht bange vor ihm." „Ach lieber Bruder, das Seitengewehr schützt dich nicht, wenn ich dich nicht verbergen kann, dass er dich nicht sieht. Komm her, versteck dich unter diese Bank; ich setze mich vor dich und nehme diesen kleinen Prinzen auf den Schoß und spiele damit. In einer halben Stunde kommt mein Gemahl, dann ist nach einer Stunde Verwandlung, wo er ein Mensch wird, wie wir."

Es dauerte kaum eine halbe Stunde, da kam der Bär dahergebraust und sagte zu seiner Gemahlin: „Ich rieche Menschenfleisch." Er war aber voller Wut und hatte noch Blut an Maul und Nase hängen. „Ich rieche Menschenfleisch." Seine Gemahlin nahm aber den Fuß, trat ihm in die Rippen und sagte: „Du wütender Schnauzbart, leg dich auf dein Lager!" (Dies war aus Moos zurechtgemacht.) Er tat das schließlich. Reinhold unter der Bank war gar nicht wohl zumute. Als der Bär nun eingeschlafen war, nahm Wulfhild den Bruder Reinhold und brachte ihn oben in die Höhle auf ein Mooslager, wo er einschlief. Sie nahmen bis zum nächsten Morgen Abschied voneinander. Welche Augen machte aber Reinhold am andern Morgen, als er sich in einem großen Schloss befand, in einem Daunenbett mit seidenen Vorhängen. Als er sich umsah, stand bereits ein Kammerdiener und ein Bedienter bei ihm, die ihn bedienen mussten und ihn mit hinunter in einen anderen Saal nahmen. Hier kam sein Schwager Bär, der aber nun ein natürlicher Mensch wie er auch war. Sie lebten nun acht Tage in großen Freuden zusammen. Dann nahte wieder die Stunde, wo Verwandlung war, in der der Schwager wieder ein Bär werden musste. Da sagte er zu seinem Schwager Reinhold: „Lieber Schwager, es tut mir leid, dass wir so schnell wieder voneinander müssen, warte nicht zu lange, bis du Abschied von uns nimmst. Nach einer Stunde bin ich wieder verwandelt, und da könnte ich dich zerreißen. Ich will dir einen Wagen mit vier schwarzen Rappen schicken; ehe die aber kommen, will ich dir etwas als Andenken geben." Er schnitt sich einen Pflock Haare von seinem Leib und sagte: „Die verwahre wohl, und wenn du Not hast, dann nimm sie zwischen deine Finger und reibe sie ein wenig, dann will ich gleich zu deiner Hilfe bei dir sein. Wenn du nun zu deinem Schwager Adler gehen willst, so musst du über den Berg gehen, dann kommst du in ein Tal, wo du deine Schwester Adelheid finden wirst. Nimm dich aber in Acht, dass dich der Adler nicht frisst!" Jetzt trennten sie sich.

Er fuhr mit den vier Rappen über die Zugbrücke so schnell, als wären vier Hirsche vor dem Wagen. Er war ungefähr eine Meile fort, da blieb der Wagen auf einmal stehen und verschwand. Er sah nur noch vier schwarze Ameisen vor sich her kriechen. Nun musste er zu Fuß gehen. Als er auf die Höhe des Berges gekommen war, den ihm sein Schwager angezeigt hatte, sah er in ein Tal und hörte ein gewaltiges Geräusch; es kam ein gewaltiger Adler dahergeflogen. Er verkroch sich in einen alten Baum und rief dann: „Liebe Schwester Adelheid, wo bist du?" Auf einmal hörte er eine Stimme oben in der Höhe auf einem Baum. Er lief der Stimme nach, so geschwind er konnte, und fand seine Schwester in einem Adlernest sitzend. Die rief: „Welchen verwegenen Jüngling höre ich da rufen? Es wird gleich mein Gemahl, der Adler, kommen, der wird dich bald zerreißen!" „O, liebe Schwester Adelheid," rief Reinhold unten, „ich bin Reinhold das Wunderkind, dein Bruder." „Ach, lieber Bruder, stell dich sogleich in dieses Seil, ich will dich heraufziehen." Sie umarmten und küssten sich nun. Dann sagte seine Schwester Adelheid: „Du darfst dich aber nicht lange bei mir aufhalten, sobald mein Gemahl kommt, wird er dich fressen. Ich rate dir, dich vier Stunden zu verbergen, dann ist Verwandlung, und er ist wie wir Menschen." Jetzt ging nun Reinhold das Wunderkind wieder zu dem hohlen Baum. Er kroch hinein, bis die vier Stunden um waren, dann ging er wieder zur Schwester. Aber o Wunder!, wie erstaunte er, als er an der Stelle des Baumes, wo das Nest drauf gestanden hatte, ein großes Schloss stehen und seinen Schwager und seine Schwester so schön entgegenkommen sah. Es war noch schöner hier, als bei seinem ersten Schwager Bär. Er verweilte nun vierzehn Tage, wo wieder Verwandlung war, voller Vergnügen. Der Schwager riet ihm, er solle nicht zu lange mit der Abreise warten, er könnte sonst von ihm zerrissen oder gefressen werden. „Ehe du aber abreist, muss ich dir noch sagen, wo sich unser Schwager Walfisch und unsere Schwester Bertha aufhalten. Du musst über den Berg gehen, dann kommst du in ein Tal, rechter Hand in demselben siehst du einen See. An diesem Wasser musst du hinuntergehen, wenigstens eine halbe Tagereise, dann wirst du etwas wie einen Schornstein aus dem Wasser herausgucken sehen, das ist die Wohnung unserer Schwester und unseres Schwagers. Nun ist es Zeit zum Abschied. Hier hast du drei Federn zum Andenken, die verwahre wohl. Solltest du in Not kommen, dann nimm die Federn nur zwischen die Finger und reibe sie ein wenig, dann will ich gleich bei dir sein und dir helfen, soviel in meinen Kräften steht.“ Sie gaben sich die Hände und trennten sich.

Reinhold trat nun die Reise zu seiner Schwester Bertha an und ging gerade so, wie es ihm sein Schwager beschrieben hatte. Er ging über den Berg, sah in dem Tal das Wasser, ging daran hinunter und sah da von weitem etwas wie einen Schornstein mitten darin hervorstehen. Er sah am Ende des Wassers ein Schiff, setzte sich hinein und kam bei dem Schornstein an. Er hing sein Schiff oben an diesem fest und kroch in den Schornstein hinein. Seine Schwester Bertha war in der Küche. „Ach, du verwegener Jüngling“, sagte sie, „wie bist du so kühn und kommst in diese Wasserhöhle? Bald kommt mein Gemahl, der Walfisch, der wird dich sogleich fressen!“ „O“, rief er, „ich bin dein Bruder Reinhold das Wunderkind, ich will dich erlösen und sollte ich auch mein Leben lassen müssen!“ „Ach, lieber Bruder“, sagte Bertha, „komm geschwind, dass ich dich verberge, ich höre mein Gemahl Walfisch kommen.“ Hierauf nahm ihn die Schwester mit und verbarg ihn in einer Holzkammer, gab ihm Lebensmittel und sagte: „Nach zwei Tagen ist Verwandlung, dann wird er ein Mensch.“ Jetzt kam der Walfisch; er wütete und rief: „Gib mir den fremden Menschen heraus, ich rieche fremdes Menschenfleisch!“ Bertha wusste ihn so zu besänftigen, dass aus dem Wüterich bald ein Sinnbild der Geduld wurde. Nach zwei Tagen, o Wunder, was machte Reinhold da für Augen! Er lag in einem Bett von lauter Daunen, mit seidenen Vorhängen, Kammerdiener wollten ihn bedienen. Er war in einem großen Schloss, in welches sich die Hütte verwandelt hatte. Sein Schwager Walfisch und seine Schwester kamen ihm freundlich entgegen. Nun lebten sie alle in rechtem Vergnügen. Der Schwager meinte aber, er solle sich doch vor seinen Schwägern und ihm in Acht nehmen, wenn sie sich verwandelt hätten. Auch wäre es gut, wenn er zur rechten Zeit von ihm Abschied nähme. „Zum Andenken will ich dir hier drei Schuppen von meinen Flossen geben. Verwahre die, so gut du kannst. Solltest du in Not kommen, dann nimm sie zwischen die Finger, ich werde sogleich bei dir sein und dir helfen, wie ich soll und kann.“ Hierauf sagte nun Reinhold: „Lieber Schwager, ich bin aus dem Grunde von zuhause weggegangen, um meine drei Schwestern und euch zu erlösen. Ich kann nicht eher ruhen, bis ich dies getan habe!“ Der Schwager Walfisch sagte darauf: „Uns zu erlösen, bringst du nicht fertig. Der Zauberer nämlich, dem wir Folge leisten müssen, ist gar nicht zu bezwingen.“ Hierauf setzte sich Reinhold in Positur, verdreifachte seine Bosheit, zog sein Seitengewehr und sagte: „Entweder soll der Zauberer sein Leben lassen oder ich. Sag mir nur, wo er sich aufhält!“ Der Schwager Walfisch antwortete: „Ich will dir alles sagen. Dieser Zauberer ist ein Zauberer über alle, er heißt Zornebock, und er ist auch so, wie er heißt. Er hat uns alle verzaubert, dass wir so sind, wie wir sind. Wir können nicht erlöst werden, Zornebock muss vorher umgebracht werden. Hierzu gehört aber Mut und Entschlossenheit. Er hat auch noch zwei Prinzessinnen in Besitz, die er einem König gestohlen hat. Zornebock ist bisweilen nämlich auch ein Mensch, wie wir. Wenn aber Verwandlung ist, dann ist er ein großer schwarzer Ochse. Als er die Prinzessin stahl, war er gerade ein Mensch. Da ihr Vater auf die Jagd ritt, kam Zornebock mit seinem Apfelschimmel dahergeritten, der Schimmel ging, als brächte er keine Füße auf die Erde, als striche er durch die Luft, man sagt, der Schimmel sei der Teufel selbst. Zornebock ritt vor dem König herum und sagte, die Prinzessin solle sich hinter ihn setzen. Als sie nun hinter ihm saß, da ritt er noch einmal herum, gab dann dem Schimmel die Sporen und flog weg. Der König hat sie im Leben nicht wieder zu sehen bekommen. Er aber hat sie in sein Schloss gebracht, das aber eine Höhle wird, wenn Verwandlung ist. Lieber Reinhold, Zornebock stahl die Prinzessin aus dem Grunde, weil sie ihn nicht wollte, als er sie heiraten wollte und ihr Vater keine Lust hatte, sie ihm zu geben. Aber auch in der Höhle will sie es nicht tun, und mit Gewalt kann er sie dazu nicht zwingen, weil er keine Macht über sie hat. Er hat daraufhin die Prinzessin gefragt, ob sie einwilligen oder lieber sieben Jahre schlafen wolle. Sie wolle lieber sieben Jahre schlafen, antwortete sie ihm. Daraufhin ist sie von ihm in eine Stube verbannt worden, vor der eine gläserne Tür ist. In die darf Zornebock die sieben Jahre nicht gehen; er geht aber immer davor spazieren, wenn er nicht draußen an der Weide ist. Die Prinzessin hat nun schon einmal sieben Jahre geschlafen. Da sie ihn aber auch danach noch nicht heiraten wollte, schläft sie jetzt zum zweiten Mal. Doch jetzt müssen wir uns trennen. Wenn du Zornebock aufsuchen willst, dann musst du über den hohen Berg, in ein Tal, dann noch über drei Berge. Bist du über die, dann siehst du in einem Tal eine Eiche stehen, links davon ist Zornebocks Zauberhöhle. Nimm dich aber in Acht!, jetzt ist er ein Ochse. Wenn er nicht auf der Weide ist, dann stelle dich hinter die Eiche. Hier hast du einen Spieß, kommt er in die Nähe der Eiche, dann sieh zu, dass du ihm den ersten Stich gibst. Sollte es Not haben, dann denke nur an die Andenken, die wir Schwäger dir gegeben haben. Nun adieu!“

Reinhold ging nun den Weg, den ihm sein Schwager beschrieben hatte. Als er auf den dritten Berg kam, da standen ihm die Haare auf dem Kopf zu Berge. Er sah hier die Eiche und die Zauberhöhle. Als er näher kam, ging Zornebock unter der Eiche auf der Weide. Welch Schrecken, als er das Ungeheuer betrachtete! Er dachte bei sich, hier müsse Mut und Entschlossenheit gezeigt werden, es gelte Sieg oder Tod. Er nahm den Spieß zur Hand, den ihm der Schwager Walfisch gegeben hatte. Auf einmal erblickte ihn Zornebock, wütend kam er mit dem gefährlichsten Brüllen auf ihn zu. Reinhold stand fest wie ein Löwe. Als Zornebock vor ihn kam, da tat Reinhold mit dem Speer einen Schlag und schlug ihn herzhaft zwischen die großen Hörner, aber es tat ihm nichts. Er sah sich genötigt, seine Retirade (=Rückzug) auf die Eiche zu nehmen. Hier erst dachte er an die Andenken seiner Schwäger, die er in der Not vergessen hatte. Er nahm die Haare des Bären, die Federn des Adlers und die Schuppen des Walfisches alle zusammen in die Hand und fing aus allen Kräften an, sie zu reiben. Auf einmal kam der Adler geflogen und der Bär gelaufen. Der Walfisch, der des Wassers wegen einen Umweg machen musste, kam zuletzt. Der Bär ging wüst brummend und schnaubend auf Zornebock los, Zornebock aber auch auf den Bären. Als nun Reinhold seine Schwäger hatte kommen sehen, machte er sich von der Eiche wieder herunter und fing den Krieg wieder frisch an. Er traf Zornebock so an dem linken Vorderfuß, dass er anfing zu hinken. Nun fasste der Bär Zornebock in die Nase und hielt ihn fest. Der Adler gab Zornebock mit einem Flug hinten auf den Nacken einen Stoß, dass er zur Erde fiel. Hierauf schlug Reinhild das Wunderkind Zornebock ganz tot. Nun kam der Walfisch und wollte noch große Taten tun. Als er ihn jedoch tot sah, sagte er: „Nun braucht ihr meine Hilfe nicht mehr. Ich denke, ich werde ihn wohl verschlingen müssen.“ Der Bär aber sagte: „Nein, das sollst du nicht tun. Du sollst kein Zauberfleisch essen.“ Reinhold aber sagte: „Ich will ihm die Eingeweide aus dem Leib reißen.“ Das tat er. Als er nun den Leib aufschnitt, flog’s daraus wie ein Vogel, und nun wurde aus dem entzwei geschnittenen Zornebock ein schöner Prinz.

Nachdem nun Zornebock tot war, da waren auch Reinholds drei Schwäger erlöst und blieben von jetzt an natürliche Menschen, wie sie es früher auch gewesen waren, ehe sie verwandelt wurden. Alle drei Prinzen hatten ihr eigenes königliches Schloss; sie gingen wieder fort und baten Reinhold, er möge sie bald besuchen.

Reinhold nahm den Speer des Walfisches und ging in die Höhle, in der die Prinzessin saß, die sieben Jahre geschlafen hatte. Er fand in dem Vorzimmer ein dickes Schlüsselbund, aus dem er den größten Schlüssel nahm. Die Prinzessin fand er hinter der gläsernen Tür sitzen und wollte gern zu ihr. Er probierte alle Schlüssel, doch vergebens. Da wurde er böse, nahm das ganze Schlüsselbund und schmiss damit an die gläserne Tür, dass alles in tausend Brocken ging. Durch den Klang der gläsernen Tür wurde die Prinzessin munter und erwachte aus ihrem siebenjährigen Schlaf und hob den Kopf, den sie sonst immer auf den Tisch gebückt hatte, in die Höhe. Als sie sich umsah, meinte sie noch immer, Zornebock sei da, weil sie noch nicht wusste, dass er tot war und dass aus ihm ein Prinz geworden war. Die Prinzessin sah ihn sehr böse von der Seite an und fragte: „O, du verwegener Zauberer, störst du mich darum wieder in meinem Schlaf, indem du meinst, ich würde mich dir zur Ehe geben? Das glaube nur nicht, lieber will ich noch einmal sieben Jahre schlafen." Darauf sagte Reinhold: „Liebe Prinzessin, ich glaube, dass Sie sich irren. Ich bin nicht Zornebock der Zauberer, ich bin Reinhold das Wunderkind und habe Zornebock erlöst." Als das Reinhold gesagt hatte, sah sich die Prinzessin um und siehe, da wurde aus der Höhle ein großes Schloss. „Jetzt sehe ich, dass ich nicht getäuscht wurde. Du hast mich erlöst. Ich will dir nun auch erzählen, wie ich hierhergekommen bin." Reinhold aber sagte, dass er das wisse, er habe sie, seine drei Schwestern, seine Schwäger und Zornebock erlöst. Die Prinzessin fragte, was das für Schwäger wären. Er erzählte ihr dies. Da fiel ihm die Prinzessin mit tausend Küssen und Glückwünschen um den Hals, seine drei Schwäger waren alle ihre Brüder, die Zornebock auch weggeführt hatte. Sie machten nun ihre erste Reise zu seinen Schwestern und Schwägern; die Freude derselben war groß. Die Schwäger nahmen jeder einen Wagen und auch er mit seiner Prinzessin. Nun ging's zur väterlichen Burg, wo die Eltern noch beide lebten.

Vater und Mutter hatten Reinhold verloren gegeben und hatten ihn bereits betrauert. Auf einmal kam er daher mit einer Prinzessin und mit allen drei verlorenen Schwestern und Schwägern. Der alte Graf und die Gräfin wussten nicht mehr, ob sie auf Erden oder in den Lüften waren. Es wurde nun Vermählung mit Reinhold und der Prinzessin gehalten. Die Hochzeit dauerte einen ganzen Monat, und da haben sie glücklich und zufrieden gelebt bis an ihr Ende.

(*Mündlich, Fundort: Dehringhausen)

Der aus Korbach stammende Pädagoge und Historiker Louis Friedrich Christian Curtze (1807–1870) gab im Jahre 1860 seine umfangreiche Sammlung *„Volksüberlieferungen aus dem Fürstentum Waldeck – Märchen, Sagen, Volksreime, Rätsel, Sprichwörter, Aberglauben, Sitten und Gebräuche, nebst einem Idiotikon"* (Mundartenwörterbuch) heraus. In diesem 518 Seiten zählenden Band hat er dreizehn Märchen und elf Sagen für den Bereich der heutigen Stadt Waldeck gesammelt. Curtze hatte brieflichen Kontakt zu den Brüdern Grimm und gehörte zu den Zulieferern von Jacob Grimms „*Weistümern*", einer systematischen Sammlung mittelalterlicher und neuzeitlicher Rechtsquellen der Hof- und Dorfrechte. Die geplante Veröffentlichung der *„Volks-*

überlieferungen" begrüßte Wilhelm Grimm in einem Schreiben vom 27. Februar 1845 an Louis Curtze ausdrücklich: „Ich freue mich im Voraus auf Ihre Sammlung von Märchen und Sagen. Bei der Sorgfalt, die Sie darauf verwenden, wird es gewiss reichhaltig ausfallen."

Im Gegensatz zu den Brüdern Grimm, denen in einem literarischen Kränzchen in Kassel Märchen und Sagen erzählt wurden oder die solche von Freunden bzw. Gewährsleuten zugeschickt bekamen, unternahm Curtze fünfzehn Jahre lang in seiner waldeckischen Heimat sogenannte Ferienreisen; er ließ sich Märchen und Sagen an Ort und Stelle von der heimischen Bevölkerung erzählen und zeichnete diese auf.

Märchenbrunnen und Altes Rathaus

WOLFHAGEN

Der Glockenborn
(Brüder Grimm*)

Eine halbe Stunde Weges von Wolfhagen springt ein Born, der Glockenborn genannt, an der Stelle, wo vor alten Zeiten ein Dorf namens Dodenhausen gestanden haben soll. Nach der Sage soll in diese Quelle die Glocke der Dodenhäuser Kirche gefallen sein.

(*Deutsche Sagen: Handschrift Jacob Grimm)

Der leichtfertige Liebhaber
(Brüder Grimm*)

Ich ging durch einen grasgrünen Wald,
Da hört' ich die Vögelein singen.
Sie sungen so jungen, sie sungen so fein,
Die kleinen Vögelein in dem Wald,
Die hört' ich so gerne singen.

„Sing mir's so hübsch, sing mir's so fein,
Heut' Abend will ich bei dir sein,
Will schlafen in deinen Armen."

Der Tag verging, der Abend kam,
Feinsliebchen das kam gegangen.
Er klopfte so leis mit seinem Ring:
„Schatz, schläfst du oder wachest du mein Engelskind?"

„Ich habe noch nicht geschlafen,
Ich hab' immer gedacht in meinem Sinn,
Wo mag mein Herzallerliebster wohl sin,
Wo mag er so lange geblieben?"

„Wo ich's so lange gewesen bin,
Das darf ich dir Schätzchen wohl sagen:
Wohl bei dem Bier, wohl bei dem Wein,
Allwo die schönen Jungfern sein,
Da bin ich allezeit gerne."

Es ist kein Abbel so rund und so rot,
Der Wurm hat ihn gestochen.

(*Mündlich in Hessen, Ippinghausen – von Jacob Grimms Hand)

Der leichtfertige Liebhaber (Brüder Grimm*)

Ich ging einmal durch einen grasgrünen Wald,
Da hört' ich die Vögelein singen.
Sie sangen sich (so) jung, sie sangen sich (so) alt
Gleichwie die (kleinen) Vögelein in dem Wald,
Wie gern hört' ich sie singen!

„Sing' an, sing' an, Frau Nachtigall,
Sing' mir's von meinem Feinsliebchen!"
„Komm schiere, komm schiere, wann's finster ist!
Wann niemand auf der Gassen ist,
Herein tu ich dich lassen."

Der Tag verschwand, der Abend kam,
Feinsliebchen das kam gegangen,
Er klopfte so leis wohl an die Tür.
„Ja, ja, ja, wer ist dafür?"
„Ich habe schon lange gestanden."

„So lange gestanden, hast du es noch nicht,
Ich habe noch nicht geschlafen."

„Wo ich so lange geblieben bin,
Das darf ich dir, Schätzlein, wohl sagen:
Beim Bier und auch beim kühlen Wein,
Wo, alle wackeren Mädchen sein,
Da wär' ich bald deiner vergessen."

Ich sag es euch Mädchen wohl insgemein,
Traut keinem jungen Gesellen!
Sie versprechen euch viel und halten's ein Weil',
Sie führen euch auf eines Narren Seil.
Sind das nicht brave Schelme?

(*Mündlich – von Wilhelm Grimms Hand)

Zu den Brüdern Grimm hat Wolfhagen etliche Bezüge aufzuweisen: In Jacob und Wilhelm Grimms Nachlass wartete seit über 150 Jahren ein Manuskript für einen dritten Band ihrer *„Deutschen Sagen"* auf Veröffentlichung; u. a. finden sich hier die zwei kleineren Wolfhager Sagen, nämlich *Der Wolf im Hagen* und *Der Glockenborn*. Zu Lebzeiten der Brüder Grimm wurde dieser geplante dritte Sagenband, obwohl diese fest damit rechneten, nicht mehr realisiert. Erst 1993 war es so weit: Barbara Kindermann-Bieri gab den Band *Brüder Grimm: „Deutsche Sagen", Band 3*, heraus.

Neben Sagen und Märchen haben die Brüder Grimm auch eine Unmenge von Volks- und Kinderliedern gesammelt. Mehr als ein halbes Dutzend Volkslieder aus dem Wolfhager Stadtteil Ippinghausen (oft mit erotisch gefärbtem Inhalt) sowie zwei Rätsel hielt Jacob Grimm schriftlich fest.

Der jüngste Grimm-Bruder, der Zeichner und Maler Ludwig Emil Grimm, war als Leutnant beim Advokaten Kleinhans in der Teichstr. 6 in Wolfhagen einquartiert. L. E. Grimm zeichnete neben anderen Wolfhager Motiven auch die sagenumwobene Weidelsburg, unweit von Ippinghausen, die zu den eindrucksvollsten Burgruinen in Nordhessen zählt und ein beliebtes Wanderziel ist.

Märchenwache Schauenburg

SCHAUENBURG

Herr Fix und Fertig
(Brüder Grimm*)

Fix und Fertig war lange Zeit Soldat gewesen, weil aber der Krieg ein Ende hatte und nichts mehr zu tun war, als einen und alle Tage dasselbe, nahm er seinen Abschied und wollte Lakai bei einem großen Herrn werden. Da gab's Kleider mit Gold besetzt, viel zu schaffen und immer was Neues. Also machte er sich auf den Weg und kam an einen fremden Hof, da sah er einen Herrn, der im Garten spazieren ging. Fix und Fertig besann sich nicht lang, trat frisch auf ihn zu, sagte: „Mein Herr, ich suche Dienste bei einem großen Herrn, sind's Eure Majestät selbst, so ist mir's am liebsten, ich kann und weiß alles, was dazu gehört, kurz und lang, wie's befohlen wird." Der Herr sagte: „Recht, mein Sohn, das wäre mir lieb, sag an, was ist jetzt mein Verlangen?" Fix und Fertig, ohne zu antworten, drehte sich um, lief eilend und brachte eine Pfeife und Tabak. „Recht, mein Sohn, du bist mein Bedienter, aber nun gebe ich dir auf, mir die Prinzessin Nomini zu schaffen, die schönste auf der Welt, die will ich zu meiner Gemahlin haben." – „Wohlan", sagte Fix und Fertig, „das ist mir ein Kleines, die sollen Eure Majestät bald haben, geben Sie mir nur eine Chaise bespannt mit Sechsen, einen Leibkutscher, Heiducken**, Läufer, Lakaien, Koch und einen vollen Staat, mir selbst aber fürstliche Kleider, und jedermann muss meinen Befehlen gehorchen."

Nun fuhren sie ab, der Bediente saß in der Kutsche, und es ging immer dem königlichen Hof zu, wo die schöne Prinzessin war. Als die Chaussee zu Ende war, fuhren sie ins Feld hinein und kamen bald vor einen großen Wald, der war voll von vielen tausend Vögeln, da war ein grausamer Gesang, prächtig in die blaue Luft hinein. „Halt!, halt!," rief der Herr Fix und Fertig, „die Vögel nicht gestört!, die preisen ihren Schöpfer und wollen mir wieder einmal dienen, links um!" Der Kutscher musste also umdrehen und um den Wald herumfahren. Danach währte es nicht lang, so kamen sie an ein großes Feld, da saßen an die tausend Millionen Raben, die schrien nach Speise überlaut. „Halt!, halt!", rief der Herr Fix und Fertig, „bind' eins von den vordersten Pferden los, führ' es aufs Feld und stich's tot, dass die Raben gespeist werden, die sollen meinetwegen keinen Hunger leiden." Nachdem die Raben gesättigt waren, ging die Reise weiter, und sie kamen an ein Wasser, darin war ein Fisch, der klagte erbärmlich: „Um Gotteswillen! Ich habe keine Nahrung in diesem schlechten Sumpf, setzt mich in ein fließendes Wasser, dafür will ich euch einmal gegendienen." Eh' er noch ausgeredet, hatte Fix und Fertig „halt!, halt!" gerufen. „Koch, nimm ihn in die Schürze, Kutscher, fahr zu nach einem fließenden Wasser." Fix und Fertig stieg selber aus und setzte ihn hinein, dass der Fisch vor Freude mit dem Schwanz schlug. Herr Fix und Fertig sprach: „Lasst nun die Pferde rasch laufen, dass wir zu Abend noch an Ort und Stelle sind."

Als er in der königlichen Residenz anlangte, fuhr er gerade nach dem besten Gasthof, der Wirt und alle seine Leute kamen heraus, empfingen ihn aufs Beste und meinten, ein fremder König sei angekommen, und es war doch nur ein Bedienter. Fix und Fertig aber ließ sich gleich bei dem königlichen Hof anmelden, suchte sich beliebt zu machen und hielt um die Prinzessin an. „Mein Sohn", sagte der König, „dergleichen Freier sind schon viele abgewiesen worden, weil keiner hat ausrichten können, was ich ihnen auferlegt hatte, um meine Tochter zu gewinnen." „Wohlan", sprach Fix und Fertig, „geben Eure Majestät mir nur was Rechtes auf." Der König sagte: „Ich habe ein Viertel Mohnsamen säen lassen, kannst du mir denselben wieder herbeischaffen, dass kein Korn fehlt, so sollst du die Prinzessin für deinen Herrn haben." ‚Hoho!', dachte Fix und Fertig, ‚das ist ein Geringes für mich', nahm darauf ein Maß, Sack und schneeweiße Tücher, ging hinaus, und die Letzteren breitete er neben das besäte Feld hin. Gar nicht lange, da kamen die Vögel, die im Walde bei ihrem Singen nicht gestört worden waren, und lasen den Samen Körnchen für Körnchen auf und trugen ihn auf die weißen Tücher. Als sie alles aufgelesen hatten, schüttete es Fix und Fertig zusammen in den Sack, nahm das Maß unter den Arm, ging zu dem König und maß ihm seinen ausgesäten Samen wieder zu, dachte nun, die Prinzessin wäre schon sein – aber gefehlt: „Noch eins, mein Sohn", sagte der König, „meine Tochter hat einstmals ihren goldenen Ring verloren, denselben musst du mir erst wiederschaffen, eh du sie bekommen kannst." Fix und Fertig machte sich keine Sorgen: „Lassen Eure Majestät mir nur das Wasser und die Brücke zeigen, wo der Ring verloren wurde, so soll er bald herbeigeschafft sein." Als er hingebracht war, sah er hinab, da schwamm der Fisch herzu, den er auf seiner Reise in den Fluss gesetzt hatte, streckte den Kopf in die Höhe und sagte: „Wart einige Augenblicke, ich fahre hinunter, ein Walfisch hat den Ring unter der Floßfeder, da will ich ihn holen." Bald kam er auch wieder und warf ihn ans Land. Fix und Fertig brachte ihn zum König, dieser aber antwortete: „Nun noch eins, in jenem Walde ist ein Einhorn, das hat schon vielen Schaden getan, wenn du das töten kannst, dann ist nichts mehr übrig." Fix und Fertig bekümmerte sich auch hier nicht groß, sondern ging geradezu in den Wald. Da waren die Raben, die er einmal gefüttert, und sprachen: „Noch eine kleine Weile Geduld, jetzt liegt das Einhorn und schläft, aber nicht auf der scheelen Seite, wenn es sich herumdreht, dann wollen wir ihm das eine gute Auge, das es hat, auspicken, dann ist es blind und wird in seiner Wut gegen die Bäume rennen und mit seinem Horn sich festspießen, dann kannst du es leicht töten." Bald wälzte sich das Tier ein paar Mal im Schlaf herum und legte sich auf die andere Seite, da flogen die Raben herunter und hackten ihm sein gesundes Auge aus. Wie es die Schmerzen empfand, sprang es auf und rannte unsinnig im Wald herum, bald auch hatte es sich in eine dicke Eiche festgerannt. Da sprang Fix und Fertig herbei, hieb ihm den Kopf ab und brachte ihn dem König. Dieser konnte nun seine Tochter nicht länger versagen, sie ward dem Fix und Fertig übergeben, der sich gleich in vollem Staat, wie er gekommen war, mit ihr in die Kutsche setzte, zu seinem Herrn fuhr und ihm die liebevolle Prinzessin brachte. Da ward er wohl empfangen und in aller Pracht Hochzeit gehalten; Fix und Fertig aber wurde erster Minister.

Ein jeglicher in der Gesellschaft, wo dies erzählt wurde, wünschte sich, auch bei dem Vergnügen zu sein, eins wollte Kammerjungfer, das andere Garderobemädchen werden, dafür wollte einer Kammerdiener, der andere Koch werden und so weiter.

(*KHM: 16: Von dem pensionierten Dragonerwachtmeister Johann Friedrich Krause aus Hoof, 1811. Nur in der 1. Auflage der KHM enthalten)

(**Heiduck = Diener eines Magnaten in Österreich-Ungarn)

Schauenburg ist eine Gemeinde mit Märchen- und Sagentradition und ein gelungenes Beispiel, wie man diese Tradition auch in der heutigen Zeit auf angemessene Weise pflegen kann.

Der aus Breitenbach stammende und offensichtlich verarmte Dragonerwachtmeister a. D. Johann Friedrich Krause (1747–1828) erbat sich von den Brüdern Grimm abgelegte Kleidungsstücke (Krause und Wilhelm Grimm hatten zufälligerweise dieselbe Kleidergröße) für einige Märchen, die er gesammelt und aufgeschrieben hatte. Krauses Märchen *Der alte Sultan, Die drei Schlangenblätter* u. a. fanden Eingang in die *„Kinder- und Hausmärchen"*.

An Johann Friedrich Krause und die Grimm'sche Märchenerzählerin Marie Hassenpflug (vgl. Hanau und Kassel) wird in der *Märchenwache* in Breitenbach erinnert. Auf Vermittlung Marie Hassenpflugs kam der Kontakt der Brüder Grimm zu Johann Friedrich Krause zustande. 1814 heiratete M. Hassenpflug in Hoof den dort ansässigen Hauptmann Friedrich von Dalwigk; nach ihrer Vermählung lebte sie in Kassel und auf der „Burg" in Hoof.

Von einem Nachfahren Krauses, dem in Breitenbach geborenen Zeichner, Grafiker und bibliophilen Herausgeber Grimm'scher Märchen, Albert Schindehütte *(*1939, Heinz Rölleke/Albert Schindehütte, „Es war einmal ... Die wahren Märchen der Brüder Grimm und wer sie ihnen erzählte"),* wurde die Märchenwache, das ehemalige Gerätehaus der Feuerwehr, künstlerisch umgestaltet; vier riesige Holzschnitte Schindehüttes mit Märchenmotiven ziehen die Blicke der Besucher auf sich.

Die Hunde

NIEDENSTEIN

Die Hunde

(Karl Lyncker*)

In der Gegend von Niedenstein wohnte in sehr alter Zeit ein reicher Edelmann, der fleißig auf die Jagd ging und daheim eine schöne, aber stolze Frau hatte. An einem Morgen, da die Edelfrau allein zu Hause war, klopfte eine arme Frau, welche ein Kind auf dem Arm, ein anderes an der Hand hatte und ein drittes unter ihrem Herzen trug, an die Tür und bat um ein Almosen. „Packt euch!", rief die hartherzige Edelfrau. „Was braucht ihr armes Volk so viele Kinder zu haben, wenn ihr sie nicht ernähren könnt!" Die Frau wandte sich ab und sagte, indem sie ging: „Möchten Euch doch sieben auf einmal beschert werden!"

Wirklich kam die Edelfrau nicht lange hernach nieder und gebar sieben Knaben auf einmal. In der Angst ihres Herzens befahl sie ihrer Magd, sechs von den Jungen in einen Korb zu tun und ins Wasser zu tragen, ehe ihr Mann nach Hause käme. Wenn unterwegs jemand frage, so möge sie nur sagen, sie habe junge Hunde in dem Korb, welche ersäuft werden sollten, aber beileibe den Deckel nicht aufmachen.

Die Magd tat, wie ihr befohlen war, allein das Schicksal wollte, dass der Erste, der ihr begegnete, der Edelmann sein musste, der eben von der Jagd heimkehrte. „Was trägst du in dem Korb?", fragte er, und die Magd erwiderte verlegen: „Junge Hunde, welche die Herrin mir befohlen hat, ins Wasser zu werfen." – „Lass mich die Hunde sehen", sagte der Edelmann. Mochte nun auch die Magd Ausreden machen und sich sträuben, soviel sie wollte, es half ihr nichts, und sie musste schließlich den Korb öffnen. Wie erstaunte der Edelmann, als er statt der Hunde sechs gesunde Knaben erblickte, welche ihre Ärmchen nach ihm ausstreckten und ihn mit ihren großen blauen Augen bittend ansahen. Er zwang der Magd ihr Geheimnis ab und ließ sie schwören, dass sie daheim erzählen wolle, sie habe ihren Auftrag ausgerichtet; dann nahm er den Korb und ging ins nächste Dorf zum Pfarrer. „Wollt Ihr mir sechs junge Hunde taufen?", fragte er den frommen Mann. Dieser entsetzte sich ob solcher Zumutung und schickte den Edelmann wieder fort. So ging es ihm auch beim Zweiten. Der Dritte aber, zu dem er hinkam, war der Pfarrer zu Metze, und dem mochte eine Ahnung von der Sache gekommen sein, denn er erklärte sich bereit, die Hunde zu taufen. Die Knaben erhielten sämtlich den Beinamen „Hund", und dem Prediger zu Metze schenkte der Edelmann einen Zehnten, der noch heutigen Tages bei der Pfarre ist und der „Hundezehnte" heißt.

Die sechs Knaben gab der Edelmann einzeln in Pflege, sorgte aber dafür, dass sie stets ebenso gekleidet einhergingen, wie seine Frau den daheim behaltenen Siebenten kleidete. Als sie nun herangewachsen waren, berief er sie eines Tages allesamt auf sein Schloss. Die stolze Frau erschrak sehr bei ihrem Anblick, noch mehr aber als der Eheherr fragte, was wohl eine Mutter verdiene, die sechs solcher prächtigen Jungen ins Wasser werfen lasse. Doch fasste sie sich schnell und erwiderte keck: „Die verdient in ein Fass mit Nägeln gesteckt und einen Berg hinabgerollt zu werden." – „Nun wohl", sagte der Edelmann, „du hast dein eignes Urteil gesprochen, denn das sind deine Kinder, die mir ein glücklicher Zufall von dem Tode zu retten gestattete, welchen du ihnen zugedacht hattest." Und er ließ das Urteil an ihr vollziehen.

(*Mündlich)

GUDENSBERG

Karls durstendes Heer am Glissborn und im Odenberg (Jacob Grimm*)

Karl war mit seinem Heer in die Gebirge der Gudensberger Landschaft gerückt, siegreich wie einige erzählen, nach andern fliehend, von Morgen her (aus Westfalen). Die Krieger schmachteten vor Durst, der König saß auf einem schneeweißen Schimmel. Da trat das Pferd mit dem Huf auf den Boden und schlug einen Stein vom Felsen. Aus der Öffnung sprudelte die Quelle mächtig; das ganze Heer wurde getränkt. Diese Quelle heißt *Glissborn*; ihrer kühlen, klaren Flut misst das Landvolk größere Reinigungskraft bei als gewöhnlichem Wasser, und aus umliegenden Dörfern gehen die Frauen dahin, ihr Leinen zu waschen. Der Stein mit dem Huftritt, in die Kirchhofsmauer unterhalb der Gudensberger Kirche eingesetzt, ist heute noch zu sehen.

Nachher schlug König Karl eine große Schlacht am Fuße des Odenbergs. Das strömende Blut riss tiefe Furchen in den Boden (oft sind sie zugedämmt worden, der Regen spült sie immer wieder auf). Die Fluten „wulchen" zusammen und ergossen sich bis Besse hinab. Karl erfocht den Sieg; abends tat sich der Fels auf, nahm ihn und das ermattete Kriegsvolk ein und schloss seine Wände. In diesem Odenberg ruht der König von seinen Heldentaten aus. Er hat verheißen, alle sieben oder hundert Jahre hervorzukommen. Tritt eine solche Zeit ein, so vernimmt man Waffen durch die Lüfte rasseln, Pferdegewieher und Hufschlag. Der Zug geht an den Glissborn, wo die Rosse getränkt werden, und verfolgt dann seinen Lauf, bis er nach vollbrachter Runde endlich wieder in den Berg zurückkehrt.

Einmal gingen Leute am Odenberg und vernahmen Trommelschlag, ohne etwas zu sehen. Da hieß sie ein weiser Mann nacheinander durch den Ring schauen, den er mit seinem in die Seite gebogenen Arm bildete. Alsbald erblickten sie eine Menge Kriegsvolk, in Waffenübungen begriffen, den Odenberg aus und eingehen.

(**Deutsche Mythologie*, hier merkt Jacob Grimm an: „Ich verdanke diese und andere, getreu aus dem Munde des Volks verzeichnete Sagen der freundschaftlichen Mitteilung eines kurhessischen Artillerieoffiziers, Herrn Pfister.")

(Glissborn: Wasserquelle zwischen dem Odenberg und dem Scharfenstein)

Schon in grauer Vorzeit besaßen die Vorfahren der Hessen, der Stamm der Chatten, auf dem *Wodansberg* ihre Thingstätte. Wodan, der Sturm- und Schlachtengott und Vater aller Götter und Menschen, wurde hier verehrt. Der Wodansberg, von dem die Stadt Gudensberg ihren Namen ableitet, war religiöser und politischer Mittelpunkt des Chattenlandes.

Die Gegend um Gudensberg ist uraltes Sagenland, schon in Jacob Grimms 1835 erschienener *„Deutscher Mythologie“* wird über den „Odenberg“ berichtet: Es sind Sagen über *Karl den Großen und seinem Heer am „Glissborn“ und im „Odenberg“* sowie die von einem „Schmied“, der in die Wunderwelt des Odenbergs hineingeht. Ebenfalls in Jacob Grimms *„Deutscher Mythologie“* findet sich die Sage vom *„Scharfenstein“*, den ein Riese in seinem Zorn dahingeworfen habe.

Karl Lynckers *„Deutsche Sagen und Sitten in hessischen Gauen“* enthalten Sagen über einen „Hirt im Odenberg“, der eine wunderschöne Blume fand, von einem „Müllerburschen“, der sieben Jahre im Odenberg verbringen musste, sowie über ein „Kind im Odenberg“.

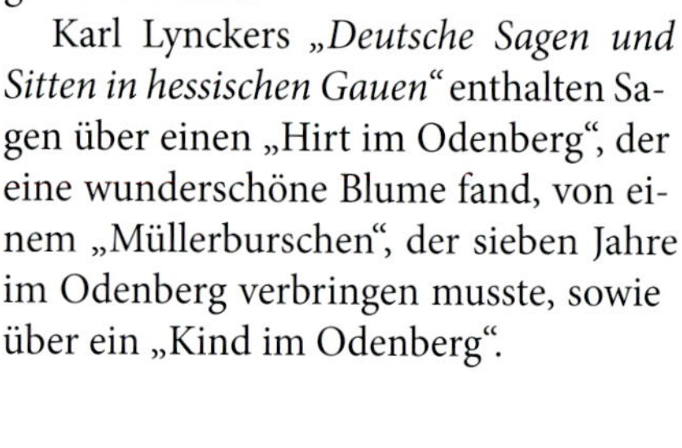

KARL DER GROSSE AM GLISSBORN UND AM ODENBERG

BAUNATAL

Der arme Müllerbursch und das Kätzchen
(Brüder Grimm*)

In einer Mühle lebte ein alter Müller, der hatte weder Frau noch Kinder, und drei Müllerburschen dienten bei ihm. Wie sie nun etliche Jahre bei ihm gewesen waren, sagte er eines Tages zu ihnen: „Ich bin alt und will mich hinter den Ofen setzen, zieht aus, und wer mir das beste Pferd nach Haus bringt, dem will ich die Mühle geben, und er soll mich dafür bis an meinen Tod verpflegen." Der dritte von den Burschen war aber der Kleinknecht, der ward von den andern für einfältig gehalten, dem gönnten sie die Mühle nicht, und er wollte sie hernach nicht einmal. Da zogen sie alle drei miteinander aus, und wie sie vor das Dorf kamen, sagten die zwei zu dem einfältigen Hans: „Du kannst nur hierbleiben, du kriegst dein Lebtag keinen Gaul." Hans aber ging doch mit, und als es Nacht war, kamen sie an eine Höhle, da hinein legten sie sich schlafen. Die zwei Klugen warteten, bis Hans eingeschlafen war, dann standen sie auf, machten sich fort und ließen Hänschen liegen und meinten, es recht fein gemacht zu haben; ja, es wird euch doch nicht gut gehen!

Wie nun die Sonne kam und Hans aufwachte, lag er in einer tiefen Höhle. Er guckte sich überall um und rief: „Ach Gott, wo bin ich!" Da erhob er sich und krabbelte die Höhle hinauf, ging in den Wald und dachte: ‚Ich bin hier ganz allein und verlassen, wie soll ich nun zu einem Pferd kommen!' Indem er so in Gedanken dahinging, begegnete ihm ein kleines buntes Kätzchen, das sprach ganz freundlich: „Hans, wo willst du hin?" – „Ach, du kannst mir doch nicht helfen." – „Was dein Begehren ist, weiß ich wohl", sprach das Kätzchen, „du willst einen hübschen Gaul haben. Komm mit mir und sei sieben Jahre lang mein treuer Knecht, so will ich dir einen geben, schöner als du dein Lebtag einen gesehen hast." – ‚Nun, das ist eine wunderliche Katze', dachte Hans, ‚aber sehen will ich doch, ob das wahr ist, was sie sagt'. Da nahm sie ihn mit in ihr verwünschtes Schlösschen und hatte da lauter Kätzchen, die ihr dienten; die sprangen flink die Treppe auf und ab, waren lustig und guter Dinge. Abends, wenn sie sich zu Tische setzten, mussten drei Musik machen – eins strich den Bass, das andere die Geige, das dritte setzte die Trompete an und blies die Backen auf, so sehr es nur konnte. Wenn sie gegessen hatten, wurde der Tisch weggetragen, und die Katze sagte: „Nun komm, Hans, und tanze mit mir." – „Nein", antwortete er, „mit einer Miezekatze tanze ich nicht, das habe ich noch niemals getan." – „So bringt ihn ins Bett", sagte sie zu den Kätzchen. Da leuchtete ihm eins in seine Schlafkammer, eins zog ihm die Schuhe aus, eins die Strümpfe, und zuletzt blies eins das Licht aus. Am andern Morgen kamen sie wieder und halfen ihm aus dem Bett – eins zog ihm die Strümpfe an, eins band ihm die Strumpfbänder, eins holte die Schuhe, eins wusch ihn, und eins trocknete ihm mit dem Schwanz das Gesicht ab. „Das tut recht sanft", sagte Hans. Er musste aber auch der Katze dienen und alle Tage Holz klein machen; dazu kriegte er eine Axt von Silber und die Keile und Säge von Silber, und der Schläger war von Kupfer. Nun, da machte er's klein, blieb da im Haus, hatte sein gutes Essen und Trinken, sah aber niemand als die bunte Katze und ihr Gesinde. Einmal sagte sie zu ihm: „Geh hin und mähe meine Wiese und mache das Gras trocken", und gab ihm von Silber eine Sense und von Gold einen Wetzstein, hieß ihn aber auch alles wieder richtig abliefern. Da ging Hans hin und tat, was ihm geheißen war. Nach vollbrachter Arbeit trug er Sense, Wetzstein und Heu nach Haus und fragte, ob sie ihm nicht seinen Lohn geben wollte. „Nein", sagte die Katze, „du sollst mir erst noch einerlei tun – da ist Bauholz von Silber, Zimmeraxt, Winkeleisen und was nötig ist, alles von Silber, daraus baue mir erst ein kleines Häuschen." Da baute Hans das Häuschen fertig und sagte, er hätte nun alles getan und hätte noch kein Pferd, doch waren ihm die sieben Jahre herumgegangen wie ein halbes. Die Katze fragte, ob er ihre Pferde sehen wollte. „Ja", sagte Hans. Da machte sie ihm das Häuschen auf, und wie sie die Türe so aufmacht, da standen zwölf Pferde, ach die waren ganz stolz gewesen, die hatten geblänkt und gespiegelt, dass sich sein Herz im Leibe darüber freute. Nun gab sie ihm zu essen und zu trinken und sprach: „Geh heim, dein Pferd gebe ich dir nicht mit; in drei Tagen aber komm ich und bringe dir's nach." Also machte Hans sich auf, und sie zeigte ihm den Weg zur Mühle. Sie hatte ihm aber nicht einmal ein neues Kleid gegeben, sondern er musste sein altes lumpiges Kittelchen behalten, das er mitgebracht hatte und das ihm in den sieben Jahren überall zu kurz geworden war.

Wie er nun heimkam, so waren die beiden anderen Müllerburschen auch wieder da. Jeder hatte zwar sein Pferd mitgebracht, aber des Einen seins war blind, des Andern lahm. Sie fragten: „Hans, wo hast du dein Pferd?" – „In drei Tagen wird's nachkommen." Da lachten sie und sagten: „Ja, du, Hans, wo willst du ein Pferd herkriegen, das wird was Rechtes sein!" Hans ging in die Stube, der Müller sagte aber, er sollte nicht an den Tisch kommen, er wäre so zerrissen und zerlumpt, man müsste sich schämen, wenn jemand hereinkäme. Da gaben sie ihm ein bisschen Essen hinaus, und wie sie abends schlafen gingen, wollten ihm die zwei andern kein Bett geben, und er musste schließlich ins Gänseställchen kriechen und sich auf ein wenig hartes Stroh legen. Am Morgen, als er aufwachte, waren schon die drei Tage herum, und es kam eine Kutsche mit sechs Pferden, ei, die glänzten, dass es schön war, und ein Bedienter, der brachte noch ein siebentes, das war für den armen Müllerbursch. Aus der Kutsche aber stieg eine prächtige Königstochter und ging in die Mühle hinein; die Königstochter war das kleine bunte Kätzchen, dem der arme Hans sieben Jahre lang gedient hatte. Sie fragte den Müller, wo der Mahlbursch, der Kleinknecht, wäre. Da sagte der Müller: „Den können wir nicht in die Mühle nehmen, der ist so verrissen und liegt im Gänsestall." Da sagte die Königstochter, sie sollten ihn gleich holen. Also holten sie ihn heraus, und er musste sein Kittelchen zusammenpacken, um sich zu bedecken. Da schnallte der Bediente prächtige Kleider aus und musste ihn waschen und anziehen, und wie er fertig war, konnte kein König schöner aussehen. Danach verlangte die junge Frau, die Pferde zu sehen, welche die anderen Mahlburschen mitgebracht hatten, eins war blind, das andere lahm. Da ließ sie den Bedienten das siebente Pferd bringen. Wie der Müller das sah, sprach er, so eins wäre ihm noch nicht auf den Hof gekommen. „Und das ist für den dritten Mahlbursch", sagte sie. „Dann muss er die Mühle haben", sagte der Müller, die Königstochter aber sprach, da wäre das Pferd, er sollte seine Mühle auch behalten – und nahm ihren treuen Hans und setzte ihn in die Kutsche und fuhr mit ihm fort. Sie fuhren zuerst nach dem kleinen Häuschen, das er mit dem silbernen Werkzeug gebaut hatte. Da war es ein großes Schloss, und alles drin war von Silber und Gold. Sie heiratete ihn, und er war reich, so reich, dass er für sein Lebtag genug hatte. Darum soll keiner sagen, dass, wer einfältig ist, deshalb nichts Rechtes werden könnte.

(*KHM: 106 – am 23.6.1813 durch Dorothea Viehmann erzählt. Eine weitere Fassung aus Göttingen von Hermann Grimm am 5. September 1833 seinem Vater mitgeteilt – vgl. Göttingen)

Märchenfrau Dorothea Viehmann

Die Knallhütte, heute direkt an der A 49 (Ausfahrt Baunatal-Nord) gelegen, ist ein wichtiger Ort für die Entstehungsgeschichte der „*Kinder- und Hausmärchen der Brüder Grimm*" und schon zu Zeiten der Grimms ein beliebtes Ausflugsziel. So schreibt Ludwig Emil Grimm in seinen „*Erinnerungen aus meinem Leben*": „Ende Februar 1847 war es so schön warm, dass wir auf die Knallhütte fuhren und im Freien Kaffee tranken."

Am 8. November 1755 kam im Gasthaus Zum Birkenbaum bei Rengershausen, das noch im Laufe des 18. Jhs. den Namen *Knallhütte* erhielt, Catharina Dorothea Pierson zur Welt. Ihr Vater war der aus der Hofgeismarer Hugenottenkolonie Schöneberg stammende Wirt Johann Friedrich Isaac Pierson. Vor den Toren Kassels gelegen, lauschte (Catharina) Dorothea im Gasthaus den Erzählungen einkehrender Fuhrleute, Handwerksburschen und Kaufleute; die Mehrzahl ihrer Beiträge (weit über dreißig) dürfte sie auf der Knallhütte gehört haben. Unter ihrem Ehenamen Viehmann wurde sie später als Märchenfrau der Brüder Grimm bekannt. Von ihr stammen u. a. so schöne Märchen wie „*Die Gänsemagd*", „*Der Teufel mit den drei goldenen Haaren*", „*Der Frieder und das Catherlieschen*", eine Variante des „*Aschenputtels*", „*Die zwölf Brüder*" oder „*Der Eisenofen*". Ihre Märchen sind sowohl deutscher als auch französischer Herkunft; als Kind eines Hugenotten hatte sie Zugang zur französischen Sprache.

Ihr Elternhaus, das heutige Brauhaus Knallhütte, in dem sie 32 Jahre wohnte, bevor sie mit ihrem Mann, dem Schneider Nikolaus Viehmann, ins benachbarte Niederzwehren zog, befindet sich seit über 250 Jahren in Familienbesitz. Scherenschnitte der Künstlerin Luise Neupert (1926–2009) mit Motiven aus Märchen von Dorothea Viehmann (1755–1815) zieren die Gasträume.

Bemerkenswert ist die Ahnengalerie Dorothea Viehmanns. Sie ist über die Linie ihrer Großmutter mit Johann Wolfgang Goethe und Friedrich Carl von Savigny verwandt. Ihre Großmutter war Cousine vierten Grades von Goethe und von Savigny, Professor an der Universität Marburg, der den Werdegang der Brüder Grimm entscheidend prägte. Dorotheas Altgroßvater Abraham Pierson hatte zu Beginn des Dreißigjährigen Krieges im lothringischen Metz Judith de Savigny geheiratet.

KASSEL

Tischchendeckdich, Goldesel und Knüppel aus dem Sack (Brüder Grimm*)

Vor Zeiten war ein Schneider, der drei Söhne hatte und nur eine einzige Ziege, aber die Ziege, weil sie alle zusammen mit ihrer Milch ernährte, musste ihr gutes Futter haben und täglich hinaus auf die Weide geführt werden. Die Söhne taten das auch nach der Reihe. Einmal brachte sie der Älteste auf den Kirchhof, wo die schönsten Kräuter standen, ließ sie da fressen und herumspringen. Abends, als es Zeit war heimzugehen, fragte er: „Ziege, bist du satt?" Die Ziege antwortete:

„Ich bin so satt,
ich mag kein Blatt: Meh! Meh!"

„So komm nach Haus", sprach der Junge, fasste sie am Strickchen, führte sie in den Stall und band sie fest. „Nun", fragte der alte Schneider, „hat die Ziege ihr gehöriges Futter?" – „Oh", antwortete der Sohn, „die ist so satt, sie mag kein Blatt." Der Vater aber wollte sich selbst überzeugen, ging hinab in den Stall, streichelte das liebe Tier und fragte: „Ziege, bist du auch satt?" Die Ziege antwortete:

„Wovon sollt ich satt sein?
Ich sprang nur über Gräbelein
und fand kein einzig Blättelein: Meh! Meh!"

„Was muss ich hören!", rief der Schneider, lief hinauf und sprach zu dem Jungen: „Ei, du Lügner, sagst, die Ziege wäre satt, und hast sie hungern lassen!" Und in seinem Zorn nahm er die Elle von der Wand und jagte ihn mit Schlägen hinaus.

Am andern Tag war die Reihe am zweiten Sohn, der suchte an der Gartenhecke einen Platz aus, wo lauter gute Kräuter standen, und die Ziege fraß sie rein ab. Abends, als er heim wollte, fragte er: „Ziege, bist du auch satt?“ Die Ziege antwortete:

„Ich bin so satt,
ich mag kein Blatt: Meh! Meh!“

„So komm nach Haus“, sprach der Junge, zog sie heim und band sie im Stalle fest. „Nun“, fragte der alte Schneider, „hat die Ziege ihr gehöriges Futter?“ – „Oh“, antwortete der Sohn, „die ist so satt, sie mag kein Blatt.“ Der Schneider wollte sich darauf nicht verlassen, ging hinab in den Stall und fragte: „Ziege, bist du auch satt?“ Die Ziege antwortete:

„Wovon sollt ich satt sein?
Ich sprang nur über Gräbelein
und fand kein einzig Blättelein: Meh! Meh!“

„Der gottlose Bösewicht!“, schrie der Schneider. „So ein frommes Tier hungern zu lassen!“, lief hinauf und schlug mit der Elle den Jungen zur Haustüre hinaus.

Die Reihe kam jetzt an den dritten Sohn; der wollte seine Sache gut machen, suchte Buschwerk mit dem schönsten Laube aus und ließ die Ziege daran fressen. Abends, als er heim wollte, fragte er: „Ziege, bist du auch satt?

Die Ziege antwortete:

„Ich bin so satt,
ich mag kein Blatt: Meh! Meh!“

„So komm nach Haus“, sagte der Junge, führte sie in den Stall und band sie fest. „Nun“, fragte der alte Schneider, „hat die Ziege ihr gehöriges Futter?“ – „Oh“, antwortete der Sohn, „die ist so satt, sie mag kein Blatt.“ Der Schneider traute nicht, ging hinab und fragte: „Ziege, bist du auch satt?“ Das boshafte Tier antwortete:

„Wovon sollt ich satt sein?
Ich sprang nur über Gräbelein
und fand kein einzig Blättelein: Meh! Meh!“

„O die Lügenbrut!“, rief der Schneider. „Einer so gottlos und pflichtvergessen wie der Andere! Ihr sollt mich nicht länger zum Narren haben!“ Und vor Zorn ganz außer sich, sprang er hinauf und gerbte dem armen Jungen mit der Elle den Rücken so gewaltig, dass er zum Haus hinaussprang.

Grimmwelt Kassel

Der alte Schneider war nun mit seiner Ziege allein. Am andern Morgen ging er hinab in den Stall, liebkoste die Ziege und sprach: „Komm, mein liebes Tierlein, ich will dich selbst zur Weide führen." Er nahm sie am Strick und brachte sie zu grünen Hecken und zu Schafrippe, und was sonst die Ziegen gerne fressen. „Da kannst du dich einmal nach Herzenslust sättigen", sprach er zu ihr und ließ sie weiden bis zum Abend. Da fragte er: „Ziege, bist du auch satt?" Sie antwortete:

„Ich bin so satt,
ich mag kein Blatt: Meh! Meh!"

„So komm nach Haus", sagte der Schneider, führte sie in den Stall und band sie fest. Als er wegging, kehrte er sich noch einmal um und sagte: „Nun bist du doch einmal satt!" Aber die Ziege machte es ihm nicht besser und rief:

„Wie sollt ich satt sein?
Ich sprang nur über Gräbelein
und fand kein einzig Blättelein: Meh! Meh!"

Als der Schneider das hörte, stutzte er und sah wohl, dass er seine drei Söhne ohne Ursache verstoßen hatte. „Wart", rief er, „du undankbares Geschöpf, dich fortzujagen ist noch zu wenig; ich will dich zeichnen lassen, dass du dich unter ehrbaren Schneidern nicht mehr sehen lassen darfst!" In einer Hast sprang er hinauf, holte sein Bartmesser, seifte der Ziege den Kopf ein und schor sie so glatt wie seine flache Hand. Und weil die Elle zu ehrenvoll gewesen wäre, holte er die Peitsche und versetzte ihr solche Hiebe, dass sie in gewaltigen Sprüngen davonlief.

Der Schneider, als er so ganz einsam in seinem Hause saß, verfiel in große Traurigkeit und hätte seine Söhne gerne wiedergehabt, aber niemand wusste, wo sie hingeraten waren. Der Älteste war zu einem Schreiner in die Lehre gegangen; da lernte er fleißig und unverdrossen, und als seine Zeit herum war, dass er wandern sollte, schenkte ihm der Meister ein Tischchen, das gar kein besonderes Ansehen hatte und von gewöhnlichem Holz war – aber es hatte eine gute Eigenschaft. Wenn man es hinstellte und sprach ‚Tischchen, deck dich', so war das gute Tischchen auf einmal mit einem sauberen Tüchlein bedeckt, und stand da ein Teller und Messer und Gabel daneben, und Schüsseln mit Gesottenem und Gebratenem, und ein großes Glas mit rotem Wein leuchtete, dass einem das Herz lachte. Der junge Gesell dachte: ‚Damit hast du genug für dein Lebtag', zog guter Dinge in der Welt umher und bekümmerte sich gar nicht darum, ob ein Wirtshaus gut oder schlecht und ob etwas darin zu finden war oder nicht. Wenn es ihm gefiel, so kehrte er gar nicht ein, sondern im Felde, im Wald, auf einer Wiese, wo er Lust hatte, nahm er sein Tischchen vom Rücken, stellte es vor sich und sprach ‚Deck dich', so war alles da, was sein Herz begehrte. Schließlich kam es ihm in den Sinn, er wollte zu seinem Vater zurückkehren, sein Zorn würde sich wieder gelegt haben, und mit dem „Tischchendeckdich" würde er ihn gerne wieder aufnehmen. Es trug sich zu, dass er auf dem Heimweg abends in ein Wirtshaus kam, das mit Gästen angefüllt war. Sie hießen ihn willkommen und luden ihn ein, sich zu ihnen zu setzen und mit ihnen zu essen, sonst würde er schwerlich noch etwas bekommen. „Nein", antwortete der Schreiner, „die paar Bissen will ich euch nicht vom Munde nehmen, lieber sollt ihr meine Gäste sein." Sie lachten und meinten, er triebe seinen Spaß mit ihnen. Er aber stellte sein hölzernes Tischchen mitten in die Stube und sprach ‚Tischchen, deck dich'. Augenblicklich war es mit Speisen besetzt, so gut, wie sie der Wirt nicht hätte herbeischaffen können, und wovon der Geruch den Gästen lieblich in die Nase stieg. „Zugegriffen, liebe Freunde", sprach der Schreiner, und die Gäste, als sie sahen, wie es gemeint war, ließen sich nicht zwei Mal bitten, rückten heran, zogen ihre Messer und griffen tapfer zu. Und was sie am meisten verwunderte, wenn eine Schüssel leer geworden war, so stellte sich gleich von selbst eine volle an ihren Platz. Der Wirt stand in einer Ecke und sah den Dingen zu; er wusste gar nicht, was er sagen sollte, dachte aber: ‚Einen solchen Koch könntest du in deiner Wirtschaft wohl brauchen.' Der Schreiner und seine Gesellschaft waren lustig bis in die späte Nacht, schließlich legten sie sich schlafen, und der junge Geselle ging auch zu Bett und stellte sein Wünschtischchen an die Wand. Dem Wirt aber ließen seine Gedanken keine Ruhe; es fiel ihm ein, dass in seiner Rumpelkammer ein altes Tischchen stände, das geradeso aussähe – das holte er ganz sachte herbei und vertauschte es mit dem Wünschtischchen. Am andern Morgen zahlte der Schreiner sein Schlafgeld, packte sein Tischchen auf, dachte gar nicht daran, dass er ein falsches hätte, und ging seiner Wege. Zu Mittag kam er bei seinem Vater an, der ihn mit großer Freude empfing. „Nun, mein lieber Sohn, was hast du gelernt?", sagte er zu ihm. „Vater, ich bin ein Schreiner geworden." – „Ein gutes Handwerk", erwiderte der Alte, „aber was hast du von deiner Wanderschaft mitgebracht?" – „Vater, das Beste, was ich mitgebracht habe, ist das Tischchen." Der Schneider betrachtete es von allen Seiten und sagte: „Daran hast du kein Meisterstück gemacht, das ist ein altes und schlechtes Tischchen." – „Aber es ist ein Tischchendeckdich", antwortete der Sohn, „wenn ich es hinstelle und sage ihm, es soll sich decken, so stehen gleich die schönsten Gerichte darauf und ein Wein dabei, der das Herz erfreut. Ladet nur alle Verwandte und Freunde ein, die sollen sich einmal laben und erquicken, denn das Tischchen macht sie alle satt." Als die Gesellschaft beisammen war, stellte er sein Tischchen mitten in die Stube und sprach ‚Tischchen, deck dich'. Aber das Tischchen regte sich nicht und blieb so leer wie ein anderer Tisch, der die Sprache nicht versteht. Da merkte der arme Geselle, dass ihm das Tischchen vertauscht war, und schämte sich, dass er wie ein Lügner dastand. Die Verwandten aber lachten ihn aus und mussten ungetrunken und ungegessen wieder heimwandern. Der Vater holte seine Lappen wieder herbei und schneiderte fort, der Sohn aber ging bei einem Meister in die Arbeit.

Der zweite Sohn war zu einem Müller gekommen und bei ihm in die Lehre gegangen. Als er seine Jahre herumhatte, sprach der Meister: „Weil du dich so wohl gehalten hast, so schenke ich dir einen Esel von einer besonderen Art; er zieht nicht am Wagen und trägt auch keine Säcke." – „Wozu ist er denn nütze?", fragte der junge Geselle. „Er speit Gold", antwortete der Müller. „Wenn du ihn auf ein Tuch stellst und sprichst ‚Bricklebrit', so speit dir das gute Tier Goldstücke aus, hinten und vorn." – „Das ist eine schöne Sache", sprach der Geselle, dankte dem Meister und zog in die Welt. Wenn er Gold nötig hatte, brauchte er nur zu seinem Esel ‚Bricklebrit' zu sagen, so regnete es Goldstücke, und er hatte weiter keine Mühe, als sie von der Erde aufzuheben. Wo er hinkam, war ihm das Beste gut genug, und je teurer, je lieber, denn er hatte immer einen vollen Beutel. Als er sich eine Zeitlang in der Welt umgesehen hatte, dachte er: ‚Du musst deinen Vater aufsuchen, wenn du mit dem Goldesel kommst, so wird er seinen Zorn vergessen und dich gut aufnehmen.' Es trug sich zu, dass er in dasselbe Wirtshaus geriet, in welchem seinem Bruder das Tischchen vertauscht worden war. Er führte seinen Esel an der Hand, und der Wirt wollte ihm das Tier abnehmen und anbinden, der junge Geselle aber sprach: „Gebt Euch keine Mühe, meinen Grauschimmel führe ich selbst in den Stall und binde ihn auch selbst an, denn ich muss wissen, wo er steht." Dem Wirt kam das wunderlich vor, und er meinte, einer, der seinen Esel selbst besorgen müsste, hätte nicht viel zu verzehren. Als aber der Fremde in die Tasche griff, zwei Goldstücke herausholte und sagte, er sollte nur etwas Gutes für ihn einkaufen, so machte er große Augen, lief und suchte das Beste, das er auftreiben konnte. Nach der Mahlzeit fragte der Gast, was er schuldig wäre; der Wirt wollte die doppelte Kreide nicht sparen und sagte, noch ein paar Goldstücke müsste er zulegen. Der Geselle griff in die Tasche, aber sein Gold war eben zu Ende. „Wartet einen Augenblick, Herr Wirt", sprach er, „ich will nur gehen und Gold holen", nahm aber das Tischtuch mit. Der Wirt wusste nicht, was das heißen sollte, war neugierig, schlich ihm nach, und da der Gast die Stalltüre zuriegelte, so guckte er durch ein Astloch. Der Fremde breitete unter dem Esel das Tuch aus, rief ‚Bricklebrit', und augenblicklich fing das Tier an, Gold zu speien von hinten und vorn, dass es ordentlich auf die Erde herabregnete. „Ei der tausend", sagte der Wirt. „da sind die Dukaten bald geprägt! So ein Geldbeutel ist nicht übel!“ Der Gast bezahlte seine Zeche und legte sich schlafen, der Wirt aber schlich in der Nacht hinab in den Stall, führte den Münzmeister weg und band einen anderen Esel an seine Stelle. Den folgenden Morgen in der Frühe zog der Geselle mit seinem Esel ab und meinte, er hätte seinen Goldesel. Mittags kam er bei seinem Vater an, der sich freute, als er ihn wiedersah und ihn gerne aufnahm. „Was ist aus dir geworden, mein Sohn?“, fragte der Alte. „Ein Müller, lieber Vater“, antwortete er. – „Was hast du von deiner Wanderschaft mitgebracht?“ – „Weiter nichts als einen Esel.“ – „Esel gibt’s hier genug“, sagte der Vater, „da wäre mir doch eine gute Ziege lieber gewesen.“ – „Ja“, antwortete der Sohn, „aber es ist kein gemeiner Esel, sondern ein Goldesel – wenn ich sage ‚Bricklebrit‘, so speit Euch das gute Tier ein ganzes Tuch voll Goldstücke. Lasst nur alle Verwandte herbeirufen, ich mache sie alle zu reichen Leuten.“ – „Das lass ich mir gefallen“, sagte der Schneider, „dann brauch ich mich mit der Nadel nicht weiter zu quälen“, sprang selbst fort und rief die Verwandten herbei. Sobald sie beisammen waren, hieß sie der Müller Platz machen, breitete sein Tuch aus und brachte den Esel in die Stube. „Jetzt gebt Acht“, sagte er und rief ‚Bricklebrit‘, aber es waren keine Goldstücke, was herabfiel, und es zeigte sich, dass das Tier nichts von der Kunst verstand, denn es bringt’s nicht jeder Esel so weit. Da machte der arme Müller ein langes Gesicht, sah, dass er betrogen war, und bat die Verwandten um Verzeihung, die so arm heimgingen, wie sie gekommen waren. Es blieb nichts übrig, der Alte musste wieder nach der Nadel greifen und der Junge sich bei einem Müller verdingen.

Der dritte Bruder war zu einem Drechsler in die Lehre gegangen, und weil es ein kunstreiches Handwerk ist, musste er am längsten lernen. Seine Brüder aber meldeten ihm in einem Brief, wie schlimm es ihnen ergangen wäre, und wie sie der Wirt noch am letzten Abend um ihre schönen Wünschdinge gebracht hätte. Als der Drechsler nun ausgelernt hatte und wandern sollte, so schenkte ihm sein Meister, weil er sich so wohl gehalten, einen Sack und sagte: „Es liegt ein Knüppel darin.“ – Den Sack kann ich umhängen, und er kann mir gute Dienste leisten, aber was soll der Knüppel darin? Der macht ihn nur schwer.“ – „Das will ich dir sagen“, antwortete der Meister, „hat dir jemand etwas zuleid getan, so sprich nur ‚Knüppel, aus dem Sack‘, so springt dir der Knüppel heraus unter die Leute und tanzt ihnen so lustig auf dem Rücken herum, dass sie sich acht Tage lang nicht regen und bewegen können; und eher lässt er nicht ab, als bis du sagst ‚Knüppel, in den Sack‘.“ Der Gesell dankte ihm, hing den Sack um, und wenn ihm jemand zu nahekam und auf den Leib wollte, so sprach er ‚Knüppel, aus dem Sack‘, alsbald sprang der Knüppel heraus und klopfte einem nach dem andern den Rock oder das Wams gleich auf dem Rücken aus und wartete nicht erst, bis er ihn ausgezogen hatte. Das ging so geschwind, dass, ehe sich's einer versah, die Reihe schon an ihm war. Der junge Drechsler langte zur Abendzeit in dem Wirtshaus an, wo seine Brüder betrogen worden waren. Er legte seinen Ranzen vor sich auf den Tisch und fing an zu erzählen, was er alles Merkwürdiges in der Welt gesehen habe. „Ja", sagte er, „man findet wohl ein Tischchendeckdich, einen Goldesel und dergleichen – lauter gute Dinge, die ich nicht verachte, aber das ist alles nichts gegen den Schatz, den ich mir erworben habe und mit mir da in meinem Sack führe." Der Wirt spitzte die Ohren. ‚Was in aller Welt mag das sein', dachte er. ‚Der Sack ist wohl mit lauter Edelsteinen angefüllt; den sollte ich billig auch noch haben, denn aller guten Dinge sind drei'. Als Schlafenszeit war, streckte sich der Gast auf die Bank und legte seinen Sack als Kopfkissen unter. Der Wirt, als er meinte, der Gast läge in tiefem Schlaf, ging herbei, rückte und zog ganz sachte und vorsichtig an dem Sack, ob er ihn vielleicht wegziehen und einen anderen unterlegen könnte. Der Drechsler aber hatte schon lange darauf gewartet. Wie nun der Wirt eben einen herzhaften Ruck tun wollte, rief er ‚Knüppel, aus dem Sack'. Alsbald fuhr das Knüppelchen heraus, dem Wirt auf den Leib und rieb ihm die Nähte, dass es eine Art hatte. Der Wirt schrie zum Erbarmen, aber je lauter er schrie, desto kräftiger schlug der Knüppel ihm den Takt dazu auf den Rücken, bis er endlich erschöpft zur Erde fiel. Da sprach der Drechsler: „Wenn du das Tischendeckdich und den Goldesel nicht wieder herausgibst, so soll der Tanz von neuem angehen." – „Ach nein", rief der Wirt ganz kleinlaut, „ich gebe alles gerne wieder her, lasst nur den verwünschten Kobold wieder in den Sack kriechen." Da sprach der Geselle. „Ich will Gnade für Recht ergehen lassen, aber hüte dich vor Schaden!" Dann rief er: „Knüppel, in den Sack!", und ließ ihn ruhen.

Der Drechsler zog am anderen Morgen mit dem Tischchendeckdich und dem Goldesel heim zu seinem Vater. Der Schneider freute sich, als er ihn wiedersah, und fragte auch ihn, was er in der Fremde gelernt hätte. „Lieber Vater", antwortete er, „ich bin ein Drechsler geworden." – „Ein kunstreiches Handwerk", sagte der Vater, „was hast du von deiner Wanderschaft mitgebracht?" – „Ein kostbares Stück, lieber Vater", antwortete der Sohn, „einen Knüppel in dem Sack." – „Was!", rief der Vater. „Einen Knüppel! Das ist der Mühe nicht wert! Den kannst du dir von jedem Baum abhauen." – „Aber einen solchen nicht, lieber Vater; sage ich ‚Knüppel, aus dem Sack', so springt der Knüppel heraus und macht mit dem, der es nicht gut mit mir meint, einen schlimmen Tanz und lässt nicht eher nach, bis er auf der Erde liegt und um gut Wetter bittet. Seht Ihr, mit diesem Knüppel habe ich das Tischchendeckdich und den Goldesel wieder herbeigeschafft, die der diebische Wirt meinen Brüdern abgenommen hatte. Jetzt lasst sie beide rufen und ladet alle Verwandte ein, ich will sie speisen und tränken und will ihnen die Taschen noch mit Gold füllen." Der alte Schneider wollte nicht recht trauen, brachte aber doch die Verwandten zusammen. Da deckte der Drechsler ein Tuch in die Stube, führte den Goldesel herein und sagte zu seinem Bruder: „Nun, lieber Bruder, sprich mit ihm." Der Müller sagte ‚Bricklebrit', und augenblicklich sprangen die Goldstücke auf das Tuch herab, als käme ein Platzregen, und der Esel hörte nicht eher auf, als bis sie alle so viel hatten, dass sie nicht mehr tragen konnten. (Ich sehe dir's an, du wärst auch gerne dabei gewesen.) Dann holte der Drechsler das Tischchen und sagte: „Lieber Bruder, nun sprich mit ihm." Kaum hatte der Schreiner ‚Tischchendeckdich' gesagt, so war es gedeckt und mit den schönsten Schüsseln reichlich besetzt. Da ward eine Mahlzeit gehalten, wie der gute Schneider noch keine in seinem Hause erlebt hatte, und die ganze Verwandtschaft blieb zusammen bis in die Nacht und waren alle lustig und vergnügt. Der Schneider verschloss Nadel und Zwirn, Elle und Bügeleisen in einen Schrank und lebte mit seinen drei Söhnen in Freude und Herrlichkeit.

Wo ist aber die Ziege hingekommen, die schuld war, dass der Schneider seine drei Söhne fortjagte? Das will ich dir sagen. Sie schämte sich, dass sie einen kahlen Kopf hatte, lief in eine Fuchshöhle und verkroch sich hinein. Als der Fuchs nach Haus kam, funkelten ihm ein paar Augen aus der Dunkelheit entgegen, dass er erschrak und wieder zurücklief. Der Bär begegnete ihm, und da der Fuchs ganz verstört aussah, so sprach er: „Was ist dir, Bruder Fuchs, was machst du für ein Gesicht?" – „Ach", antwortete der Rote, „ein grimmiges Tier sitzt in meiner Höhle und hat mich mit feurigen Augen angeglotzt." – „Das wollen wir bald austreiben", sprach der Bär, ging mit zu der Höhle und schaute hinein. Als er aber die feurigen Augen erblickte, wandelte ihn ebenfalls Furcht an – er wollte mit dem grimmigen Tier nichts zu tun haben und nahm Reißaus. Die Biene begegnete ihm, und da sie merkte, dass es ihm in seiner Haut nicht wohl zumute war, sprach sie: „Bär, du machst ja ein gewaltig verdrießliches Gesicht, wo ist deine Lustigkeit geblieben?" – „Du hast gut reden", antwortete der Bär, „es sitzt ein grimmiges Tier mit Glotzaugen in dem Hause des Roten, und wir können es nicht hinausjagen." Die Biene sprach: „Du dauerst mich, Bär; ich bin ein armes, schwaches Geschöpf, das ihr sonst nicht anguckt, aber ich glaube doch, dass ich euch helfen kann." Sie flog in die Fuchshöhle, setzte sich der Ziege auf den glatten, geschorenen Kopf und stach so gewaltig, dass sie aufsprang, ‚meh! meh!' schrie und wie toll in die Welt hineinlief. Niemand weiß auf diese Stunde, wo sie hingelaufen ist.

(*KHM: 36 – durch Eleonore Storch, Schwägerin des Henschel Firmengründers Georg Christian Carl Henschel, mitgeteilt.)

Das alte, reizvolle Kasseler Stadtbild wurde im Zweiten Weltkrieg fast vollständig vernichtet. Mit der Altstadt ging auch der erste Wohnsitz der Brüder Grimm, das *Märchenhaus* (1805-1814) in der Marktgasse, für immer verloren. Von ihrem Wohnsitz in der nördlichen Torwache am Brüder-Grimm-Platz ist trotz Kriegszerstörung immerhin die Außenfassade erhalten. Von 1814–1822 wohnten hier die Brüder Grimm mit ihrer Schwester Lotte in der geräumigen Wohnung im zweiten Stock; in dieser Zeit arbeiteten sie u. a. an der zweiten Auflage der *„Kinder- und Hausmärchen"* und an den *„Deutschen Sagen"*. Ein weiterer Wohnsitz der Brüder Grimm war das nach dem Krieg wieder aufgebaute Haus an der Schönen Aussicht 9.

Kassel war der Lebens- und Schaffensmittelpunkt von Jacob und Wilhelm Grimm sowie ihres Bruders Ludwig Emil Grimm, der 1832 eine Professur an der Kasseler Kunstakademie erhielt. In Kassel entstanden ihre weltberühmten *„Kinder- und Hausmärchen"*, die *„Deutschen Sagen"*, die Zeitschrift *„Altdeutsche Wälder"* sowie Jacob Grimms *„Deutsche Grammatik"* (Bände 1+2).

Wertvollstes Stück der Ausstellung in der *GRIMMWELT Kassel* sind die mit Anmerkungen versehenen Grimm'schen Handexemplare, die zum Weltdokumentenerbe der UNESCO gehören. In der *GRIMMWELT* Kassel werden nicht nur historische, mediale und zum Mitmachen gedachte Ausstellungsstücke der Märchen- und Sagenwelt gezeigt, sondern es stehen auch die umfangreichen sprachwissenschaftlichen Untersuchungen der Brüder Grimm im Fokus, zudem werden handgeschriebene Manuskripte, Porträts und Landschaftsbilder von Ludwig Emil Grimm, Möbel und persönliche Erinnerungsstücke der Familien Grimm und Hassenpflug präsentiert.

Die Brüder Grimm fanden ihre Märchen und Sagen übrigens nicht, wie oft angenommen, durch Besuche bei den Bewohnern in den Ortschaften der waldreichen Umgebung von Kassel, sondern in der Kasseler Altstadt selbst – quasi vor ihrer Haustür. Eine wichtige Quelle für die Brüder war in der Marktgasse die benachbarte Apothekerfamilie Wild (Frau Wild, Dortchen, Lisette, Marie Elisabeth und Gretchen Wild). Als mindestens ebenso wichtig erwies sich die Bekanntschaft mit der Familie Hassenpflug, deren Erzählungen zum größten Teil aus der französischen Märchentradition des 17. und 18. Jhs. stammten. Einmal in der Woche wurde bei den Brüdern Grimm in der Marktgasse ein literarisches Kränzchen abgehalten, bei dessen Gelegenheit u. a. Marie, Jeanette und Amalie Hassenpflug, Dortchen und Gretchen Wild Märchen und Sagen erzählten, welche die Brüder Grimm später aufschrieben. Man lernte einander immer besser kennen; im Jahre 1822 heiratete Lotte Grimm Ludwig Hassenpflug (1794–1862), den Sohn des späteren Regierungspräsidenten Johannes Hassenpflug. 1825 folgte die Vermählung von Henriette Dorothea Wild (1793–1867), Dortchen genannt, und Wilhelm

Grimm. Aus der Ehe gingen drei Kinder hervor. Ihr ältester Sohn Herman steuerte als Kind für die *„Kinder- und Hausmärchen“ Die Erbsenprobe* sowie eine Parallelfassung von *Der arme Müllerbursch und das Kätzchen* bei. Herman Grimm (1828–1901) wurde später in Berlin ebenfalls Professor für Neuere Kunstgeschichte *(„Das Leben Michelangelos“).* Er gab die Weimarer Ausgabe von Goethes Werken heraus und betreute nach dem Tod des Vaters und Onkels die Neuauflagen der Grimm'schen *„Kinder- und Hausmärchen“* sowie der *„Deutschen Sagen“.*

Auf die Familien Hassenpflug und Wild gehen mehr als ein Drittel der Märchen des ersten Bandes der *„Kinder- und Hausmärchen“* zurück. Über Julia und Charlotte Ramus, Töchter des französischen Stadtpredigers, lernten die Brüder Grimm Dorothea Viehmann (vgl. Baunatal) kennen. In der Vorrede zum zweiten Band von 1815 der *„Kinder- und Hausmärchen“* schreibt Wilhelm Grimm: „Einer jener guten Zufälle aber war die Bekanntschaft mit einer Bäuerin aus dem nah bei Cassel gelegenen Dorfe Zwehrn ...“ Bei der *„Bäuerin“* handelte es sich um die Ehefrau des Dorfschneiders von Niederzwehren, damals noch vor den Toren Kassels gelegen. Weit über dreißig Märchen des zweiten Bandes der *„Kinder- und Hausmärchen“* stammen von der Märchenfrau Dorothea Viehmann (1755–1815, vgl. Baunatal).

Das Schlösschen Schönfeld, ab 1813 in kurfürstlichem Besitz, war Treffpunkt jüngerer Romantiker um die von ihrem Mann getrennt lebende Kurfürstin Auguste, die Familie Brentano sowie die Brüder Grimm u. a. In Kassel wurden der zweite und dritte Band der Sammlung *„Des Knaben Wunderhorn“* von Clemens Brentano und Achim von Arnim abgeschlossen.

Die *Brüder Grimm-Gesellschaft*, die in Kassel ihren Sitz hat, sieht ihre Aufgabe in der vorurteilsfreien, kritischen Erforschung von Leben, Werk und Wirken von Jacob, Wilhelm und Ludwig Emil Grimm. Auf Antrag der *Brüder Grimm-Gesellschaft* wurden im Jahre 2005 die Kasseler Handexemplare der *„Kinder- und Hausmärchen“* mit den zahlreichen eigenhändigen Notizen und Ergänzungen von Jacob und Wilhelm Grimm zum UNESCO Weltdokumentenerbe erklärt.

Im Haus der Murhardschen Bibliothek der Universitätsbibliothek Kassel am Brüder-Grimm-Platz befindet sich in der Handschriftenabteilung eine Reihe bibliophiler Schätze, darunter eine 68-zeilige Abschrift des *„Hildebrandliedes“* aus dem 9. Jh., das die Brüder Grimm erstmalig editierten, die im 6. Jahrhundert in Italien entstandene Handschrift *„Vom Jüdischen Krieg“* von Flavius Josephus sowie die vollständige farbenprächtige *„Willehalm-Trilogie“* (Motive aus dem Leben des Grafen Wilhelm von Toulouse und den Sarazenenkämpfen).

Im Stadtteil Niederzwehren haben sich in und um den Märchenweg, unweit der auf einer Anhöhe gelegenen Pfarrkirche, einige gepflegte Fachwerkhäuser aus dem 18. und 19. Jh. erhalten, darunter im Märchenweg 11 ein schön restauriertes Fachwerkhaus, in dem die Familie Viehmann von 1787–1798 zur Miete wohnte. Eine Gedenktafel an dem kleinen Fachwerkhaus in der Brüder-Grimm-Str. 46 (1822 nach einem Brand neu errichtet), erinnert an D. Viehmann; die von 1798 bis zu ihrem Tod 1815 in dem Vorgängerbau wohnte. Ihre letzte Ruhestätte fand sie auf dem Niederzwehrener Kirchhof, woran ein Gedenkstein erinnert.

Im Haus einer Tante lernte der Pfarrer, Schriftsteller und Volkskundler Philipp Hoffmeister (1804–1874, „*Hessische Volksdichtung in Sagen und Märchen, Schwänken und Schnurren*") die Brüder Grimm kennen. Dieser Band, erst ein Jahr vor seiner Pensionierung im Jahre 1869 erschienen, enthält 268 Stücke. Von Hoffmeister stammen auch die beiden Schmalkaldener Märchen *Die Kornähre* (Nr. 194) sowie *Der Grabhügel* (Nr. 195), die die Brüder Grimm in leicht veränderter Form in die „*Kinder- und Hausmärchen*" aufnahmen.

In ihrem Sinne wirkte der 1823 in Kassel geborene und schon 1855 verstorbene Karl Lyncker. Seine erstmalig im Jahre 1854 erschienenen „*Deutschen Sagen und Sitten in hessischen Gauen*" sind eine, vorwiegend auf mündlichen Quellen fußende, Sammlung von Sagen und Gebräuchen. Mehrere Auflagen erlebte die weit verbreitete Sammlung „*Sagenkranz aus Hessen-Nassau ...*" (1889) des in Kassel lebenden Rektors Carl Heßler (1859–1930).

In der nordhessischen Metropole wirkten der Schriftsteller Paul Heidelbach (1870–1954, „*Kassel. Ein Jahrtausend hessischer Stadtkultur*"), der Mitherausgeber der Buchreihe „*Die Märchen der Weltliteratur*", der Volkskundler und Märchen- und Sagenforscher Paul Zaunert (1879–1959, „*Deutsche Märchen seit Grimm*", „*Hessen-Nassauische Sagen*").

In Kassel geboren wurden der Abenteurer und Schriftsteller Frédéric Armand Strubberg (1806–1889, „*An der Indianergrenze*"), die Schriftstellerin Malwida von Meysenbug (1816–1903, „*Memoiren einer Idealistin*"), der in der Nazizeit ausgebürgerte Schriftsteller und Historiker Kurt Kersten (1891–1962, „*Peter der Große*") sowie der Schriftsteller Manfred Hausmann (1898–1986, „*Abel mit der Mundharmonika*").

Zwischen 1928–1932 hielt sich der junge Samuel Beckett (1906–1989) wiederholt mehrere Monate in Kassel auf, wo seine erste große Liebe, seine Cousine Peggy Sinclair, wohnte. Literarisch verarbeitete er seine Kasseler Zeit in seinem Roman „*Traum von mehr bis minder schönen Frauen*".

Die literarisch bedeutendste Schaffenszeit des Schriftstellerpaares Christine Brückner (1921–1996) und Otto Heinrich Kühner (1921–1996) waren ihre

Kasseler Jahre. In ihrem Wohnhaus sind Brückners berühmte Nachkriegsromantrilogie „*Nirgendwo ist Poenichen*" sowie die humoristische Prosa und Lyrik Kühners (*Pummerer-Verse*) und viele andere Werke entstanden.

Kein geringerer als Johann Wolfgang von Goethe (1749–1832) setzte den Wasserspielen im Bergpark Wilhelmshöhe in seinem Faust II ein literarisches Denkmal:

Kaskadensturz, durch Fels zu Fels gepaart/Und Wasserstrahlen aller Art/ Ehrwürdig steigt es dort, doch an den Seiten/Da zischt's und pisst's in tausend Kleinigkeiten.

Die *Deutsche Märchenstraße e.V.*, eine der bedeutendsten deutschen Touristikrouten, der über sechzig Städte und Gemeinden von Hanau bis nach Bremen angehören, hat ihren zentralen Sitz in der Stadt Kassel.

Auf den Spuren der Brüder Grimm in Kassel:

GRIMMWELT Kassel, Brüder Grimm-Gesellschaft.
Wohnungen: Torwachtgebäude am Brüder-Grimm-Platz, vor dem etwas entfernt das Brüder-Grimm-Denkmal steht; das Haus Schöne Aussicht 9.
Wirkungsstätten: Fridericianum, Schloss Wilhelmshöhe. Schlösschen Schönfeld. Grabstätten: Gräber der Grimm-Mutter, der Grimm-Schwester Lotte sowie der ersten Frau von Ludwig Emil Grimm auf dem alten Friedhof an der Lutherkirche. Hauptfriedhof: Grab von Ludwig Emil Grimm, seiner zweiten Frau sowie von Carl Grimm.
Stadtteil Niederzwehren: Gedenkstein für Dorothea Viehmann auf dem Friedhof bei der Kirche, Wohnhäuser von D. Viehmann: Märchenweg 11 und Brüder-Grimm-Str. 46, Heimatverein Dorothea Viehmann.

NIESTE

Die Niester Riesen, der Sensenstein und der Sichelnstein (Georg Schambach/Wilhelm Müller)

Auf dem Sensenstein haben in früheren Zeiten Hünen gewohnt. Nun wollten andere Hünen, wohl vom Sichelnstein aus, den Turm der Burg in Stücke werfen und schleuderten deshalb eine Menge von Steinen gegen ihn. Dies sind die sogenannten *Hünensteine*, welche in dem Tal, worin ein kleiner Bach, die Nieste, fließt, sowie in der ganzen Escheröder Feldmark zahlreich umherliegen. Zum Teil sind sie in die Erde gesunken, zum Teil liegen sie auf der Oberfläche; auf einem von diesen sind die fünf Finger eines Riesen abgedruckt.

Die beiden Burgen Sensenstein und Sichelnstein haben durch einen Draht miteinander in Verbindung gestanden, wodurch sich die Raubritter, welche auf beiden Burgen hausten, ein Zeichen gaben, wenn es galt, einen Überfall auszuführen oder sich gegenseitig zu Hilfe zu kommen.

Wie der Teufel den Sensenstein zertrümmern wollte (Karl Sittig)

Die alte zerfallene Burg *Sichelnstein* ließ Otto der Quade in der Zeit von 1371–1372 neu aufbauen und befestigen, um im Sternerkrieg gegen den Landgrafen von Hessen ein passendes Einfallstor in das Hessenland zu besitzen. Als Trutzfeste errichtete der Landgraf von Hessen, dem Sichelnstein gegenüber, eine größere und festere Burg und nannte sie zum Hohn auf den Sichelnstein *Sensenstein*.

Diese Feste war Otto dem Quaden aber ein Dorn im Auge. Alle Angriffe gegen den Sensenstein waren erfolglos, und er fand kein Mittel zur Zerstörung der Burg.

Da rief er in seiner Verlegenheit den Teufel zu Hilfe und versprach ihm seine Seele, falls er den Sensenstein vernichte. Der Teufel riss nun einen unmenschlich großen Steinblock aus der Erde und schleuderte ihn auf den Sensenstein los, aber eine unsichtbare Hand hinderte ihn bei dem Wurf, sodass ihm der Stein aus der Hand glitt und im *Pfaffenstrauch* bei Nienhagen niederfiel, ohne den Sensenstein zu treffen. Mit einem grässlichen Fluch flog der Teufel davon, denn er merkte, dass der Sensenstein im Schutz Gottes stand. Er versuchte auch nie wieder, dem Sensenstein einen Schaden zuzufügen, denn er hatte sich selbst bei diesem Wurf arg verletzt.

Der Steinblock, den der Riese geworfen hatte, liegt bis auf den heutigen Tag noch immer im Pfaffenstrauch. Die fünf Fingerabdrücke des Teufels sind auch noch zu erkennen, und jedermann nennt ihn den *Teufelsstein*.

Niester Riese

KAUFUNGEN

Kaiserin Kunigunde
(Ferdinand Grimm)

Heinrich dem Zweiten wurde hinterbracht, seine Gemahlin, welcher er mit herzlicher Liebe zugetan war, pflege heimlichen Umgang mit einem hohen Ritter des Hofes.

Der Kaiser erschrak. Er ging zu seiner Gemahlin, sprach sie auf diese Gerüchte an und fügte noch manch bitteres Wort hinzu. Kunigunde, tief gekränkt durch seine Rede und stolz auf ihre Tugend, bestimmte eine Tagesstunde, wo sie ihre Unschuld beweisen könne.

Da nahm sie sieben glühende Pflugeisen mit bloßen Händen aus dem Feuerofen, legte diese vor den Kaiser, trat mit den Füßen darauf und sagte: „So wenig diese Gluteisen mich versehren, so wenig habe ich jemals die eheliche Treue verletzt." **

**Kunigunde bringt ihre Unschuld fein
Dass sie noch eine Jungfrau rein,
Durch Tragung glühender Pflugschar
Ohn all Leibes- und Lebensgefahr;
Dass jedermann groß Wunder nahm,
Ruhm und Ehr sie davon bekam.

Freudig umarmte der Kaiser Kunigunde, bat sie tausend Mal um Vergebung und bestrafte ihre Verleumder.

Man erzählte, der Teufel wäre in Gestalt eines Jünglings vor ihrer Schlafkammer erschienen und hätte so die Höflinge getäuscht.

Am Rande des Kaufunger Waldes lag auf einer Anhöhe über der Losse der Königshof *Coufunga*. Ab dem Jahre 1017 erfolgte nach einem Gelübde der Kaiserin Kunigunde, Gemahlin Heinrich II., der Umbau zu einem Benediktinerinnenkloster und der Bau einer Klosterkirche, der heutigen Stiftskirche.

Kunigunde, Tochter des Grafen Siegfried I. von Luxemburg, wirkte bei der Errichtung vieler Kirchen und Klöster mit und hatte einen entscheidenden Anteil bei der Gründung des Bistums Bamberg. Nach dem Tode ihres Gatten trat Kunigunde in das Kloster Kaufungen ein, wo sie 1033 starb. Kaiser Heinrich II. wurde 1146, seine Gattin Kunigunde im Jahre 1200 heiliggesprochen.

Die bekannteste Legende ist das Pflugscharwunder der Kaiserin Kunigunde mit der Abbitte Heinrich II. Diese Legende findet sich auch in den *„Deutschen Sagen"* (Nr. 482) der Brüder Grimm. Die vorliegende Fassung wurde von dem jüngeren Grimm-Bruder Ferdinand (Pseudonym Philipp von Steinau: *„Volkssagen der Deutschen"*, 1838) aufgezeichnet.

Kunigunde (nach Entwurf Karin Bohrmann-Roth)
und Kaufunger Stiftskirche

HELSA
Der Honighof und Frau Holle
(Carl Löwer)

Am Sandberg stand früher ein stolzer Bauernhof, auf dem die Sytzes schon lange Jahrhunderte saßen. Große Herden Schafe und Kühe weideten vom Hirschberg bis hinunter ins Herjesbachtal. Weil dort alles so gut gedieh, nannten die Leute den Hof *Honighof.*

Der letzte Bauer aber war ein stolzer Mann, der voll Hochmut auf die Glasmacher und Leineweber in Wickenrode hinabschaute. Besonders stolz war er auf seine fünf Söhne und seine Tochter. Da die Mutter schon früh gestorben war, führte das Mädchen den Haushalt. Der Bauer aber hatte verboten, einem Armen etwas zu schenken. „Jagt jeden mit den Hunden vom Hof", so rief er einst seinen Söhnen zu. Die lachten: „Vater, das wollen wir tun." Das Mädchen jedoch hatte ein weiches Herz, und als einst eine alte Frau um eine milde Gabe bat, holte es Essen und Trinken und schenkte ihr auch von ihrem ersparten Geld. „Das möge dir Gott danken", murmelte die Alte. Da kam der Bauer mit seinen Söhnen aus dem Wald. Als er die Frau sah, sprang er vom Pferd, lief zur Hundshütte und hetzte die Hunde an. Die aber liefen zu der Frau und leckten ihr die Hände. Da nahm der Bauer einen Knüppel und schrie vor Wut: „Euch allesamt soll der Teufel holen!"

In der Nacht aber schlug der Blitz in sein Haus. Am anderen Morgen lag der Hof in Asche. Der Bauer war mit seinen Söhnen und allem, was er hatte, verbrannt. Das Mädchen fand man unter einem Baume liegend. Neben ihr kniete eine fremde Frau. Als die Leute näherkamen, war sie verschwunden. Das Mädchen aber hatte Glück in allem, was es tat. Es heiratete einen Glasmacher und sah Kinder und Enkel in großer Zahl aufwachsen. Als es gestorben war, sahen zwei alte Leute eines Abends eine Frau an seinem Grab sitzen, doch als sie hinkamen, war sie verschwunden. Da fiel ihnen ein, dass sie diese Frau einst in der Brandnacht auf dem Honighof gesehen hatten und meinten, dass es die *Frau Holle* gewesen war.

Am 17. Dezember 1837 kehrten laut der Chronik von Helsa die drei des Landes verwiesenen Professoren Dahlmann, Gervinius und Jacob Grimm (vgl. Göttinger Sieben), mit einer großen Anzahl Studenten, in die Gaststätte Zum weißen Ross ein, seinerzeit das erste Haus am Platze – sie speisten des Abends und fuhren danach nach Kassel ab.

Verdienstvoll für die Regionalgeschichte ist die Arbeit der Heimatforscher Hauptlehrer Carl Löwer (1891–1968) in Wickenrode und Pfarrer Ernst Werner Magdanz (1912–1984) in Eschenstruth, die beide auch Sagen und Geschichten sammelten.

Der Honighof und Frau Holle

Frau-Holle-Teich

HESSISCH LICHTENAU

Frau-Holle-Teich
(Brüder Grimm*)

Auf dem hessischen Gebirge Meißner weisen mancherlei Dinge mit ihren bloßen Namen das Altertum aus, wie die *Teufelslöcher*, der *Schlachtrasen* und besonders der *Frau-Holle-Teich*. Dieser, an der Ecke einer Moorwiese gelegen, hat gegenwärtig nur vierzig bis fünfzig Fuß Durchmesser. Die ganze Wiese ist mit einem halb untergegangenen Steindamm eingefasst, und nicht selten sind Reiter auf ihrem Pferd versunken.

Von dieser Frau Holle erzählt das Volk vielerlei Gutes und Böses. Frauen, die zu ihr in den Brunnen steigen, macht sie gesund und fruchtbar; die neugeborenen Kinder stammen aus ihrem Brunnen, und sie trägt sie daraus hervor. Blumen, Obst, Kuchen, die sie unten im Teich hat, und das, was in ihrem unvergleichlichen Garten wächst, teilt sie denen aus, die ihr begegnen und zu gefallen wissen. Sie ist sehr ordentlich und hält auf guten Haushalt. Wenn es bei den Menschen schneit, klopft sie ihre Betten aus, davon die Flocken in der Luft fliegen. Faule Spinnerinnen straft sie, indem sie ihnen den Rocken besudelt, das Garn wirrt oder den Flachs anzündet. Jungen Frauen hingegen, die fleißig abspinnen, schenkt sie Spindeln und spinnt selber für sie über Nacht, dass die Spulen des Morgens voll sind. Faulenzerinnen zieht sie die Bettdecke ab und legt sie nackend aufs Steinpflaster. Fleißige, die schon frühmorgens Wasser in reingescheuerten Eimern zur Küche tragen, finden Silbergroschen darin.

Gern zieht sie Kinder in ihren Teich, die guten macht sie zu Glückskindern, die bösen zu Wechselbälgern. Jährlich geht sie im Land um und verleiht den Äckern Fruchtbarkeit, aber sie erschreckt auch die Leute, wenn sie, an der Spitze des Wütenden Heeres, durch den Wald fährt. Bald zeigt sie sich als eine schöne Weiße Frau in oder auf der Mitte des Teiches, bald ist sie unsichtbar, und man hört bloß aus der Tiefe ein Glockengeläut und finsteres Rauschen.

(* Deutsche Sagen)

Die Karpfenfänger
(Philipp Hoffmeister)

Es trieb einmal ein Bürger aus Lichtenau in großer Eile seinen Esel vor sich her, dem Städtchen zu, das er noch zu erreichen hoffte, ehe die Wetterwolken über seinem Haupt ihren Regen auf ihn herabgießen würden. Meister Langohr (der Esel) folgte den ermahnenden Stockschlägen seines Herrn, so gut die schwere Bürde, womit er beladen war, es ihm erlaubte. Das Missgeschick aber war nicht mehr abzuwenden, die Wolken öffneten ihren feuchten Schoß und sandten dicke Regentropfen zur lechzenden Erde nieder, immer dichter, immer schneller, bis zum heftigsten Platzregen. Der Esel senkte die Ohren, sein Herr zog den Filzhut tief ins Gesicht, klappte den Kragen seines Wamses auf, und beide trabten im Regen weiter. Schon waren sie nahe bei der Stadt, da, wo rechts neben der Straße ein Teich in den Wiesen liegt, als der Esel stehenblieb und jämmerlich zu stöhnen begann. Gleichzeitig stieg eine graue Rauchwolke von ihm auf, denn das arme Tier trug nämlich einen Sack mit ungelöschtem Kalk, und der Kalk war bei dem stark eindringenden Regen allmählich in Löschung übergegangen, was der Esel erst bemerkte, als die Hitze sein schon bei Lebzeiten hart gegerbtes Fell durchdrang. Sein Herr geriet darüber in große Not, und er wusste keinen Rat. Da fiel ihm just ein, dass es gegen Brand kein wirksameres Mittel als Wasser gebe. Er trieb also den Esel in den Teich und hatte nach einiger Zeit die Genugtuung, dass dieser wenigstens aufhörte zu stöhnen und zu jammern. Bald darauf legte sich das gemarterte Tier auf die Seite, streckte die Läufe aus und – war nicht mehr.

Nicht lange danach machten die Lichtenauer einen Fischzug in ihrem Teich. Das Netz war schwer, und sie meinten, es müsse wenigstens ein halbes Dutzend der schwersten Karpfen darin sein. Als sie aber das Netz ans Ufer zogen, fanden sie einen toten Esel. Seit diesem Fischzug heißen die Lichtenauer *Karpfenfänger.*

Am südlichen Ortsausgang des Lichtenauer Stadtteils Hollstein befinden sich die *Hollensteine*, drei Zechstein-Dolomitfelsen, deren Name sich als die *Steine der Frau Holle* deuten lässt. Von den Hollensteinen bietet sich bei gutem Wetter ein herrlicher Blick auf den *Hohen Meißner*, den König der hessischen Berge.

Etliche Märchen und Sagen sind um den Meißner entstanden und wurden von den Brüdern Grimm und anderen schriftlich festgehalten. Wenn zur Winterszeit die Schneeflocken vom Himmel fallen, dann heißt es am Meißner: „Frau Holle schüttelt ihre Betten." Auf dem Grunde des Frau-Holle-Teiches, dessen Glocken in stillen Abendstunden aus der Tiefe heraufklingen sollen, liegt das versunkene Schloss der Frau Holle. Altem Volksglauben zufolge kommen aus dem Wasser des *Frau-Holle-Teiches* die neugeborenen Kinder auf die Welt. Auf dem *Frau-Holle-Stuhl*, inmitten einer kleinen Feuchtwiese unterhalb der Hausener Hute gelegen, nimmt Frau Holle am zweiten Tag im Mai Platz und strählt ihr Goldhaar, so dass es wie Sonnenstrahlen glänzt.

Die Brüder Grimm haben sich eingehend mit der mythologischen Gestalt der Frau Holle (Holda) befasst und ihr in den *„Kinder- und Hausmärchen"* sowie in den *„Deutschen Sagen"* ein Denkmal gesetzt. Wilhelm Grimm reiste zwischen 1817–1821 vier Mal nach Hessisch Lichtenau zum Gut Glimmerode (im 20. Jh. abgerissen), wo sein Freund Otto von der Malsburg mit seiner Familie wohnte. Von dort aus besuchte er die Hollensteine, den *Frau-Holle-Teich* und die *Kalbe*. In seinem Tagebuch steht unter dem 22. Juli 1821 der Eintrag: *„Am Nachmittag zwischen prächtigen Buchen zu dem Frau-Holle-Teich."*

Jacob Grimm, der Holda (Frau Holle) in seiner *„Deutschen Mythologie"* mehrere Seiten widmet, besuchte im Jahre 1819 den Meißner, um sich in den Dörfern, allerdings vergeblich, nach vorhandenen Volkssagen zu erkundigen.

Im *HOLLEUM*, dem Frau-Holle-Museum, befindet sich eine Dauerausstellung über die Märchen- und Sagenwelt im Frau-Holle-Land sowie zu den Themenbereichen Meißnerwelt, Kräuterwelt, Frau Holle, Unterwelt – Mythen und Sagen.

Bartenwetzer und Rathaus

MELSUNGEN

Die Bartenwetzer
(Philipp Hoffmeister*)

Die jungen Burschen von Melsungen hatten einst den Müßiggang lieber gewonnen als das Arbeiten, und wenn sie nach dem Walde geschickt wurden, um Holz zu fällen, kam ihnen das gar sauer an. Sie behaupteten, die Äxte seien nicht scharf genug, man müsse sie erst wetzen. Auf der Brücke angekommen, welche über die Fulda nach dem Walde führt, setzten sie sich erst hin, oft zehn und zwölf beisammen, und plauderten von diesem und jenem, damit nur die Zeit hinginge. Wenn nun die Vorübergehenden fragten: „Was macht ihr denn hier?", so antworteten sie, „wir wetzen unsere Barten." Darum werden sie die *Bartenwetzer* genannt, und man sieht noch jetzt, wie das Brückengeländer an vielen Stellen ganz ausgehöhlt ist.

(*Mündlich)

Der Nachtwächter von Melsungen
(Philipp Hoffmeister*)

Im Herbst, wo es in Feld und Wiese gar mancherlei zu schaffen gibt, kann man es wohl auch einem Nachtwächter nicht verdenken, wenn er lieber schläft, als die Runde macht. So hatte denn einst der Nachtwächter von Melsungen des ganzen Tages Last und Hitze getragen und musste doch um zehn Uhr abends wieder auf den Beinen sein, weil ihn sein Amt dazu trieb. Es wurde also die zehnte Stunde in gewohnter Weise abgerufen, auch der Stadt Bestes nach allen Seiten hin gewahrt. Als er jedoch wieder nach Hause wollte, sah er auf dem Markt vor dem Wirtshaus zum Goldenen Löwen eine Kutsche stehen, die war ausgespannt und bot ein bequemes Plätzchen, um eine Stunde darin zu verträumen.

‚Du könntest dich hinsetzen', dachte der Nachtwächter, ‚so wärest du um elfe gleich bei der Hand und spartest den weiten Weg zu deiner Wohnung.' Ehe er sich's versah, saß er in dem Wagen und legte sein Horn neben sich. – Die Luft war so angenehm, die Polster und Kissen in der Chaise so weich, dass er sich's nicht besser wünschen konnte. Er schlief schon lange, ehe er es wollte, und schlief so fest, dass er nichts von allem hörte, was um ihn herum geschah. Denn kaum war ein Viertelstündchen vergangen, dass er sich's im Wagen bequem gemacht hatte, so spannte der Kutscher die Pferde vor und fuhr nach Kassel zu, das er gegen Morgen erreichen musste. Das Schaukeln des Wagens beförderte noch den sanften Schlaf des Nachtwächters, und die ganze Strecke hindurch störte nichts seinen Schlummer. Als man jedoch gegen drei Uhr nach Waldau kam, hielt der Kutscher vor der Schenke, um seine Pferde etwas ruhen zu lassen. Darüber erwachte nun der Nachtwächter, der in der Meinung, es möchte jetzt elf Uhr sein, schnell aus dem Wagen sprang, in sein Horn stieß und die Zeit abrief, wie es seines Amtes war. Das schallte so wunderbar durch die stille Nacht, dass die Waldauer aufschraken, der dortige Nachtwächter aber insbesonders nicht wusste, was das bedeuten solle, da er soeben dem Dorf den Morgen verkündet hatte. Er eilte also rasch und zornig herbei, und es dauerte lange, bis man sich verständigte und der Melsunger Nachtwächter endlich überzeugt war, wo er denn eigentlich sei.

Seit der Zeit hat er sich gehütet, jemals die Stunden wieder in einer leeren Kutsche zu verträumen, und konnte überhaupt von Glück sagen, dass er diesmal mit einem blauen Auge davongekommen war.

(*Mündlich)

MORSCHEN

Das Rangekorn

(Philipp Hoffmeister*)

In der Kirche zu Binsförth befanden sich unter dem Altar zwei Grabsteine in der Familiengruft der Herren von Wallenstein und von Baumbach. Einer stellte den geharnischten Ritter Ernst Balzer von Wallenstein** mit Schwert und Dolch dar, der andere dessen Gattin Katharine von Wallenstein geb. von Baumbach. Zu den Berechtigungen der einstigen Gutsbesitzer gehörte auch der Bezug des sogenannten *Rangekorn*, welches seinen Namen und Ursprung der Stärke des oben genannten Ritters Ernst Balzer von Wallenstein verdankt. Hierüber berichtet nachfolgende Sage:

Kloster Haydau

Am Hofe Landgrafs Wilhelm IV. zu Kassel erschien einst ein fremder Ritter, welcher durch seine Größe und Stärke Aufsehen erregte und so sehr mit seiner Kraft prahlte, dass es dem Fürsten zuletzt unangenehm wurde und er ihn zu demütigen beschloss. Als der Fremde wieder einmal bei Tafel behauptete, er sei der stärkste Mann im ganzen Land, forderte der Landgraf den durch seine Kraft bekannten Ritter von Wallenstein auf, sich mit dem Prahler im Ringkampf zu messen, und zwar ohne Anwendung von irgendeiner Waffe oder Rüstung. Zugleich versprach er demjenigen, der den Anderen bezwinge, eine jährliche Belohnung mit Korn. Balzer von Wallenstein nahm die Aufforderung an, stellte aber die Bedingung, dass, wenn einer von den Kämpfern tot auf dem Platz bliebe, der Sieger nicht bestraft werden dürfe. Die Bedingung wurde angenommen, Zeit und Ort festgelegt und unparteiische Kampfrichter bestellt.

Der Tag kam, die Ringer wurden untersucht und bei keinem etwas Verdächtiges an Waffen gefunden. Sie umfassten sich alsdann und rangen längere Zeit, ohne dass einer den Anderen zu Boden warf. Von Wallenstein, der ein Mann von untersetzter Statur war, merkte während des Ringens, dass sein Gegner wegen seiner Größe im Vorteil war und beschloss daher, diesen so lange in der Schwebe emporzuhalten, bis er ohnmächtig würde. Er umfasste ihn also in der Mitte, hob ihn von der Erde auf und drückte ihn so lange in dieser Stellung an sich, bis er merkte, dass seinem Gegner der Atem ausging. Daraufhin legte er ihn auf den Boden, aber dieser fing nicht wieder an zu atmen, sondern war und blieb tot.

Balzer von Wallenstein erhielt das jährliche Korndeputat, *Rangekorn* genannt, das später auch an die nachfolgenden Besitzer des Rittergutes Binsförth überging.

(*Mitgeteilt von Pfarrer Wessel)

(*heutzutage an der Außenwand der Kirchennordseite)

ROTENBURG an der Fulda

Die Rotenburger Bornschisser*
(Eberhard Michael Iba/ Friedrich Lucae/
Johann Justus Winkelmann)

Vor vielen hundert Jahren erhob sich auf dem Hausberg die stolze Burg Rodenberg der Herren von Trott. Nachdem jedoch die Burg nicht mehr bewohnt wurde, nistete sich dort eine Rotte schändlicher Landplacker ein, die die rechtschaffenen Bürger von Rotenburg durch Raub und Plünderungen quälten und bedrängten. Solch Plackereien wurde die Bürgerschaft überdrüssig und kundschaftete die Gewohnheiten der Räuber aus. Schließlich gelang es, diese durch eine unflätige Kriegslist zu vertreiben.

So wird erzählt, dass die Rotenburger sich mit einer ganz bestimmten Absicht auf Donnerbalken setzten, ihre Hosen herunterließen und ihr Geschäft verrichteten. Die Fäkalien sammelten sie in Fässern und kippten die stinkende Brühe in den außerhalb der Burg gelegenen Brunnen, wodurch das lebenswichtige Brunnenwasser verunreinigt wurde. Da suchten sich nun die Landplacker wüst schimpfend und laut fluchend ein anderes Quartier. Die Rotenburger aber waren die Spießgesellen los!

An dieses anrüchige Ereignis der listigen Rotenburger erinnert noch heutigentags ihr Spottname *Bornschisser* sowie die gegenüber dem Wildgehege im Schweinsgraben gelegene Quelle mit dem bezeichnenden Namen *Scheißborn*.

(*Nach einer wahren Begebenheit)

DIE ROTENBURGER BORNSCHISSER

Die Weiße junge Frau auf dem Hausberg
(Karl Lyncker**)

Nördlich von Rotenburg liegt der Hausberg, der auf seinem Gipfel die Trümmer einer Burg trägt; die Herren von Trott waren dort einst Burgmannen.

Eine Frau ging einst zwischen dem Gemäuer oben herum, als sie in einem Kellergewölbe eine Weiße Frau erblickte, die ihr freundlich winkte näherzutreten. Die Frau fasste sich ein Herz und stieg hinunter auf den Boden des Gewölbes, auf welchem viele dünn geschnittene Scheiben von gelben Rüben umherlagen. Die junge Frau machte ihr verständlich, dass sie davon nehmen möchte, soviel sie tragen könnte. Sie raffte also ihre Schürze voll, stieg ungehindert aus dem Gewölbe und kehrte nach Hause zurück, wo sie zu ihrer unbeschreiblichen Freude fand, dass die Rübenschnitte sämtlich in Gold verwandelt waren.

(**Mündlich)

*Die Sage *Die Rotenburger Bornschisser* beruht auf einer wahren Begebenheit. Quellen sind Johann Justus Winkelmann sowie vor allem der Oberpfarrer und Chronist Friedrich Lucae, 1644–1708, der die Geschichte Rotenburgs von der Stadtwerdung 1248 bis 1701 in seiner handschriftlichen Chronik „*Das edle Kleinod an der hessischen Landeskrone*“ (1701) festhielt.

BAD SOODEN-ALLENDORF

Die Goldmaria und die Pechmaria
(Ludwig Bechstein*)

Es war einmal eine Witwe, die hatte zwei Töchter, eine rechte Tochter und eine Stieftochter; beide hießen Maria. Die rechte Tochter war nicht gut und fromm, dagegen war die Stieftochter ein bescheidenes, sittiges Mädchen, das aber gar viele Kränkungen und Zurücksetzungen von Mutter und Schwester erdulden musste. Doch sie war stets freundlich, tat die Küchenarbeiten unverdrossen und weinte nur manchmal heimlich in ihrem Schlafkämmerlein, wenn sie von Mutter und Schwester so viel Unbilliges zu leiden hatte. Aber bald war sie dann allemal wieder heiter und frischen Mutes und sprach zu sich selbst: „Sei ruhig, der liebe Gott wird dir schon helfen.“ Dann tat sie fleißig ihre Arbeit und machte alles nett und sauber. Ihrer Mutter arbeitete sie immer nicht genug. Eines Tages sagte diese sogar: „Maria, ich kann dich nicht länger zu Hause behalten, du arbeitest wenig und isst viel, und deine Mutter hat dir kein Vermögen hinterlassen, auch dein Vater nicht, es ist alles mein, und ich kann und mag dich nicht länger ernähren, daher musst du ausgehen und dir einen Dienst bei einer Herrschaft suchen.“ Und sie buk von Asche und Milch einen Kuchen, füllte ein Krüglein mit Wasser, gab beides der armen Maria und schickte sie aus dem Haus.

Maria war sehr betrübt ob dieser Härte, doch schritt sie mutig durch die Felder und Wiesen und dachte: ‚Es wird dich schon jemand als Magd aufnehmen, und vielleicht sind fremde Menschen gütiger als die eigene Mutter.‘ Als sie Hunger fühlte, setzte sie sich ins Gras nieder, zog ihren Aschenkuchen hervor und trank aus ihrem Krüglein, und viele Vöglein flatterten herbei, pickten an ihrem Kuchen, und sie goss Wasser in ihre Hand und ließ die munteren Vöglein trinken. Da verwandelte sich unvermerkt ihr Aschenkuchen in eine Torte, ihr Wasser in köstlichen Wein.

Gestärkt und freudig zog die arme Maria weiter und kam, als es dunkel wurde, an ein seltsam gebautes Haus, davor waren zwei Tore, eins sah pechschwarz aus, das andere glänzte von purem Gold. Bescheiden ging Maria durch das minder schöne Tor in den Hof und klopfte an die Haustür. Ein Mann von schrecklich wildem Aussehen tat die Tür auf und fragte

Die Pechmaria und Die Goldmaria

barsch nach ihrem Begehren. Sie sprach zitternd: „Ich wollte nur fragen, ob Ihr nicht so gütig sein möchtet, mich über Nacht zu beherbergen." Und der Mann brummte: „Komm herein!" Sie folgte ihm und bebte noch mehr zusammen, als sie drinnen im Zimmer nichts weiter als Hunde und Katzen sah und deren abscheuliches Geheul hörte. Es war außer dem wilden Türschemann (so hieß dieser Mensch) niemand weiter in dem ganzen Hause. Nun brummte der Türschemann der Maria zu: „Bei wem willst du schlafen, bei mir oder den Hunden und Katzen?" Maria sprach: „Bei Hunden und Katzen." Da musste sie aber gerade neben ihm schlafen, und er gab ihr ein schönes weiches Bett, dass Maria ganz herrlich und ruhig schlief. Am Morgen brummte der Türschemann: „Mit wem willst du frühstücken, mit mir oder mit Hunden und Katzen?" Sie sprach: „Mit Hunden und Katzen." Da musste sie mit ihm Kaffee trinken und süßen Rahm. Wie Maria fortgehen wollte, brummte der Türschemann abermals: „Zu welchem Tor willst du hinaus, zum Goldtor oder zum Pechtor?" Und sie sprach: „Zum Pechtor." Da musste sie durchs goldene gehen, und wie sie durchging, saß Türschemann obendrauf und schüttelte so derb, dass das Tor erzitterte und dass Maria ganz von Gold überdeckt war, das von dem Goldtor auf sie herabfiel.

Nun ging sie wieder heim, und ins elterliche Haus eintretend kamen ihre Hühner, die sie sonst immer gefüttert hatte, ihr freudig entgegengeflogen und -gelaufen, und der Hahn schrie: „Kikeriki, da kommt die Goldmarie! Kikeriki!“ Und ihre Mutter kam die Treppe herunter und knickste so ehrfurchtsvoll vor der goldenen Dame, als wenn es eine Prinzessin wäre, die ihr die Ehre ihres Besuches schenkte. Aber Maria sprach: „Liebe Mutter, kennst du mich denn nicht mehr? Ich bin ja die Maria.“

Jetzt kam auch die Schwester ganz erstaunt und verwundert wie die Mutter und beide voll Neides; Maria musste erzählen, wie wunderbar es ihr ergangen, und wie sie zu dem Gold gekommen war.

Nun nahm sie ihre Mutter wohl auf und hielt sich auch besser wie zuvor, und Maria wurde von jedermann geehrt und geliebt. Bald fand sich auch ein braver junger Mann, der Maria als Gattin heimführte und glücklich mit ihr lebte.

Der andern Maria aber wuchs der Neid im Herzen, und sie beschloss, auch fortzugehen und übergoldet wiederzukommen. Ihre Mutter gab ihr süßen Kuchen und Wein mit auf die Reise, und wie Maria davon aß und Vöglein geflogen kamen, um auch mitzuschmausen, jagte sie dieselben ärgerlich fort. Ihr Kuchen aber verwandelte sich unvermerkt in Asche und ihr Wein in mattes Wasser. Am Abend kam Maria ebenfalls an Türschemanns Tor; sie ging stolz zu dem goldenen hinein und klopfte dann an die Haustüre. Wie Türschemann auftat und nach ihrem Begehren fragte, sagte sie schnippisch: „Nun, ich will hier übernachten.“ Und er brummte: „Komm herein!“ Dann fragte er auch sie: „Bei wem willst du schlafen, bei mir oder bei Hunden und Katzen?“ Sie sagte schnell: „Bei Euch, Herr Türschemann!“ Aber er führte sie in die Stube, wo Hunde und Katzen schliefen und schloss sie ein. Am Morgen war Marias Angesicht hässlich zerkratzt und zerbissen. Türschemann brummte wieder: „Mit wem willst du Kaffee trinken, mit mir oder mit Hunden und Katzen?“

„Ei, mit Euch,“ sagte sie und musste nun gerade wieder mit Katzen und Hunden trinken. Nun wollte sie fort. Türschemann brummte abermals: „Zu welchem Tor willst du hinaus, zum Goldtor oder zum Pechtor?“ Und sie sagte: „Zum Goldtor, das versteht sich!“ Aber dieses wurde sogleich verschlossen, und sie musste zum Pechtor hinaus, und Türschemann saß obendrauf, rüttelte und schüttelte, dass das Tor wackelte, und da fiel so viel Pech auf Maria herunter, dass sie über und über voll wurde.

Als nun Maria voll Wut ob ihres hässlichen Aussehens nach Hause kam, krähte der Gluckhahn ihr entgegen: „Kikeriki, da kommt die Pechmarie! Kikeriki!" Und ihre Mutter wandte sich voll Abscheu von ihr und konnte nun ihre hässliche Tochter nicht vor den Leuten sehen lassen, die hart gestraft blieb, darum, dass sie so auf Gold erpicht gewesen.

(* Nach mündlicher Überlieferung)

In Allendorf wurde der Fabeldichter und Satiriker Burkard Waldis (um 1490–1556/57) sowie der Verfasser des bekannten Kirchenliedes *Aus meines Herzens Grunde,* Georg Niege (1525–1588), geboren. Waldis war zunächst Franziskanermönch in Riga, bevor er dort 1524 zum evangelischen Glauben konvertierte. Später kehrte er in seine hessische Heimat zurück und wurde 1544 erster evangelischer Pfarrer in Abterode, wo er seinen *Esopus*, eine Sammlung von vierhundert Fabeln und Schwänken, fertigstellte.

Von Pfarrer Johannes Rhenanus (1528–1589) stammt ein über zweitausend Seiten umfassendes Werk über die Salzgewinnung aus dem Jahre 1568. Ein Faksimile ist im Salzmuseum im Söder Tor ausgestellt.

In der Gegend des Meißner gibt es bis heute eine reiche lebendige Erzähltradition um Frau Holle. Neben den Brüdern Grimm hat vor allem auch der Thüringer Sagen- und Märchensammler Ludwig Bechstein (1801–1860, „*Deutsches Sagenbuch*“, 1853) durch seine gelungene Märchenfassung von *Die Goldmaria und die Pechmaria („Deutsches Märchenbuch“, 1845)* das Bild der Frau Holle entscheidend mitgeprägt.

In Bad Sooden-Allendorf spielt das Märchen *Die Goldmaria und die Pechmaria* eine besondere Rolle, so auch zu Ostern während der alljährlichen Märchenwoche (Das reichhaltige Programm umfasst u. a. einen Märchenfestzug, Märchentheater, und es treten Märchenerzähler auf).

Beim Stadtteil Hilgershausen liegt der sagen- und märchenumwobene *Hohlstein*, eine Höhle, die mit dem Frau-Holle-Kult in Verbindung gebracht wird; der Hohlstein wird bereits 1267 urkundlich erwähnt. In seiner Sammlung „*Sagen aus Hessen und Nassau*“ bezeichnet Karl Wehrhan den Hohlstein als den Ort im Meißner, wo das Märchen von der *Goldmaria* und der *Pechmaria* spielen soll.

Das hübsche Ensemble von Linde und Brunnen vor dem Steintor in Bad Sooden-Allendorf erinnert an das von Wilhelm Müller gedichtete Lied *Am Brunnen vor dem Tore*; in der Vertonung von Franz Schubert ging es um die ganze Welt.

WITZENHAUSEN

Der Ludwigstein
(Brüder Grimm*)

Ein altes Schloss stand auf einem hohen runden Hügel am linken Ufer der Werra, von Witzenhausen eine Stunde. Davon wird erzählt, dass es von einem unsichtbaren geschwinden Baumeister durch Hilfe der schwarzen Kunst in einer Nacht erbaut worden sei, dessen Ebenbild mit ungeheurem Kopf und seltsamem Gesicht sich noch an einer Ecke des Hauses in Stein eingehauen finden soll.

Es wurde von 1414 von Ludwig dem Friedfertigen erbaut und das Holz im Walde gezimmert, hernach in einer Nacht aufgerichtet – gegen die von Hanstein.

(*Deutsche Sagen – Handschrift Jacob Grimm)

Schloss Berlepsch, Burg Hanstein
und Burg Ludwigstein

Der Wichtelstein bei Witzenhausen
(Karl Lyncker*)

Nahe vor Witzenhausen kommt man auf der Kasseler Straße rechts an einem Teich vorbei, dem gegenüber zur linken Seite ein zerklüfteter Kalksteinfelsen liegt, der *Wichtelstein* genannt. Die Wichtelmännchen gingen durch die Felsspalten ein und aus. Es waren kleine, den Menschen wohlwollende, dienstfertige Geschöpfchen, welche den Schnittern auf dem Feld und den Dreschern in der Scheune fleißig halfen, und wo sie waren, da war auch der Segen mit ihnen. Sie kehrten jedoch niemals wieder, sobald sie merkten, dass sie belauscht wurden. Die Löcher am Wichtelstein führten in einen unterirdischen Gang, welcher unter Fahrenbach fortlief und auf dem Bilstein endete. Hier hatten die Wichtelmännchen ihr Schloss.

In einer Nacht kamen sie zu vielen Tausenden aus dem Wichtelstein, zogen über die Werra weit weg in ein anderes Land und sind seitdem nicht wieder gesehen worden.

(*Mündlich)

Die wegen ihres Protestes am Verfassungsbruch des neuen hannoverschen Königs Ernst August aus ihren Ämtern entlassenen und aus Göttingen vertriebenen Professoren Dahlmann, Gervinius und Jacob Grimm kamen am 17. Dezember 1837 in die hessische Stadt Witzenhausen, wo sich an der Werrabrücke bei eisiger Kälte an die dreihundert Göttinger Studenten eingefunden hatten. Sie begrüßten ihre Professoren mit einem donnernden Hoch, spannten die Pferde von den Kutschen ab und zogen die beiden Fuhrwerke über die Brücke. Im Triumphzug wurden sie zum Rathaus geführt, wo eine eindrucksvolle Kundgebung stattfand. Im Gasthaus *Zur Krone* nahmen sie ein Mittagsmahl ein und übernachteten dort.

In einem Haus neben der alten Werrabrücke wohnte von seinem 8.–14. Lebensjahr der Schriftsteller Ernst Koch (1808–1858), der in seinem Roman *Prinz Rosa-Stramin* seine Schulzeit in *Lenzbach* (Witzenhausen) schildert.

In Witzenhausen wurde der Germanist Edward Schröder (1858–1942) geboren, Professor für deutsche Sprache und Literatur an der Universität Göttingen, der lange Jahre die Arbeit am *Grimm'schen Wörterbuch* leitete.

Der Lyriker Graf Karl von Berlepsch (1882–1955, „*Trinken will ich dein Gold*") versammelte in loser Folge einen Kreis bekannter Dichter auf Schloss Berlepsch.

Die Schlange und die Krone

MACKENRODE

Die Schlange und die Krone

(Torsten W. Müller)

Der Besitzer der Kronenmühle pflügte einst in der Nähe seiner Mühle. Plötzlich stieß er auf einen harten Gegenstand. Er bückte sich, und auf einmal kam eine leuchtende Krone zum Vorschein. Kaum hatte er die Krone ergriffen, als sich eine hässliche Schlange aus dem entstandenen Erdloch herausringelte. Entsetzt schwang sich der Müller auf sein Pferd, das ängstlich schnaufte, ritt davon, verfolgt von der zischenden Schlange. Er erreichte das Hoftor, schlug eilends hinter sich zu und zerschellte der Schlange den Kopf. Die Krone hielt er stets hoch in Ehren.

In einem benachbarten Waldtal sah sich der Besitzer der Kronenmühle plötzlich von einer großen Schlange verfolgt. Sie trug eine leuchtende Krone auf ihrem Kopf. Der Müller flüchtete in seine Wohnung und verschloss die Tür. Die Schlange aber legte die Krone vor der Schwelle nieder und verschwand im Wald. Der Müller verwahrte die Krone in seinem Haus.

Der Trommler

HEILBAD HEILIGENSTADT

Der Trommler
(Brüder Grimm*)

Eines Abends ging ein junger Trommler ganz allein auf dem Feld und kam an einen See, da sah er an dem Ufer drei Stückchen weiße Leinewand liegen. „Was für feines Leinen", sprach er und steckte eins davon in die Tasche. Er ging heim, dachte nicht weiter an seinen Fund und legte sich zu Bett. Als er eben einschlafen wollte, war es ihm, als nenne jemand seinen Namen. Er horchte und vernahm eine leise Stimme, die ihm zurief: „Trommler, Trommler, wach auf." Er konnte, da es finstere Nacht war, niemand sehen, aber es kam ihm vor, als schwebte eine Gestalt vor seinem Bett auf und ab. „Was willst du?", fragte er. „Gib mir mein Hemdchen zurück", antwortete die Stimme, „das du mir gestern Abend am See weggenommen hast." – „Du sollst es wiederhaben", sprach der Trommler, „wenn du mir sagst, wer du bist." – „Ach", erwiderte die Stimme, „ich bin die Tochter eines mächtigen Königs, aber ich bin in die Gewalt einer Hexe geraten und bin auf den Glasberg gebannt. Jeden Tag muss ich mich mit meinen zwei Schwestern im See baden, aber ohne mein Hemdchen kann ich nicht wieder fortfliegen. Meine Schwestern haben sich fortgemacht, ich aber habe zurückbleiben müssen. Ich bitte dich, gib mir mein Hemdchen wieder." – „Sei ruhig, armes Kind", sprach der Trommler, „ich will dir's gerne zurückgeben." Er holte es aus seiner Tasche und reichte es ihr in der Dunkelheit hin. Sie erfasste es hastig und wollte damit fort. „Weile einen Augenblick", sagte er, „vielleicht kann ich dir helfen." – „Helfen kannst du mir nur, wenn du auf den Glasberg steigst und mich aus der Gewalt der Hexe befreist. Aber zu dem Glasberg kommst du nicht, und wenn du auch ganz nahe daran wärst, so kannst du nicht hinauf." – „Was ich will, das kann ich", sagte der Trommler, „ich habe Mitleid mit dir, und ich fürchte mich vor nichts. Aber ich weiß den Weg nicht, der nach dem Glasberg führt." – „Der Weg geht durch den großen Wald, in dem die Menschenfresser hausen", antwortete sie, mehr darf ich dir nicht sagen." Darauf hörte er, wie sie fortschwirrte.

Bei Anbruch des Tags machte sich der Trommler auf, hing seine Trommel um und ging ohne Furcht geradezu in den Wald hinein. Als er ein Weilchen gegangen war und keinen Riesen erblickte, so dachte er: ‚Ich muss die Langschläfer aufwecken', hing die Trommel vor und schlug einen Wirbel, dass die Vögel aus den Bäumen mit Geschrei aufflogen. Nicht lange, so erhob sich auch ein Riese in die Höhe, der im Gras gelegen und geschlafen hatte, der war so groß wie eine Tanne. „Du Wicht", rief er ihm zu, „was trommelst du hier und weckst mich aus dem besten Schlaf?" – „Ich trommle", antwortete er, „weil viele Tausende hinter mir herkommen, damit sie den Weg wissen." – „Was wollen die hier in meinem Wald?", fragte der Riese. „Sie wollen dir den Garaus machen und den Wald von einem Ungetüm, wie du bist, säubern." – „Oho", sagte der Riese, „ich trete euch wie Ameisen tot." – „Meinst du, du könntest gegen sie etwas ausrichten?", sprach der Trommler. „Wenn du dich bückst, um einen zu packen, so springt er fort und versteckt sich; wie du dich aber niederlegst und schläfst, so kommen sie aus allen Gebüschen herbei und kriechen an dir hinauf. Jeder hat einen Hammer von Stahl am Gürtel stecken, damit schlagen sie dir den Schädel ein." Der Riese ward verdrießlich und dachte: ‚Wenn ich mich mit dem listigen Volk befasse, so könnte es doch zu meinem Schaden ausschlagen. Wölfen und Bären drücke ich die Gürtel zusammen, aber vor den Erdwürmern kann ich mich nicht schützen.' „Hör, kleiner Kerl", sprach er, „zieh wieder ab, ich verspreche dir, dass ich dich und deine Gesellen in Zukunft in Ruhe lassen will, und hast du noch einen Wunsch, so sag's mir, ich will dir wohl etwas zu Gefallen tun." – „Du hast lange Beine", sprach der Trommler, „und kannst schneller laufen als ich; trag mich zum Glasberg, so will ich den Meinigen ein Zeichen zum Rückzug geben, und sie sollen dich diesmal in Ruhe lassen." – „Komm her, Wurm", sprach der Riese, „setz dich auf meine Schulter, ich will dich tragen, wohin du verlangst." Der Riese hob ihn hinauf, und der Trommler fing oben an, nach Herzenslust auf der Trommel zu wirbeln. Der Riese dachte: ‚Das wird das Zeichen sein, dass das andere Volk zurückgehen soll.' Nach einer Weile stand ein zweiter Riese am Weg, der nahm den Trommler dem ersten ab und steckte ihn in sein Knopfloch. Der Trommler fasste den Knopf, der wie eine Schüssel groß war, hielt sich daran und schaute ganz lustig umher. Dann kamen sie zu einem dritten, der nahm ihn aus dem Knopfloch und setzte ihn auf den Rand seines Hutes. Da ging der Trommler oben auf und ab und sah über die Bäume hinaus, und als er in blauer Ferne einen Berg erblickte, da dachte er: ‚Das ist gewiss der Glasberg', und er war es auch. Der Riese tat nur noch ein paar Schritte, so waren sie an dem Fuß des Berges angelangt, wo ihn der Riese absetzte. Der Trommler verlangte, er sollte ihn auch auf die Spitze des Glasberges tragen, aber der Riese schüttelte mit dem Kopf, brummte etwas in den Bart und ging in den Wald zurück.

Nun stand der arme Trommler vor dem Berg, der so hoch war, als wenn drei Berge aufeinandergesetzt wären, und dabei so glatt wie ein Spiegel, und wusste keinen Rat um hinaufzukommen. Er fing an zu klettern, aber vergeblich, er rutschte immer wieder herab. ‚Wer jetzt ein Vogel wäre', dachte er, aber was half das Wünschen, es wuchsen ihm keine Flügel. Indem er so stand und sich nicht zu helfen wusste, erblickte er nicht weit von sich zwei Männer, die heftig miteinander stritten. Er ging auf sie zu und sah, dass sie wegen eines Sattels uneins waren, der vor ihnen auf der Erde lag und den jeder von ihnen haben wollte. „Was seid ihr für Narren", sprach er, „zankt euch um einen Sattel und habt kein Pferd dazu." – „Der Sattel ist wert, dass man darum streitet", antwortete der eine von den Männern, „wer drauf sitzt und wünscht sich irgendwohin, und wär's ans Ende der Welt, der ist im Augenblick angelangt, wie er den Wunsch ausgesprochen hat. Der Sattel gehört uns gemeinschaftlich, die Reihe, darauf zu reiten, ist an mir, aber der andere will es nicht zulassen." – „Den Streit will ich bald austragen", sagte der Trommler, ging eine Strecke weit und steckte einen weißen Stab in die Erde. Dann kam er zurück und sprach: „Jetzt lauft nach dem Ziel, wer zuerst dort ist, der reitet zuerst." Beide setzten sich in Trab, aber kaum waren sie ein paar Schritte weg, so schwang sich der Trommler auf den Sattel und wünschte sich auf den Glasberg, und ehe man die Hand umdrehte, war er dort. Auf dem Berg oben war eine Ebene, da stand ein altes steinernes Haus, und vor dem Haus lag ein großer Fischteich, dahinter aber ein finsterer Wald. Menschen und Tiere sah er nicht, es war alles still, nur der Wind raschelte in den Bäumen, und die Wolken zogen ganz nah über seinem Haupt weg. Er trat an die Tür und klopfte an. Als er zum dritten Mal geklopft hatte, öffnete eine Alte mit braunem Gesicht und roten Augen die Tür; sie hatte eine Brille auf ihrer langen Nase und sah ihn scharf an, dann fragte sie, was sein Begehren wäre. „Einlass, Kost und Nachtlager", antwortete der Trommler. „Das sollst du haben", sagte die Alte, „wenn du dafür drei Arbeiten verrichten willst." – „Warum nicht?", antwortete er, „ich scheue keine Arbeit, und wenn sie noch so schwer ist." Die Alte ließ ihn ein, gab ihm Essen und abends ein gutes Bett. Am Morgen, als er ausgeschlafen hatte, nahm die Alte einen Fingerhut von ihrem dürren Finger, reichte ihn dem Trommler hin und sagte. „Jetzt geh an die Arbeit und schöpfe den Teich draußen mit diesem Fingerhut aus, aber ehe es Nacht wird, musst du fertig sein, und alle Fische, die in dem Wasser sind, müssen nach ihrer Art und Größe ausgesucht und nebeneinandergelegt sein." – „Das ist eine seltsame Arbeit," sagte der Trommler, ging aber zu dem Teich und fing an zu schöpfen. Er schöpfte den ganzen Morgen, aber was kann man mit einem Fingerhut bei einem großen Wasser ausrichten, und wenn man tausend Jahre schöpft. Als es Mittag war, dachte er: ‚Es ist alles umsonst und ist einerlei, ob ich arbeite oder nicht', hielt ein und setzte sich nieder. Da kam ein Mädchen aus dem Haus gegangen, stellte ihm ein Körbchen mit Essen hin und sprach: „Du sitzest da so traurig, was fehlt dir?“ Er blickte es an und sah, dass es wunderschön war. „Ach“, sagte er, „ich kann die erste Arbeit nicht vollbringen, wie wird es mit den andern werden? Ich bin ausgegangen, eine Königstochter zu suchen, die hier wohnen soll, aber ich habe sie nicht gefunden; ich will weitergehen.“ – „Bleib hier“, sagte das Mädchen, „ich will dir aus deiner Not helfen. Du bist müde, lege deinen Kopf in meinen Schoß und schlaf. Wenn du wieder aufwachst, so ist die Arbeit getan.“ Der Trommler ließ sich das nicht zwei Mal sagen. Sobald ihm die Augen zufielen, drehte sie einen Wunschring und sprach: „Wasser herauf, Fische heraus.“ Alsbald stieg das Wasser wie ein weißer Nebel in die Höhe und zog mit den anderen Wolken fort, und die Fische schnalzten, sprangen ans Ufer und legten sich nebeneinander, jeder nach seiner Größe und Art. Als der Trommler erwachte, sah er mit Erstaunen, dass alles vollbracht war. Aber das Mädchen sprach: „Einer von den Fischen liegt nicht bei seinesgleichen, sondern ganz allein. Wenn die Alte heute Abend kommt und sieht, dass alles geschehen ist, was sie verlangt hat, so wird sie fragen: ‚Was soll dieser Fisch allein?‘ Dann wirf ihr den Fisch ins Gesicht und sprich: ‚Der soll für dich sein, alte Hexe.‘“ Abends kam die Alte und als sie die Frage getan hatte, so warf er ihr den Fisch ins Gesicht. Sie stellte sich, als merkte sie es nicht und schwieg still, aber sie blickte ihn mit boshaften Augen an. Am andern Morgen sprach sie: „Gestern hast du es zu leicht gehabt, ich muss dir schwerere Arbeit geben. Heute musst du den ganzen Wald umhauen, das Holz in Scheite spalten und in Klaftern legen, und am Abend muss alles fertig sein.“ Sie gab ihm eine Axt, einen Schläger und zwei Keile. Aber die Axt war von Blei, der Schläger und die Keile waren von Blech. Als er anfing zu hauen, so legte sich die Axt um, und Schläger und Keile drückten sich zusammen. Er wusste sich nicht zu helfen, aber mittags kam das Mädchen wieder mit dem Essen und tröstete ihn. „Lege deinen Kopf in meinen Schoß“, sagte sie, „und schlaf. Wenn du wieder aufwachst, so ist die Arbeit getan.“ Sie drehte ihren Wunschring, in dem Augenblick sank der ganze Wald mit Krachen zusammen, das Holz spaltete sich von selbst und legte sich in Klaftern zusammen; es war, als ob unsichtbare Riesen die Arbeit vollbrächten. Als er aufwachte, sagte das Mädchen: „Siehst du, das Holz ist geklaftert und gelegt; nur ein einziger Ast ist übrig, aber wenn die Alte heute Abend kommt und fragt, was der Ast solle, so gib ihr damit einen Schlag und sprich: ‚Der soll für dich sein, du Hexe.‘“ Die Alte kam: „Siehst du“, sprach sie, „wie leicht die Arbeit war, aber für wen liegt der Ast noch da?“ – „Für dich, du Hexe“, antwortete er und gab ihr einen Schlag damit, aber sie tat, als fühlte sie es nicht, lachte höhnisch und sprach: „Morgen früh sollst du alles Holz auf einen Haufen legen, es anzünden und verbrennen.“

Er stand mit Anbruch des Tages auf und fing an, das Holz herbeizuholen, aber wie kann ein einziger Mensch einen ganzen Wald zusammentragen? Die Arbeit rückte nicht fort, doch das Mädchen verließ ihn nicht in der Not; es brachte ihm mittags seine Speise, und als er gegessen hatte, legte er seinen Kopf in den Schoß und schlief ein. Bei seinem Erwachen brannte der ganze Holzstoß in einer ungeheuren Flamme, die ihre Zungen bis in den Himmel ausstreckte. „Hör mich an", sprach das Mädchen, „wenn die Hexe kommt, wird sie dir allerlei auftragen – tust du ohne Furcht, was sie verlangt, so kann sie dir nichts anhaben; fürchtest du dich aber, so packt dich das Feuer und verzehrt dich. Zuletzt, wenn du alles getan hast, so packe sie mit beiden Händen und wirf sie mitten in die Glut." Das Mädchen ging fort, und die Alte kam herangeschlichen. „Hu!, mich friert", sagte sie, „aber das ist ein Feuer, das brennt, das wärmt mir die alten Knochen, da wird mir wohl. Aber dort liegt ein Klotz, der will nicht brennen, den hol mir heraus. Hast du das noch getan, so bist du frei und kannst ziehen, wohin du willst. Nur munter hinein." Der Trommler besann sich nicht lange, sprang mitten in die Flammen, aber sie taten ihm nichts, nicht einmal die Haare konnten sie ihm versengen. Er trug den Klotz heraus und legte ihn hin. Kaum aber hatte das Holz die Erde berührt, so verwandelte es sich, und das schöne Mädchen stand vor ihm, das ihm in der Not geholfen hatte. An den seidenen, goldglänzenden Kleidern, die es anhatte, merkte er wohl, dass es die Königstochter war. Aber die Alte lachte giftig und sprach: „Du meinst, du hättest sie, aber du hast sie noch nicht." Eben wollte sie auf das Mädchen losgehen und es fortziehen, da packte er die Alte mit beiden Händen, hob sie in die Höhe und warf sie den Flammen in den Rachen, die über ihr zusammenschlugen, als freuten sie sich, dass sie eine Hexe verzehren sollten.

Die Königstochter blickte darauf den Trommler an, und als sie sah, dass es ein schöner Jüngling war und bedachte, dass er sein Leben darangesetzt hatte, um sie zu erlösen, so reichte sie ihm die Hand und sprach: „Du hast alles für mich gewagt, aber ich will auch für dich alles tun. Versprichst du mir deine Treue, so sollst du mein Gemahl werden. An Reichtümern fehlt es uns nicht, wir haben genug an dem, was die Hexe hier zusammengetragen hat." Sie führte ihn in das Haus; da standen Kisten und Kasten, die mit ihren Schätzen angefüllt waren. Sie ließen Gold und Silber liegen und nahmen nur die Edelsteine. Sie wollten nicht länger auf dem Glasberg bleiben; da sprach er zu ihr: „Setz dich zu mir auf meinen Sattel, so fliegen wir hinab wie Vögel." – „Der alte Sattel gefällt mir nicht", sagte sie, „ich brauche nur an meinem Wunschring zu drehen, so sind wir zu Haus." – „Wohlan", antwortete der Trommler, „so wünsch uns vor das Stadttor." Im Nu waren sie dort; der Trommler aber sprach: „Ich will erst zu meinen Eltern gehen und ihnen Nachricht geben, harre mein hier auf dem Feld, ich will bald zurück sein." – „Ach", sagte die Königstochter, „ich bitte dich, nimm dich in Acht, küsse deine Eltern bei deiner Ankunft nicht auf die rechte Wange, denn sonst wirst du alles vergessen, und ich bleibe hier allein und verlassen auf dem Feld zurück." – „Wie kann ich dich vergessen?", sagte er und versprach ihr in die Hand, recht bald wiederzukommen. Als er in sein väterliches Haus trat, wusste niemand, wer er war, so hatte er sich verändert, denn die drei Tage, die er auf dem Glasberg zugebracht hatte, waren drei lange Jahre gewesen. Da gab er sich zu erkennen, und seine Eltern fielen ihm vor Freude um den Hals, und er war so bewegt in seinem Herzen, dass er sie auf beiden Wangen küsste und an die Worte des Mädchens nicht dachte. Wie er ihnen aber den Kuss auf die rechte Wange gegeben hatte, verschwand ihm jeder Gedanke an die Königstochter. Er leerte seine Taschen aus und legte Händevoll der größten Edelsteine auf den Tisch. Die Eltern wussten gar nicht, was sie mit dem Reichtum anfangen sollten. Da baute der Vater ein prächtiges Schloss, von Gärten, Wäldern und Wiesen umgeben, als wenn ein Fürst darin wohnen sollte, und als er fertig war, sagte die Mutter: „Ich habe ein Mädchen für dich ausgesucht, in drei Tagen soll Hochzeit sein." Der Sohn war mit allem zufrieden, was die Eltern wollten.

Die arme Königstochter hatte lange vor der Stadt gestanden und auf die Rückkehr des Jünglings gewartet. Als es Abend war, sprach sie: „Gewiss hat er seine Eltern auf die rechte Wange geküsst und hat mich vergessen." Ihr Herz war voll Trauer, sie wünschte sich in ein einsames Waldhäuschen und wollte nicht wieder an den Hof ihres Vaters zurück. Jeden Abend ging sie in die Stadt und ging an seinem Haus vorüber. Er sah sie manchmal, aber er kannte sie nicht mehr. Schließlich hörte sie, wie die Leute sagten: „Morgen wird seine Hochzeit gefeiert." Da sprach sie: „Ich will versuchen, ob ich sein Herz wiedergewinne." Als der erste Hochzeitstag gefeiert ward, da drehte sie ihren Wunschring und sprach: „Ein Kleid, so glänzend wie die Sonne." Alsbald lag das Kleid vor ihr und war so glänzend, als wenn es aus lauter Sonnenstrahlen gewebt wäre. Als alle Gäste sich versammelt hatten, trat sie in den Saal. Jedermann wunderte sich über das schöne Kleid, am meisten die Braut, und da schöne Kleider ihre größte Lust waren, so ging sie zu der Fremden und fragte, ob sie es ihr verkaufen wollte. „Für Geld nicht", antwortete sie, „aber wenn ich die erste Nacht vor der Tür verweilen darf, wo der Bräutigam schläft, so will ich es hingeben." Die Braut konnte ihr Verlangen nicht bezwingen und willigte ein, aber sie mischte dem Bräutigam einen Schlaftrunk in seinen Nachtwein, wovon er in einen tiefen Schlaf verfiel. Als nun alles still geworden war, so kauerte sich die Königstochter vor die Tür der Schlafkammer, öffnete sie ein wenig und rief hinein:

„Trommler, Trommler, hör mich an,
Hast du mich denn ganz vergessen?
Hast du auf dem Glasberg nicht bei mir gesessen?
Habe ich vor der Hexe nicht bewahrt dein Leben?
Hast du mir auf Treue nicht die Hand gegeben?
Trommler, Trommler, hör mich an."

Aber es war alles vergeblich, der Trommler wachte nicht auf, und als der Morgen anbrach, musste die Königstochter unverrichteter Dinge wieder fortgehen.

Am zweiten Abend drehte sie ihren Wunschring und sprach: „Ein Kleid so silbern als der Mond." Als sie mit dem Kleid, das so zart war wie der Mondschein, bei dem Fest erschien, erregte sie wieder das Verlangen der Braut und gab es ihr für die Erlaubnis, auch die zweite Nacht vor der Tür der Schlafkammer zubringen zu dürfen. Da rief sie in nächtlicher Stille:

„Trommler, Trommler, hör mich an,
Hast du mich denn ganz vergessen?
Hast du auf dem Glasberg nicht bei mir gesessen?
Habe ich vor der Hexe nicht bewahrt dein Leben?
Hast du mir auf Treue nicht die Hand gegeben?
Trommler, Trommler, hör mich an."

Aber der Trommler, von dem Schlaftrunk betäubt, war nicht zu erwecken. Traurig ging sie den Morgen wieder zurück in ihr Waldhaus. Aber die Leute im Haus hatten die Klage des fremden Mädchens gehört und erzählten dem Bräutigam davon. Sie sagten ihm auch, dass es ihm nicht möglich gewesen wäre, etwas davon zu vernehmen, weil sie ihm einen Schlaftrunk in den Wein geschüttet hätten.

Am dritten Abend drehte die Königstochter den Wunschring und sprach: „Ein Kleid, flimmernd wie Sterne." Als sie sich darin auf dem Fest zeigte, war die Braut über die Pracht des Kleides, das die andern weit übertraf, ganz außer sich und sprach: „Ich soll und muss es haben." Das Mädchen gab es, wie die andern, für die Erlaubnis, die Nacht vor der Tür des Bräutigams zuzubringen. Der Bräutigam aber trank den Wein nicht, der ihm vor dem Schlafengehen gereicht wurde, sondern goss ihn hinter das Bett, und als alles im Haus still geworden war, so hörte er eine sanfte Stimme, die ihn anrief:

„Trommler, Trommler, hör mich an,
Hast du mich denn ganz vergessen?

Hast du auf dem Glasberg nicht bei mir gesessen?
Habe ich vor der Hexe nicht bewahrt dein Leben?
Hast du mir auf Treue nicht die Hand gegeben?
Trommler, Trommler, hör mich an."

Plötzlich kam ihm das Gedächtnis wieder. „Ach", rief er, „wie habe ich so treulos handeln können, aber der Kuss, den ich meinen Eltern in der Freude meines Herzens auf die rechte Wange gegeben habe, der ist schuld daran, der hat mich betäubt." Er sprang auf, nahm die Königstochter bei der Hand und führte sie zu dem Bett seiner Eltern. „Das ist meine rechte Braut", sprach er, „wenn ich die andere heirate, so tue ich großes Unrecht." Die Eltern, als sie hörten, wie alles sich zugetragen hatte, willigten ein. Da wurden die Lichter im Saal wieder angezündet, Pauken und Trompeten herbeigeholt, die Freunde und Verwandten eingeladen, wiederzukommen, und die wahre Hochzeit ward mit großer Freude gefeiert. Die erste Braut behielt die schönen Kleider zur Entschädigung und gab sich zufrieden.

(*KHM: 193: Von Karl Goedecke, am 15.12.1838 an Jacob Grimm geschickt. Laut Goedecke stammt dieses Märchen von seiner Tante in Delligsen bei Alfeld, wo sie es von dem Eichsfelder Lumpensammler Steffen gehört hat.)
Dieses Märchen stammt aus dem Eichsfeld, es wurde Heiligenstadt, dem historischen Zentrum des Eichsfelds, zugeordnet.

Der bedeutende deutsche Bildschnitzer und Bildhauer Tilman Riemenschneider (um 1460–1531) wurde in Heiligenstadt in der Klausmühle geboren.

Wenige Monate nach ihrer Amtsenthebung (vgl. Göttingen) trafen sich am 20.4.1838 Jacob und Wilhelm Grimm mit Familienangehörigen „außer Landes“ im preußischen Heiligenstadt zu Vorgesprächen über die Herausgabe eines „*Deutschen Wörterbuchs*“. Jacob und Ludwig Emil Grimm reisten aus Kassel, Jacob mit Ehefrau Dortchen aus Göttingen an.

Drei Märchen haben die Brüder Grimm aus dem Eichsfeld ermittelt, und zwar das Märchen *Der Trommler* (KHM Nr. 193), das plattdeutsche Märchen *Von en Manne un siner Frue* sowie das legendenartige Märchen *Gottes Barmherzigkeit* (Rölleke: „*Märchen aus dem Nachlass der Brüder Grimm*“, Nr. 17+43). Von ihrem jüngeren Bruder Ferdinand stammt die Sage *König Dagobert gründet Heiligenstadt.*

Der Dichter Heinrich Heine (1797–1856, „*Deutschland ein Wintermärchen*“ u. a.) war seinerzeit noch ein weitgehend unbekannter Jurastudent in Göttingen, als er im Juni 1825 in Heiligenstadt vom jüdischen zum evangelischen Glauben konvertierte.

An das Leben und Werk des Erzählers und Lyrikers Theodor Storm (1817–1888) wird im Literaturmuseum Theodor Storm erinnert. Von 1856–1864 war er in Heiligenstadt als Kreisrichter tätig und schuf hier acht Novellen (u. a. *Drüben am Markt*), drei Märchen und zahlreiche Gedichte (*Von drauß' vom Walde komm ich her*).

Der reiche Sagenschatz des heute teils zu Thüringen, teils zu Niedersachsen gehörenden Eichsfelds wurde von dem Pädagogen und Heimatschriftsteller Karl Wüstefeld (1857–1937) gesammelt und herausgegeben.

Max und Moritz

EBERGÖTZEN

Max und Moritz
(Wilhelm Busch)

Mancher gibt sich viele Müh'
Mit dem lieben Federvieh;
Einesteils der Eier wegen,
Welche diese Vögel legen,
Zweitens, weil man dann und wann
Einen Braten essen kann;
Drittens aber nimmt man auch
Ihre Federn zum Gebrauch
In die Kissen und die Pfühle,
Denn man liegt nicht gerne kühle.

Seht, da ist die Witwe Bolte,
Die das auch nicht gerne wollte.
Ihrer Hühner waren drei
Und ein stolzer Hahn dabei.

Max und Moritz dachten nun:
Was ist hier jetzt wohl zu tun?
Ganz geschwinde, eins zwei, drei,
Schneiden sie sich Brot entzwei,
In vier Teile, jedes Stück
Wie ein kleiner Finger dick.
Diese binden sie an Fäden,
Übers Kreuz, ein Stück an jeden,
Und verlegen sie genau
In den Hof der guten Frau. –

Kaum hat dies der Hahn gesehen,
Fängt er auch schon an zu krähen:
Kikeriki! Kikikerikih!! –
Tak, tak, tak! – Da kommen sie.

Hahn und Hühner schlucken munter
Jedes ein Stück Brot hinunter;
Aber als sie sich besinnen,
Konnte keines recht von hinnen.
In die Kreuz und in die Quer
Reißen sie sich hin und her,
Flattern auf und in die Höh',
Ach herrje, herrjemine!
Ach, sie bleiben an dem langen,
Dürren Ast des Baumes hangen.

Und ihr Hals wird lang und länger,
Ihr Gesang wird bang und bänger;
Jedes legt noch schnell ein Ei,
und dann kommt der Tod herbei.

Witwe Bolte in der Kammer
Hört im Bette diesen Jammer;
Ahnungsvoll tritt sie heraus:
Ach, was war das für ein Graus!
„Fließet aus dem Aug', ihr Tränen!
All mein Hoffen, all mein Sehnen,
Meines Lebens schönster Traum
Hängt an diesem Apfelbaum!"

Tief betrübt und sorgenschwer
Kriegt sie jetzt das Messer her;
Nimmt die Toten von den Strängen,
Daß sie so nicht länger hängen,
Und mit stummem Trauerblick
Kehrt sie in ihr Haus zurück.

Dieses war der erste Streich,
Doch der zweite folgt sogleich.

Die Jungfrau von Radolfshausen (Georg Schambach/Wilhelm Müller)

Der böse Graf Isang von Seeburg wollte die Tochter des Besitzers von Radolfshausen heiraten, die ihm aber wegen seiner Gottlosigkeit ihre Hand verweigerte. Um nun ihren Sohn zu rächen, verwünschte die Mutter des Grafen namens Hildegard das Fräulein in das Ebergötzer Holz. Dort sollte sie 325 Jahre wandern und nur dann erlöst werden, wenn einer die Worte spräche: „Es helfe dir Gott."

Von dem Augenblick an, wo die Verwünschung ausgesprochen war, befand sich das Fräulein im Ebergötzer Holz und ging daselbst um. Zu ihrer Nahrung hatte sie ein Körbchen mit Brot und eine Flasche Wein mitbekommen, die sich an jedem Tag von selbst erneuerten. Bei Tag lag sie auf einer Bank und hatte eine Nebelkappe auf dem Kopf, so dass keiner sie sehen konnte. Aber nachts wanderte sie zwischen elf und ein Uhr als Weiße Jungfrau durch den Wald und rief: „Hilf mir!"

Schon oft hatte man ihren Ruf dort gehört, aber niemand hatte je das Wort gesprochen, wodurch sie erlöst werden konnte. Zuletzt scheuten sich die Menschen, bei Nacht durch diesen Wald zu gehen. Da begab es sich, dass ein Husar noch in der Nacht von Ebergötzen nach Holzerode reiten musste. Man hatte ihn zwar gewarnt, dies zu tun, weil die Weiße Jungfrau dort umginge, doch er erklärte, er fürchte sich nicht und ritt fort. Als er in den Wald gekommen war – es war gerade zwischen elf und ein Uhr, – erschien ihm wirklich die Weiße Jungfrau und rief: „Hilf mir, hilf mir!" Der Husar wandte sich darauf zu ihr und sprach: „Wer kann dir denn helfen?" Sie antwortete: „Niemand!"– „So helfe dir Gott", erwiderte jener. Kaum hatte er diese Worte gesprochen, so saß auch schon die Weiße Jungfrau hinter ihm auf dem Pferd. Sie sagte ihm, das seien die rechten Worte gewesen, wodurch sie hätte erlöst werden können, doch sei ihre Erlösung noch nicht vollständig. Dreihundert Jahre sei sie schon gewandert, aber fünfundzwanzig Jahre müsse sie noch wandern. Dann fuhr sie fort: In Waake auf dem Sik wohne im letzten Haus ein schon ziemlich bejahrtes Ehepaar, welches noch keine Kinder habe; dieses werde wider aller Vermutung noch einen Sohn bekommen. Wenn dieser fünfundzwanzig Jahre alt geworden sei und in der Kirche zu Waake seine erste Predigt gehalten habe, erst dann werde sie vollständig erlöst sein. Nachdem die Weiße Jungfrau dies gesprochen hatte, verschwand sie wieder.

Der Husar aber dachte später bei sich, er wolle doch einmal nach Waake in das bezeichnete Haus gehen. Er ging also nach Waake in den Sik und in das letzte Haus hinein. Er traf daselbst auch wirklich ein gar nicht mehr junges und kinderloses Ehepaar. Als er bei diesem in der Stube saß, bemerkte er, wie die Tür sich öffnete und der Tod hereintrat, welcher dem Mann mit einem Rohrstock, den er in der Hand hielt, auf den Rücken klopfte. Der Mann schauderte bei dieser Berührung, sah aber ebenso wenig etwas wie seine Frau, da der Tod nur dem Husaren sichtbar war. Noch in demselben Jahr ward dem Ehepaar ein Sohn geboren, der Mann aber, dem der Tod auf den Rücken geklopft hatte, starb nach anderthalb Jahren.

Der Sohn wuchs heran und studierte Theologie. Als er nun fünfundzwanzig Jahre alt geworden war, hielt er in Waake seine erste Predigt, und damit war die Jungfrau völlig erlöst. Diese sah alt, gelb und ganz zusammengeschrumpft aus, und kein Mensch kannte sie. Sie ging nach Radolfshausen und erzählte hier den Leuten ihr Schicksal; obwohl sie keiner kannte, nahm man sie doch freundlich auf und behielt sie bis zu ihrem Tode. Sie lebte in Radolfshausen noch volle drei Jahre, dann starb sie. Der Leichenschmaus bei ihrer Beerdigung war großartig, und drei Tage und drei Nächte ward ununterbrochen gegessen und getrunken.

(Vom Göttinger Wald verläuft ein kleiner Bach nach Waake, der im Dorf versickert. Hiervon soll sich der Name Sik ableiten.)

Die alte Herrenmühle des ehemaligen Amtes Radolfshausen in Ebergötzen ist die heutige Wilhelm-Busch-Mühle. Als Neunjähriger kam Wilhelm Busch (1832–1908, vgl. Wiedensahl) in das Dorf Ebergötzen, wo er von 1841–1846 im Pfarrhaus bei seinem Onkel, Pastor Kleine, wohnte und von ihm Privatunterricht erhielt. Eine innige, lebenslange Freundschaft verband Wilhelm Busch mit Erich Bachmann, dem gleichaltrigen Sohn des Müllers in der Herrenmühle, die er später alljährlich besuchte, und wo er *beim Rumpumpeln des Mühlwerks und dem Rauschen des Wassers* immer gut einschlief. Hinter der Mühle in Ebergötzen fiel „*Schneider Böck*" ins Wasser, und im Dorf heckten „*Max und Moritz*" alias Wilhelm Busch und Erich Bachmann ihre Streiche aus.

BOVENDEN

Die Schwanringe zu Plesse
(Brüder Grimm*)

Die Herren von Schwanring zogen aus einem fremden Land in die Gegend von Plesse und wollten sich niederlassen. Im Jahr 892 bekamen sie Fehde mit denen von Beverstein; es waren ihrer drei Brüder: Siegfried, Sieghart und Gottschalk von Schwanring. Sie führten Schwanflügel und Ring in ihren Schilden. Bodo von Beverstein erschoss Sieghart mit einem Pfeil und floh vor der Rache der Brüder nach Finnland, wo er sich niedersetzte. Die andern Beversteiner legten eine feste Burg gegen die Schwanringe an, Hardenberg oder Beverstein genannt.

Gottschalk und Siegfried dachten aber daran, eine Gegenburg anzulegen. Eines Tages jagten sie von Höckelheim aus in dem hohen Wald, der auch Langforst oder Plessewald heißt. Mit ihnen war ihr Bastardbruder namens Heiso Schwanenflügel ein guter, listiger Jäger, der Wege und Stege in Feld und Holz gut kannte; Heiso wusste von den Anschlägen der Hardenberger. Er entdeckte ein gutes Plätzchen an einer Ecke gegen die Leine und zeigte es seinen Brüdern, die sprachen: „Wohlan, ein gut gelegen Plätzken! Hier wollen wir Haus, Burg und Feste bauen.“ Also bauten sie an demselben Flecken; das Haus wurde Plätzken und nach und nach Plesse genannt. Schließlich nahmen die Schwanringe selbst den Namen der von Plesse an. Mit den Hardenbergern vertrug man sich.

Die Schäfer zeigen noch die Stelle, wo Sieghart erschossen wurde (zwischen den Dörfern Angerstein und Parensen), und fügen hinzu, dass auch daselbst vorzeiten ein steinernes Kreuz gestanden habe, Schwanringer Kreuz genannt.

(*Deutsche Sagen)

(Im Originaltext: Hökelheim (=Höckelheim) und Parnhosen (=Parensen.)

Burg Plesse

Das stille Volk zu Plesse
(Brüder Grimm*)

Auf dem hessischen Bergschloss Plesse sind im Felsen mancherlei Quellen, Brunnen, Schluchten und Höhlen, wo der Sage nach Zwerge wohnen und hausen sollen, die man das stille Volk nennt. Sie sind schweigsam und guttätig, dienen den Menschen gern, die ihnen gefallen. Geschieht ihnen ein Leid, so lassen sie ihren Zorn nicht am Menschen aus, sondern rächen sich am Vieh, das sie plagen. Eigentlich hat dieses unterirdische Geschlecht keine Gemeinschaft mit den Menschen und treibt inwendig sein Wesen, es gibt Stuben und Gemächer voll Gold und Edelgestein. Hat es aber etwas oben auf dem Erdboden zu verrichten, so wird das Geschäft nicht am Tage, sondern bei Nacht vorgenommen. Dieses Bergvolk ist von Fleisch und Bein wie andere Menschen, zeugt Kinder und stirbt; allein es hat die Gabe, sich unsichtbar zu machen und durch Fels und Mauer ebenso leicht zu gehen wie durch die Luft. Zuweilen erscheinen sie den Menschen, führen sie mit in die Kluft und beschenken sie, wenn sie ihnen gefallen, mit kostbaren Sachen. Der Haupteingang ist beim tiefen Brunnen – das nah gelegene Wirtshaus heißt „Zum Rauschenwasser“.

(*Deutsche Sagen)

Rathaus Göttingen

GÖTTINGEN

Der arme Müllerbursch und das Kätzchen (Brüder Grimm*)

In einer Göttinger Fassung kommt der Dummling zu einem Kätzchen, das da mit vielen anderen Kätzchen, die ihm dienen, wirtschaftet. Abends kommen zwei Kätzchen und machen Musik, eins spielt den Bass, das andre bläst Trompete.

„Nun tanz mit mir," sagt das Kätzchen. – „Nein," sagt der Dummling, „mit einer Miezekatze habe ich noch nicht getanzt." Er muss aber, er mag wollen oder nicht. Abends bringen sie ihn zu Bett; ein Kätzchen zieht ihm die Schuhe aus, ein andres die Strümpfe, eins setzt ihm eine Nachtmütze auf, und eins bläst schließlich das Licht aus.

Am andern Morgen kommen sie wieder und helfen ihm aus dem Bett; eins zieht ihm die Strümpfe an, das Andere bindet die Strumpfbänder, das Dritte holt die Schuhe herbei, das Vierte wäscht ihn, das Fünfte trocknet ihm mit dem Schwanz das Gesicht ab. Die anderen Brüder bringen Bauernmädchen mit heim, die aber wie Prinzessinnen geputzt sind. Wie sie in die Stube eintreten, sagen sie weiter nichts als *Tak* (guten Tag).

(*Die Göttinger Variante KHM 106 stammt von Herman Grimm; er teilte sie seinem Vater am 5. September 1833 mit. Die Originalfassung KHM 106 geht auf Dorothea Viehmann zurück, vgl. Baunatal.)

Das Lied von der guten Buttermilch
(Brüder Grimm*)

Ein's Bauern Sohn hatt' sich vermessen,
Er wollt' eine gute Buttermilch essen,
Ein' auserwählte Milch,
Ein' hochgelobte Milich,
Ein' abgefeimte° Milich,
Des Milri Milch, des Milrimilich,
Ein' gute Buttermilich.

Man trug ihm her ein saures Kraut,
Die Buttermilich traf ihn bass°° in die Haut,
Ein' auserwählte Milch,
Ein' hochgelobte Milich,
Ein' abgefeimte Milich,
Des Milri Milch, des Milrimilich,
Ein' gute Buttermilich.

Man trug ihm her ein' Schweinebraten,
Die Buttermilich war ihm bass geraten,
Ein' auserwählte Milch,
Ein' hochgelobte Milich,
Ein' abgefeimte Milich,
Des Milri Milch, des Milrimilich,
Ein' gute Buttermilich.

Man trug ihm her gut' Äpfel und Birn'.
Die Buttermilich lag ihm stets im Hirn,
Ein' auserwählte Milch,
Ein' hochgelobte Milich,
Ein' abgefeimte Milich,
Des Milri Milch, des Milrimilich,
Ein' gute Buttermilch.

Man trug ihm her gut' Fisch und Hering,
Die Buttermilich wollt' noch besser werden,
Ein' auserwählte Milch,
Ein' hochgelobte Milich,
Ein' abgefeimte Milich,
Des Milri Milch, des Milrimilich,
Ein' gute Buttermilch.

Man trug ihm her die Waldvögelein,
Die Buttermilich deucht ihm besser sein,
Ein' auserwählte Milch,
Ein' hochgelobte Milich,
Ein' abgefeimte Milich,
Des Milri Milch, des Milrimilich,
Ein' gute Buttermilch.

(°schaumfreie)

(°°besser)

(*K.H.G von Meusebach: „Geschenk aus der Gütergemeinschaft der Brüder Jacob und Wilhelm Grimm – die diese Lieder meist zusammen geschrieben –, als ich in den schönen und liebreichen Tagen vom 13. April 1833 mittags bis zum 24. April morgens in Göttingen ihr Gast war.")

Die Brüder Grimm und die Göttinger Sieben

Von 1830–1837 wirkten Jacob und Wilhelm Grimm als Professoren und Bibliothekare an der Universität Göttingen und waren auf dem Weg zu einer glänzenden akademischen Laufbahn. Als sie sich zusammen mit anderen Professoren vehement gegen den Verfassungsbruch des neuen Königs Ernst August von Hannover (1837–1851) in dem berühmten Protest der *Göttinger Sieben* wandten, wurden sie daraufhin im Jahre 1837 ihres Amtes enthoben.

Göttingen – Zentrum der Märchenforschung und des Grimm'schen Wörterbuchs

Während des Aufenthaltes der Brüder Grimm in Göttingen entstanden die *„Deutsche Mythologie"*, *„Reinhart Fuchs"*, *„Freidank"* und der *„Rosengarten"*. Nach ihrer Vertreibung aus dem Königreich Hannover 1838 begannen die Brüder Grimm mit der Arbeit am *„Deutschen Wörterbuch"*, dessen Realisierung (es umfasst über 67.000 Spalten, mehr als 34.000 Seiten, 330.000 Stichwörter, 16 Bände in 32 Teilbänden und ein Quellenverzeichnis) solch gewaltige Ausmaße annahm, dass über einhundertzwanzig Germanisten länger als ein Jahrhundert mit diesem einzigartigen Werk beschäftigt waren; erst im Jahre 1971 lag das *„Deutsche Wörterbuch"* vollständig vor.

Ganz im Sinne der Brüder Grimm arbeiteten Georg Schambach (1811–1897) und Wilhelm Müller (1812–1890), die sich 1832 in einem der Kollegs von Jacob Grimm kennengelernt hatten. 1854 gaben sie in Göttingen ihre „aus dem Munde des Volkes gesammelten" *„Niedersächsischen Sagen und Märchen"* heraus.

Rund tausend Autoren aus achtzig Ländern wirkten ab 1980 an der *„Enzyklopädie des Märchens"* mit, einem deutschsprachigen, fünfzehn Bände umfassenden Handwörterbuch, in dem die Ergebnisse internationaler Forschungsarbeit im Bereich volkstümlicher Erzähltradition in Vergangenheit und Gegenwart dargestellt wird. Die Arbeiten an diesem jahrzehntelangen Forschungsprojekt wurden im Jahr 2015 abgeschlossen. Langjähriger Mitarbeiter an der Enzyklopädie des Märchens war u. a. der Erzählforscher und Literaturwissenschaftler Hans-Jürgen Uther (*1944, „Handbuch zu den „Kinder- und Hausmärchen der Brüder Grimm"). Gründer der *„Enzyklopädie des Märchens"* war der Erzählforscher Kurt Ranke (1908–1985, u. a. *„Schleswig-Holsteinische Volksmärchen"*). Ranke war der Nachfolger von Will-Erich Peuckert auf dem volkskundlichen Lehrstuhl in Göttingen; Peuckert (1895–1969), Volkskundler, Schriftsteller und Sagenherausgeber (u. a. die Serien *„Deutsche Sagen"* und *„Niedersächsische Sagen"*), machte sich als vielseitige Forscherpersönlichkeit einen Namen. Der Volkskundler, Lied- und Erzählforscher Rolf Wilhelm Brednich (*1935) hat eine stattliche Zahl „sagenhafter Geschichten von heute" zusammengetragen und diese Sagen aus der modernen Welt mit großem Erfolg (*„Die Spinne in der Yucca-Palme"*, *„Die Maus im Jumbo Jet"* u. a.) herausgegeben.

In Göttingen studiert, gewohnt oder beruflich tätig gewesen, waren eine ganze Reihe von Dichtern und Schriftstellern, wie z. B. Georg Christoph Lichtenberg (1742–1799, *Aphorismen*), Caroline (1763–1809) und Friedrich

Schlegel (1772–1829), Ludwig Tieck (1773–1853, „*Der gestiefelte Kater*"), Clemens Brentano und Achim von Arnim (vgl. Kassel), Heinrich Heine (1797–1856, „*Deutschland. Ein Wintermärchen*"), August Heinrich Hoffmann von Fallersleben (1798–1874, vgl. Höxter), der Begründer der wissenschaftlichen Märchenforschung Theodor Benfey (1809–1881), Lou Andreas-Salomé (1861–1937) oder Walter Kempowski (1929–2007, „*Tadellöser & Wolff*").

Vorreiter für die Literaturepoche Sturm und Drang war der im Jahre 1772 in Weende von Göttinger Studenten gegründete Freundschafts- und Dichterbund *Göttinger Hain*.

Das Wahrzeichen Göttingens ist der *Gänseliesel-Brunnen* vor dem historischen Rathaus. Zu einer zünftigen Promotionsfeier in Göttingen gehört es, dass ein frisch gebackener Doktor mit den Gästen bei der Gänseliesel vorbeischaut und ihr aus Dankbarkeit über das bestandene Examen einen Kuss auf seinen Bronzemund drückt, wodurch es zum meist geküssten Mädchen der Welt geworden ist.

Rathaus Hann. Münden

HANN. MÜNDEN

Spuren im Stein
(Brüder Grimm*)

Bei der Mündener Glashütte ist ein Wald, der heißt der Geismarwald, da hat vor dem Dreißigjährigen Krieg eine Stadt namens Geismar gestanden. Daneben ist ein andrer Berg, welcher der Totenberg heißt, und dabei ist eine Schlacht vorgefallen. Der Feldherr war anfänglich geschlagen, hatte sich in den Geismarwald zurückgezogen, saß da auf einem Stein und dachte nach, was zu tun am besten wäre. Da kam einer seiner Hauptleute und wollte ihn bereden, die Schlacht von Neuem anzufangen und den Feind mutig anzugreifen; wo er jetzt noch siege, sei alles gerettet. Der Feldherr aber antwortete: „Nein, ich kann so wenig siegen, als dieser Stein, auf dem ich sitze, weich werden kann!“ Mit diesen Worten stand er auf, aber seine Beine und selbst seine Hand, womit er sich beim Aufstehen auf den Stein gestützt, waren eingedrückt. Wie er das Wunder sah, ließ er zur Schlacht blasen, griff den Feind mit frischer Tapferkeit an und siegte. Noch heutzutage steht der Stein°°, und man sieht die Spuren darin ausgedrückt.

(*Deutsche Sagen: Mündlich aus Hessen)

(°°Im Bramwald liegt ein Felsblock, der im Volksmund *Uhlenstein* genannt wird.)

Der einfältige Bauer
(Georg Schambach/Wilhelm Müller*)

Ein Bauer hatte in der Stadt ein Schwein verkauft und sieben Taler dafür bekommen. Auf dem Heimweg kam er an einem Teich vorüber und setzte sich auf einen der da liegenden Steine, um sein Geld noch einmal nachzuzählen. Er fing also an, laut zu zählen, und richtig, es waren sieben

Taler. Während er nun so zählte, riefen die Frösche im Teich fortwährend: „Achte, achte!" Der Bauer, welcher den Ruf der Frösche auf sich bezog und deshalb meinte, es müssten acht Taler sein, fing also von Neuem an zu zählen, konnte aber sooft er auch zählte, immer nur sieben Taler herausbringen. Die Frösche blieben aber nichtsdestoweniger bei ihrem Ruf: „Achte, achte!" Da wurde der Bauer zuletzt ärgerlich, warf die sieben Taler in den Teich und sprach dabei: „Nun, wenn ihr es denn besser wisst, so zählt selbst nach!" Dann wartete er geraume Zeit darauf, dass ihm die Frösche das Geld wiederbringen sollten. Dieses blieb aber im Teich, und er musste ohne das Geld nach Hause zurückkehren.

(*Märchen: Hann. Münden)

Der legendäre Wundarzt, Okulist und Steinschneider Johann Andreas Eisenbart (1663–1727), war kein Quacksalber oder Scharlatan, sondern ein außergewöhnlich erfolgreicher und verantwortungsvoller Arzt. Er erfand u. a. eine Nadel zum Starstechen und einen Haken zur Polypenoperation. Eisenbart war im ganzen deutschen Sprachraum auf Reisen; 1727 kam er auch nach Hann. Münden, wo er am 11. November im Haus Lange Straße 79 verstarb, woran eine kleine Statue erinnert. Von Mai bis September hält Doktor Eisenbart samstags seine kleine Sprechstunde in der Unteren Rathaushalle ab. Im Giebel des Rathauses erinnert tagtäglich das Doktor-Eisenbart-Glockenspiel mit Figurenumlauf an sein Wirken.

Hann. Münden war lange Jahre Wohnort des renommierten Grimm-Forschers Ludwig Denecke (1905–1996, *„Jacob Grimm und sein Bruder Wilhelm"*); Denecke war Direktor der Murhardschen Bibliothek der Stadt Kassel und Landesbibliothek sowie erster Leiter des Brüder-Grimm-Museums Kassel. Von ihm herausgegeben wurden zehn Bände (1963–1993) der wissenschaftlichen Reihe *„Brüder Grimm Gedenken"*.

Für die Brüder Grimm lag Hann. Münden auf halbem Weg zwischen Kassel und Göttingen, zwei ihrer wichtigsten Wirkungsstätten. Die Drei-Flüsse-Stadt war eine Zwischenstation, wo man gelegentlich zu Mittag aß und sich mit Freunden, wie den Professoren Hugo, Müller oder Benecke, traf. Den steilen Mündener Berg, den der Maler-Bruder Ludwig Emil Grimm zeichnete, galt es auf der Fahrt zu überwinden.

In Hann. Münden geboren wurden der Altertumsforscher Georg Friedrich Grotefend (1775–1853), der im Jahre 1802 die altpersische Keilschrift entzifferte, sowie der bedeutende Feldforscher und Herausgeber zahlreicher Märchensammlungen Alfred Camman (1909–2008, *„Märchenwelt des Preußenlandes"*, *„Deutsche Volksmärchen aus Russland und Rumänien"*).

Das verzauberte Burgfräulein

GREBENSTEIN
Das verzauberte Burgfräulen
(Rudolf Eckart)

Weithin sichtbar erhebt sich, südlich über Grebenstein, der sagenumwobene Burgberg. Am Fuße dieses Berges arbeitete einst die Burgmühle, deren Fäden, so berichtet der Volksmund, den Burgberg hinauf zur ehemaligen Burg leiteten.

Auf der Burg lebte ein menschenfreundlicher, von allen Leuten wohlgelittener, adeliger Herr. Doch nicht lange sollte er die Sonne seines Glückes auf- und untergehen sehen. Im rüstigsten Mannesalter rief ihn der Tod ab. Eine Tochter von neunzehn Jahren beklagte den Heimgang ihres guten Vaters. Sie ähnelte ihm in allen Stücken und war schön wie eine Maienkönigin. An Heiratsbewerbern fehlte es nicht. Widerwärtig war ihr ein alter Feind ihres Vaters, ein gar griesgrämiger Mann, den es weniger nach der zarten Hand des Fräuleins als nach der Burg, dem gefüllten Geldsack und der gesegneten Feldmark gelüstete. Dass sie ihm abhold sei, gab sie ihm eines Tages zu verstehen. Dies rief den alten Zorn wieder hervor. Mit streitbarer Macht belagerte der Abgewiesene die Burg, um sich die Übergabe und die Eheeinwilligung zu erzwingen. Lange hielt der Böse vor den Mauern aus. Die Burgschöne geriet in arge Not, ergab sich aber nicht. Dies ahnend, erbarmte sich der Burgmüller und brachte ihr auf einem geheimen, unterirdischen Gang das nötige Brot. Aber Gram und Kummer, Angst und Sorge hatten an ihrem hungernden Leib so gezehrt, dass sie erkrankte und starb, als eben die Belagerer unverrichteter Dinge abzogen.

Als man nach drei Tagen die Leiche bestatten wollte, war sie spurlos verschwunden. Hierüber war man besorgt, aber alles Nachforschen klärte nicht auf. „Sie ist nicht tot, sondern verzaubert“, hieß es. Geraume Zeit später hat sie jemand abends im Mondenschein, in einer goldenen Karosse sitzend, mit einem weißen Gewand, den Weg zwischen Burg und Mühle ab- und auffahren sehen.

Im Grebensteiner Stadtteil Schachten wurde die Autorin und Journalistin Claudia Schreiber (*1958) als Claudia Klemme geboren. In ihrem bekannten Roman *„Emmas Glück“* werden Motive aus Grebenstein aufgegriffen.

Vor der Altstädter Kirche
nach Verteilung der Stutewecken

HOFGEISMAR

Der letzte Schöneberger und die Hofgeismarer Stutewecke (C.B.N. Falckenheiner* – hochdeutsche Fassung E. M. Iba)

Es sind schon viele Jahre her, da wohnte auf dem Schöneberg ein sehr reicher Mann, der war wie ein kleiner König und besaß Schlösser und Dörfer und Höfe und Städte, und er hieß nach dem Berg, auf dem er lebte, der Herr vom Schöneberg. Noch lieber aber als seine vielen Güter hatte er seine Frau. Die war jung und gar zu schön, und alle Männer, die sie sahen, konnten die Augen nicht von ihr lassen.

Da starb der Herr vom Schöneberg und hinterließ nur ein Kind, das war ein Junge von zwölf Jahren. Die Frau musste aus ihren blauen Augen viel weinen, und der Junker weinte auch. Nun nahm die Frau sich einen Hofmeister, damit der Junker seinen Teil aus Büchern lernte und wie sein Vater würde. Der Hofmeister kam auf das Schloss, wohnte da, sah die junge Frau gern, und er gedachte, sie zu heiraten und ihre Güter dabei zu kriegen. Die Frau blieb aber standhaft.

Da ging der Hofmeister einmal in der Abendzeit mit dem Junker in den Wald, der noch um die alte Schlossmauer zu sehen ist. Der Weg, den sie zusammen gingen, verlief gleich bei der Mauer um einen Brunnen, der sehr tief und mit Steinen ausgemauert war und keine Umfriedung hatte. Als sie an den Brunnen gekommen waren, da nahm der Hofmeister den Junker und warf ihn ins Wasser und kam zum Schloss zurück und sagte, er wüsste nicht, wo der Junker geblieben wäre. Nun ward es schon Nacht und ganz finster, und der Wind brauste und sauste durch die Bäume, und der Junge war immer noch nicht zu Hause. Seiner Mutter grauste es. Sie fragte, sie lief, sie suchte, sie rief ihn, aber der Junge war nicht zu sehen und nicht zu hören. Sie schickte auch ihre gesamte Dienerschaft aus, um im Wald mit Lichtern nach ihm zu suchen, aber der Junker war nicht zu finden. Am andern Morgen schickte sie nach Hofgeismar in die Schule, wo die Schulkinder versammelt waren, und ließ sie bitten zu kommen, um ihr im Wald beim Suchen zu helfen. Die Schüler hatten den Junker lieb (hatten sie doch viel mit ihm gespielt) und alle liefen zusammen in den Wald und suchten fleißig in den Büschen. Sie riefen ihn auch mit seinem Namen, aber der Berg und nicht der Junker antwortete. Auf einmal kam einer der Schüler oben auf dem Berg an den Brunnen und sah das kleine Hütchen, das der Junker sonst immer aufhatte, auf dem Wasser schwimmen. Da wussten sie, dass der Junker in den Brunnen gestürzt war und holten das Hütchen raus und brachten es zu seiner Mutter. Die Mutter aber hatte nun keine eigenen Kinder mehr und vermachte all ihr Gut den Schulkindern von Hofgeismar; aus den Zinsen werden am Ostermittwoch die *„Stutewecken"*** ausgeteilt, die die Schulkinder in Hofgeismar noch immer zur selben Tageszeit empfangen, wo sie das Hütchen auf dem Schöneberg gefunden haben.

(*„Sächsische Sage, … welche … ich schon als Kind oft gehört habe.")

(**Seit dem Jahre 1428 wird an dieses Ereignis erinnert. Mittwoch vor Ostern wird in der Altstädter Kirche traditionell die Sage vorgetragen, bevor an alle Kindergarten- und Grundschulkinder die heißbegehrten *Stutewecken* – männchenförmige Weißbrötchen – verteilt werden.)

War es die waldreiche Umgebung, gepaart mit der Bodenständigkeit der Menschen? In und um Hofgeismar sind eine ganze Fülle von Sagen, Geschichten und Märchen überliefert. Jedes Hofgeismarer Schulkind kennt die Stutewecke-Sage, deren älteste schriftliche Fassung von Carl Bernhard Nicolaus Falckenheiner noch im seinerzeit in Hofgeismar und Umgebung gängigen (nieder)sächsischen Dialekt aufgeschrieben wurde. Falckenheiner (1798–1842), Archivar, Historiker und Pfarrer (*„Geschichte hessischer Städte und Stifter"*), wurde in Hofgeismar geboren, ebenso wie die Schriftstellerin Nataly von Eschstruth (1860–1939), deren Trivialromane *„Gänseliesel"*, *„Hofluft"* Millionenauflagen erlebten. Gleichfalls in Hofgeismar geboren wurden der Pfarrer und spätere Lehrbeauftragte an der Universität Marburg Ludwig Friedrich Werner Boette (1862–1932), der auch eine ganze Reihe von hessischen Märchen, Sagen und Schwänken gesammelt hat (1993 posthum herausgegeben: *„Volksdichtung in Hessen nach Märchen, Sage und Lied"*) und als Begründer der wissenschaftlichen Volkskunde in Hessen gilt, sowie der Märchenautor Walter Iba (1915–1985, *„Aus Großvaters Märchentruhe"*).

In und um Hofgeismar wirk(t)en der Heimatschriftsteller Heinrich Rohde (1863–1946, *„Weserwellen. Geschichten und Sagen aus dem Gebiet der Oberweser und der Diemel"*), der Schriftsteller Adolf Häger (1892–1959, *„Der Schelm im Volk"*), der Pädagoge und Museumsleiter Helmut Burmeister (*1940, *„Begegnungen im Märchenwald. Der Maler Theodor Rocholl und* *der Reinhardswald*") sowie der Märchen- und Sagenquellensammler Eberhard Michael Iba (*1948, „*Deutsche Märchenstraße. Ein Reise- und Lesebuch mit Märchen, Sagen und Legenden*").

Auch für den hugenottischen Großvater Johann Friedrich Pierson (1698–1777) der Grimm'schen Märchenerzählerin Dorothea Viehmann geb. Pierson (vgl. Baunatal und Kassel) ist Hofgeismar der Geburtsort; Dorotheas Vater Johann Friedrich Isaac Pierson (1734–1798) stammte aus der Hofgeismarer Hugenottenkolonie Schöneberg.

Tief im Naturpark Reinhardswald liegt das einstige Jagdschloss *Sababurg* der hessischen Landgrafen, bei dem im Jahre 1571 ein 500 Morgen großer *Thiergarten* (der heutige Tierpark Sababurg) angelegt wurde, welcher früher von einer dichten Dornenhecke und später von einer vier Meter hohen Kilometer langen Mauer umgeben war. Je bekannter und beliebter die Märchen der Brüder Grimm wurden, desto überzeugter war das Volk, mit der Sababurg im eichengrünen Reinhardswald das Schloss Dornröschens gefunden zu haben.

Von der halb verfallenen Sababurg und den uralten Eichen des Reinhardswaldes verzaubert war auch der in Sachsenberg im Waldeckischen geborene Historienmaler Theodor Rocholl (1854–1933). Ihm verdanken wir auch eine Reihe von Reinhardswälder Landschafts- und Tierbildern, Bilder von Waldgeistern sowie die Rettung des Sababurger Urwaldes (durch die im Jahre 1907 erfolgte Einrichtung eines Naturschutzgebietes) mit seinen uralten Eichen, Rotbuchen und riesigen Farnen.

Burg Trendelburg

TRENDELBURG

Der Diemelnix
(Brüder Grimm*)

In der Diemel wohnt ein böser Wassernix, der jedes Jahr sein Opfer verlangt, und ehemals verging auch keines, dass nicht jemand in die Fluten hinabgezogen und ertränkt worden wäre. Da fiel man endlich zu Gottsbüren, einem hessischen Dorf, auf den Gedanken, diesem Nix jährlich einige Brote und Früchte zum Opfer in den Fluss zu werfen. Seitdem hört man nicht mehr, dass der Nix jemanden hinabgezogen hätte.

(*Deutsche Sagen – Handschrift Jacob Grimm)

Die Weissagung
(Karl Lyncker*)

Ein reicher Ritter in der Nähe von Trendelburg hielt sich einen Sterndeuter, welcher ihm eines Tages die unheilvolle Weissagung mitteilte, dass die Tochter, womit der Himmel seine Frau segnen werde, dermaleinst vom Blitz erschlagen werde. Der erste Teil dieser Prophezeiung ging denn auch bald in Erfüllung, es ward ihm ein gesundes Töchterlein geboren. Um das Schicksal zu verhüten, das dem Kind in den Sternen vorausbestimmt war, baute der Ritter ein unterirdisches Gemach, und die Eltern verwahrten das Kind darin, bis es zur jungen Frau herangewachsen und achtzehn Jahre alt geworden war.

Da sammelte sich einst in schwüler Sommerzeit ein Gewitter über dem Schloss, Donner und Blitz fuhren ohne Unterlass aus dem schweren Gewölk. Unter Furcht und Hoffnung vergingen Tag und Nacht. Das Wetter verzog sich nicht, auch nach der zweiten Nacht trat keine Änderung ein. Nach der dritten Nacht aber bat die Tochter dringend, ins Freie geführt zu werden, und der Vater, der unabwendbaren Fügung nachgebend, willigte schließlich ein. Kaum hatte sie ihr unterirdisches Gemach verlassen, als dieses, von einem heftigen Donnerschlag erschüttert, zusammenstürzte, und als sie den Fuß ins Freie setzte, tötete ein Blitzschlag den zarten Körper der jungen Frau. Tief fuhr der Blitz in die Erde, eine Öffnung zurücklassend, welche sich mit Wasser füllte. Das Loch wird noch jetzt der *Wolkenborst (Wolkenbruch)* genannt.

Lange Jahre vergingen, da wollten pflügende Bauern einmal die Tiefe des Wassers ausmessen. Sie banden ihre Ackerseile aneinander, befestigten einen Stein an das untere Ende und senkten diesen ins Wasser. Plötzlich rief eine Stimme aus der Tiefe:

Lasst sinken,
Sonst müsst ihr alle ertrinken!

Erschrocken ließen sie die Seile fallen und ergriffen die Flucht. Am anderen Tag fand man diese in dem sogenannten Waschbrunnen, welcher nach Ostheim zu quillt.

Einmal hütete ein Schäfer an dem Wolkenborst, als ihm eine junge Frau in seltsamer altertümlicher Tracht erschien. Sie winkte ihm, dass er über das Wasser herüberkommen möchte, doch wagte er nicht, auf den Wasserspiegel zu treten. Er konnte an nichts anderes glauben, als dass er augenblicklich in die Tiefe sinken würde. Zwei Mal noch erschien die junge Frau dem Schäfer und flehte ihn an, über das Wasser zu gehen, damit sie erlöst würde, doch hatte er nicht den Mut dazu. Die junge Frau soll alle sieben Jahre erscheinen.

(*Mündlich)

Im Nachlass der Brüder Grimm finden sich zwei mündlich überlieferte Sagen: *Der Diemelnix* und *Der Erdfall bei Gottsbüren.* Letztere Sage wird mit dem Trendelburger Stadtteil Gottsbüren in Verbindung gebracht Mit dem Erdfall bei Gottsbüren sind die *Wolkenbrüche* gemeint; das ist ziemlich überraschend, liegt doch Trendelburg an der Diemel, Gottsbüren jedoch grenzt an den Reinhardswald.

Die Wolkenbrüche sind zwei durch Erdfälle entstandene Trichter, unweit von Trendelburg. Bei dem Erdfall der Brüder Grimm handelt es sich um das Naturdenkmal und Geotop *Nasser Wolkenbruch.* Im *Nassen Wolkenbruch* hat sich ein kleiner See gebildet, der *Trockene Wolkenbruch* hingegen ist nicht mit Wasser gefüllt.

WESERTAL

Giesela und die Burg von Gieselwerder
(Heinrich Rohde)

Gieselwerder, bekannt durch seine herrliche Lage am linken Ufer der oberen Weser, soll seine Entstehung der Giesela, einer Tochter des Riesen auf der Krukenburg, verdanken. Dieser hatte außer der Bramba, Saba und Trendula noch drei jüngere Töchter: Giesela, Drenta und Lippolda. Entzückt von der Schönheit der Gegend, die Giesela bei einem abendlichen Gang mit Lippolda empfand, beschloss sie, hier eine Burg zu erbauen, während Lippolda die Stätte des heutigen Lippoldsberg als künftigen Wohnsitz erwählte. Von ihren Burgen aus gedachten sie, mit den Schwestern auf der Bramburg und Sababurg innigen schwesterlichen Verkehr zu pflegen.

Gar oft saß Giesela in stillen, lauen Sommernächten auf dem Söller ihrer Burg und blickte sinnend und träumend hinab zur Weser, die leise raunend dahinflutete, während ihre Wellen im Glanz des Mondlichts wie eitel Silber erschienen. Giesela war im Gegensatz zu ihrer Schwester Trendula von großer Herzensgüte und eine Freundin der Menschen. Sie wünschte sich nichts sehnlicher, als dass dieser Ort einmal eine rechte Stätte des Segens für die Menschen werden möchte. Ihr Wunsch ging im reichsten Maße in Erfüllung, denn von allen anderen Orten an der oberen Weser zeichnete sich Gieselwerder später durch seine reiche Gewerbetätigkeit aus.

Das Fährhaus bei Lippoldsberg
(Wilhelm Schambach/Georg Müller)

Der Landgraf von Hessen war einst auf dem Reichstag. Hier geriet der Landgraf, der ein reifer Mann war, mit dem Kaiser, der noch sehr jung war, in einen Streit und ward so zornig, dass er diesem eine Ohrfeige gab. Dafür ließ ihn

Rathaus Wesertal,
an der Stelle der einstigen Wasserburg

der Kaiser gefangen nehmen und zu Wien in einen Turm setzen. Schon hatte er zwei Jahre in dem festen Turm gesessen, da erschien vor ihm im Turm ein Mann – es war der Böse – und fragte ihn, ob er denn Lust habe, ewig in dem Turm zu sitzen. Wenn er ihm verspreche, in seinem Land die Hexen nicht mehr zu verfolgen und zu verbrennen, so wolle er ihn in sein Land bringen, er brauche nur zu bestimmen, wohin er wolle. Der Landgraf nahm den Vorschlag an, versprach, die Hexen in seinem Land nicht mehr zu verbrennen, und forderte, der Böse solle ihn nach dem Fährhaus bei Lippoldsberg bringen. Darauf flog der Teufel mit dem Landgrafen erst nach Kassel. Der Landgraf erinnerte ihn aber an sein Versprechen, ihn nach dem Fährhaus zu bringen, und nun brachte der Teufel den Landgrafen wirklich hin zum Fährhaus bei Lippoldsberg an der Weser. Der Fährmann mit Namen Westphal nahm ihn, der von dem langen Aufenthalt rau und unordentlich aussah, in sein Haus auf und gab ihm, da sie gerade am Essen waren, auch Speise, erst braunen Kohl, dann auch noch ein tüchtiges Stück Wurst. Er weigerte sich aber, den Fremden, so sehr dieser auch darum bat, über Nacht im Haus zu behalten, da dies von dem Landgrafen verboten sei.

Doch der Sohn des Fährmanns fühlte Mitleid, machte sich heimlich an den Fremden und sagte diesem, er möge nur mit ihm gehen, er werde ihn heimlich auf den Heuboden führen, wo er schlafen könne. Nachts um zwei Uhr wolle er ihn wecken, sein Vater würde nichts merken, da er mit den Knechten erst um vier Uhr aufstände. Dies tat der Fremde und ging fort, nachdem er von dem Jungen noch ein gutes Frühstück mit auf den Weg erhalten hatte. Als die Knechte am anderen Morgen aufgestanden waren, fanden sie an die Tür geschrieben: In dieser Nacht hat hier der Landgraf von Hessen geschlafen. Der Sohn sagte nun zum Vater, es würde ihnen gewiss übel ergehen, da er den Landgrafen habe wegjagen wollen. Nach drei Tagen wurden Vater und Sohn nach Kassel zum Landgrafen gerufen. Dieser trat ihnen zuerst in demselben Anzug entgegen, in dem er im Fährhaus erschienen war, und sprach, dass der Alte ihn nicht habe im Hause behalten wolle, sei ganz recht gewesen, weil es ja verboten gewesen sei. Dafür aber, dass er ihm zu essen gegeben habe, solle er und seine Nachkommen die Fähre ohne Pacht haben, solange der Name Westphal bestehe.

Das umfangreiche schriftstellerische Werk des wegen seiner ultranationalistischen Einstellung heftig umstrittenen Hans Grimm (1875–1959) ist stark geprägt vom deutschen Kolonialgedanken der Kaiserzeit. Nach dem Abitur wurde Grimm ab 1895 in London zum Außenhandelskaufmann ausgebildet;

anschließend lebte und arbeitete er für eine Reihe von Jahren in Südafrika und Namibia. 1918 kaufte Grimm den Westflügel des ehemaligen Benediktinerinnenklosters Lippoldsberg, wo zwischen 1920–1925 sein voluminöser, vierteiliger völkisch-sozialer Kolonialroman „*Volk ohne Raum*" entstand.

BAD KARLSHAFEN

Die Entstehung der Stadt Karlshafen

(Heinrich Rohde)

Nachdem im Dreißigjährigen Krieg die Stadt Helmarshausen zerrüttet und die zu ihr gehörige Krukenburg zerstört worden war, haben die Bürger einen Plan vereitelt, durch den Helmarshausen ansehnlich und blühend geworden wäre. Landgraf Karl von Hessen wollte nämlich hier erschaffen, was er nachher durch die Anlage von Karlshafen ausführte – einen Hafen und Handelsplatz zu erbauen, nachdem seine Bemühungen, seinem Land die wichtige Handelsstadt Münden zu erwerben, vereitelt worden waren. Die Bürgerschaft von Helmarshausen weigerte sich jedoch unter allerlei Vorwänden, ihre Gärten zur Erweiterung der Stadt durch französische Glaubensflüchtlinge herzugeben.

Da soll Landgraf Karl gezürnt haben: „Ihr wollt mir eine Brill aufsetzen, aber ich will euch eine andere aufsetzen." Darauf ging er hin und ließ nahe unter Helmarshausen Karlshafen bauen.

Es wird erzählt, einem Eber nachjagend, sei der Landgraf zum ersten Mal dort hingekommen, wo sich die Diemel mit der Weser vermählt, und an der Stelle, wo er den Eber gestellt und abgefangen habe, sei das erste Haus gesetzt worden. Es war eine sumpfige Waldöde, die Stätte eines altdeutschen Totenhains, und eine große Zahl von Aschenkrügen hätte aus ihrer tausendjährigen Ruhe gestört werden müssen.

Die Krukenburg

Der Zauberer auf dem Krukenberg (Brüder Grimm*)

Auf dem Krukenberg bei Helmarshausen nicht weit von Karlshafen wohnte ein Zauberer. Er wollte heiraten und suchte in der Gegend nach einer Frau. Zuerst warb er um die Saba auf der Sababurg, aber sie wollte ihn nicht, dann um die Lippolda auf Lippoldsberg, sie wies ihn gleichfalls ab, und so ging es ihm schließlich auch mit der Trendula auf Trendelburg. Darüber ward der Zauberer zornig, drang zur Trendula, fasste sie, wie sie gerade in der Mitte ihrer Frauen saß, und führte sie mit sich in der Luft fort. Da, wo jetzt die Abgunst liegt, warf er sie herab, tief in die Erde, man sieht noch die Öffnung. Dann eilte er auf die Burg und zersprengte sie und ließ sich von den Ruinen totschlagen.

(*Deutsche Sagen – Handschrift Wilhelm Grimm)

Ihre Goldschmiedewerkstatt und Malschule machte die Benediktinerabtei Helmarshausen im Mittelalter berühmt. In der Abtei wurden u. a. das kostbare *„Evangeliar Heinrichs des Löwen"* (zeitweise das teuerste Buch der Welt) und wohl auch das bedeutendste mittelalterliche kunsthistorische dreibändige Lehrbuch *„Schedula diversarum artium"* (Roger von Helmarshausen, *um 1070 – nach 1125) gefertigt.

Im dritten Band der *„Deutschen Sagen" (1993)* finden sich drei Sagen aus (Bad) Karlshafen, nämlich *Hunnenschule (Nr. 150), Sie(ge)burg (Nr. 151)* und *Königstisch (Nr. 152)* sowie aus Helmarshausen die Sage *Der Zauberer auf dem Krukeberg (Nr. 157)*, die von Wilhelm Grimm aufgeschrieben wurden.

Der jüngste Grimm-Bruder, Bruder Ludwig Emil Grimm, war im Herbst 1814 mit dem Garderegiment in Karlshafen stationiert, wo er bei dem hugenottischen Kaufmann Jean Laporte in der Weserstraße einquartiert war. Während seines Aufenthaltes fertigte er eine Ansicht von Carlshafen, auf der die Hugenottenstadt mit Diemel und Weser sowie die sie umgebenden Berge und das Gradierwerk der Saline zu sehen sind.

Schloss Fürstenberg

FÜRSTENBERG
Ein König zu Besuch
(Hansulrich Kaste)

Im Jahre 1807 gründete Napoleon Bonaparte das Königreich Westphalen, zu dem auch das Amt Fürstenberg gehörte. Der Direktor der Fürstenberger Porzellanmanufaktur, die sich damals *Königliche Porzellanmanufaktur* nannte, war zufällig ein Franzose, ein gewisser Victor Louis Gerverot. Dieser bemühte sich zum Nutzen der Fürstenberger Manufaktur um gute Beziehungen zum Hof von Jérôme Bonaparte, dem jüngsten Bruder Napoleons, der in Kassel residierte und von dort sein Königreich regierte. König Jérôme war mehr den schönen Dingen zugeneigt als den trockenen Regierungsgeschäften, die er seinen Beamten überließ.

Nach mehreren vergeblichen Versuchen, den König auf Fürstenberg aufmerksam zu machen, gelang es Gerverot, Jérôme Bonaparte so weit für seine Manufaktur zu interessieren, dass dieser am 5. August 1811 zu einem Ausflug nach Fürstenberg aufbrach. In Karlshafen vertrauten sich das Königspaar und der Hofstaat dem Wasser, d. h. der Weser an. Man benutzte dazu kleine Gondeln, die mit Blumen und bunten Bändern geschmückt waren. Musikanten und Getränke sorgten für eine ausgelassene Stimmung, die ein solches Unternehmen erst zum Vergnügen werden lässt, welches der König so liebte. Es war eine lustige Fahrt, die ohne größere Schwierigkeiten verlief – von der im letzten Augenblick verhinderten Kenterung der Musikgondel abgesehen, was das Pläsier freilich noch erhöhte.

Schließlich erreichte die Hofgesellschaft in bester Laune das Fürstenberger Ufer und erkletterte schwitzend und schnaufend unter viel Gelächter den Weserberg. Oben auf der Anhöhe wurden die hohen Gäste schon von der Bevölkerung erwartet, die Spalier standen. Da der Tross von Bediensteten sich verspätet hatte – die Fouragewagen kamen auf den schlechten Wegen nur langsam voran – und nicht zur vorhergesehenen Zeit eingetroffen war, ließ der König Gerverot wissen, dass er die Besichtigung der Porzellanmanufaktur schon vor dem Galadiner vorzunehmen gedenke. Voller Erwartung begaben sich also das Königspaar sowie die Damen und Herren des Gefolges in Begleitung Gerverots und seines Inspektors Lungershausen zum Schloss, wo man allerdings die Eingangstür verschlossen fand. Leider hatte der

Inspektor den Schlüssel nicht zur Hand und fand ihn auch nicht trotz eifrigen Suchens. Der durch die Anwesenheit so hochgestellter Herrschaften sowieso schon verwirrte Lungershausen wurde immer konfuser und rannte in seiner Ratlosigkeit ziellos hin und her. Dies brachte den Direktor Gerverot derart in Rage, dass er dem verwirrten Inspektor, der eine verwachsene Gestalt gehabt haben soll, mit einem Stock einige Hiebe versetzte. Dass in seiner Gegenwart Leute mit dem Stock gezüchtigt wurden, missfiel wiederum dem König, der den Direktor ob seiner Rohheit tadelte und den misshandelten Inspektor von seinem Leibmedikus höchstpersönlich verarzten ließ. Das Tor, welches schon einige Jahrzehnte seinen Dienst versehen hatte und hier und da etwas morsch geworden war, wurde vom König unter dem Jubel der Hofgesellschaft eingetreten, wodurch die Besichtigung endlich beginnen konnte.

Hoch über der Weser wurde kurz vor 1350 als Grenzfeste gegen die Stadt Höxter und die Abtei Corvey die Burg *Vorstenberch* errichtet. Nach ihrer Zerstörung im 16. Jh. wurde sie unter Herzog Heinrich Julius von Braunschweig ab 1590 zu einem Renaissanceschloss umgebaut. 1747 gründete Herzog Carl I. unter der Leitung des Oberjägermeisters Johann Georg von Langen eine Porzellanmanufaktur. Nach Meißen ist diese die zweitälteste heute noch bestehende Manufaktur in Deutschland.

Der Erzähler und Ortschronist Hansulrich Kaste (*13.12.1932) hat einige Sagen *(Vom Weißen Ritter und Roten Richard)* und Geschichten gesammelt und aufgeschrieben.

BRAKEL

Der Geist im Glas

(Brüder Grimm*)

Es war einmal ein armer Holzhacker, der arbeitete vom Morgen bis in die späte Nacht. Als er sich endlich etwas Geld zusammengespart hatte, sprach er zu seinem Jungen: „Du bist mein einziges Kind, ich will das Geld, das ich mit saurem Schweiß erworben habe, zu deinem Unterricht anwenden; lernst du etwas Rechtschaffenes, so kannst du mich im Alter ernähren, wenn meine Glieder steif geworden sind und ich daheim sitzen muss." Da ging der Junge auf eine hohe Schule und lernte fleißig, so dass ihn seine Lehrer rühmten, und blieb eine Zeitlang dort. Als er ein paar Schulen durchgelernt hatte, doch aber noch nicht in allem vollkommen war, so war das bisschen Armut, das der Vater erworben hatte, draufgegangen, und er musste wieder zu ihm heimkehren. „Ach", sprach der Vater betrübt, „ich kann dir nichts mehr geben und kann in der teuren Zeit auch keinen Heller mehr verdienen als das tägliche Brot." – „Lieber Vater", antwortete der Sohn, „macht Euch darüber keine Gedanken, wenn's Gottes Wille also ist, so wird's zu meinem Besten ausschlagen; ich will mich schon dreinschicken." Als der Vater hinaus in den Wald wollte, um etwas am Malterholz (am Zuhauen und Aufrichten) zu verdienen, so sprach der Sohn: „Ich will mit Euch gehen und Euch helfen." – „Ja, mein Sohn", sagte der Vater, „das sollte dir beschwerlich ankommen, du bist an harte Arbeit nicht gewöhnt, du hältst das nicht aus; ich habe auch nur eine Axt und kein Geld übrig, um noch eine zu kaufen." – „Geht nur zum Nachbarn", antwortete der Sohn, „der leiht Euch seine Axt so lange, bis ich mir selbst eine verdient habe."

Da borgte der Vater beim Nachbar eine Axt, und am andern Morgen, bei Anbruch des Tags, gingen sie zusammen hinaus in den Wald. Der Sohn half dem Vater und war ganz munter und frisch dabei. Als nun die Sonne über ihnen stand, sprach der Vater: „Wir wollen rasten und Mittag halten, hernach geht's noch einmal so gut." Der Sohn nahm sein Brot in die Hand und sprach: „Ruht Euch nur aus, Vater, ich bin nicht müde, ich will in dem Wald ein wenig auf und abgehen und Vogelnester suchen." – „O du Geck", sprach der Vater, „was willst du da herumlaufen, hernach bist du müde und kannst den Arm nicht mehr heben; bleib hier und setze dich zu mir."

Der Bökerhof in Bökendorf

Der Sohn aber ging in den Wald, aß sein Brot, war ganz fröhlich und sah in die grünen Zweige hinein, ob er etwa ein Nest entdeckte. So ging er hin und her, bis er endlich zu einer großen, gefährlichen Eiche kam, die gewiss schon viele hundert Jahre alt war und die keine fünf Menschen umspannt hätten. Er blieb stehen und sah sie an und dachte: ‚Es muss doch mancher Vogel sein Nest hineingebaut haben.' Da deuchte ihn auf einmal, als hörte er eine Stimme. Er horchte und vernahm, wie es mit so einem rechten dumpfen Ton rief: „Lass mich heraus, lass mich heraus." Er sah sich ringsum, konnte aber nichts entdecken, doch es war ihm, als ob die Stimme unten aus der Erde hervorkäme. Da rief er: „Wo bist du?" Die Stimme antwortete: „Ich stecke da unten bei den Eichwurzeln. Lass mich heraus, lass mich heraus." Der Schüler fing an, unter dem Baum aufzuräumen und bei den Wurzeln zu suchen, bis er endlich in einer kleinen Höhlung eine Glasflasche entdeckte. Er hob sie in die Höhe und hielt sie gegen das Licht; da sah er ein Ding, gleich einem Frosch gestaltet, das sprang darin auf und nieder. „Lass mich heraus, lass mich heraus", rief's von Neuem, und der Schüler, der an nichts Böses dachte, nahm den Pfropfen von der Flasche ab. Alsbald stieg ein Geist heraus und fing an zu wachsen und wuchs so schnell, dass er in wenigen Augenblicken als ein entsetzlicher Kerl, so groß wie der halbe Baum, vor dem Schüler stand. „Weißt du", rief er mit einer fürchterlichen Stimme, „was dein Lohn dafür ist, dass du mich herausgelassen hast?" – „Nein", antwortete der Schüler ohne Furcht, „wie soll ich das wissen?" – „So will ich dir's sagen", rief der Geist, „den Hals muss ich dir dafür brechen!" – „Das hättest du mir früher sagen sollen", antwortete der Schüler, „so hätte ich dich stecken lassen; mein Kopf aber soll vor dir wohl feststehen, da müssen mehr Leute gefragt werden." – „Mehr Leute hin, mehr Leute her", rief der Geist, „deinen verdienten Lohn, den sollst du haben. Denkst du, ich wäre aus Gnade da so lange Zeit eingeschlossen worden? Nein, es war zu meiner Strafe; ich bin der großmächtige Merkurius, wer mich loslässt, dem muss ich den Hals brechen." – „Sachte", antwortete der Schüler, „so geschwind geht das nicht, erst muss ich auch wissen, dass du wirklich in der kleinen Flasche gesessen hast und dass du der rechte Geist bist; kannst du auch wieder hinein, so will ich's glauben, und dann magst du mit mir anfangen, was du willst." Der Geist sprach voll Hochmut: „Das ist eine geringe Kunst", zog sich zusammen und machte sich so dünn und klein, wie er anfangs gewesen war, also dass er durch dieselbe Öffnung und durch den Hals der Flasche wieder hineinkroch. Kaum aber war er darin, so drückte der Schüler den abgezogenen Pfropfen wieder auf und warf die Flasche unter die Eichwurzeln an ihren alten Platz, und der Geist war betrogen.

Nun wollte der Schüler zu seinem Vater zurückgehen, aber der Geist rief ganz kläglich: „Ach, lass mich doch heraus, lass mich doch heraus." – „Nein", antwortete der Schüler, „zum zweiten Male nicht; wer mir einmal nach dem Leben gestrebt hat, den lass ich nicht los, wenn ich ihn wieder eingefangen habe.“ – „Wenn du mich freimachst“, rief der Geist, „so will ich dir so viel geben, dass du dein Lebtag genug hast.“ – „Nein“, antwortete der Schüler, „du würdest mich betrügen wie das erste Mal.“ – „Du verscherzt dein Glück“, sprach der Geist, „ich will dir nichts tun, sondern dich reichlich belohnen.“ Der Schüler dachte, ‚ich will's wagen, vielleicht hält er Wort, und anhaben soll er mir doch nichts.‘ Da nahm er den Pfropfen ab, und der Geist stieg wie das vorige Mal heraus, dehnte sich auseinander und war groß wie ein Riese. „Nun sollst du deinen Lohn haben“, sprach er und reichte dem Schüler einen kleinen Lappen, ganz wie ein Pflaster, und sagte: „Wenn du mit dem einen Ende eine Wunde bestreichst, so heilt sie, und wenn du mit dem andern Ende Stahl und Eisen bestreichst, so wird es in Silber verwandelt.“ – „Das muss ich erst versuchen“, sprach der Schüler, ging an einen Baum, ritzte die Rinde mit seiner Axt und bestrich sie mit dem einen Ende des Pflasters, alsbald schloss sie sich wieder zusammen und war geheilt. „Nun, es hat seine Richtigkeit“, sprach er zum Geist, „jetzt können wir uns trennen.“ Der Geist dankte ihm für seine Erlösung, und der Schüler dankte dem Geist für sein Geschenk und ging zurück zu seinem Vater.

„Wo bist du herumgelaufen?“, sprach der Vater. „Warum hast du die Arbeit vergessen? Ich habe es ja gleich gesagt, dass du nichts zustande bringen würdest.“ – „Gebt Euch zufrieden, Vater, ich will's nachholen.“ – „Ja, nachholen“, sprach der Vater zornig, „das hat keine Art.“ – „Habt Acht, Vater, den Baum da will ich gleich umhauen, das er krachen soll.“ Da nahm er sein Pflaster, bestrich die Axt damit und tat einen gewaltigen Hieb, aber weil das Eisen in Silber verwandelt war, so legte sich die Schneide um. „Ei, Vater, seht einmal, was habt Ihr mir für eine schlechte Axt gegeben, die ist ganz schief geworden.“ Da erschrak der Vater und sprach: „Ach, was hast du gemacht! Nun muss ich die Axt bezahlen und weiß nicht womit; das ist der Nutzen, den ich von deiner Arbeit habe.“ – „Werdet nicht bös“, antwortete der Sohn, „die Axt will ich schon bezahlen.“ – „Oh, du Dummbart“, rief der Vater, „wovon willst du sie bezahlen? Du hast nichts, als was ich dir gebe; das sind Studentenkniffe, die dir im Kopf stecken, aber vom Holzhacken hast du keinen Verstand.“

Über ein Weilchen sprach der Schüler: „Vater, ich kann doch nichts mehr arbeiten, wir wollen lieber Feierabend machen.“ – „Ei was“, antwortete er, „meinst du, ich wollte die Hände in den Schoß legen wie du? Ich muss noch schaffen, du kannst dich aber heimpacken.“ – „Vater, ich bin zum ersten Mal hier in dem Wald, ich weiß den Weg nicht allein, geht doch mit mir.“ Weil sich der Zorn gelegt hatte, so ließ der Vater sich endlich bereden und ging mit ihm heim. Da sprach er zum Sohn: „Geh und verkauf die verschändete Axt und sieh zu, was du dafür kriegst; das Übrige muss ich verdienen, um sie dem Nachbar zu bezahlen." Der Sohn nahm die Axt und trug sie in die Stadt zu einem Goldschmied, der probierte sie, legte sie auf die Waage und sprach: „Sie ist vierhundert Taler wert, so viel habe ich nicht bar." Der Schüler sprach: „Gebt mir, was Ihr habt, das Übrige will ich Euch borgen." Der Goldschmied gab ihm dreihundert Taler und blieb einhundert schuldig. Darauf ging der Schüler heim und sprach: „Vater, ich habe Geld, geht und fragt, was der Nachbar für die Axt haben will." – „Das weiß ich schon", antwortete der Alte, „einen Taler, sechs Groschen." – „So gebt ihm zwei Taler zwölf Groschen, das ist das Doppelte und ist genug; seht Ihr, ich habe Geld im Überfluss", und gab dem Vater einhundert Taler und sprach: „Es soll Euch niemals fehlen, lebt nach Eurer Bequemlichkeit." – „Mein Gott", sprach der Alte, „wie bist du zu dem Reichtum gekommen?" Da erzählte er ihm, wie alles zugegangen wäre und wie er im Vertrauen auf sein Glück einen so reichen Fang getan hätte. Mit dem übrigen Geld aber zog er wieder hin auf die hohe Schule und lernte weiter, und weil er mit seinem Pflaster alle Wunden heilen konnte, ward er der berühmteste Doktor auf der ganzen Welt.

(*KHM 99: Am 24.7.1813 in Bökendorf von einem Schneider erzählt und von Wilhelm Grimm notiert.)

Das Rittergut der Familie von Haxthausen, der *Bökerhof* in Bökendorf bei Brakel, wurde im 19. Jh. zu einem Treffpunkt der Romantiker. Zum Bökendorfer Kreis gehörten August Freiherr von Haxthausen (1792–1866), seine Geschwister Werner (1780–1842), Anna (1800–1877), Ludowine (1794–1872) und Sophie von Haxthausen (1787–1862), seine Nichten Jenny (1795–1859) und Annette von Droste-Hülshoff (1797–1848) aus dem Münsterland sowie Jacob, Wilhelm und Ludwig Emil Grimm, Paul Wigand, Clemens Brentano, Achim von Arnim und August Heinrich Hoffmann von Fallersleben. Annette von Droste-Hülshoff suchte bei ihren Besuchen im Paderborner Land bei ihren Verwandten Erholung. Ihren Aufenthalten in Bökendorf und auf der Abbenburg verdanken wir wichtige literarische Werke, wie *„Das geistliche Jahr"*, *„Die Abbenburger Gedichte"* und vor allem die Kriminalnovelle *„Die Judenbuche"*, die im Brakeler Stadtteil Bellersen spielt.

August von Haxthausen sammelte mit Hilfe seiner Familie und Freunde, darunter den Brüdern Grimm, von 1805–1820 dreißig Märchen sowie über 400 vorwiegend westfälische Volkslieder mit Melodien, doch kam es wegen anderer Arbeiten nicht zur Herausgabe der geplanten Liedersammlung, sondern nur zu der Veröffentlichung *„Geistliche Volkslieder mit ihren ursprünglichen Weisen“* (1850).

Durch die Familien von Haxthausen/Droste-Hülshoff wurden die Grimms tatkräftig durch Beiträge für ihre Märchen- und Sagensammlungen unterstützt. Fast ein Drittel der *„Kinder- und Hausmärchen“* gehen nachweislich auf sie zurück (u. a. *Der gute Handel, Der Bärenhäuter, Das Lumpengesindel, Dat Mäken von Brakel, Die Bremer Stadtmusikanten*). In den Vorreden zu den *„Kinder- und Hausmärchen“* und ihrer umfangreichen Korrespondenz erwähnen die Brüder Grimm ihren westfälischen Bekannten- und Freundeskreis.

HÖXTER

Die drei Spinnerinnen
(Brüder Grimm*)

Es war ein Mädchen faul und wollte nicht spinnen, und die Mutter mochte sagen, was sie wollte, sie konnte es nicht dazu bringen. Endlich überkam die Mutter einmal Zorn und Ungeduld, dass sie ihm Schläge gab, worüber es laut zu weinen anfing. Nun fuhr gerade die Königin vorbei, und als sie das Weinen hörte, ließ sie anhalten, trat in das Haus und fragte die Mutter, warum sie ihre Tochter schlüge, dass man draußen auf der Straße das Schreien hörte. Da schämte sich die Frau, dass sie die Faulheit ihrer Tochter offenbaren sollte, und sprach: „Ich kann sie nicht vom Spinnen abbringen, sie will immer und ewig spinnen, und ich bin arm und kann den Flachs nicht herbeischaffen."

Da antwortete die Königin: „Ich höre nichts lieber als spinnen und bin nicht vergnügter, als wenn die Räder schnurren; gebt mir Eure Tochter mit ins Schloss, ich habe Flachs genug, da soll sie spinnen, soviel sie Lust hat." Die Mutter war's von Herzen gerne zufrieden, und die Königin nahm das Mädchen mit. Als sie ins Schloss gekommen waren, führte sie es hinauf zu drei Kammern, die lagen von unten bis oben voll vom schönsten Flachs. „Nun spinn mir diesen Flachs", sprach sie, „und wenn du es fertigbringst, so sollst du meinen ältesten Sohn zum Gemahl haben; bist du gleich arm, so acht ich nicht darauf, dein unverdrossener Fleiß ist Ausstattung genug." Das Mädchen erschrak innerlich, denn es konnte den Flachs nicht spinnen, und wär's dreihundert Jahre alt geworden und hätte jeden Tag von morgens bis abends dabeigesessen. Als es nun allein war, fing es an zu weinen und saß so drei Tage, ohne die Hand zu rühren. Am dritten Tag kam die Königin, und als sie sah, dass noch nichts gesponnen war, wunderte sie sich, aber das Mädchen entschuldigte sich damit, dass es vor großer Betrübnis über die Entfernung aus seiner Mutter Haus noch nicht hätte anfangen können. Das ließ sich die Königin gefallen, sagte aber beim Weggehen: „Morgen musst du mir anfangen zu arbeiten."

Als das Mädchen wieder alleine war, wusste es sich nicht mehr zu raten und zu helfen und trat in seiner Betrübnis vor das Fenster. Da sah es drei

Kloster Corvey

Frauen herkommen, davon hatte die erste einen breiten Plattfuß, die zweite hatte eine so große Unterlippe, dass sie über das Kinn herunterhing, und die dritte hatte einen breiten Daumen. Die blieben vor dem Fenster stehen, schauten hinauf und fragten das Mädchen, was ihm fehlte. Es klagte ihnen seine Not, da trugen sie ihm ihre Hilfe an und sprachen: „Willst du uns zur Hochzeit einladen, dich unser nicht schämen und uns deine Basen heißen, auch an deinen Tisch setzen, so wollen wir dir den Flachs wegspinnen, und das in kurzer Zeit." „Von Herzen gern", antwortete es, „kommt nur herein und fangt gleich die Arbeit an." Da ließ es die drei seltsamen Frauen herein und machte in der ersten Kammer eine Lücke, wo sie sich hinsetzten und ihr Spinnen anhuben. Die eine zog den Faden und trat das Rad, die andere netzte den Faden, die dritte drehte ihn und schlug mit dem Finger auf den Tisch, und sooft sie schlug, fiel eine Zahl Garn zur Erde, und das war aufs Feinste gesponnen. Vor der Königin verbarg sie die drei Spinnerinnen und zeigte ihr, sooft sie kam, die Menge des gesponnenen Garns, dass diese des Lobes kein Ende fand. Als die erste Kammer leer war, ging's an die zweite, endlich an die dritte, und die war auch bald aufgeräumt. Nun nahmen die drei Frauen Abschied und sagten zu dem Mädchen: „Vergiss nicht, was du uns versprochen hast, es wird dein Glück sein."

Als das Mädchen der Königin die leeren Kammern und den großen Haufen Garn zeigte, richtete sie die Hochzeit aus, und der Bräutigam freute sich, dass er eine so geschickte und fleißige Frau bekäme, und lobte sie gewaltig. „Ich habe drei Basen", sprach das Mädchen, „und da sie mir viel Gutes getan haben, so wollte ich sie nicht gern in meinem Glück vergessen; erlaubt doch, dass ich sie zu der Hochzeit einlade und dass sie mit am Tisch sitzen." Die Königin und der Bräutigam sprachen: „Warum sollen wir das nicht erlauben?" Als nun das Fest anhub, traten die drei Jungfern in wunderlicher Tracht herein, und die Braut sprach: „Seid willkommen, liebe Basen." – „Ach", sagte der Bräutigam, „wie kommst du zu der garstigen Freundschaft?" Darauf ging er zu der einen mit dem breiten Plattfuß und fragte: „Wovon habt Ihr einen solchen breiten Fuß?" – „Vom Treten", antwortete sie, „vom Treten." Da ging der Bräutigam zur zweiten und sprach: „Wovon habt ihr nur die herunterhängende Lippe?" – „Vom Lecken", antwortete sie, „vom Lecken." Da fragte er die dritte: „Wovon habt Ihr den breiten Daumen?" – „Vom Fadendrehen", antwortete sie, „vom Fadendrehen." Da erschrak der Königssohn und sprach: „So soll mir nun und nimmermehr meine schöne Braut ein Spinnrad anrühren." Damit war sie das böse Flachsspinnen los.

(*KHM 14: Durch Paul Wigand „Aus dem Fürstentum Corvey".)

Als Leiter des Friedensgerichts in Höxter war seit 1809 der aus Kassel stammende Paul Wigand (1786–1866) tätig, der mit Jacob und Wilhelm Grimm das Fridericianum in Kassel besucht und mit ihnen an der Universität Marburg (1803–1806) studiert hatte. Mit den Brüdern Grimm verband ihn eine enge Freundschaft; über vierhundert Briefe wurden zwischen ihnen in über fünfzig Jahren gewechselt. Auf Wunsch von Jacob und Wilhelm Grimm sammelte Wigand im *Corveyer Land* Sagen (u. a. *Die fünf Kreuze, Hünenspiel, Die Helden im Brunsberg*) und Märchen (*Die drei Spinnerinnen*). In den „*Deutschen Sagen*" der Brüder Grimm finden sich weitere Sagen aus Höxter: *Taube hält den Feind ab* sowie *Die Lilie im Kloster zu Corvey*. Vor allem Wilhelm Grimm weilte hin und wieder in Höxter, so Ende Juli/Anfang August 1813 acht Tage lang. Er besuchte von dort aus den sagenumwobenen Brunsberg bei Godelheim und den märchen- und sagenreichen Köterberg.

Friedrich Wilhelm Webers (1813–1894) Epos „*Dreizehnlinden*" beschäftigt sich mit der frühen Christianisierung des Weserraumes; bis zum Jahre 1920 kam es zu über zweihundert Auflagen.

Zur späten Schaffensperiode Wilhelm Raabes (1831–1910) gehört die historische Erzählung „*Höxter und Corvey*" (1879), in deren thematischem Mittelpunkt das Bleibende im deutschen Wesen steht. In der Gegend von Höxter spielt sein historischer Roman „*Alte Nester*".

Im Jahre 1860 kam August Heinrich Hoffmann von Fallersleben (1798–1874), der Dichter des Deutschlandliedes, nach Corvey, wo er beim Herzog von Ratibor und Fürsten zu Corvey bis zu seinem Tod die Stelle des Schlossbibliothekars bekleidete. Auf dem Friedhof hinter der alten Klosterkirche fand Hoffmann von Fallersleben seine letzte Ruhestätte. Viele seiner Gedichte und Kinderlieder (*Alle Vögel sind schon da, Ein Männlein steht im Walde, Der Kuckuck und der Esel*) entstanden in der Stille von Schloss Corvey.

2014 wurde Corvey als *UNESCO-Weltkulturerbe* ausgezeichnet. In der ehemaligen Benediktinerabtei befindet sich das älteste und das einzige fast vollständig erhaltene karolingische Westwerk.

HOLZMINDEN

Der wilde Jäger Hackelberg
(Brüder Grimm*)

Vorzeiten soll im Braunschweiger Land ein Jägermeister gewesen sein, Hackelberg genannt, welcher zum Waidwerk und Jagen große Lust empfand. Als er nun in seinem Totenbett lag und vom Jagen ungern Abschied nehmen wollte, soll er Gott gebeten haben, aufgrund seines christlichen und gottseligen Lebens, für sein Himmelreich bis zum Jüngsten Tag im Solling jagen zu dürfen und in dieser Wildnis und Wald begraben zu werden. So geschah es – seinem gottlosen, ja teuflischen Wunsch wurde entsprochen, denn nachts ist vier Mal ein gräuliches und erschreckliches Hornblasen und Hundegebell zu hören. Mal hier, ein andermal anderswo in dieser Wildnis, wie mir diejenigen berichten, die den wilden Jäger gehört haben. Zudem soll es gewiss sein, dass, wenn man nachts solch ein Jagen bemerkt und am folgenden Tag gejagt wird, man sich Arm, Bein, wenn nicht sogar den Hals bricht oder sich sonst ein Unglück zuzieht.

Ich° bin selbst im Jahr 1558, als ich von Einbeck über den Solling nach Uslar geritten bin und mich verirrte, in die Nähe des Grabes von Hackelberg gestoßen. Es war ein Platz in der Wildnis, wie eine Wiese, doch mit Gestrüpp und Schilf, etwas länger als breit, größer als ein Acker, darauf stand kein Baum. Der Platz erstreckte sich mit der Länge nach Aufgang der Sonne, am Ende lag ein erhabener roter Wackerstein, etwa acht oder neun Schuh lang und fünf breit. Er war aber nicht, wie andere Steine, gegen Osten, sondern mit der Vorderseite gegen Süden, mit der andern gegen Norden gekehrt.

Man sagte mir, es vermöchte niemand dieses Grab zu finden, so sehr man sich auch darum bemühe. Käme aber jemand in die Nähe, lägen gräuliche schwarze Hunde daneben. Solch ein Gespenst ward ich aber nicht im Geringsten gewahr.

(°Hans Kirchhof)

(*Deutsche Sagen)

Der wilde Jäger Hackelberg

Hackelberg
(Georg Schambach/Wilhelm Müller)

Hackelberg ist Oberförster zu Neuhaus im Solling gewesen. Ihm träumt drei Nächte hintereinander, er schösse auf der Jagd einen großen Keiler, der ihn aber töte. Seine Frau bittet ihn deshalb, zu Hause zu bleiben, und er tut dies auch. Die anderen aber gehen auf die Jagd und erlegen einen großen Keiler. Als sie am Abend von der Jagd zurückkommen und der große Keiler in den Hof gebracht wird, geht Hackelberg hinaus, fasst seinen Kopf und hebt ihn in die Höhe. Dabei spricht er die Worte: „Du bist es also, der mich töten wollte, und nun bist du selber getötet!“ Indem er aber den Kopf des Keilers wieder fallen lässt, ritzt ihm der eine Hauer das Bein. Die Wunde, anfangs nicht beachtet, verschlimmert sich, und er muss daran sterben. Sterbend spricht Hackelberg, da er nun doch sterben müsse, ohne auf die Jagd gegangen zu sein, so wolle er auch ewig jagen.

Seitdem jagt er am Himmel hin bis ans Ende der Welt. Alle sieben Jahre kommt er einmal herum. Vorauf fliegt der Nachtrabe und ruft sein „har, har!“ – Er ist von ganz ungewöhnlicher Größe – dann kommen die Hunde und bellen „gif, gaf, gif, gaf!“ Dann kommt Hackelberg selbst und ruft „to ho, to ho!“, ist aber unsichtbar.

Eine überregionale Sagengestalt (im Solling und im Harz) ist der *wilde Jäger Hackelberg*, der schon in den *„Deutschen Sagen“* der Brüder Grimm, in den *„Norddeutschen Sagen, Märchen und Gebräuchen“* von Kuhn/Schwartz sowie in den *„Niedersächsischen Sagen und Märchen“* bei Schambach/Müller vorkommt. Auch bei den regionalen Sagensammlern Pastor August Harland *(„Sagen und Mythen aus dem Solling“)* und Heinrich Sohnrey (*„Tchiff tchaff, toho! Gestalten, Sitten und Bräuche, Geschichten und Sagen aus dem Sollinger Walde“*) wird über Hackelberg berichtet, dessen Grab sich der Sage nach auf dem Moosberg bei Neuhaus beim *Hackelbergstein*, auch Hackelbergs Grab genannt, befinden soll.

Das Wilhelm-Raabe-Denkmal mit der Figur des Klaus Eckenbrecher (aus: *„Der heilige Born“*) erinnert an den Schriftsteller Wilhelm Raabe (1831–1910), der seine Kindheit von 1832–1842 in Holzminden verbrachte.

Zehn Auflagen erlebte das Hauptwerk von Gerson Stern (*1874–1956) *„Weg ohne Ende. Ein jüdischer Roman“*.

Schatzsucher im Simeliberg

POLLE

Simeliberg
(Brüder Grimm*)

Es waren zwei Brüder, einer war reich, der andere arm. Der Reiche aber gab dem Armen nichts, und dieser musste sich vom Kornhandel kümmerlich ernähren. Da ging es ihm oft so schlecht, dass er für seine Frau und Kinder kein Brot hatte. Einmal fuhr er mit seinem Karren durch den Wald, da erblickte er zur Seite einen großen kahlen Berg, und weil er den noch nie gesehen hatte, hielt er still und betrachtete ihn mit Verwunderung. Wie er so stand, sah er zwölf wilde große Männer daherkommen. Weil er nun glaubte, das wären Räuber, schob er seinen Karren ins Gebüsch und stieg auf einen Baum und wartete, was da geschehen würde. Die zwölf Männer gingen aber vor den Berg und riefen: „Berg Semsi, Berg Semsi, tu dich auf." Alsbald tat sich der kahle Berg in der Mitte voneinander, und die zwölf gingen hinein, und wie sie drin waren, schloss er sich zu. Über eine kleine Weile aber tat er sich wieder auf, und die Männer kamen heraus und trugen schwere Säcke auf den Rücken, und wie sie alle wieder am Tageslicht waren, sprachen sie: „Berg Semsi, Berg Semsi, tu dich zu." Da fuhr der Berg zusammen und war kein Eingang mehr an ihm zu sehen, und die zwölf gingen fort. Als sie ihm nun ganz aus den Augen waren, stieg der Arme vom Baum herunter und war neugierig, was wohl im Berge Heimliches verborgen wäre. Also ging er davor und sprach: „Berg Semsi, Berg Semsi, tu dich auf", und der Berg tat sich vor ihm auf. Da trat er hinein, und der ganze Berg tat sich auch vor ihm auf. Da trat er hinein, und der ganze Berg war eine Höhle voll Silber und Gold, und hinten lagen große Haufen Perlen und blitzende Edelsteine wie Korn aufgeschüttet. Der Arme wusste gar nicht, was er anfangen sollte und ob er sich etwas von den Schätzen nehmen dürfte. Endlich füllte er sich die Taschen mit Gold, die Perlen und Edelsteine aber ließ er liegen. Als er wieder herauskam, sprach er gleichfalls: „Berg Semsi, Berg Semsi, tu dich zu", da schloss sich der Berg, und er fuhr mit seinem Karren nach Haus. Nun brauchte er nicht mehr zu sorgen und konnte mit seinem Golde für Frau und Kind Brot und auch Wein dazu kaufen, lebte fröhlich und redlich, gab den Armen und tat jedermann Gutes. Als aber das Geld zu Ende war, ging er zu seinem Bruder, lieh einen Scheffel und holte sich von Neuem, doch rührte er von den großen Schätzen nichts an. Wie er sich zum dritten Mal etwas holen wollte, borgte er bei seinem Bruder abermals den Scheffel. Der Reiche aber war schon lange neidisch über sein Vermögen und den schönen Haushalt, den er sich eingerichtet hatte, und konnte nicht begreifen, woher der Reichtum käme und was sein Bruder mit dem Scheffel anfinge. Da dachte er sich eine List aus und bestrich den Boden mit Pech, und wie er das Maß zurückbekam, so war ein Goldstück darin hängengeblieben. Alsbald ging er zu seinem Bruder und fragte ihn: „Was hast du mit dem Scheffel gemessen?" – „Korn und Gerste", sagte der andere. Da zeigte er ihm das Goldstück und drohte ihm, wenn er nicht die Wahrheit sagte, so wollte er ihn beim Gericht verklagen. Er erzählte ihm nun alles, wie es zugegangen war. Der Reiche aber ließ gleich einen Wagen anspannen, fuhr hinaus, wollte die Gelegenheit besser nutzen und ganz andere Schätze mitbringen. Wie er vor den Berg kam, rief er: „Berg Semsi, Berg Semsi, tu dich auf." Der Berg tat sich auf, und er ging hinein. Da lagen die Reichtümer alle vor ihm, und er wusste lange nicht, wozu er am ersten greifen sollte. Endlich lud er Edelsteine auf, so viel er tragen konnte. Er wollte seine Last hinausbringen, weil aber Herz und Sinn ganz voll von den Schätzen waren, hatte er darüber den Namen des Berges vergessen und rief: „Berg Simeli, Berg Simeli, tu dich auf." Aber das war der rechte Name nicht, und der Berg regte sich nicht und blieb verschlossen. Da ward ihm angst, aber je länger er nachsann, desto mehr verwirrten sich seine Gedanken und halfen ihm alle Schätze nichts mehr. Am Abend tat sich der Berg auf, und die zwölf Räuber kamen herein, und als sie ihn sahen, lachten sie und riefen: „Vogel, haben wir dich endlich, meinst du, wir hätten's nicht gemerkt, dass du zwei Mal hereingekommen bist, aber wir konnten dich nicht fangen, zum dritten Mal sollst du nicht wieder heraus." Da rief er: „Ich war's nicht, mein Bruder war's", aber er mochte bitten um sein Leben und sagen, was er wollte, sie schlugen ihm das Haupt ab

(*KHM 142: Im Mai 1814 durch Ludowine von Haxthausen nach einer Erzählung auf dem Köterberg)

Von Polle aus ist ein Besuch zum sagen- und märchenumwobenen Köterberg (497 m), der zu Lügde, zu einem kleineren Teil aber auch zu Polle gehört, zu empfehlen. Wo einst fünf Herrschaftsgebiete aufeinanderstießen, bietet sich bei gutem Wetter ein herrlicher weiter Rundblick auf die Weserlandschaft.

In Jacob Grimms *„Deutscher Mythologie"* finden sich auch zwei Sagen mit Bezug zu Polle, nämlich *Die Hünen auf dem Everstein und der Homburg* sowie *Der Hünenbrink*. Die *Originaltexte* von der Hand Paul Wigands, Jugendfreund der Brüder Grimm (vgl. Höxter), befinden sich im Grimm-Nachlass in der Staatsbibliothek zu Berlin – Preußischer Kulturbesitz.

In der romantischen Burgruine Polle wird an jedem 3. Sonntag im Monat, von Mai bis September, das Märchen vom *Aschenputtel* der Brüder Grimm aufgeführt.

Die Rache der Zwerge

SCHIEDER-SCHWALENBERG

Die Rache der Zwerge
(Josef Seiler*)

Mit reicher Beute, die er unter Rotbarts Fahnen erworben hatte, kehrte Ritter Hermann, Graf von Schwalenberg, aus Palästina zurück. Es war ein Tag hohen Jubels, als er in dem alten Schloss seiner Väter, tief in den westfälischen Bergen, seinen Einzug hielt, denn viele Jahre war er fern gewesen von Weib und Kind, und manchmal hatten diese in ihrer Einsamkeit an seiner Wiederkehr gezweifelt. War doch so mancher ausgezogen, das heilige Kreuz zu befreien, von dem nie wieder Kunde in seiner Heimat gehört wurde.

Nach einiger Zeit, als der Ritter alle Geschichten von den Schlachten, Eroberungen und Gefahren erzählt, als er alle seine mitgebrachten Schätze immer wieder gezeigt hatte, sprach er zu seiner treuen Frau: „Wir bewohnen ein altes Haus, seine Zinnen und Mauern beginnen schon zu wanken. Nun bin ich aber reich genug, eine neue Burg zu bauen, stattlich und fest, worin es sich angenehmer und sicherer wohnen lässt. Darum habe ich mir dort jene Bergspitze ausersehen, um ein Schloss darauf zu gründen, oder wüsstest Du einen besseren Bauplatz, teure Hildeburg?" Die Gattin des Ritters meinte zwar anfangs, es sei nicht gut, das alte Ahnenhaus so schnöde zu verlassen, und es sei wohl auch noch nicht gar so baufällig und morsch. Aber als Hermann sie darauf in der verwahrlosten Feste umherführte, als er ihr zeigte, wie hier eine Turmspitze gänzlich zerbröckelt war, wie dort eine Zimmerdecke einzustürzen drohte, wie Raben und Uhus durch gähnende Mauerlücken ungehindert ein- und ausfliegen konnten, gab sie schließlich ihre Zustimmung zu dem Bau; sie dachte dabei an die unermesslichen Schätze und Kostbarkeiten ihres Mannes, und schon wenige Tage später waren die Werkleute damit beschäftigt, die jähe Höhe abzutragen und zu ebnen.

In der folgenden Nacht hatte Ritter Hermann einen gar seltsamen Besuch. Von einem sonderbaren Scharren und Hüsteln geweckt, erblickte er vor seinem Bett eine ganze Schar winziger alter Männchen, die fast wie Bergleute gekleidet waren. Jeder von ihnen trug eine kleine goldene Ampel, wodurch das Schlafgemach des Ritters ganz erhellt wurde. Der Ansehnlichste unter den Kleinen trat etwas vor und begann, unter wunderlichen Kratzfüßen, seine Anrede: „Gestrenger Herr Ritter, wir haben erfahren, dass Ihr gewillt seid, auf jenem Berg ein Schloss zu bauen. Wir wollten Euch aber inständig bitten, den Bau zu unterlassen." Über dieses Ansinnen lachte der Ritter laut auf. „Wer dürfte es doch wagen", rief er, „mich an meinem Bau auf meinem eigenen Grund und Boden zu hindern. Der Berg gehört völlig zu meinen Besitzungen. Wer seid ihr denn, ihr kleines verwegenes Volk?" „Wir sind die Herren der Berge", erwiderte der kleine Sprecher sehr ernsthaft. „Und in dem Berg, den Ihr bebauen wollt, wohnen unserer viele. In warmen, mondhellen Nächten schlüpfen wir aus den Tiefen heraus und halten oben ein munteres Tänzchen. Wenn dort nun ein Schloss stände, so wäre uns das, wie Ihr doch einsehen solltet, sehr hinderlich. Und nun gar unsre schmucken Mädchen, wenn sie einmal Lust bekämen, sich in dem Brunnen, der auf dem Berg quillt, zu baden, und es triebe sich dann vielleicht gerade ein Tross roher Knappen dort umher. – Baut lieber auf einem anderen Berg, Herr Ritter. Wir Berggeister und Zwerge wollen Euch gern behilflich sein." Aber Ritter Hermann war nicht von der Art, sich von einem vorgenommenen Werk, zumal auf solche Weise, abbringen zu lassen. „Setzt meine Geduld nicht länger auf die Probe", rief er im höchsten Zorn. „Packt euch sogleich fort und sagt denen, die euch hergesandt haben, dass ich bauen werde, wo immer es mir beliebt, und dass weder Zwerge noch Geister mich daran hindern werden!" Die Zwerge entfernten sich trippelnd und seufzend, und es sah beinahe so aus, als wenn der eine oder der andere von ihnen sich eine Träne aus den Augen wischte. –

In den drei folgenden Nächten kamen und gingen die Zwerge ebenso, aber durch ihre Bitten wurde Ritter Hermann nur noch hartnäckiger. Sie kamen daher nicht wieder, und der Bau begann ungehindert.

Manche alte Eiche, die Jahrhunderte hindurch ihr Haupt stolz emporgehoben hatte, musste sinken, mancher Steinkoloss wurde dem Schoß der Erde, wo er lange geruht hatte, entrissen. Alles wurde mit unsäglicher Anstrengung den Berg hinaufgeschleppt, und mehr als ein Ross stürzte, zu Tode ermattet, unter der Geißel des Treibers an dem steilen Hang nieder. Täglich war der Ritter selbst oben bei den Arbeitern und ordnete an und befahl und ließ sich nicht verdrießen, das Kleinste wie das Größte sorgsam im Auge zu haben. So wuchsen denn bald die ersten Mauern trotzig empor, und gar nicht lange währte es, bis man Größe und Gestalt der neuen Burg erkennen konnte. Der Brunnen der Zwerge sprudelte mitten im Schlosshof, so hatte es der Ritter ausdrücklich gewollt. Immer höher hoben sich die Mauern; es bildeten sich allmählich die Zinnen und Warten, Erker und Balkone. Endlich, nachdem drei Mal die Blätter in den Stürmen des Herbstes gefallen waren, stand der Bau herrlich vollendet da. Zehn Türme ragten, mit Stahl gedeckt, ringsum empor. Die mittelste höchste Zinne war ganz vergoldet, alle Türen der Burg waren aus Kupfer, und über dem Eingang in den Rittersaal prangte Hermanns Wappen, von gediegenem Silber gearbeitet.

Der nächste erste Mai war zur feierlichen Einweihung dieses Prachtgebäudes bestimmt, und Einladungen waren an alle Ritter und Herren der westfälischen Lande ergangen. Viele Wochen vorher schon sah man sie auf hohen Rossen der Hermannsburg zureiten, denn keiner der Geladenen wollte bei dem Fest fehlen. Über hundert Edelleute kamen zusammen, den Tag des ersten Mai zu begehen. Als nun alle versammelt waren, begann das Fest mit einem großen Turnier. Zu Ross und zu Fuß, mit Schwert und Lanze, einzeln und in großen Massen ward in dem geräumigen Burghof gekämpft, und manch köstlichen Preis trug die Tapferkeit der Ritter davon. Nach beendigtem Kampfspiel zogen sie in die Hallen des Schlosses ein, wo ein gar stattliches Mahl gehalten wurde. Die Tafeln waren mit Purpurdecken belegt, man speiste von silbernen Schüsseln und trank welschen und griechischen Wein aus goldenen Pokalen. Während des Mahles priesen Spielleute in lieblichen Liedern die Taten von Hermanns Ahnen und hörten nicht auf, die edlen Zecher zu ergötzen. Bis spät abends erklangen vom Tanzsaal her lustige Weisen und lockten die Ritter und Frauen zu munteren Reigen.

Stunde um Stunde dauerte die Lust, bis endlich die Mitternacht stumm und schwarz herniederkam. Da kam plötzlich ein gewaltiger Stoß aus der Tiefe des Berges herauf, das ganze Gebäude erzitterte – die trunkenen Ritter fuhren entsetzt zusammen. Es folgte noch ein Stoß und wieder einer, dass die Mauern barsten und die Türme einstürzten! Da und dort glommen tausend kleine Flammen wie Irrlichter an den Säulen und Zinnen hinauf und leckten an den Balken und Dächern, wurden größer und vereinten sich; bald war die Burg eine einzige, zu den Wolken aufschlagende Lohe. Unzählige kleine Gestalten umtanzten hohnlachend die prasselnde Glut. Ritter Hermann aber wurde mit all seinen Gästen unter dem einstürzenden Schloss begraben. Das war die Rache der Zwerge.

Viele Jahrhunderte sind seitdem vergangen, aber noch stehen auf einer steilen Bergkuppe an den Ufern der Emmer die Ruinen der Hermannsburg, und der Brunnen der Zwerge quillt in dem wüsten Gemäuer, silberhell wie ehemals.

(*„Jüngere Mythe“)

Zwischen Schieder-Schwalenberg-Glashütte und Lügde erhebt sich die Herlingsburg (334 m), eine Wallanlage aus vorchristlicher Zeit und alte sächsische Fliehburg, die der Sage nach Wohnstätte von Hermann dem Cherusker sowie von Ritter Hermann aus dem Schwalenberger Geschlecht gewesen sein soll.

LÜGDE

Die drei Vögelchen
(Brüder Grimm* – hochdeutsche Fassung E. M. Iba)

Es ist wohl schon tausend und mehr Jahre her, da waren hier im Lande lauter kleine Könige, da hat auch einer auf dem Köterberg gewohnt, der ging sehr gerne auf die Jagd. Als er nun einmal mit seinen Jägern vom Schlosse auszog, hüteten unten am Berge drei Mädchen ihre Kühe, und wie sie den König mit den vielen Leuten sahen, so rief die Älteste den anderen beiden Mädchen zu und wies auf den König: „Helo, helo! Wenn ich den nicht kriege, so will ich keinen." Da antwortete die Zweite auf der anderen Seite vom Berg und wies auf den, der dem König zur rechten Hand ging: „Helo, helo! Wenn ich den nicht kriege, so will ich keinen." Da rief die Jüngste und wies auf den, der linker Hand ging: „Helo, helo! Wenn ich den nicht kriege, so will ich keinen." Das waren aber die beiden Minister. Das alles hörte der König, und als er von der Jagd heimgekommen war, ließ er die drei Mädchen zu sich kommen und fragte sie, was sie da gestern am Berge gesagt hätten. Das wollten sie nicht sagen, der König fragte aber die Älteste, ob sie ihn wohl zum Mann haben wollte. Da sagte sie ja, und ihre beiden Schwestern heirateten die beiden Minister, denn sie waren alle drei schön und klar von Angesicht, besonders die Königin, die hatte Haare wie Flachs.

Die beiden Schwestern aber kriegten keine Kinder, und als der König einmal verreisen musste, ließ er sie zur Königin kommen, um sie aufzumuntern, denn sie war gerade schwanger. Sie kriegte einen kleinen Jungen, der kam mit einem ritzroten Feuermal auf die Welt. Da sagten die beiden Schwestern, eine zur andern, sie wollten den hübschen Jungen ins Wasser werfen. Wie sie ihn hineingeworfen hatten (ich glaube, es ist die Weser gewesen), da flog ein Vögelchen in die Höhe, das sang:

„Zum Tode bereit,
auf weitern Bescheid,
zum Lilienstrauß:
wack'rer Junge, bist du's?"

Die drei Vögelchen

Als das die beiden hörten, hatten sie Angst um ihr Leben und machten, dass sie fortkamen. Wie der König nach Hause kam, sagten sie zu ihm, die Königin hätte einen Hund gekriegt. Da sagte der König: „Was Gott tut, das ist wohlgetan."

Es wohnte aber ein Fischer an dem Wasser, der fischte den kleinen Jungen wieder heraus, als er gerade noch lebendig war, und da seine Frau keine Kinder hatte, zogen sie ihn auf. Nach einem Jahr war der König wieder verreist, da kriegte die Königin wieder einen Jungen, den nahmen die beiden falschen Schwestern und warfen auch ihn ins Wasser. Da flog das Vögelchen wieder in die Höhe und sang:

„Zum Tode bereit,
auf weitern Bescheid,
zum Lilienstrauß:
wack'rer Junge, bist du's?"

Und wie der König zurückkam, sagten sie zu ihm, die Königin hätte wieder einen Hund bekommen, und er sagte wieder: „Was Gott tut, das ist wohlgetan." Aber der Fischer zog diesen auch aus dem Wasser und zog ihn auf.

Da verreiste der König wieder, und die Königin kriegte ein kleines Mädchen, auch das warfen die falschen Schwestern ins Wasser. Da flog das Vögelchen wieder in die Höhe und sang:

„Zum Tode bereit,
auf weitern Bescheid,
zum Lilienstrauß:
wack'res Mädchen, bist du's?"

Und wie der König nach Hause kam, sagten sie zu ihm, die Königin hätte eine Katze gekriegt. Da wurde der König böse und ließ seine Frau ins Gefängnis werfen, und darin hat sie lange Jahre gesessen.

Die Kinder waren unterdessen herangewachsen; da ging der Älteste einmal mit anderen Jungen zum Fischen hinaus, doch wollten ihn einer von ihnen nicht um sich haben und sagte: „Du Findling, geh du deiner Wege." Da wurde er ganz betrübt und fragte den alten Fischer, ob das wahr wäre. Der erzählte ihm, dass er einst gefischt und ihn aus dem Wasser gezogen hätte. Da sagte er, er wolle fort und seinen Vater suchen. Der Fischer bat ihn inständig, zu bleiben, aber er ließ sich gar nicht zurückhalten, bis der Fischer zuletzt nachgab. Da begab er sich auf den Weg und ging mehrere Tage hintereinander; endlich kam er an ein großes, mächtiges Wasser, davor stand eine alte Frau und fischte. „Guten Tag, Mutter", sagte der Junge. – „Großen Dank." Du musst da wohl lange fischen, eh' du einen Fisch fängst?" – „Und du wohl lange suchen, bist du deinen Vater findest. Wie willst du denn übers Wasser kommen?", sagte die Frau. – „Ja, das mag Gott wissen." Da nahm ihn die alte Frau auf den Rücken und trug ihn hindurch, und er suchte lange Zeit, konnte aber seinen Vater nicht finden.

Als nun wohl ein Jahr vorüber war, da zog der Zweite auch aus und wollte seinen Bruder suchen. Er kam an das Wasser, und da ging es ihm ebenso wie seinem Bruder. Nun war nur noch die Tochter allein zu Haus, die jammerte so sehr nach ihren Brüdern, dass sie zuletzt auch den Fischer bat, er möge sie ziehen lassen, sie wolle ihre Brüder suchen. Da kam auch sie an das große Wasser und sagte zu der alten Frau: „Guten Tag, Mutter." – „Großen Dank." – „Gott helfe Euch bei Eurem Fischen." Als die alte Frau das hörte, da wurde sie ganz freundlich, trug sie übers Wasser, gab ihr eine Rute und sagte zu ihr: „Nun geh' man immer auf diesem Weg, meine Tochter, und wenn du bei einem großen schwarzen Hund vorbeikommst, so musst du still und ernst und ohne zu lachen und ohne ihn anzusehen vorbeigehen. Dann kommst du an ein großes Schloss, auf der Schwelle musst du die Rute fallen lassen und schnurstracks durch das Schloss an der anderen Seite wieder herausgehen. Da ist ein alter Brunnen, aus dem ist ein großer Baum gewachsen, daran hängt ein Vogel im Bauer, den nimm ab. Dann nimm noch ein Glas Wasser aus dem Brunnen und geh mit diesen beiden denselben Weg wieder zurück. Auf der Schwelle nimm auch wieder die Rute mit, und wenn du dann wieder bei dem Hund vorbeikommst, so schlag ihm ins Gesicht, aber sieh zu, dass du ihn triffst, und dann komm wieder zu mir zurück." Da fand sie alles gerade so, wie die Frau es gesagt hatte, und auf dem Rückweg fand sie die beiden Brüder, die die halbe Welt durchsucht hatten. Sie gingen zusammen bis dahin, wo der schwarze Hund am Wege lag, den schlug sie ins Gesicht; da wurde er ein schöner Prinz und ging mit ihnen bis ans Wasser. Dort stand noch die alte Frau, die freute sich sehr, dass sie alle wieder da waren, und trug sie alle übers Wasser, und dann ging sie auch weg, denn sie war nun erlöst. Die jungen Leute gingen zu dem alten Fischer, und alle waren froh, dass sie sich wiedergefunden hatten, den Vogelbauer aber hängten sie an die Wand.

Den zweiten Sohn hielt es aber nicht zu Hause, er nahm einen Flitzebogen und ging auf die Jagd. Als er müde war, nahm er seine Flöte und blies eine Melodie. Der König aber war auch auf der Jagd und hörte das; da ging er dort hin, und als er den Jungen traf, so sagte er: „Wer hat dir erlaubt, hier zu jagen?" – „O, niemand." – „Zu wem gehörst du denn?" – „Ich bin des Fischers Sohn." – „Aber der hat ja keine Kinder." – „Wenn du's nicht glauben willst, so komm mit." Das tat der König und fragte den Fischer; der erzählte ihm alles, und das Vögelchen an der Wand fing an zu singen.

„Die Mutter sitzt allein,
wohl in dem Kerkerlein.
O König, edles Blut,
das sind deine Kinder gut.
Die falschen Schwestern beide,
die taten den Kindern ein Leide,
wohl in des Wassers Grund,
wo sie der Fischer fund.“

Da erschraken sie alle, und der König nahm den Vogel, den Fischer und die drei Kinder mit sich aufs Schloss, ließ das Gefängnis aufschließen und nahm seine Frau wieder heraus, die aber war ganz krank und elend geworden. Da gab ihr die Tochter von dem Wasser aus dem Brunnen zu trinken, und sie wurde frisch und gesund. Die beiden falschen Schwestern wurden aber verbrannt, und die Tochter freite den Prinzen.

(*KHM 96: Dieses in der Originalfassung plattdeutsche Märchen geht laut Wilhelm Grimm auf einen Schäfer zurück, den er auf dem Köterberg getroffen hatte.)

Am 2. August 1813 unternahm Wilhelm Grimm einen Ausflug zum Köterberg, wo er von einem Schäfer das plattdeutsche Märchen *De drei Vügelkens* (Vögelchen) sowie die Sagen *Die Springwurzel* und *Der Köterberg* hörte.

Lügde ist eine Stadt mit einem reichen Sagenschatz und sehenswerten historischen Bauwerken. Der Lügder Sagenschatz wurde im 19. und 20. Jahrhundert gesammelt und herausgegeben: Mitte des 19. Jahrhunderts von dem Heimatdichter und Komponisten Josef Seiler (1823–1977, *„Volkssagen und Legenden des Landes Paderborn“*) sowie Ende des 20. Jahrhunderts von seinem weitläufigen Verwandten, dem Archivar und Chronisten Manfred Willeke (1964–2016, *„Lügder Sagen-Sammlung. Sagen und sagenhafte Geschichten aus der Stadt Lügde“*). Mündlich überliefert ist, dass Wilhelm Grimm, anlässlich eines Besuches im benachbarten Bad Pyrmont, wo seine Frau und Tochter zur Kur waren, im Juli 1841 Julius Seiler traf und diesen vermutlich zur Veröffentlichung seiner Sammlungen ermutigte.

Zwischen Lügde und Schieder-Schwalenberg-Glashütte erhebt sich die Herlingsburg (334 m), eine Wallanlage aus vorchristlicher Zeit und alte sächsische Fliehburg, die der Sage nach Wohnstätte von Hermann dem Cherusker gewesen sein soll. Um die höchste Erhebung der Umgebung, den Köterberg (496 m), ranken sich zahlreiche Sagen und Märchen. Einige von ihnen finden sich in den *„Kinder- und Hausmärchen“* sowie in den *„Deutschen Sagen“* der Brüder Grimm.

Baron Münchhausen

BODENWERDER

Des Baron Münchhausens Abenteuer auf der Reise nach Russland (Rudolph Erich Raspe/Gottfried August Bürger)

Ich trat meine Reise nach Russland von Haus ab mitten im Winter an, weil ich ganz richtig schloss, dass Frost und Schnee die Wege durch die nördlichen Gegenden von Deutschland, Polen, Kur- und Livland, welche nach der Beschreibung aller Reisenden fast noch elender sind als die Wege nach dem Tempel der Tugend, endlich, ohne besondere Kosten hochpreislicher, wohlfürsorgender Landesregierungen, ausbessern müsste. Ich reiste zu Pferde, welches, wenn es sonst nur gut um Gaul und Reiter steht, die bequemste Art zu reisen ist. Denn man riskiert alsdann weder mit irgendeinem höflichen deutschen Postmeister eine Affaire d'honneur (Duell) zu bekommen, noch von seinem durstigen Postillion vor jede Schenke geschleppt zu werden. Ich war nur leicht bekleidet, welches ich ziemlich übel empfand, je weiter ich gegen Nordost hinkam.

Nun kann man sich einbilden, wie bei so strengem Wetter unter dem rauesten Himmelstrich einem armen alten Mann zumute sein musste, der in Polen auf einem öden Anger, über den der Nordost hinschnitt, hilflos und schauernd dalag und kaum hatte, womit er seine Schamblöße bedecken konnte.

Der arme Teufel dauerte mir von ganzer Seele. Ob mir gleich selbst das Herz im Leibe fror, so warf ich dennoch meinen Reisemantel über ihn her. Plötzlich erscholl eine Stimme vom Himmel, die dieses Liebeswerk ganz ausnehmend herausstrich und mir zurief:

Hol mich der Teufel, mein Sohn,
das soll dir nicht unvergolten bleiben!

Ich ließ das gut sein und ritt weiter, bis Nacht und Dunkelheit mich überfielen. Nirgends war ein Dorf zu hören, noch zu sehen. Das ganze Land lag unter Schnee, und ich wusste weder Weg noch Steg.

Des Reitens müde, stieg ich endlich ab und band mein Pferd an eine Art von spitzem Baumstaken, der über dem Schnee hervorragte. Zur Sicherheit nahm ich meine Pistolen unter den Arm, legte mich nicht weit davon in den Schnee nieder und tat ein so gesundes Schläfchen, dass mir die Augen nicht eher wieder aufgingen, als bis es heller lichter Tag war. Wie groß war aber mein Erstaunen, als ich fand, dass ich mitten in einem Dorfe auf dem Kirchhof lag! Mein Pferd war anfänglich nirgends zu sehen, doch hörte ich's bald darauf irgendwo über mir wiehern. Als ich nun empor sah, so wurde ich gewahr, dass es an den Wetterhahn des Kirchturms gebunden war und von da herunterhing. Nun wusste ich sogleich, wie ich dran war. Das Dorf war nämlich die Nacht über ganz zugeschneit gewesen; das Wetter hatte sich auf einmal umgesetzt. Ich war im Schlaf nach und nach, so wie der Schnee zusammengeschmolzen war, ganz sanft herabgesunken, und was ich in der Dunkelheit für den Stumpf eines Bäumchens, der über dem Schnee hervorragte, gehalten und daran mein Pferd gebunden hatte, das war das Kreuz oder der Wetterhahn des Kirchturms gewesen.

Ohne mich nun lange zu bedenken, nahm ich eine von meinen Pistolen, schoss nach dem Halfter, kam glücklich auf die Art wieder zu meinem Pferd und verfolgte meine Reise.

Hierauf ging alles gut, bis ich nach Russland kam, wo es eben nicht Mode ist, des Winters zu Pferd zu reisen. Wie es nun immer meine Maxime ist, mich nach dem Bekannten *ländlich sittlich* zu richten, so nahm ich dort einen kleinen Rennschlitten auf ein einzelnes Pferd und fuhr wohlgemut auf St. Petersburg los.

Nun weiß ich nicht mehr recht, ob es in Estland oder Ingermanland war, so viel aber besinne ich mich noch wohl, es war mitten in einem fürchterlichen Walde, als ich einen entsetzlichen Wolf mit aller Schnelligkeit des gefräßigsten Winterhungers hinter mich ansetzen sah. Er holte mich bald ein, und es war schlechterdings unmöglich, ihm zu entkommen. Mechanisch legte ich mich platt in den Schlitten nieder und ließ mein Pferd zu unserm beiderseitigen Besten ganz allein agieren. Was ich zwar vermutete, aber kaum zu hoffen und zu erwarten wagte, das geschah gleich nachher. Der Wolf bekümmerte sich nicht im Mindesten um meine Wenigkeit, sondern sprang über mich hinweg, fiel wütend auf das Pferd, riss ab und verschlang auf einmal den ganzen Hinterteil des armen Tieres, welches vor Schrecken und Schmerz nur desto schneller lief. Wie ich nun auf die Art selbst so unbemerkt und gut davongekommen war, so erhob ich ganz verstohlen mein Gesicht und nahm mit Entsetzen wahr, dass der Wolf sich beinahe über und über in das Pferd hineingefressen hatte. Kaum aber hatte er sich so hübsch hineingezwängt, so nahm ich mein Tempo wahr und fiel ihm tüchtig mit meiner Peitsche auf das Fell. Solch ein unerwarteter Überfall in diesem Futteral verursachte ihm keinen geringen Schreck. Er strebte mit aller Macht vorwärts, der Leichnam des Pferdes fiel zu Boden, und siehe!, an seiner Statt steckte mein Wolf in dem Geschirr. Ich hörte nun noch weniger auf zu peitschen, und wir langten in vollem Galopp gesund und wohlbehalten in St. Petersburg an, ganz gegen unsere beiderseitigen respektiven Erwartungen und zu nicht geringem Erstaunen aller Zuschauer.

An den größten Sohn der Stadt, den Freiherrn Hieronymus Carl Friedrich von Münchhausen (1720–1797), wird in Bodenwerder auf mannigfaltige Weise erinnert. Der einstige Münchhausen-Gutshof ist ein Gebäude-Ensemble mit dem Herrenhaus von 1603 (Geburts- und Sterbeort Münchhausens), der ehemaligen Branntweinbrennerei sowie der Schulenburg, einem im Kern mittelalterlichen Steinhaus, in dem sich das sehr informative, umfangreiche Münchhausen-Museum (Erinnerungsstücke, Buchausgaben, Illustrationen etc.) befindet.

Nicht weit vom Herrenhaus (heutzutage das Rathaus der Stadt Bodenwerder), auf dessen Treppe der berühmte Fabulierer von seinen Abenteuern berichtete, erhebt sich am Berghang das 1763 errichtete Münchhausen-Gartenhaus. In der romanischen Klosterkirche im Stadtteil Kemnade befindet sich das Grab Münchhausens.

Weitere Attraktionen in Bodenwerder sind eine Reihe von Münchhausen-Skulpturen, die auf gelungene Weise Szenen aus seinen phantasievollen Erzählungen wiedergeben, wie beispielsweise *Der Ritt auf der Kanonenkugel, Das halbe Pferd* oder *Das Entengespann*).

Neben Holzminden und Eschershausen ist auch die Landschaft um Bodenwerder Schauplatz von Wilhelm Raabes (1831–1910) Roman „*Alte Nester*“.

Der Rattenfänger von Hameln

HAMELN

Die Kinder zu Hameln
(Brüder Grimm*)

Im Jahr 1284 ließ sich zu Hameln ein wunderlicher Mann sehen. Er hatte einen Rock von vielfarbigem, bunten Tuch an, weshalb er *Bundting* soll geheißen haben, und gab sich für einen Rattenfänger aus, indem er versprach, gegen ein gewisses Geld die Stadt von allen Mäusen und Ratten zu befreien. Die Bürger wurden mit ihm einig und versicherten ihm einen bestimmten Lohn. Der Rattenfänger zog demnach ein Pfeifchen heraus und pfiff, da kamen alsobald die Ratten und Mäuse aus allen Häusern hervorgekrochen und sammelten sich um ihn herum. Als er nun meinte, es wäre keine zurück, ging er hinaus, und der ganze Haufen folgte ihm, und so führte er sie an die Weser. Dort schürzte er seine Kleider und trat ins Wasser, worauf ihm alle die Tiere folgten und hineinstürzend ertranken.

Nachdem die Bürger aber von ihrer Plage befreit waren, reute sie der versprochene Lohn, und sie verweigerten ihn dem Manne unter allerlei Ausflüchten, so dass er zornig und erbittert wegging. Am 26. Juni, auf Johannis- und Paulitag, morgens früh sieben Uhr, nach andern zu Mittag, erschien er wieder, jetzt in Gestalt eines Jägers, erschrecklichen Angesichts, mit einem roten, wunderlichen Hut und ließ seine Pfeife in den Gassen hören. Alsbald kamen diesmal nicht Ratten und Mäuse, sondern Kinder, Knaben und Mägdlein vom vierten Jahr an, in großer Anzahl gelaufen, worunter auch die schon erwachsene Tochter des Bürgermeisters war. Der ganze Schwarm folgte ihm nach, und er führte sie hinaus in einen Berg, wo er mit ihnen verschwand. Dies hatte ein Kindermädchen gesehen, welches mit einem Kind auf dem Arm von fern nachgezogen war, danach umkehrte und das Gerücht in die Stadt brachte. Die Eltern liefen haufenweis vor alle Tore und suchten mit betrübtem Herzen ihre Kinder; die Mütter erhoben ein jämmerliches Schreien und Weinen. Von Stund an wurden Boten zu Wasser und Land an alle Orte herumgeschickt zu erkundigen, ob man die Kinder oder auch nur etliche gesehen, aber alles vergeblich. Es waren im Ganzen hundertunddreißig verloren. Zwei sollen, wie einige sagen, sich verspätet und zurückgekommen sein, wovon aber das eine blind, das andere stumm gewesen, also dass das blinde den Ort nicht hat zeigen können, aber wohl erzählen, wie sie dem Spielmann gefolgt wären, das stumme aber den Ort gewiesen, ob es gleich nichts gehört. Ein Knäblein war im Hemd mitgelaufen und kehrte um, seinen Rock zu holen, wodurch es dem Unglück entgangen, denn als es zurückkam, waren die anderen schon in der Grube eines Hügels, die noch gezeigt wird, verschwunden.

Die Straße, wodurch die Kinder zum Tor hinausgegangen, hieß noch in der Mitte des 18. Jahrhunderts (wohl noch heute) die Bungelosenstraße (trommellose, tonlose, stille Straße), weil kein Tanz darin geschehen noch Saitenspiel gerührt werden durfte. Ja, wenn eine Braut mit Musik zur Kirche gebracht ward, mussten die Spielleute über die Gasse hin stillschweigen. Der Berg bei Hameln, wo die Kinder verschwanden, heißt der Koppenberg, wo links und rechts zwei Steine in Kreuzform aufgerichtet worden sind.

Einige sagen, die Kinder wären in eine Höhle geführt worden und in Siebenbürgen wieder herausgekommen.

Die Bürger von Hameln haben die Begebenheit in ihr Stadtbuch einzeichnen lassen und pflegten in ihrem Ausschreiben nach dem Verlust ihrer Kinder Jahr und Tag zu zählen. Nach Seyfried ist der 22. statt des 26. Juni im Stadtbuch angegeben. An dem Rathaus standen folgende Zeilen:

Im Jahr 1284 na Christi gebort
to Hamel worden uthgevort
hundert und dreißig Kinder dasülvest geborn
dorch einen Piper under den Köppen verlorn.

Und an der neuen Pforte:

Centum ter denos cum magus ab urbe puellos
Duxerat ante annos CCLXXII condita porta fuit.

Im Jahre 1572 ließ der Bürgermeister die Geschichte in die Kirchenfenster abbilden mit der nötigen Überschrift, welche größtenteils unleserlich geworden. Auch ist eine Münze darauf geprägt.

(*Deutsche Sagen)

Hameln ist der Geburtsort des Goethe-Freundes Karl Philipp Moritz (1756–1793). Sein Hauptwerk, „*Anton Reiser*“ (1785–1790), ist der erste Entwicklungsroman der Literaturgeschichte; hierbei handelt es sich um einen pietistisch gefärbten autobiografischen Roman. Ebenfalls in Hameln geboren wurde die zu ihren Lebzeiten bedeutende Märchenerzählerin Elsa Sophia Baronin von Kamphoevener (1878–1963, „*An Nachtfeuern der Karawan-Serail*") sowie der renommierte Grimm-Forscher Ludwig Denecke (vgl. Hann. Münden).

Sehr viel bekannter ist Hameln jedoch wegen des *Rattenfängers* – ihm begegnet man in der Stadt auf Schritt und Tritt. So gibt es in Hameln u. a. einen Rattenfängerbrunnen am Rathausplatz und einen in der Osterstraße, ein Glasfenster in der Marktkirche sowie eine historische Inschrift am Rattenfängerhaus, ein Rattenfänger-Relief am Bürgergarten und eine ungemein interessante Ausstellung zur Rattenfänger-Sage im *Museum Hameln*, das im prächtigen Leisthaus und in dem mit reichen Schnitzereien versehenen Stiftsherrenhaus in der Osterstraße sein Domizil hat. Im Museum Hameln befinden sich zahlreiche Dokumente, Zeichnungen, Plastiken sowie eine umfangreiche Bibliothek zur Rattenfänger-Sage. Das Geheimnis von einhundertdreißig verschwundenen hämelschen Kindern, am 26.6.1284, lässt sich mit großer Wahrscheinlichkeit mit der deutschen Ostkolonisation im Mittelalter in Zusammenhang bringen, als adlige Territorialherren Siedler für Landstriche in Mähren, Pommern, Ostpreußen und im Gebiet des Deutschen Ordens anwarben. *Die Kinder zu Hameln*, so lautet der Titel der Brüder Grimm in ihren „*Deutschen Sagen*", waren demnach also die Kinder auswanderungswilliger Einwohner der Stadt.

Von Mitte Mai bis Mitte September werden auf der Terrasse des Hochzeitshauses das Kurzmusical *Rats* sowie die Rattenfänger-Sage als Freilichtspiel aufgeführt.

Eine Art Kaspar Hauser ist *Der wilde Peter von Hameln*, ein Findling, der Jonathan Swift als Modell für „*Gullivers Reisen*" gedient haben soll.

Die Natur des Weserberglandes schilderte in seinen Werken („*Strom und Hügel*", u. a.) der Heimatschriftsteller Bernhard Flemes (1875–1940).

In Hameln geboren und aufgewachsen ist die Schriftstellerin Felicitas Hoppe (*1960, „*Picknick der Friseure*", „*Paradiese*" u. a.), Trägerin des Georg-Büchner-Preises des Jahres 2012.

Stift Fischbeck, Hessisch Oldendorf

HESSISCH OLDENDORF

Die Wichtelmännchen im Oldendorfer Brauhaus (Ferdinand Grimm)

Die kleinen Wichtel oder Erdmännchen wohnen in Klüften, Erdspalten, in alten Häusern unter großen Öfen, auf Gesimsen, wie die Elfen, und können sichtbar oder unsichtbar werden. Dem Hausherrn, der sie aufnimmt und freundlich behandelt, bringen sie Glück und helfen ihm in seinem Gewerbe, dem sie Segen und Gedeihen verleihen. Nur verspotten lassen sie sich nicht. Wer sie schilt oder verlacht, dem kehren sie alles in Unsegen und Unglück, ziehen von ihm aus und nehmen Gedeihen und Wohlstand mit sich fort.

Im Brauhaus zu Hessisch Oldendorf wohnten die Wichtelmännchen lange Zeit. Zugunsten der Bürgerschaft, der sie wohlwollten, trieben sie dort ihr unsichtbares Wesen und ließen ihren segnenden Einfluss merklich spüren. Daher kam es, dass das dortige Bier unter dem Namen des oldendorfschen so berühmt war wie jetzt die Braunschweiger Mumme (Malzbier) und ebenso weit wie die Mumme vertrieben wurde. Das Brauhaus, dem Posthaus gegenüber, wurde von den Postknechten, wenn sie durchgefroren nach Hause kamen, oft besucht, weil es da stets hübsch warm war.

Einst kam zur Winterszeit ein Postillon dahin und erzählte, dass er in der vergangenen Nacht, als er durch den Süntel gefahren sei, ein Klagen und Heulen und Rufen gehört habe: „Meume Tienke ist tot! Tot ist Tienke Meume!“

Bei dieser Nachricht erhob sich auf einmal im Brauhaus ein Jammern und Wehklagen, und hundert Stimmen riefen tausendmal jenen Namen aus. Die an der Braupfanne beschäftigten Wichtel vergaßen im Schrecken und in der äußersten Bestürzung ihre Unsichtbarkeit und wurden zu Hunderten von allen Anwesenden gesehen.

Einer von ihnen trug gerade ein Weizenkorn die Treppe hinauf, das er in die Pfanne bringen wollte. Er trug aber so schwer an dem einen Korn, dass ein Brauknecht darüber lachte und seiner spottete.

Das Wichtelmännchen wurde böse und warf sein Weizenkorn zur Erde; das Körnchen blieb liegen und war urplötzlich in das feinste Gold verwandelt, aber alle Wichtel waren von dem Augenblick an verschwunden und für immer ausgezogen.

Seither ist das oldendorfsche Bier ebenso schlecht wie es vorher gut und berühmt war. Kein Mittel blieb unversucht, seine vorherige Güte wiederherzustellen, aber vergebens, denn der Fluch der Wichtelmännchen ruht darauf.

Der Hohenstein, das Dachtelfeld und der weiße Hirsch (Ferdinand Grimm)

In den Klüften des Hohensteins hausten, der Sage nach, einst Wahrsager und Zauberer, und der Teufel, von dem noch eine große Bergkluft den Namen *Teufelskammer* führt, trieb hier sein Spiel. Bis auf den heutigen Tag glaubt man, es sei nicht geheuer hier oben im Gebirge, wo sich die Leute nicht gern ihr Brennholz, am wenigstens das Bauholz anweisen lassen. Einerseits fürchten sie sich vor Teufelsunglück, das hier so vielfältig geschieht, andererseits vor Unsegen im Haus und vor Feuersbrunst, indem sie meinen, dieses Holz zünde sich von selbst an. Manche, welche beim Fällen und Zimmern Feuer aus dem Holz fahren sahen, reden von einer verborgenen, nicht zu deutenden Schrift an einem der Felsen, die alle sieben Jahre auf Johannistag sichtbar würde, und den, der sie zu deuten verstehe, auf einen im Berg verborgenen Schatz hinweise, den der Geist *Maar* bewache.

Ein Kuhhirt auf dem Dachtelfeld, einer Weide auf der Nordseite des Süntelgebirges, erblickte zuweilen unter seiner Herde einen weißen Hirsch mit einem geraden Geweih vor der Stirn.

Sooft das Wild sich sehen ließ, verschwand eine der besten Kühe mit ihm, und wenn die Kuh zurückkam, hatte sie keine Milch im Euter.

Eines Tages, da der Hirsch wieder mit der Kuh entwich, stellte der Hirt seinen Buben zur Herde und ging der Spur nach. Er sah seine Kuh, der Hirsch stand neben ihr, und ihr schönes Hirschkälbchen sog an ihrem Euter. Drauf sprang der Hirsch auf ein Felsenhorn, und das Kälbchen schlüpfte in eine der Klüfte, die Kuh aber blieb ruhig stehen. Der Hirt glaubte, das Wildkalb im Felsspalt erhaschen zu können, und schlich ihm nach.

Da trat ihm ein hagerer Mann mit kahlem Kopf, langem Bart und einem vorn mit blutigen Streifen bedeckten, einem Armesündergewand ähnlichen Totenhemd entgegen. In der rechten Hand hielt er ein goldenes Schwert, in der linken ein silbernes Horn. Er setzte das Horn an den Mund und schien, darauf zu blasen. Der Hirt vernahm indes keinen Laut, aber die Bäume rauschten, die Felsen dröhnten, und ein Windstoß warf den Erschrockenen nieder.

In Todesangst verließ der Hirt das Geklüft, sah sich nicht um und folgte seiner Kuh, die ruhig ihres Weges nach dem Dachtelfeld zur Herde ging. Der Hirt aber hütete sich, in Zukunft dem verwünschten Hirsch wieder nachzuschleichen.

In und um Hessisch Oldendorf sind zahlreiche Sagen und Märchen überliefert. Aus Hessisch Oldendorf-Weibeck stammen vier lesenswerte Märchen von Carl und Theodor Colshorn: *„Märchen und Sagen"*, 1854, worunter eines, nämlich das Märchen *Zwerg Holzrührlein Bonneführlein*, Parallelen zum *Rumpelstilzchen* der Brüder Grimm aufweist.

Eine ganze Reihe von Sagen ranken sich um den *Hohenstein* (*Der Grüne Altar:* Strack 1817, *Die Felsenjungfer*: Vormbaum 1838) sowie um das *Dachtelfeld.*

Die sagenumwobene Gestalt des *Baxmann* hat tatsächlich gelebt. Es handelt sich um Carl Baxmann (1599–1690), einem geschäftstüchtigen Kaufmann, Gastwirt und Stadtpfeifer, der es in Hessisch Oldendorf durch List und wohl auch Fleiß zu beträchtlichem Wohlstand brachte. An ihn erinnern das *Baxmann-Haus*, das *Baxmann-Denkmal*, der *Baxmann-Brunnen*, die *Baxmann-Quelle* (Schauplatz der *Baxmann-Sage*) und das *Baxmann-Grab.*

KALLETAL

Vom Schlossbau zu Varenholz
(Karl Paetow)

Als der vielbewanderte Graf Simon VI. zur Lippe vom Prager Kaiserhof in seine lippischen Erblande zurückgekehrt war, da brachte er auch die neue Sternkunde mit, welche dort am Hof des Kaisers durch Tycho Brahe und Keppler gelehrt wurde. Damit aber soll der junge Graf in den Geruch der Ketzerei und Zauberei gekommen sein, und zwar bei den berüchtigten Hexenprofessoren der Universität Rinteln. Nun war dazumal diese Universität für die beiden Grafschaften Lippe-Detmold und Schaumburg-Lippe zuständig, und es begab sich somit das Kuriosum, dass die engstirnigen Juristen ihren eigenen Landesherrn wegen seiner fortschrittlich-wissenschaftlichen Einstellung der Zauberei verdächtigten.

Graf Simon jedoch schüttelte alle Anklagepunkte von sich ab, wie ein Schwan die Wassertropfen. Als er aber dann zu Varenholz das Schloss zu einer Vierflügelanlage ausbauen ließ, da konnte er es sich nicht verkneifen, den gelehrten Irrgängern eine geheime Astronomie in Stein vor die Nase zu setzen. Sein Baumeister musste jene beiden merkwürdigen Ecktürme an die Ostfront einbauen, in deren verschobene Grundrisse der drei Stockwerke dieser fürstliche Bauherr eine ganze Sternkunde durch astronomische Linienführung hineingeheimnist haben soll.

Wie dem auch immer sei. Es scheint ein Sterngeheimnis an diesem alten Weserschloss zu haften. So ist uns die Kunde überkommen von einem Kuhhirten, der vor hundertfünfzig Jahren die Rinder der Schlossdomäne daselbst gewartet und geweidet hat. Er hatte die Gabe des Zweiten Gesichts, auch war er ein Nachtschwärmer und Sterngucker, trotz seiner hausväterlichen Sorgen mit zwölf Kindern. In den sternklaren Nächten zog es ihn hinaus auf die Felder und Fluren seiner Heimat, um die Milchstraße, die Gezeiten des Mondes, den Stand der Planeten und das Geheimnis der Sternbilder zu ergründen. Es ist uns zwar nicht überliefert, ob er die Sternweisheit des Grafen Simon weiter gepflegt oder noch ältere Überlieferungen des uralten Hirtenstandes verfolgt habe. Aber auch dieser einfache Mann aus dem Volk steht mit seinem Forschen und Wissen in einer langen Reihe von Sternsuchern. Sie sind uns

Schloss Varenholz

bekannt seit den ältesten Tagen von Bethlehem über die großen Entdecker bis in die Neuzeit hinein.

Eine andere Überlieferung bestätigt uns, dass es mit dem Schloss zu Varenholz ein eigenes Bewenden haben muss, denn von Zeit zu Zeit geht in diesem alten Gemäuer ein Geistwesen um. Dann zeigt sich in den Sälen und Gängen die Weiße Frau. Es soll eine Ahnfrau des lippischen Fürstenhauses sein, die sich auch im Schloss zu Detmold vor bestimmten schicksalhaften Ereignissen blicken lässt. Gegenwärtig allerdings ist das ehrwürdige Bauwerk zu Varenholz erfüllt von überschäumendem Leben. Es ist hier eine Jugendhilfeeinrichtung mit Internat und Privater Sekundarschule untergebracht, und da wird es die Weiße Frau wohl nicht ganz einfach haben, noch ein Plätzchen zu finden, wo sie ganz gemütlich weiterspuken kann.

Deutsches Märchen- und Wesersagenmuseum
Bad Oeynhausen

BAD OEYNHAUSEN

Der Farnsamen
(Ferdinand Grimm/Wilhelm Redeker*)

Der Farnsamen hat die wunderbare Eigenschaft, dass er unsichtbar macht. Er ist aber schwer zu finden, denn er reift nur in der Mittsommernacht von zwölf bis eins, und dann fällt er gleich ab und ist verschwunden.

Einem Mann in Bergkirchen ging es einmal wunderlich damit. Er suchte gerade in dieser Nacht sein verlorenes Füllen und kam da durch eine Wiese, in welcher gerade Farnsamen reifte, und so fiel ihm dieser in die Schuhe. Des Morgens kehrte er wieder nach Hause zurück, trat in die Stube und setzte sich. Es kam ihm seltsam vor, dass Frau und Hausgenossen ihn gar nicht beachteten. Da sprach er: „Das Fohlen habe ich nicht gefunden." Alle, die in der Stube waren, erschraken sichtlich. Sie hörten die Stimme des Mannes und sahen doch niemanden. Da rief ihn die Frau mit Namen und meinte, er müsse sich wohl versteckt haben. Er aber stand auf, stellte sich mitten in die Stube und sagte: „Was rufst du, ich stehe ja hier nahe vor dir." Da wurde der Schreck noch größer, denn man hatte aufstehen und gehen gehört und sah doch nichts. Der Mann aber merkte nun, dass er unsichtbar war. Zugleich fiel ihm ein, er möchte wohl Farnsamen in den Schuhen haben, denn es drückte ihn, als wenn Sand darin wäre. Er zog die Schuhe ab, stäubte sie aus, und wie er das tat, stand er sichtbar da vor aller Augen.

(*Quellentext Redeker)

Die Unterirdischen auf dem großen Hope
(Ferdinand Grimm/Wilhelm Redeker*)

Auf dem großen Hope, einem Hof zwischen Bergkirchen und Volmerdingsen, starb dem Meier einstmals ein Pferd nach dem anderen, und er wusste gar nicht, wie das zuging. Da geschah es eines Abends spät, als er im Dunkeln auf dem großen Hausflur war, dass er ein leises, feines Geflüster hörte. Er sah sich um und erblickte einen Lichtschein, welcher unter einer an die Wand gelehnten Wanne hervorschimmerte. Er hob diese auf, und siehe, es saßen vier Unterirdische darunter, welche den an demselben Abend gesäuerten Teig kneteten und recht flink und fleißig dabei waren. Und eben sagte einer zum anderen: „Knete zu, knete zu!“ Erst erschraken sie, als sie sich entdeckt sahen, dann aber sprachen sie zu dem Meier: „Da du uns nun einmal gesehen hast, so wollen wir dir auch sagen, warum deine Pferde sterben. Unsere Wohnung ist gerade unter dem Stall, und wir können die Tiere nicht leiden. Gib ihnen eine andere Stelle, und sie werden am Leben bleiben.“ Mit diesen Worten waren sie verschwunden, und der Teig war auch weg. Der Meier tat, wie ihm die Wichtel gesagt hatten, und brachte die Pferde in einen anderen Stall. Von der Zeit an verlor er keines mehr. Für den Teig haben ihm die Zwerge nachher ein Geschenk hingelegt.

(*Quellentext Redeker)

Der Sage nach soll bei dem im Wiehengebirge gelegenen Stadtteil Bergkirchen durch ein Wunderzeichen Gottes das Ross des Sachsenherzogs Wittekind mit einem Hufschlag die Wittekindsquelle zum Sprudeln gebracht haben. Über Wittekind, die Sagen der Weser sowie Märchen allgemein, informiert das *Deutsche Märchen- und Wesersagenmuseum* am Kurpark. Gründer und erster Leiter des Museums war der Märchen- und Sagenforscher Karl Paetow (1903–1992, *„Die schönsten Wesersagen“*, *„Die Wittekindsage“*).

In Bad Oeynhausen geboren wurden der Schriftsteller und Redakteur Walther Victor (1895–1971, *„Der General und die Frauen“*, *„Kehre wieder über die Berge“*) sowie der Journalist, Schriftsteller und Historiker Rudolf Pörtner (1912–2001).

Victor, Redakteur sozialdemokratischer Zeitungen, war von 1919–1933 Mitarbeiter der Weltbühne. Seine illegale antifaschistische Tätigkeit zwang ihn zur Flucht ins Ausland. 1947 kehrte er nach Deutschland zurück; seitdem lebte Victor in der DDR, wo er im Jahre 1961 den Nationalpreis erhielt.

Pörtner wurde weithin bekannt durch seine populärwissenschaftlichen Bücher wie *„Mit dem Fahrstuhl in die Römerzeit“* oder *„Operation Heiliges Grab“*.

WIEDENSAHL

Die böse Stiefmutter
(Wilhelm Busch*)

Meine Großmutter hat mir erzählt, es wäre einmal ein kleines hübsches Mädchen gewesen, das hat eine Stiefmutter und auch eine Stiefschwester gehabt. Die Stiefmutter ließ ihre rechte Tochter immer in schönen Kleidern gehen und tat ihr alles zu Willen; sie brauchte auch gar nicht zu arbeiten, aber die Stieftochter musste den ganzen lieben Tag draußen am Brunnen sitzen und Garn winden, dass ihr der Faden zuletzt die Finger ordentlich blutig schnitt. Davon hatte sie aber wenig Dank, musste immer in lumpigem Zeug gehen, und ihre Stiefmutter sagte ihr nichts als böse Worte. So saß sie auch mal wieder und wand und wand, und die Hände wurden ihr zuletzt so lahm von allem Wickeln, dass ihr unversehens der dicke Knäuel in den Brunnen sprang. Da kriegte sie große Angst, denn die böse Stiefmutter hätte sie gewiss geschlagen, wenn sie den Knäuel nicht wiederbrachte. Darum stieg sie in den Brunnen hinab, der war wohl tief, aber ganz zerfallen und kein Wasser mehr drin.

Wie das Mädchen nun unten auf den Boden kam, so war da eine ordentliche kleine Tür, die machte sie auf und ging hindurch; da war alles frei und schön. Dicht neben der Pforte lag auf einem Block ein großes scharfes Beil und Holz dabei, das rief: „Hau mich entzwei, hau mich entzwei!“ Da nahm das Kind das Beil und hackte das Holz. Als es das getan, ging es weiter und kam zu einem Backofen, drinnen rief das Brot: „Zieh mich raus, zieh mich raus.“ Da zog das Kind das Brot aus dem Ofen, und als es nun weiterging, begegnete ihm eine Kuh, die rief: „Melk mich, melk mich!“ Das tat das Mädchen auch und ging weiter. Nicht lange, so begegnete ihm eine Ziege, die rief: „Melk mich, melk mich!“ Als das Mädchen die auch gemolken hatte, ging es weiter und kam zuletzt an ein Haus, davor saß eine alte Frau und spann und hatte einen Hund und zwei Katzen bei sich. „Du musst nun bei mir bleiben,“ sprach die Alte zu dem Kind, „und sollst es gut haben, wenn du alle Tage meinen Hund und meine beiden Katzen ordentlich flöhen willst, und dann habe ich da die drei Stuben, zwei davon musst du jeden Morgen hübsch ausfegen, aber in die dritte darfst du beileibe nicht gehen, sonst geht's dir schlecht.“

Wilhelm Busch

Da ist denn das Mädchen bei der alten Frau geblieben, hat den Katzen und dem Hund alle Tage ordentlich den Pelz besehen und auch die beiden Stuben gefegt, aber in die dritte Stube ist es nicht gegangen.

Als nun der Sonntag herankam, zog die alte Frau ihr Sonntagskleid an und sagte zu dem Kind: „Ich will jetzt zur Kirche, darum geh mir derweilen nicht weg, sondern achte gehörig auf das Haus." Damit ist sie fort in die Kirche gegangen. Das Mädchen aber, während es so ganz allein im Haus war, überkam eine große Neugierde zu wissen, was die alte Frau wohl in dem dritten Zimmer haben möchte. Es ließ ihr auch nicht eher Ruhe, bis sie das Zimmer aufgeschlossen hatte. O Leute! Was war da für vieles Geld! Ein Sack stand neben dem andern; hier Kupfergeld, hier Silbergeld, da nichts als lauter Gold. Da raffte das Mädchen schnell einen kleinen Sack voll Gold in seine Schürze, sprang aus dem Haus und fort.

Zuerst begegnete ihm die Ziege, der rief es zu: „Verrat mich nicht!" „Ich verrat dich nicht," sagte die Ziege, „aber lauf, was du kannst." Da kam es zu der Kuh und rief wieder: „Verrat mich nicht!" „Ich verrat dich nicht," sagte die Kuh, „aber lauf, was du kannst!" Da lief das Mädchen weiter, so schnell es nur konnte.

Mittlerweile war aber auch die alte Frau aus der Kirche wieder nach Hause gekommen. Als sie sah, dass die dritte Stube offen und das Mädchen fort war, sprang sie schnell hinaus und hinterher. Zuerst kam sie zu der Ziege und fragte. „Ist hier nicht eben ein kleines Mädchen vorbeigelaufen?"„Ne!", sagte die Ziege. „Ich habe hier kein Mädchen gesehen." Da lief die Alte weiter zu der Kuh und fragte wieder: „Ist hier nicht eben ein kleines Mädchen vorbeigelaufen?" „Nein!", sagte die Kuh. „Ich habe kein Mädchen laufen sehen." Da ist die alte Frau wieder umgekehrt, denn sie hat gemeint, das Mädchen müsste wohl einen anderen Weg gelaufen sein.

Das Mädchen ist aber glücklich durch den Brunnen wieder heraufgekommen, ist zu seiner Stiefmutter und seiner Stiefschwester gelaufen und hat ihnen das viele Gold gezeigt und gesagt: „Seht! Das habe ich alles von einer alten Frau gekriegt, die da unten im Brunnen wohnt." Wie das die Stiefschwester hörte, trieb sie der Neid, dass sie auch alsbald in den Brunnen hinabstieg, die alte Frau zu suchen, von welcher ihre Schwester das Gold hatte. Sie fand unten auch die kleine Tür, und als sie hindurchging, lag da der Klotz mit dem großen Beil und Holz daneben, das rief: „Hau mich entzwei, hau mich entzwei!" „Ich will dir was flöten!", sagte das Mädchen, denn es war ganz schrecklich faul und mochte keine Arbeit tun. Als es eine Strecke weitergegangen war, kam es zu einem Backofen, darinnen rief das Brot: „Zieh mich raus, zieh mich raus!" „Ich will dir was flöten!", sagte das Mädchen und ging weiter. Mit dem, so begegnete ihr eine Kuh, die rief: „Melk mich, melk mich!" „Ich will dir was flöten!", sagte das Mädchen, und als es nun weiterging, kam es zu einer Ziege, die rief auch: „Melk mich, melk mich!" „Ich will dir was flöten!", sagte das Mädchen wieder und ging seines Weges. Zuletzt kam sie auch an das Haus, wo die Alte saß und spann. „Du musst nun bei mir bleiben", sprach die Alte, „und sollst es guthaben, aber jeden Tag musst du meinen Hund und meine beiden Katzen ordentlich flöhen, und dann habe ich drei Stuben, davon musst du zwei jeden Morgen hübsch ausfegen, aber die dritte darfst du ja nicht aufmachen, sonst geht es dir schlecht." Da ist denn das Mädchen bei der alten Frau geblieben.

Den nächsten Sonntagmorgen, als es Zeit war, in die Kirche zu gehen, zog sich die Frau hübsch an, nahm ihr Gesangbuch und sagte, als sie wegging: „Ich will jetzt mal in die Kirche, darum so achte mir ordentlich auf das Haus, bis ich wiederkomme. Damit ist sie fortgegangen." „Jetzt ist's Zeit!", dachte das Mädchen, „nun sollst du doch mal zusehen, was in der dritten Stube ist!", und als es die aufmachte, stand da ein Goldsack neben dem andern. Schnell raffte es sich die Schürze voll Goldstücke und lief fort aus dem Haus.

Mittlerweile war aber auch die alte Frau aus der Kirche zurückgekommen. Als sie sah, dass die dritte Stube offen und das Mädchen fort war, sprang sie schnell hinaus und hinterher. Zuerst kam sie zu der Ziege und fragte: „Ist hier nicht eben ein kleines Mädchen vorbeigelaufen?"„Jawohl!", sagte die Ziege, „da ist sie hingelaufen!" Dann kam die Frau zu der Kuh und fragte wieder: „Ist hier nicht eben ein kleines Mädchen vorbeigelaufen?" „Jawohl!", sagte die Kuh. „Dort hinten läuft sie noch." Da hat sich die alte Frau getummelt, was sie nur konnte, und gerade, als das Mädchen durch die Brunnentür entspringen wollte, fasste es die Alte bei den Haaren, nahm das große Beil, was dalag, und hackte ihm damit den Kopf ab.

(*Märchen Nr. 7, von seiner Großmutter gehört. Parallelen zu Frau Holle der Brüder Grimm und bei Bechstein)

Der große deutsche Humorist, Zeichner und Wegbereiter des Comics, Wilhelm Busch (1832–1908), wurde in Wiedensahl geboren; mehr als vierzig Jahre lebte er hier, wo viele seiner Werke (u. a. *„Plisch und Plum"*, *„Fipps, der Affe"*, *die Knapp-Trilogie*) entstanden. Ab dem Jahr 1853 begann er in Wiedensahl, später auch in Lüthorst, Märchen, Sagen, Volkslieder und Reime zu sammeln. Seinerzeit gelang es dem unbekannten Malerstudenten allerdings nicht, die Sammlung zu veröffentlichen. Erst nach seinem Tod wurde diese 1910 von seinem Neffen Otto Nöldeke unter dem Titel *„Ut Ôler Welt"* herausgegeben.

Das benutzerfreundlich gestaltete, einheimelnde Wilhelm-Busch-Geburtshaus stellt, für Jung und Alt gleichermaßen interessant, das vielschichtige Werk und die Künstlerpersönlichkeit Wilhelm Busch in den Fokus. Im Alten Pfarrhaus, heutzutage gleichfalls ein Museum, lebte Busch einige Jahre bei der Familie seines Schwagers, Pastor H. Nöldeke, der mit seiner Schwester Fanny verheiratet war.

Romantik Bad Rehburg,
historische Kur- und Parkanlagen

REHBURG-LOCCUM
Vorerinnerung
(°L**S)

Unter den mehreren trefflichen Anlagen beim Rehburger Gesundbrunnen zeichnet sich besonders auch eine Promenade aus. Das Ganze ist eine schwermütige Phantasie in einem schönen, mit feierlich dunklem Schatten gewölbten Buchenwalde. Er liegt etwas erhöht. Vorn am Aufgang ist eine kleine, an weiße Geländer sich schlängelnde Rosen- und Jasminhecke, die den Eingang heiligt, und, mit Petrarcas Phrase, zu sagen scheint: „Hier herrscht die Liebe." Dicht dahinter zur Seite stehen zwei Urnen mit Efeu umschlungen. Weiter durch kleine mit Stauden bepflanzte Gänge kommt man zu einem Heldengrabmal. Nahe dabei ist eine Einsiedelei. Tiefer in den Wald hinein, über einem in ein Tal herunter rieselnden Bach, ist eine englische Brücke; zur Seite derselben in einem ausgehauenen Gebüsche ein heidnischer Altar und eine Nonne. In dem ganzen Walde herrscht eine Stille, welche die Einbildungskraft anregt. In dem vorhin gedachten Heldengrabmale ist ein Helm befestigt, welcher vor einigen Jahrzehnten dort ausgegraben wurde, und man fand nicht weit da auch noch Opfermesser. Die Erinnerung an unsere Vorfahren heiligt die Erde, auf der man steht. Darf man sich nicht unter diesen Umständen bei jedem Schritte Heldenasche und Gebeine um sie weinender Geliebten denken?

Voll von dieser hier mitgeteilten kurzen Schilderung und voll von dem letzteren Gedanken, lese man die nachfolgende Geschichte. Dabei denke man sich überdies noch eine gefundene Urne, mit Manuskripten teils in englischer, teils in deutscher Sprache, und an dem Heldengrabmale folgende Inschrift:

Bernhard der Edle
Er fiel im Streit,
Seine Asche beweint hier
Allwine

Bernhard und Allwine oder das „Mährchen“ vom Rehburger Brunnen (°L**S)

Bernhard von Münchhausen, ein junger Deutscher, und Eduard Cardiff, ein junger Engländer, begleiteten beide ihre Väter auf einem Kreuzzug. Gleichheit der Jahre, Sympathie, und mehr als beides, nämlich glückliche Unerfahrenheit, verband sie schnell. Eduard war jung, schön und von schlankestem Wuchs. Er hatte ein einnehmendes Wesen, Feuer und Entschluss im Auge, gemildert durch den sanftesten Ausdruck von teilnehmendem Gefühl und von Treue. Bernhard war nicht unbedingt schön zu nennen, aber im Gesicht und seinem ganzen Wesen ein Ausdruck von Geist, Festigkeit des Charakters und edler Güte. Beide liebten den Krieg. Eduard der kriegerischen Übungen willen, für Bernhard hingegen war es eine Gelegenheit, seinen Geist durch die vielfältigsten Umstände zu bilden.

Bernhards Vater wurde am Ende einer Schlacht von Meuchelmördern tödlich verwundet. Während ihrer Freundschaft hatte dieser seinem Freund Allwood seinen Sohn Bernhard anempfohlen; Allwood beobachtete Bernhard genau und entdeckte viele Tugenden und Talente an ihm.

Als Allwood von dem überraschenden Tod seiner Gemahlin Elma erfuhr, schlug er Bernhard vor, ihn nach England zu begleiten, wo seine zwölfjährige Tochter, die er zärtlich liebte, allein zurückgeblieben war. „Als ich jung war“, so sagte Allwood zu Bernhard, „liebte ich immer die Freunde meiner Freunde wie die meinigen, und diese Empfindung setzt sich immer noch in meinen Kindern fort. Der Freund meines Sohnes, so denke ich, ist mein Sohn.“ Bernhard, der bisher über den Tod seines Vaters äußerst niedergedrückt war, fand allmählich Gefallen an Allwoods Vorschlag, und so reisten beide nach England ab. Während dieser Reise unterhielten sich Allwood und Eduard darüber, Allwine, Allwoods einzige Tochter, unvermutet zu überraschen. Seit ihrem achten Jahr hatten Vater und Bruder Allwine nicht mehr gesehen. Der Gedanke, Elma, die Gattin und Mutter, nicht mehr vorzufinden, trübte die Freude. Jeden Augenblick wuchs indes ihre Sehnsucht, England zu erreichen, und die letzten Stunden schienen länger als die zurückgelegten Tage.

Noch bevor sich die Landung des Schiffes verbreitete, waren sie selbst schon auf Cardiffs Landsitz. Sie sahen Allwine in der Ferne, unter einer im orientalischen Geschmack angelegten Laube, mit Palmenbäumen umgeben, im Garten sitzen. Ohne von ihr selbst bemerkt zu werden, schlichen sie sich dicht hinter sie. Allwine war gerade beschäftigt, zwei Gemälde einzupacken, welche sie für Allwood gemacht hatte.

Eins hatte sie schon bei Lebzeiten ihrer Mutter angefangen, es sollte nur die letzte Szene des Abschieds vorstellen: Ein Hügel an der Küste, auf dem Elma stand, die mit einem von Tränen nassem Tuch noch immer dem Schiff zuwinkte, das man in der äußersten Entfernung sah. Die kleine Allwine schmiegte sich an sie mit einem ängstlichen Blick, als wenn sie die Mutter festhalten wollte, dass sie ihr nicht auch entrissen würde. Das andere Gemälde hatte Allwine nach dem Tod ihrer Mutter angefertigt. Es enthielt die ganze umliegende Gegend von Cardiffs Landsitz mit allen in Allwoods Abwesenheit gemachten Veränderungen: An der einen Seite, im Hintergrund, ein Hügel mit Zypressen und Babylonischen Weiden, deren herabhängende Zweige das unten am Fuße des Hügels still vorbeifließende Wasser berührten. Mitten in der melancholischen Gruppe von Bäumen stand die Urne mit der Asche ihrer Mutter. Sie selbst, Allwine, den Kopf an den mit beiden Armen umschlungenen Aschenkrug gelehnt, in einem weißen Gewand mit herabhängendem schwarzem Schleier. In einem an ihren Vater begonnenen Brief, den sie in der Hand hielt, las man die Worte: „Soll Allwine, verlassen, immer weinen?“ – „Du sollst nicht mehr verlassen weinen“, rief Allwood und umfasste Allwines Schultern. – „Gott! Mein Vater! Ist's möglich!“, schrie das Mädchen hell auf und stand bebend wie im Traum. – „Ja, wir sind's“, rief Eduard und stürzte auf seine Schwester zu. – „Gott! Eduard und mein Vater!“, wiederholte Allwine und weinte vor Freude. „Wer ist denn das?“, fragte Allwine schließlich ihren Bruder Eduard leise, nachdem das erste Erstaunen vorüber war, indem sie auf Bernhard zeigte. „Ich möchte alles umarmen, was mir nahe ist“, setzte sie mit einigem Entzücken hinzu. – „Lass deinem Herzen freien Lauf“, sagte ihr Vater, „es ist Bernhard von Münchhausen, ein Deutscher, Eduards Freund, jetzt dein zweiter Bruder.“ – Bernhard ging nun auf Allwine zu, sie eilte ihm entgegen. – „Ich will dich wie meinen Vater und Eduard lieben“, sagte Allwine, drückte Bernhard die Hand und reichte ihm ihren schönen Mund. Bisher hatte Bernhard die Empfindungen aller geteilt, indes galt seine Aufmerksamkeit nun besonders Allwine. Er fand sie über alle Erwartung liebenswürdig und schön, die innere Bewegung ihrer Seele, die sich, mit kommender und fliehender Röte, in jedem Pulsschlag auf ihrem Gesicht malte, ihre schönen Glieder, jede ihrer Handlungen wie beflügelt vom Übermaß des freudigen Gefühls. Dies alles war ihm nicht entgangen, und als schließlich der schöne Mund den seinigen berührte, da bebten seine Hände ebenso stark wie die ihrigen.

Man ging aus dem Garten ins Haus. Allwine zeigte im Vorbeigehen all die Gewächse und Stauden, welche ihr Vater Allwood ihr und ihrer Mutter während seines Aufenthalts im Ausland von Zeit zu Zeit zugeschickt hatte. Sie hatte diese mit der zärtlichsten Sorgfalt gewartet, erfüllt von dem Gedanken, dass sie ihrem Vater Freude machen würden, indem sie ihn wieder an den schönen orientalischen Himmel erinnerte. Vor tausenderlei Fragen ließ sie ihm keine Zeit, seine Zufriedenheit darüber zu äußern. Im Hause war alles in der freudigsten Unruhe, und man empfing die Neuangekommenen mit lautem Freudengeschrei.

Allwood lebte neu auf. Er fand in Allwine alles das, was ihm seine Elma so teuer gemacht hatte, all die Züge von sanfter Weiblichkeit des Gefühls und von männlicher Entschlossenheit. Elma hatte Allwines Geist vortrefflich gebildet und ihrer Tochter Festigkeit des Charakters mitgegeben, ohne ihr etwas von der feinen Reizbarkeit des Herzens zu nehmen, welche die Seele der Geselligkeit ist. Der sicherste Weg zur Erlangung ihres Endzwecks schien Elma äußerste Sorgfalt in der Erziehung walten zu lassen. Daher legte sie in den ersten Jahren eine unermüdliche Wachsamkeit an den Tag, ihre Neigungen tugendhaft zu bilden. In reiferen Jahren hingegen suchte sie ihrem Geist die Breite zu geben, die notwendig ist, um Lücken zu bemerken und den Reiz eines zusammenhängenden Ganzen zu erkennen.

Drei Jahre lebte die wiedervereinigte Familie glücklich in der ungestörtesten Zufriedenheit, wie in den Tagen des goldenen Alters. Allwine trat in ihr sechzehntes, Bernhard und Eduard in ihr fünfundzwanzigstes Jahr. Im letzten Jahr besuchten beide Brüder – denn Brüder nannte man sie nun immer – alle Provinzen von England. Auf dieser Reise verliebte sich Eduard in die Tochter des Grafen S*** und erhielt mit ihrer Hand ein unermessliches Vermögen. Dafür musste er aber, auf Verlangen seines Schwiegervaters, sich in London niederlassen, dem Wunsch, noch einem Krieg beizuwohnen, entsagen, und sich den Hofdiensten widmen.

Bernhard und Allwine fühlten die Trennung von Eduard schmerzlich. Dieser sah ihnen mit trübem Blick nach, doch hafteten, betäubt von rauschenden Vergnügungen, neuen Aussichten, und dem höchsten Glück seiner Liebe, jetzt keine von den zärtlichen Empfindungen ruhigerer Seelen auf ihm. Die beiden Zurückgebliebenen wurden sich nun alles. Sie liebten sich inniger als jemals und wünschten bald unzertrennlich verbunden zu sein. Allwood willigte ein, jedoch unter der Bedingung, dass Bernhard ihn noch erst auf einer Reise nach Jerusalem begleiten und Allwine indes einige Jahre in London bei ihrem Bruder zubringen sollte. „Ich bin nicht", sagte Allwood zu ihnen, „für allzu frühe Bindungen. Allwine kennt noch zu wenig Menschen. Sie liebt dich", sprach er zu Bernhard, „weil du ihr immer nahe warst; aber sie kann noch nicht beurteilen, warum du ihrer würdiger bist als viele andere. Es wird dir schmeichelhafter und nur beruhigender sein, wenn sie nach einigen

Jahren, dem Kreis der Londoner Schmetterlinge enteilend, selbst weiß, warum sie dich schätzt und dir mit vollem Herzen wiederholt: Ich kann nur dich lieben!" „Was uns anbetrifft, Bernhard", setzte er hinzu, „haben wir noch das Gelübde für deinen Vater zu erfüllen."

Bei der Erinnerung an die Mörder seines Vaters wallte Bernhard das Blut. Allwood und Bernhard hatten ein Gelübde abgelegt – den Meuchelmord zu rächen, sei es früh oder spät. Angefeuert durch diese Erinnerung fügte sich Bernhard leichter, mit der Verbindung noch zu warten. Allwine ging schweigend aus dem Zimmer und verbarg während der Zeit der Vorbereitungen auf die Reise ihre Tränen, um Bernhard nicht wankend zu machen.

Am letzten Tag vor Allwoods und Bernhards Abreise veranstaltete Allwine ein Fest für ihren Vater und für all die jungen Leute aus der Familie, die ihn und Bernhard begleiten sollten. Hinten im Garten, nach der See zu, stand eine alte Ruine des ehemaligen Familienschlosses, wo sich ein gewölbter Saal erhalten hatte, der auf hohen korinthischen Säulen ruhte. An den Wänden waren, in Stein gehauen, Bilder der Familienvorfahren, Waffen und Trophäen zu sehen. Zwischen den Säulen zeigten sich antike Statuen der vornehmsten Helden des Altertums. Diesen Ort wählte Allwine zur Feier des Tages. Der Garten und der Saal waren erleuchtet. Am Ende des Saals sah man zwei Altäre, der eine der Göttin des Krieges und der andere dem Schicksal geweiht. Auf beiden fanden sich Allwoods und Bernhards Namen mit einem Lorbeer- und Eichenkranz. Allwine, weiß gekleidet, ihr langes blondes Haar mit Rosen umwunden, trat vor die beiden Altäre und streute Rauchwerk in die blauen Flammen, welche auf der Oberfläche emporloderten. Beim ersten Altar standen die Worte: „Gib ihnen Sieg und Ruhm!", bei dem anderen: „Erhalte sie mir beide!" Für die übrigen Reisenden opferte Allwine Blumenkränze. Beim Abschied waren alle stumm vor Wehmut. Bernhard schlang seinen Arm um Allwine, die ihren Geliebten ebenfalls sanft umschloss und schluchzte: „Lasst mich mit euch reisen, ich kann von euch nicht getrennt leben." Allwood umarmte Allwine und Bernhard, und sein Herz sprach lauter als seine Weisheit. Noch an demselben Abend wurden sie getraut und am folgenden Tag reiste Allwine mit ihnen ab.

Alle Beschwerlichkeiten der langen Reise, alle Gefahren, waren nichts, denn die Liebe trug die Kette. Endlich nahten sie sich den heiligen Mauern. „Hier", sagte Bernhard, indem er auf ein kleines Gebüsch wies, „hier fiel mein Vater! Die Wache des Himmels wird uns beistehen. Ich sehe ihn noch kämpfend, unter den Dolchen sich windend. Einen der Mörder traf ich, die übrigen entflohen."

Ein Jahr verfloss glücklich im Kampf gegen die Feinde. Oft geschahen zwar gegenseitige Ausfälle, bei denen Allwine zitterte, die ihr aber immer, wie neu geschenkt, den Vater und den Mann zurückführten.

Eines Tages, mit trüben Wolken brach er langsam an, fielen die Feinde aus der Burg, und es kam zu einem blutigen Treffen. Allwine stand auf einer Anhöhe in der Ferne und beobachtete, von den schrecklichsten Ahnungen gefoltert, die Bewegungen beider Heere. Des Öfteren sah sie noch auf dem sich bäumenden Ross Bernhards weißen Federbusch hoch in der Luft, und der Anblick belebte sie jedes Mal mit neuer Hoffnung. Plötzlich sah sie ihn, aber feurig nachsetzend, jetzt anhaltend, viele blinkende Schwerter schlugen um ihn her. Immer noch erkannte sie ihn, wütend fechtend, den Tod um sich her schleudernd zur rechten und zur linken Seite. Auf einmal sank er – o gütiger und gerechter Himmel! – Allwine sah ihren Bernhard nicht wieder!

Sechs Tage lag Allwine wie im Todesschlummer. Londy, Allwoods Bedienter, wich nicht von ihrem Bett. Ängstlich sah sie auf alle, die sie umgaben. Londy musste der Armen auch von Allwoods Tod berichten, der, als er Bernhard zu Hilfe eilte, auf dem Platz geblieben war.

In ihrer Trauer eilte Allwine nach England zurück und während dieser Reise gebar sie einen Sohn, die einzige Frucht ihrer Liebe. Schwach und fast ohne Atem kam der kleine Bernhard zur Welt. Bei dem ersten Zeichen des Lebens des Kindes brach die Mutter in Tränen aus, die ersten, welche sie seit dem Tod ihres Gatten die Kraft hatte zu vergießen. Sie sah in ihrem Neugeborenen ihren Bernhard weiterleben. Bei jeder seiner matten Bewegungen schlug ihr Herz schneller.

In England hatte man schon Nachricht von Allwines Unglück vernommen und erwartete sie ängstlich. Traurig sah sie die Küsten ihrer Heimat wieder, die sie einst so fröhlich verlassen hatte. Welch ein Empfang! Es war nicht mehr die blühende Allwine, nicht mehr der blühende Eduard; an ihnen beiden hatte Gram und Schmerz gezehrt. Sie sprachen wenig, weil jeder den zu heftigen Ausbruch seiner Empfindung fürchtete. Der kleine Bernhard reichte Eduard freundlich seine kleinen Hände, als wenn er den Freund seines Vaters in ihm erkannte. Im Schloss herrschte traurige Stille. „Wo ist denn deine Frau?“, fragte Allwine. – Eduard stockte. „Ich habe keine Frau“, war schließlich seine Antwort. – „Gott! Ist sie tot?“, rief Allwine entsetzt. – „Nein, frag nicht weiter“, entgegnete der unglückliche Eduard. Allwine erfuhr nachher, dass Mylady Cardiff in der äußersten Ausschweifung lebte, dass Eduard sie gleich nach der Entdeckung ihrer Untreue verlassen hatte, mit dem festen Entschluss, sie nie wiederzusehen.

Eduard liebte seine Gemahlin dennoch insgeheim, ohne es sich selbst einzugestehen. Geliebt zu werden, und nicht wiederzulieben, den zu verraten, der uns liebt – das konnte Allwine nicht begreifen. Ihre ganze Seele bebte zurück bei dem Gedanken einer Untreue. Sie hatte für ihre Schwägerin nie etwas mehr als Bewunderung ihrer Schönheit und ihrer wirklich reizenden

Talente fühlen können. Sie fand übrigens immer eine Art leichtsinniger Kälte in ihr. Allwine ließ sich schließlich durch die Zärtlichkeit des Umgangs ihres Bruders trösten und vergaß ihre eigenen Sorgen.

Nach einiger Zeit schrieb Bernhards Schwester, Agathe von Münchhausen, aus dem Kloster an Allwine. Ihre Gegenwart auf den Gütern ihres Sohnes sei erforderlich, denn es beträfe verwickelte Streitigkeiten, welche auseinanderzusetzen sie sich allein nicht getraue. Allwine sah sich also in die Notwendigkeit gesetzt, die Reise machen zu müssen. Ihr Bruder Eduard und Londy begleiteten sie. Bei ihrer Ankunft in Deutschland fand sich, dass sie vorerst nicht wieder nach England zurückkehren dürften. Auch fühlte sie sich, durch die veränderten Umstände bedingt, ruhiger, denn es wurden nicht nur traurige Erinnerungen in ihr geweckt. Selbst Eduard behagte es in Deutschland wohl. Er begab sich in den Orden des dem Gut Münchhausen nahe gelegenen Stiftes Loccum und besorgte von da aus die Angelegenheiten seines Neffen mit einem Ritter, welcher der Welt entsagt hatte.

Doch der ganze Kelch der Leiden und des Unglücks war noch nicht ausgegossen. Der junge Bernhard siechte schon seit seiner Geburt dahin und starb schließlich, als man einige Hoffnung zu seiner Genesung hatte. Dieser Verlust brach Allwine das Herz. Sie sah sich in der Blüte ihrer Jahre wie vom Schicksal verfolgt; ihre Kräfte waren erschöpft. Beim ersten Schall der Totenglocke wurde ihr Schmerz so heftig, dass sie keinen Trost, geschweige denn den Anblick eines Menschen ertrug.

Allwine verließ heimlich das Haus und suchte in einem nahe gelegenen Wald Zuflucht, sicher, dass man sie dort nicht finden würde. Entkräftet sank sie hier zur Erde, erdrückt von einem unaussprechlichen Gefühl von Unglück.

Londy fand die Unglückliche zuerst. Vergeblich versuchte er, einige Worte aus ihr zu ziehen, doch Allwine sprach nicht, hörte nicht, nahm keine Nahrung zu sich. Lange verzweifelte man an ihrem Zustand. Londy, der das ganze fein gesponnene Gewebe ihrer Seele von Jugend auf kannte, hoffte noch auf ein Mittel, dessen Gewalt er oft über sie bemerkt hatte. Dies war nämlich die Musik; Eduard spielte Laute. Londy ließ ihn also, tief im Wald, ein Lied gedämpft spielen, das Bernhard ehemals aufgesetzt und an Elmas Grab oft mit ihnen gesungen hatte; Allwine hatte die Worte dazu geschrieben. Es waren sanfte Klagen, vermischt mit Erschließungen von Gelassenheit und Standhaftigkeit bei allen künftigen Vorfällen ihres Lebens. Eduards Spiel blieb lange ohne Wirkung; Allwine ging langsam auf und nieder. Zuletzt schien es, als horchte sie. Sie fing an zu seufzen, ihre Augen wurden beweglicher und sie sank endlich ganz kraftlos auf die Erde nieder. Da ging Londy zu ihr; sie drückte ihm schwach die Hände, jetzt kam auch Eduard mit der Musik näher. Allwine tat einen heftigen Schrei und winkte mit der Hand, dass er einhalten möge. Die ersten Worte, welche nun aus Allwines Mund kamen, waren ein Wunsch und eine Erklärung, ihr Leben von nun an hier im Wald zu beschließen. Londy musste an diesem Ort eine Hütte bauen lassen, in der sie bis an ihr Ende wohnte.

In den ersten Monaten konnte man Allwine nicht dazu bringen, aus dem Wald zu gehen. Sie konnte das helle Licht des Tages und die vermischten Farben der Landschaft nicht ertragen. Die erste Beschäftigung, die sie wieder unternahm, war, eine Bank von Steinen zusammenzutragen und Kräuter und Blumen um ihre Hütte zu pflanzen. Bald danach errichtete sie ihrem Gatten Bernhard ein Grabmal und schrieb kleine Aufsätze, indem sie sich ganz ihrer trüben Phantasie überließ. Einige Pflanzen, welche Allwine fand, erweckten, da Kräuterkenntnis immer eine ihrer Lieblingswissenschaften gewesen war, Neugier nach der umliegenden Gegend. So folgte dann ein Schritt dem andern. Auf ihren Spaziergängen sah sie Dörfer, Arbeiter im Feld und fühlte bald wieder das Bedürfnis, mit Menschen zu leben. Sie sprach mit den Leuten, die ihr begegneten, anfangs mit Überwindung, weil der geringste Umstand ihre Seele schmerzlich belasten konnte, zuletzt aber mit Interesse. Sie gab Rat und Trost, wenn man ihn bedurfte, und war bei allen wegen ihrer Anteilnahme geachtet. Allwine wurde wie eine Heilige verehrt. Sie gab den Kranken Kräutersäfte, die sie selbst zubereitete, und kümmerte sich um die, denen Pflege mangelte. Tausend Unglückliche, die ihr vertrauten, führte sie mit leichter Hand durch die dornigen Pfade des Lebens, dass sie minder ritzten, oder sie zeigte, wie man ihnen auswich.

So schied Allwine nach einigen Jahren aus dem Leben. Sie beugte sich, wie der Strauch im Sturm, unter die Hand des Schicksals, fand Trost und Gründe zur Beruhigung.

Es wird erzählt, dass die Einsiedlerin Allwine zuerst die Rehburger Badequelle entdeckte und den Kranken riet, sich in der Quelle zu waschen, denn dadurch würden viele Übel geheilt. Vor ihrem Tod wies sie auf die ganze Gegend als einen vorzüglichen Segen der Natur hin. Auch sagte sie voraus, dass ein wohltätiger König die Quellen den Armen zugänglich und den Reichen angenehm machen würde und die Heilkräfte der Natur nutzen werde.

Ganz in der Tradition der Romantik (Ende des 18. bis weit in die Mitte des 19. Jhs.) verwurzelt ist diese langatmig-märchenhafte Geschichte über den Rehburger Brunnen. Sie wurde 1797 von einem unbekannten Badegast verfasst, der dieses „Mährchen" mit °L**S signierte.

NIENBURG

Die glühenden Kohlen in Nienburg
(Hermann Weichelt)

Auf dem alten Burgmannshof der angesehenen Freisassenfamilie Schriever in der Hakenstraße erwachte eines Nachts die Magd sehr früh. Es war ganz hell, und sie meinte schon, sich verschlafen zu haben, und eilte, das Feuer in der Küche zu schüren. Da gewahrte sie, wie sie durch das Küchenfenster in den Hof hinabsah, einen Haufen glühender Kohlen und ging eilend hinab, um davon umso schneller für ihr Herdfeuer Brand zu gewinnen. Drunten lag bei dem Kohlenfeuer ein großer schwarzer Pudel, welcher sie mit seinen glühenden Augen beinah grimmig anschaute. Sie aber fuhr, ohne sich an diesen Pudel zu kehren, mit ihrer Schaufel in die Kohlen hinein und kehrte mit der Schaufel voll in das Haus zurück.

Als sie aber die Kohlen auf den Herd schüttete, so glühten sie nicht mehr, sondern waren erloschen. Sofort lief die Magd noch einmal hinaus und holte wieder eine Schaufel voll – es ging aber gerade wie beim ersten Mal, die Kohlen waren tot. Und nochmals rannte die geschäftige Magd hinaus, da aber erscholl eine tiefe Stimme: „Du höre, dieses ist das letzte Mal."

Die Magd erschrak, und es befiel sie ein Bangen, doch sprach sie kein Wort und eilte nur, dass sie wieder an ihren Herd kam. Aber die Kohlen, welche sie zum dritten Mal mitbrachte, waren abermals erloschen, und jetzt hob die Turmuhr auf der Stadtkirche aus und schlug; und die Magd horchte und wollte gern wissen, wie früh es wäre, und zählte *drei, vier, sechs, sieben* – so spät konnte es doch nicht sein, *acht, neun* – was war das? Die Uhrglocke schlug immerzu und schlug *zwölf*, und im Hof verschwand das Kohlenfeuer, verschwand der große Pudel.

Der Magd gruselte fürchterlich, sie eilte in ihre Bettkammer, kroch tief unter die Decke, betete und sagte alle Gesänge her, die sie konnte und wusste. Am Morgen verschlief sie in aller Form, und statt ihrer trat der Freisasse zuerst in die Küche. Er traute seinen Augen kaum, als er auf dem Herd statt glühender Kohlen einen Haufen glitzernder Goldstücke liegen sah, nahm den Schatz, der ihm damals sehr gut zupassgekommen sein soll, gab jedoch auch der Magd ihren guten Anteil von dem durch sie gewonnenen Reichtum.

Der sagenumwobene Hakenhof in Nienburg

Sagenumwobene Bauwerke der einstigen Wasserfeste Nienburg sind der Hakenhof in der Hakenstraße, wo die Sage *Die glühenden Kohlen in Nienburg* spielt. Der Fresenhof, ein ehemaliger Burgmannshof im Stil der Weserrenaissance, heute Teil des Museums Nienburg, ist Schauplatz der Sage *Die Weiße Jungfrau von Nienburg*.

Mehrmals täglich erklingt beim historischen Posthof in der Innenstadt ein Glockenspiel mit dem bekannten norddeutschen Volkslied *Ich bin die kleine Nienburgerin*. In diesem Wechselgesang wird auf humorvolle Weise an den Gegensatz zwischen den Bürgern der Stadt Nienburg und den Bauern des Calenberger Landes erinnert.

Eine Reihe von Zwergen- und Riesensagen wird über den Giebichenstein erzählt. Der Giebichenstein, auf Plattdeutsch Gewekenstein genannt, liegt in der Krähe, einem Wald zwischen Erichshagen und Stöckse. Mit 330 Tonnen ist er der größte eiszeitliche Findling in Niedersachsen.

In Nienburg geboren wurden der Journalist Johann Friedrich Christoph Niebour (1783–1865, Herausgeber der *„Hamburger literarischen und kritischen Blätter“*) sowie Adolf Bessell (1857–1936, er schrieb die Dramen *„Tristan und Isolde“*, *„Der jüngste Tag“* u. a.).

HOYA (Weser)
Der Graf von Hoya
(Brüder Grimm*)

Es ist einmal einem Grafen zu Hoya ein kleines Männlein in der Nacht erschienen, und wie sich der Graf entsetzte, hat es zu ihm gesagt, er sollte sich nicht erschrecken, es hätte ein Wort an ihn zu richten und zu bitten, er solle ihm das nicht abschlagen. Der Graf antwortete, wenn es für ihn und die Seinen harmlos wäre, so wolle er es gern tun. Da sprach das Männlein: „Es wollen die folgende Nacht etliche zu dir auf dein Schloss kommen und ein Fest feiern. Ihnen sollst du Küche und Saal leihen und deinen Dienern gebieten, dass sie sich schlafen legen; keiner soll nach ihrem Tun und Treiben sehen und keiner davon wissen, als nur du allein. Man wird sich dafür dankbar zeigen, dir und deinem Geschlecht soll es zum Vorteil gereichen, und weder dir noch den Deinen soll ein Leid geschehen." Der Graf willigte ein, und in der folgenden Nacht zog eine ganze Schar Zwerge über die Brücke ins Schloss, allesamt kleine Leute, wie man die Bergmännlein zu beschreiben pflegt. Sie kochten in der Küche, bereiteten zu, und es sah so aus, als ob eine große Mahlzeit angerichtet würde.

Als die Zwerge, fast gegen Morgen, das Schloss verlassen wollten, kam das kleine Männlein abermals zum Grafen, dankte ihm und überreichte ihm ein Schwert, ein Salamanderlaken und einen goldenen Ring, in welchem oben ein roter Löwe eingefasst war. Diese drei Stücke, so sprach das Männlein, sollten der Graf und seine Nachkömmlinge wohl verwahren; solange sie diese beieinanderhätten, würde Einigkeit herrschen und es wohl in der Grafschaft zugehen. Sobald aber eines davon verloren ginge, würde es ein Zeichen sein, dass der Grafschaft Unglück drohe. Der rote Löwe würde erbleichen, wenn einer vom Stamm zum Sterben käme.

Es sind aber zu den Zeiten, da Graf Jobst und seine Brüder unmündig waren und Franz von Halle Statthalter im Land war, Schwert und Salamanderlaken verloren gegangen. Die Brüder wurden uneins, und es gab Krieg und Blutvergießen. Der Ring hingegen ist bei der Herrschaft bis an ihr Ende geblieben.

(*Deutsche Sagen)

Die Sage *Der Graf von Hoya* findet sich schon in den „Deutschen Sagen“ (Nr. 37). Die Grimm'sche Fassung geht auf eine alte Quelle vom Ende des 16. Jhs. zurück.

In Hoya geboren wurden der Epiker und Dramatiker Friedrich Wilhelm Basilius von Ramdohr (1757–1822, *„Kaiser Otto der Dritte“*, 1783) sowie der spätere hannoversche Staatsrat Freiherr von Ompteda (1828–1899, *„Gefährliche Wege“*, 1822).

Die Zwerge von Schloss Hoya

Der Dom zu Verden

VERDEN

Klaus Störtebeker und Godeke Michels
(Beneke/Henniger/von Harten)

Klaus Störtebeker ist, bevor er Seeräuber wurde – so erzählt die Sage –, ein Edelmann gewesen. Sein Schloss stand bei Verden in der Nähe der Halsmühle, und seines Schwagers Hofstelle in Dauelsen wird noch gezeigt. In seinen jungen Jahren hat er lustig gelebt, viel Fehden ausgefochten, turniert und gerauft, dabei geschmaust und gezecht.

Einst hatte er in Hamburg mit anderen wilden Gesellen so lange bankettiert und gewürfelt, bis er Hab und Gut verprasst hatte. Als ihm nun die Hamburger schuldenhalber sein ritterliches Gewand und Rüstzeug nahmen und ihn der Stadt verwiesen, da ging er unter die Vitalienbrüder und wurde Seeräuber, wie vor ihm keiner gewesen ist.

Seinerzeit war das Haupt derselben Godeke Michels (nach heutiger Art zu sprechen: Gottfried Michaelsen), ein tapferer und gewaltiger Mann, auch guter Leute Kind. Der nahm den neuen Genossen mit Freuden auf, und nachdem er ihm einige Proben seiner ungemeinen Kraft, Unerschrockenheit und Tapferkeit abgelegt hatte, übergab er ihm gleich den Befehl über ein Schiff und teilte hernach mit ihm den Oberbefehl über die ganze Verbrüderung. Störtebeker, der seinen adligen Namen ablegte, war so stark, dass er eine eiserne Kette wie Bindfaden zerriss, und weil er einen vollen Becher in einem Zuge, ohne abzusetzen, hinunterstürzen und dies Becherstürzen täglich unzählige Male wiederholen konnte, so nannte man ihn den Becherstürzer, plattdeutsch Störtebeker.

Als die Raubgesellen einstmals die Nordsee nach Herzenslust geplündert hatten, fuhren sie nach Spanien, um dort zu rauben. Störtebeker und Godeke Michels machten mit ihren Gefährten wie immer gleiche Teile der Beute, nur die Reliquien des heiligen Vincentius, die sie aus einer Kirche geraubt hatten, behielten sie für sich und trugen sie seitdem unter ihrem Wams auf der bloßen Brust. Daher ist es gekommen, dass sie hieb- und schussfest gewesen sind, kein Schwert und Dolch, keine Armbrust, Büchse oder Kartaune hat sie verwunden, geschweige denn töten können – so hieß es.

Nach ihrer Vertreibung aus der Ostsee haben sie von ihren Schlupfwinkeln auf Rügen und andern Orten lassen müssen. Daraufhin haben sie aber in

Ostfriesland gute Freunde gewonnen und dort ihren Raub bergen und verkaufen können. Sonderlich bei Marienhafe haben sie viel verkehrt, und daselbst gibt es noch viele Erinnerungen an Störtebeker. Der Häuptling Keno tom Brook wurde sein Schwiegervater, denn dessen schöne Tochter verliebte sich in den kühnen und mächtigen Mann und folgte ihm auf sein Schiff und in sein schwankend' Reich.

Wenn Störtebeker Gefangene machte, die ein Lösegeld versprachen, so ließ er sie leben. Waren sie aber arme Teufel und alt und schwächlich dazu, so wurden sie gleich ohne weiteres über Bord geworfen. Erschienen sie ihm jedoch tüchtig und brauchbar, so machte er erst eine Probe mit ihnen. Wenn sie nämlich seinen ungeheuren Mundbecher voll Weins in einem Zug leeren konnten, dann waren sie seine Leute, und er nahm sie als Gesellen an. Konnten sie es aber nicht, dann wurden sie auch abgetan.

Störtebeker und Godeke Michels haben auch zuweilen Reue über ihr Leben gefühlt, und deshalb soll jeder von ihnen dem Dom zu Verden sieben Fenster, zur Abbüßung ihrer sieben Todsünden, geschenkt und auch Brotspenden an dortige Arme gestiftet haben. Hierin finden viele eine Bestätigung der Annahme, dass beide Verden'sche Landeskinder gewesen sind.

Anno 1400 nun ließ die Hanse eine Flotte nach Ostfriesland gehen, um dem Unwesen der Seeräuber zu steuern. Die Hamburger Schiffe befehligten die Ratsherrn Albert Schreye und Johann Nanne. Sie besiegten die dort liegenden Vitalienbrüder, erschlugen viele Raubgesellen und übten Standrecht an den Gefangenen. Dann eroberten sie Stadt und Burg Emden und legten hansische Besatzung hinein. Auch Keno tom Brook musste seine Burg zu Aurich abtreten, weil er es, gegen frühere Zusage, doch wieder mit Störtebeker gehalten hatte. Er musste nach Lübeck gehen, um sich beim Hansetag zu entschuldigen.

Nun heißt es: Wie die beiden hamburgischen Ratsherren soeben den neuen Friedensvertrag mit Keno abgeschlossen und die Halle verlassen hätten, da sei Störtebeker aus seinem Versteck hereingetreten und habe sich mit dem alten Keno über die Hamburger Herren lustig gemacht, die sich wieder von ihnen anführen ließen. In dem Moment sei aber Herr Nanne, der seine Handschuhe vergessen hatte, unversehens in die Halle zurückgekommen und habe den neuen Verrat bemerkt. Darum sei auch alsbald der Krieg von Neuem ausgebrochen.

Doch fürs Erste waren die Seeräuber in der Nordsee noch so mächtig, dass kein Schiff zur Elbe raus- und reinkonnte. Darum wurde 1402 aufs Neue eine hamburgische Flotte ausgerüstet unter dem Oberbefehl der eben genannten Ratsherren. Das Hauptschiff hieß *Die bunte Kuh*; dieses Schiff befehligte ein junger Seeheld, Simon von Utrecht, der sich unsterblichen Ruhm bei den Hamburgern erworben hat.

Die Vitalienbrüder lagen bei Helgoland, wo sie auf die Hamburger Englandfahrer lauerten, welche nun, von den Kriegsschiffen begleitet, in See stachen. Gegen Dunkelwerden näherte sich die hamburgische Flotte. Störtebeker ahnte nichts Böses. Ein Blankeneser Fischer kam in seiner Jolle herangerudert und bat, sein Boot an das Admiralsschiff legen zu dürfen, denn das Wasser sei ihm zu unruhig, und er wolle sich auch gern etwas Warmes zu essen kochen. Er war ein alter Bekannter und ehemaliger Kamerad, und daher nahm man ihn freundlich auf. Während nun die Seeräuber meinten, er sei mit Essenkochen beschäftigt, schmolz er Blei und lötete ihnen damit heimlich in der Nacht das Steuerruder fest. Unbemerkt entfernte er sich dann in seiner Jolle und machte den Hamburgern Anzeige von dem gelungenen Streich.

Am andern Morgen begannen die Hamburger den Kampf. Als nun Störtebeker es an der Zeit hielt, ihnen aus dem Weg zu gehen, konnte er sein Schiff nicht wenden. Er merkte zwar bald, woran es lag, und ließ eiligst einen Topf voll siedendes Öl bringen, um das Blei wieder zu schmelzen, doch die Hamburger waren während der Zeit auch nicht müßig gewesen. Sie hatten geentert, ehe er sein Vorhaben ausführen konnte, und nun begann ein mörderischer Kampf. Störtebeker und seine Leute merkten, dass es um ihr Leben ging, und so schlugen sie wild um sich. Volle drei Tage und Nächte währte der blutige Kampf, bis die Hamburger die Vitalienbrüder zur Übergabe gezwungen hatten.

Ein Teil der Seeräuber war beizeiten entflohen, viele erschlagen oder ins Meer geworfen worden. Ihre Schiffe mit reichen Ladungen an Tuchen, Wachs und Baumwolle wurden erbeutet. Als höchster Siegespreis aber galt die Gefangennahme des unverwundbaren Störtebekers, der mit seinem Unterbefehlshaber Wichmann und siebzig Mann in die Hände der Hamburger fiel.

In Hamburg machte man, kraft des vom Kaiser verliehenen Blutbannes über Seeräuber, kurzen Prozess mit den Gefangenen. Störtebeker saß in einem Keller des alten Rathauses, der, solange dasselbe gestanden hat, *Störtebekers Loch* hieß. Als man ihm sein Todesurteil verkündete, ließ er dem Rat für Leben und Freiheit eine goldene Kette bieten, so lang, dass man den Dom, ja ganz Hamburg damit umschließen könne, die wolle er aus seinen vergrabenen Schätzen herbeischaffen. Der Rat aber hat ein solches Anerbieten mit Entrüstung von sich gewiesen und der Justiz freien Lauf gelassen.

Schon am folgenden Tag fand die Hinrichtung auf dem *Grasbrook* statt. Störtebeker tat es besonders leid, dass siebzig seiner Kameraden seinetwegen ihr Leben lassen sollten, und darum bat er zu guter Letzt: „Wenn ihr mir den Kopf abgeschlagen habt, so lasst mich gehen. Diejenigen meiner Kameraden, an denen ich ohne Kopf noch vorüberkomme, die mögen am Leben bleiben!" Diese letzte Bitte ward ihm gewährt. Als nun sein Haupt gefallen war, richtete er sich auf und ging noch an elf seiner Gesellen vorüber, dann strauchelte er und fiel tot nieder. Den elf Gesellen hielt man Wort, die Übrigen wurden alle unter Trommelschlag und Pfeifenklang und unter Weinen und Klagen der Hamburger Frauen und Mädchen von dem Scharfrichter Rosenfeld enthauptet. Ihre Köpfe wurden als Siegeszeichen den Elbstrand entlang auf Pfähle gesteckt.

Nach altem Brauch werden alljährlich auf dem Rathausplatz von Verden am Montag nach Lätare (drei Wochen vor Ostern) Brot und Heringe kostenlos an die Bevölkerung verteilt. Die Lätare-Spende geht der Sage nach auf die Seeräuber Klaus Störtebeker und Godeke Michels zurück, die zur Buße für die sieben Todsünden (Hochmut, Geiz, Wollust, Zorn Völlerei, Neid und Trägheit des Herzens) sieben farbige Kirchenfenster für den Verdener Dom sowie eine Spende in Form von Brot und Heringen an die Geistlichkeit, städtischen Bediensteten und Bedürftigen gestiftet haben sollen.

Schon in Einhards „*Vita Karoli Magni*" im 9. Jahrhundert wird über das Blutgericht bei Verden berichtet. Der Sage nach sollen im Jahre 782 durch Karl den Großen 4.500 aufständische Sachsen nördlich von Verden bei Halsmühlen hingerichtet worden sein; diese hohe Zahl ist jedoch unter Historikern umstritten.

BUXTEHUDE

Der Hase und der Igel
(Brüder Grimm* – hochdeutsche Fassung E. M. Iba)

Diese Geschichte ist ganz lügenhaft zu erzählen, Jungens, aber wahr ist sie doch, denn mein Großvater, von dem ich sie habe, pflegte immer, wenn er sie mir mit Beharrlichkeit vortrug, dabei zu sagen: „Wahr muss sie doch sein, mein Junge, denn sonst könnte man sie ja nicht erzählen." Die Geschichte hat sich aber so zugetragen:

Es war an einem Sonntagmorgen im Herbst, just in der Zeit, als der Buchweizen blühte. Die Sonne war hell am Himmel aufgegangen, der Morgenwind ging frisch über die Stoppeln, die Lerchen sangen in der Luft, die Bienen summten im Buchweizen, und die Leute gingen in ihren Sonntagskleidern nach der Kirche, und alle Kreatur war vergnügt, und der Swinegel (Igel) auch.

Der Igel aber stand vor seiner Tür, hatte die Arme übereinandergeschlagen, guckte dabei in den Morgenwind hinaus und trällerte ein Liedchen vor sich hin, so gut und so schlecht wie nun eben am lieben Sonntagmorgen ein Igel zu singen vermag. Indem er nun noch so halbleise vor sich hinsang, fiel ihm auf einmal ein, er könne wohl, während seine Frau die Kinder wüsche und anzöge, ein bisschen im Feld spazieren gehen und sehen, wie seine Steckrüben ständen. Die Steckrüben waren ganz nah bei seinem Haus, und er pflegte mit seiner Familie davon zu essen, deshalb sah er sie als die Seinigen an. Gesagt, getan. Der Igel machte die Haustür hinter sich zu und schlug den Weg nach dem Feld ein. Er war noch nicht sehr weit vom Haus und wollte gerade um den Schlehenbusch, der da vor dem Feld liegt, nach dem Steckrübenacker hinaufschlendern, als ihm der Hase begegnete, der in ähnlichen Geschäften ausgegangen war, nämlich um seinen Kohl zu besehen. Als der Igel des Hasen ansichtig wurde, bot er ihm einen freundlichen guten Morgen. Der Hase aber, der nach seiner Weise ein gar vornehmer Herr war, grausam und hochfahrig dazu, erwiderte nicht des Igels Gruß, sondern sagte zum Igel, wobei er eine gewaltig höhnische Miene annahm: „Wie kommt es denn, dass du hier schon bei so frühem Morgen im Feld rumläufst?" „Ich gehe spazieren", sagte der Igel. „Spazieren?", lachte der Hase. „Mir deucht, du könntest die Beine wohl auch zu besseren Dingen gebrauchen." Diese Antwort verdross den Igel ungeheuer,

Der Hase und der Igel

denn alles konnte er vertragen, aber auf seine Beine ließ er nichts kommen, eben weil sie von Natur aus schief waren. „Du bildest dir wohl ein", sagte nun der Igel zum Hasen, dass du mit deinen Beinen mehr ausrichten kannst?" „Das kommt auf einen Versuch an", meinte der Igel, „ich behaupte, wenn wir wettlaufen, laufe ich an dir vorbei." „Das ist zum Lachen, du mit deinen schiefen Beinen", sagte der Hase, „aber meinetwegen mag es sein, wenn du so übergroße Lust hast. Was gilt die Wette?" „Einen goldnen Louisdor und eine Buddel Branntwein", sagte der Igel. „Angenommen", sprach der Hase, „schlag ein, und dann kann's gleich losgehen." „Nein, so große Eile hat es nicht", meinte der Igel, „ich bin noch ganz nüchtern; erst will ich nach Hause gehen und ein bisschen frühstücken. In einer halben Stunde bin ich wieder hier auf dem Platz."

Damit ging der Igel, denn der Hase war es zufrieden. Unterwegs dachte der Igel bei sich: „Der Hase verlässt sich auf seine langen Beine, aber ich will ihn schon kriegen. Er ist zwar ein vornehmer Herr, aber doch nur ein dummer Kerl, und bezahlen muss er doch." Als nun der Igel zu Hause ankam, sagte er zu seiner Frau: „Frau, zieh dich schnell an, du musst mit mir ins Feld hinaus."

„Was gibt es denn?", fragte seine Frau. „Ich habe mit dem Hasen um einen goldnen Louisdor und eine Buddel Branntwein gewettet, ich will mit ihm um die Wette laufen, und du sollst mit dabei sein." „O mein Gott, Mann!", fing nun die Frau des Igels an zu schreien, „bist du nicht klug, hast du denn ganz den Verstand verloren? Wie kannst du mit dem Hasen um die Wette laufen wollen?" „Halt den Mund, Weib", sagte der Igel, „das ist meine Sache. Räsonier nicht in Männergeschäfte. Marsch, zieh dich an, und dann komm mit." Was sollte die Frau des Igels da machen? Sie musste wohl folgen, sie mochte wollen oder nicht.

Als sie nun miteinander unterwegs waren, sprach der Igel zu seiner Frau: „Nun pass auf, was ich sagen will. Sieh, auf dem langen Acker, dort wollen wir unseren Wettlauf machen. Der Hase läuft nämlich in der einen Furche und ich in der andern, und von oben fangen wir an zu laufen. Nun hast du weiter nichts zu tun, als dich hier unten in die Furche zu stellen, und wenn der Hase auf der andern Seite ankommt, so rufst du ihm entgegen: „Ich bin schon da!"

Damit waren sie beim Acker angelangt, der Igel wies seiner Frau ihren Platz an und ging den Acker hinauf. Als er oben ankam, war der Hase schon da. „Kann es losgehen?", fragte der Hase. „Jawohl", erwiderte der Igel. „Dann man zu!" Und damit stellte sich jeder in seine Furche. Der Hase zählte: „Eins, zwei, drei!", und los ging er wie ein Sturmwind den Acker hinunter. Der Igel aber lief nur ungefähr drei Schritte, dann duckte er sich in die Furche nieder und blieb ruhig sitzen.

Als nun der Hase im vollen Laufe unten im Acker ankam, rief ihm die Frau des Igels entgegen: „Ich bin schon da!" Der Hase stutzte und wunderte sich nicht wenig. Er meinte nicht anders, als wäre es der Igel selbst, der ihm das zurufe, denn bekanntlich sieht die Frau des Igels gerade so aus wie ihr Mann.

Der Hase aber meinte: „Das geht nicht mit rechten Dingen zu." Er rief: „Noch einmal gelaufen, wieder herum!" Und fort ging er wieder wie ein Sturmwind, dass ihm die Ohren am Kopfe flogen. Die Frau des Igels aber blieb ruhig auf ihrem Platz. Als nun der Hase oben ankam, rief ihm der Igel entgegen: „Ich bin schon da!" Der Hase aber, ganz außer sich vor Eifer, schrie:

„Noch mal gelaufen, wieder herum!" „Macht mir nichts aus", antwortete der Igel, „meinetwegen, sooft du Lust hast." So lief der Hase noch dreiundsiebzigmal, und der Igel hielt es immer mit ihm aus. Jedes Mal, wenn der Hase unten oder oben ankam, sagten der Igel oder seine Frau: „Ich bin schon da!"

Zum vierundsiebzigsten Mal aber kam der Hase nicht mehr zu Ende. Mitten auf dem Acker stürzte er zur Erde, das Blut schoss ihm aus dem Hals, und er blieb tot auf dem Platz. Der Igel aber nahm seinen gewonnenen Louisdor und die Buddel Branntwein, rief seine Frau aus der Furche ab, und beide gingen vergnügt miteinander nach Hause; und wenn sie nicht gestorben sind, leben sie noch.

So begab es sich, dass auf der Buxtehuder Heide der Igel den Hasen zu Tode gelaufen hat, und seit jener Zeit hat es sich kein Hase wieder einfallen lassen, mit einem Buxtehuder Igel um die Wette zu laufen.

Die Lehre aber aus dieser Geschichte ist erstens, dass keiner, und wenn er sich auch noch so vornehm dünkt, es sich einfallen lassen sollte, sich über einen einfachen Mann lustig zu machen, und wäre es nur ein Igel. Und zweitens, dass es geraten ist, wenn einer heiratet, dass er sich eine Frau aus seinem Stande nimmt, die genauso aussieht wie er selbst. Wer also ein Igel ist, der muss zusehen, dass seine Frau auch ein Igel ist – und so weiter.

(* KHM: 187: Von Wilhelm Schröder auf Plattdeutsch aufgezeichnet und am 26.4.1840 im Hannoverschen Volksblatt veröffentlicht)

Laut „*Kinder- und Hausmärchen der Brüder Grimm*" fand der Wettlauf zwischen dem Hasen und dem Igel auf der *Buxtehuder Heide* statt. In der malerischen Altstadt von Buxtehude wird auf vielfältige Weise an diesen legendären Wettlauf erinnert, beispielsweise im Buxtehude-Museum, am Rathaus, am Eingang zum Ratskeller, in der „*Hase & Igel*"-*Bäckerei* am Denkmal vom Hasen und Igel oder auf dem Hase-und-Igel-Pfad.

Über den Ursprung des Märchens gibt es zwei Versionen: Nach der ersten Version hätte Wilhelm Schröder (1808–1878) aus Oldendorf bei Stade dieses Märchen als Jugendlicher im Dorfkrug von einem alten Jäger gehört und selbst nacherzählt – nach der zweiten Version kannte Schröder das Märchen durch Johann Nikolaus Helmcke, Pastor in Bexhövede, wo sein Großvater wohnte. Schröder hat das Märchen auf Plattdeutsch aufgezeichnet und erstmalig am 26.4.1840 im Hannoverschen Volksblatt veröffentlicht.

Nach einem Schnack, der wohl im 19. Jahrhundert aufgekommen ist, *bellen die Hunde* in Buxtehude *mit dem Schwanz.*

Bekannt ist Buxtehude auch wegen des im Jahre 1971 vom Buchhändler Winfried Ziemann initiierten Jugendbuchpreises *Buxtehuder Bulle*, einem renommierten Literaturpreis, der alljährlich für das beste deutsche Jugendbuch vergeben wird.

Der niederdeutsche Autor Johann Diedrich Bellmann (1930–2006) gehörte zu den bedeutendsten Dichtern der niederdeutschen Gegenwartsliteratur. Hervorgetreten ist Bellmann durch Schauspiele, Hörspiele, Erzählungen („*Lüttjepütt*“) und einen historischen Roman („*Margareta Jansen – De letzte Professa*“).

Rathaus und Roland

FREIE HANSESTADT BREMEN

Eine Lüge, so groß es nur eine geben kann (Bolte/Polivka*)

In Bremen lebte einmal ein Klopffechter, der sein Handwerk besser verstand, als sonst einer in der ganzen Welt. Er hatte es im Ringen endlich so weit gebracht, dass er vierundzwanzig auf sich nehmen konnte und sie auch jedes Mal alle glücklich bezwang. ‚Holla', dachte er, ‚ich will auf Reisen gehen und meine Künste zeigen, lassen doch wohl andere Leute auch ihre Geschicklichkeit für Geld sehen, die nicht halb so etwas Wunderbares können wie ich. Gewiss werden die Leute, wo ich nur hinkomme herbeilaufen, um meine Stärke zu sehen.'

Gesagt, getan. An einem Sommermorgen nahm er seine Siebensachen auf die Schulter und nun damit immer marsch zum Tor hinaus. – Nicht weit von der Stadt fand er einen Jäger, der seine Flinte angelegt hatte und sehr aufmerksam in die Höhe zielte, obgleich sich kein Vogel hören oder sehen ließ. Unser Klopffechter sah ihm einige Augenblicke zu und fragte ihn schließlich sehr neugierig, wonach er denn schießen wollte. „Störe er mich nicht, Freund", sagte der Jäger und blieb in seiner vorigen Lage. Auf einmal drückte er ab und sagte: „Nun, da liegt er ja."

„Wer denn?", fragte der andere, „ich habe ja nichts gesehen."

„Wohl möglich", antwortete der Jäger, „es ist ein bisschen weit. Ich habe jetzt eben einen Sperling vom Straßburger Münster heruntergeschossen."

„Wollen wir zusammen reisen?", fragte der Klopffechter, „du bist mein Mann, ich kann auch mehr als andere Leute." Sie waren bald einig und setzten nun gemeinschaftlich ihre Reise fort.

Kaum waren sie einige tausend Schritt gegangen, so flog ein Kerl bei ihnen vorbei, so geschwind wie eine Kanonenkugel. Sie wunderten sich darüber und sahen ihm nach, solange sie ihn mit den Augen erreichen konnten. Aber das währte nicht lange, denn in einer halben Minute war er schon so weit weg, dass ihn nicht einmal der Jäger mehr sehen konnte, so scharf seine Augen auch waren. Sie gingen indes auch weiter und konnten nicht aufhören, die Geschwindigkeit des Menschen zu bewundern. Ehe sie es sich aber versahen, war er schon wieder bei ihnen. „Wo bist du denn gewesen?", redeten ihn die beiden Reisenden an. „Nicht weit", antwortete der Läufer,

„in Rom. Ich musste da einen Brief bestellen." Die beiden machten große Augen, als sie das hörten, denn es war höchstens zehn Minuten, als er vor ihnen vorbeigeflogen war. „Willst du mit uns reisen?", fragten sie ihn beide zur gleichen Zeit und erzählten ihm auch ihre eigenen Künste. Der Läufer besann sich einige Augenblicke, schlug dann ein, und nun waren also der Reisenden drei.

Sie mochten ungefähr eine Meile gegangen sein, als sie an einen großen Wald kamen. Vor demselben sahen sie einen Kerl stehen, der einen Strick in den Händen hatte, welcher um den ganzen Wald herumgezogen war. Ehe sie noch ganz dran waren, zog er den Strick zusammen, und nun ging es knix, knax. Alle Bäume brachen ab wie Rüben und stürzten immer einer über den andern hin. Sie sahen dem zu, bis nur noch sehr wenige Bäume standen. Die ergriff dann der starke Mann und brach sie bis auf die Wurzel ab. „Der wäre auch ein Mann für uns", sagten die Reisenden zueinander, traten an jenen heran und beredeten ihn, dass er mitreisen sollte. Er ging auf den Vorschlag ein, und so reisten alle vier weiter.

Als sie wieder ein Stück gegangen waren, kamen sie an einen hohen Berg. Auf diesem stand ein Kerl, der beide Arme in die Seite gestemmt hatte und beide Backen aufgeblasen hatte. Er pustete aus allen Kräften so, dass es die Reisenden schon empfinden konnten, als sie noch ein gutes Stück von ihm entfernt waren, obgleich er nach einer ganz anderen Gegend hin blies. Die Neugier trieb unsere Reisende auf den Berg. Sie fragten ihn, wozu er so bliese und warum er es sich so sauer werden ließe. „Man muss ja wohl", gab er zur Antwort, „seht ihr nicht die sechsunddreißig Windmühlen hier herum? Die muss ich alle in Gang halten. Wenn mir der Wind nur einigermaßen hilft, so macht es nicht so viel Mühe, aber heute rührt sich ja zu allem Unglück kein Lüftchen, da muss es einem wohl sauer werden." Indes er mit unseren Reisenden sprach, standen die Mühlen still, aber kaum blies er wieder, so waren sie in Gang wie zuvor. „Den müssen wir auch mitnehmen", sagten die Reisenden einander ins Ohr, taten jenem den Vorschlag und gingen, als er ihn annahm, nun fünf an der Zahl, in Himmels Namen nach Mainz. Hier war alles betrübt, weil der Kurfürst gerade krank lag. Die Ärzte hatten ihn schon völlig aufgegeben. Ein einziges Mittel, sagten sie, wäre noch übrig. Wenn sie noch diesen Vormittag ein gewisses Kraut bekommen könnten, so wäre es vielleicht möglich, den Kurfürsten noch zu retten. Hoffnung gäbe es aber so gut wie gar keine, denn das Kraut wachse nur auf den Schweizer Alpen, es sei also unmöglich, es so geschwind zu beschaffen. Kaum hatten unsere Reisenden dies gehört, so gingen sie auf das Schloss und versprachen, das verlangte Kraut in der gesetzten Zeit zu beschaffen, wenn man ihnen dafür eine Belohnung geben wollte. Man hinterbrachte es dem Kurfürsten, und er war sogleich bereit, für diesen Dienst so viel Gold und Silber zu versprechen, wie der stärkste Mann tragen könnte. Mit dieser Erklärung waren die fünf Freunde zufrieden, und sogleich musste sich der Läufer auf den Weg machen, um das verlangte Kraut zu holen.

Als eine Stunde vergangen war, warteten die Übrigen jeden Augenblick mit Ungeduld, dass ihr Freund wiederkäme. Aber schon war es zehn Uhr, und er war noch nicht da. Sie warteten noch eine halbe Stunde, und als er auch da nicht kam, fingen sie an, bange zu werden. Der Jäger musste auf einen Turm steigen und, weil er gute Augen hatte, sich nach ihm umsehen. Er konnte ihn anfangs nirgends gewahr werden, endlich entdeckte er ihn unweit Basel. „Da liegt der faule Schelm", rief er, „und schläft. Wart nur, wir wollen dich bald wecken." Damit legte er die Flinte an und schoss dem Läufer den Hut vom Kopf, sodass er davon aufwachen musste. Nun machte sich dieser geschwind auf die Beine, und ehe der Jäger noch vom Turm herunterkam, war er mit seinen Kräutern schon da. Sie wurden dem Kurfürsten gebracht, er nahm die Kräuter ein und ward auf der Stelle gesund davon. Nun ließ er den Reisenden sagen, sie möchten nur jemanden schicken, der das Geld abholen sollte. Dazu wussten sie keinen Besseren als den starken Mann, der den ganzen Wald umgerissen hatte. Dieser ging aufs Schloss, stieg in die Schatzkammer hinunter und packte alles auf, was da war, sodass auch nicht ein Taler übrig blieb. Damit war er aber noch nicht zufrieden, sondern er ging im Schloss herum, nahm alles Gold und Silber, was er nur finden konnte, und trug es nach Hause. Wer war froher als die andern vier, als sie die ungeheure Menge Gold und Silber sahen! Um dem Starken seine Last zu erleichtern, luden sie sich einen Teil der Schätze auf und wanderten nun immer dem Tor zu, um ihr Glück anderswo zu suchen.

Indes hatte man dem Kurfürsten gesagt, wie arg sein Schloss geplündert wäre. Er ließ daher gleich zwei Regimenter kommandieren, die den Reisenden nachsetzen und einen Teil des Geldes und der Kostbarkeiten wieder abnehmen sollten. Kaum waren diese eine Meile vom Tor, so sahen sie auch die Soldaten schon hinter sich. Nun war guter Rat teuer. „Wenn es vierundzwanzig wären", sagte der Klopffechter, „so würde ich wohl mit ihnen fertig, aber zwei Regimenter, das ist mir zu viel."

„Hätte ich nur meinen Strick", sagte der Waldumreißer, „dann wollte ich sie zusammenschnüren, sie sollten sich nicht rühren können, aber so ..."

„Was kann ich machen?", fragte der Jäger. „Freilich schieße ich wohl auf jeden einen Schuss nieder, aber wie lange währt es, bis ich keine Kugeln mehr habe?"

„Mir für meinen Teil ist nicht bange", sagte der Läufer, „ich verlasse mich auf meine Füße, mich sollen sie wahrhaftig nicht kriegen."

„Was das nun für eine Not ist!“, sagte der mit der starken Lunge, setzte seine Arme in die Seite und blies aus Leibeskräften. Kaum waren einige Minuten vergangen, so waren beide Regimenter völlig weggeblasen, und bis auf den heutigen Tag weiß niemand, wo sie geblieben sind.

(*Eine Variante des Grimm'schen Märchens *Sechse kommen durch die ganze Welt*, KHM 71)

Der wegen seines reichhaltigen Weinkellers berühmte *Bremer Ratskeller* ist auch ein sagenumwobener Ort. In diesem unterirdischen Reich des Weines mit seinen riesigen bemalten Fässern des 17. und 18. Jhs. ließen sich bekannte und weniger bekannte Dichter inspirieren. In seinem zum zweiten Nordsee-Zyklus gehörenden Gedicht *Im Hafen* schreibt Heinrich Heine: „Glücklich der Mann, der den Hafen erreicht hat, ... und jetzo warm und ruhig sitzt im guten Ratskeller zu Bremen.“

Der Hauff-Keller erinnert heute an den Besuch des jungen schwäbischen Dichters im Jahre 1826 im Ratskeller. Bürgermeister Smidt persönlich führte Hauff, assistiert von den beiden Senatoren Droste und Gildemeister, die steile Treppe hinunter. In seiner Erzählung *„Phantasien im Bremer Ratskeller – ein Herbstgeschenk für Freunde des Weines“* hat Wilhelm Hauff (1802–1827, die Märchen *Zwerg Nase, Das Wirthaus im Spessart* u. a.) Bremen und dem Ratskeller mit seinem berühmten *Rose-Wein* ein bleibendes literarisches Denkmal gesetzt.

Ein architektonisches Juwel ist das prächtige Rathaus, das ebenso wie der *Bremer Roland*, Symbol städtischer Freiheit, seit 2004 zum *UNESCO-Welterbe* gehört.

Bürgermeister Smidt war den Brüdern Jacob und Wilhelm Grimm ein Freund und Gönner. Zwischen Bremen und Kassel gab es Kontakte; (Jo-)Hanne Smidt, die früh verstorbene Tochter des Bürgermeisters, hat auch für die Brüder Grimm gesammelt. Am 19. Januar 1816 mahnt Jacob Grimm von *„Fräulein Hanne ... die vielmal versprochenen und längst für fertig abgegebenen Bremer Märchen, Lieder und Sagen“* an. Sie hat mit höchster Wahrscheinlichkeit die abweichende Bremer Fassung des Grimm'schen Märchens *Die schöne Katrinelje und Pif Paf Poltrie* zur Verfügung gestellt.

Esel, Hund, Katze und Hahn aus dem Märchen der Brüder kann man in Bremen auf Schritt und Tritt begegnen. Auch wenn sie im Märchen der Brüder Grimm die Hansestadt gar nicht erreicht haben, so sind die Stadtmusikanten aus Bremen nicht wegzudenken. Nicht weit vom Ratskeller steht an der Westseite des Rathauses die von Gerhard Marcks geschaffene Bronzeplastik der *Bremer Stadtmusikanten*, ein beliebtes Fotomotiv und Endpunkt der *Deutschen Märchenstraße*. Schräg gegenüber zieren die vier Musikanten das Wirtshausschild des Deutschen Hauses. Weiterhin zu sehen sind sie im Ratskeller, nämlich im Hauff-Keller (Fresko von Max Slevogt) und im Senatszimmer sowie in der Böttcherstraße. Dort verschönern die Stadtmusikanten das Treppengeländer im Haus St. Petrus und als Kleinplastiken schmücken sie zusammen mit den Ton-Reliefs der Sieben Faulen den gleichnamigen Brunnen. Nicht weit davon entfernt erinnert am Robinson-Crusoe-Haus eine Tafel an Daniel Defoes (1659–1731) Abenteuerroman „*Robinson Crusoe*". Im ersten Absatz dieses Romans wird erzählt, dass Robinsons Vater aus Bremen stamme und Robinson eigentlich *Kreutznaer* heiße, woraus in England der Nachname Crusoe wurde.

In der Hansestadt geboren wurden der Theologe und Kirchenlieddichter Joachim Neander (1650–1680, *Lobet den Herren, den mächtigen König der Ehren*), der Verfasser von „*Bremens Volkssagen*" Friedrich Wagenfeld (1810–1846), der bremische Staatsmann Otto Gildemeister (1823–1902), der durch seine stilvollen Übersetzungen von Byron, Shakespeare, Dante berühmt wurde, der Märchenforscher, Gründer und Herausgeber der Buchreihe „*Märchen der Weltliteratur*" Friedrich von der Leyen (1873–1966), der Erzähler Wilhelm Scharrelmann (1875–1950, „*Geschichten aus der Pickbalge*", seine „*Katen im Teufelsmoor*" sind eine Fortsetzung der *Bremer Stadtmusikanten*), der Lyriker, Erzähler, Innenarchitekt und bedeutende Übersetzer von Klassikern (*Homer, Vergil, Horaz, Shakespeare*), Rudolf Alexander Schröder (1878–1962), der jüdische Sachbuchverfasser Josef Kastein (1890–1946), die Erzähler Karl Lerbs (1893–1946), Friedo Lampe (1899–1945) und Felix Hartlaub (1913–1945), Johann von Harten, der zusammen mit Karl Henniger die bekannte Sammlung „*Niedersachsens Sagenborn*" herausgab, sowie drei große deutsche Verleger, nämlich Georg Joachim Göschen (1752–1828), Anton Kippenberg (1874–1950, Gründer des *Insel-Verlags*) und Ernst Rowohlt (1887–1960).

Im Bremer Dom begraben liegt der Oberhauptmann der hannoverschen Regierung Adolf Freiherr von Knigge (1752–1796), dessen Erziehungsbuch „*Über den Umgang mit Menschen*" als der „*Knigge*" berühmt wurde.

Zur zweiten Heimat wurde die Hansestadt für den Maler und Dichter Arthur Fitger (1840–1909), den Schriftsteller Manfred Hausmann (1898–1986, vgl. Kassel) sowie für den Pädagogen und Feldforscher Alfred Cammann (1909–2008, vgl. Hann. Münden. „*Deutsche Volksmärchen aus Russland und Rumänien*"), der die Forschungsstelle zur Volkskunde in Bremen und Niedersachsen gründete.

Literatur

ADAC-Hessen-Thüringen e.V.	Literaturland Hessen. Der Norden, Frankfurt/M. 2005
ADAC-Hessen-Thüringen e.V.	Literaturland Hessen/hr 2-kultur, Die Mitte, Frankfurt/M. 2007
ADAC-Hessen-Thüringen e.V.	Überall Grimm, Frankfurt/M. 2012
Appel, Otto und andere (Hg.)	Neues Hessisches Lesebuch, Band IV, herausgegeben vom Moritz Diesterweg Verlag, 4. Auflage, Frankfurt/M. 1959
d'Aulnoy, Marie-Catherine	Les contes des fées, Paris 1698
d'Aulnoy, Marie-Catherine	Contes nouveaux où les fées à la mode, Paris 1698
Baumgärtner, Ingrid (Hg.)	Kunigunde – eine Kaiserin der Jahrtausendwende, Kassel 1997
Bechstein, Ludwig	Deutsches Märchenbuch, 13. Auflage, Leipzig 1857
	Abschrift des Märchens Die Goldmaria und die Pechmaria, Bd. I, Nr. 11, S. 83–87
Bechstein, Ludwig	Deutsches Märchenbuch, Frankfurt/M. und Leipzig 1993, ungekürzter, in der Schreibweise modernisierter Nachdruck der 13. Auflage, Leipzig 1857
Bechstein, Ludwig	Deutsches Sagenbuch, Leipzig 1853
Beckett, Samuel	Traum vom mehr bis minder schönen Frauen, Frankfurt/M. 1996
Benzel, Ulrich	Herbstein, die Stadt auf dem Berge. Sagen – Märchen – Schwänke, Druckerei Mergard, Lauterbach/Hessen 1993
Benzel, Ulrich	Märchen, Sagen und Schwänke aus Lauterbach und dem Vogelsbergkreis, Verlag Michael Laßleben, Kallmünz 1991
Bindewald, Theodor	Oberhessisches Sagenbuch. Aus dem Volksmunde gesammelt. Neue vermehrte Ausgabe, Frankfurt/M. 1873

Boette, Ludwig Friedrich Werner	Volksdichtung in Hessen. Nach Märchen, Sage und Lied, dargestellt von L. F. W. Boette. Aus dem Nachlass herausgegeben von Charlotte Oberfeld, Siegfried Becker und Andreas C. Bimmer, Frankfurt/M. 1993
Bolte, Johannes	Volkslieder aus Hessen, gesammelt von den Brüdern Grimm, in: Zeitschrift des Vereins für Volkskunde, 18. Jg. 1908, S. 84 ff.
Bolte, Johannes	Jacob Grimm als Volksliedersammler, Berlin 1928, 1. Jg., S. 157 ff.
Bolte, Johannes/ Polivka, Georg	Anmerkungen zu den Kinder- und Hausmärchen, zweiter Band, Leipzig 1915
Burmeister, Helmut	Begegnungen im Märchenwald. Der Maler Theodor Rocholl (1854–1933) und der Reinhardswald, Hofgeismar 2004
Burmeister, Helmut	Die Hofgeismarer Stutewecken, in: Jahrbuch Landkreis Kassel 1981, S. 120 ff.
Busch, Wilhelm	Gesammelte Werke, 85. Auflage, München 1922
Busch, Wilhelm	Ut ôler Welt. Volksmärchen, Sagen, Volkslieder und Reime, München 1910
Colshorn, Carl und Theodor	Märchen und Sagen, Hannover 1854
Denecke, Ludwig	Jacob Grimm und sein Bruder Wilhelm, Stuttgart 1971
Denecke, Ludwig	Münden im Blickpunkt der Brüder Grimm, Hann. Münden 1987
Denecke, Ludwig/Schulte Kemminghausen, Karl	Die Brüder Grimm. In Bildern ihrer Zeit, 2. Auflage, Kassel 1980
Desel, Jochen	Französische Dörfer – deutsche Zuwanderer 1699-1779: 300 Jahre Kelze und Schöneberg, Band II, Hofgeismar1999
Eckart, Rudolf	Aus Kurhessen. Schilderungen, Dichtungen, Sprichwörter, Anekdoten und Sagen. Ein Volksbuch für Alt und Jung, Kassel 1917
Eckhardt, Erika	Schwälmer Sagenborn, 2. Auflage, Marburg 1987
Eckhardt, Erika/ Krause, Heinz	Schwälmer Sagenborn, Zweiter Teil, Marburg 2020
Ehrhardt, Holger (Hg.)	Dorothea Viehmann, Kassel 2012
Ehrhardt, Holger	Meißner war für die Brüder Grimm ein Bild in die Heimat: Interview von Kathrin Bretzler mit Prof. Ehrhardt in der HNA Witzenhausen vom 29.12.2015

Ehrhardt, Holger	Grimm Forscher löst das Rätsel um das Märchen „Tischlein deck dich!“, in: HNA Kassel vom 11.1.2018
Falckenheiner, Carl/ Bernhard Nicolaus	Geschichte hessischer Städte und Stifter, Kassel 1841/42
Falckenheiner, Carl/ Bernhard Nicolaus	Sagen, in: Zeitschrift des Vereins für hessische Geschichte und Landeskunde. Erster Band, Kassel 1837, S. 356–360
Franck, Hans/ Strauß, Wolfgang	Geschehenes und Gesehenes. Heitere Zeichnungen von Ludwig Emil Grimm, Gütersloh 1951
Frau Holle ... weltberühmt und doch unbekannt	Broschüre Naturpark Meißner – Kaufunger Wald, o. O./o. J. www.frauholle.info
Der Fremdenverkehr + Das Reisebüro	Das deutsche Monatsmagazin für die internationale Tourismus-Branche, 4/1976
Grässe, Johann Georg Theodor	Sagenbuch des Preußischen Staats, Band I + II, Glogau 1868/71
Gerstner, Hermann	Die Brüder Grimm, Gerabronn 1970
Grieser, Dietmar	Mit den Brüdern Grimm durch Hessen, Frankfurt/M. 1985
Grimm, Ferdinand	Siehe: Philipp von Steinau
Grimm, Jacob	Deutsche Mythologie, 2. Auflage, Göttingen 1844
Grimm, Jacob	Deutsche Rechtsaltertümer, Göttingen 1828
Grimm, Ludwig Emil	Geschehenes und Gesehenes, herausgegeben von Hans Franck und Wolfgang Strauß, Gütersloh 1951
Brüder Grimm	Deutsche Sagen, Leipzig 1911
Brüder Grimm	Deutsche Sagen. Band I–III: Bände I+II: Herausgegeben von Hans-Jörg Uther, Band III: Herausgegeben von Barbara Kindermann-Bieri, Eugen Diederichs Verlag, München 1993
Brüder Grimm	Kinder- und Hausmärchen. Die handschriftliche Urfassung von 1810, herausgegeben und kommentiert von Heinz Rölleke, Stuttgart 2007
Brüder Grimm	Kinder- und Hausmärchen, Berlin 1812/15
Brüder Grimm	Kinder- und Hausmärchen. Große Ausgabe, 7. Auflage, Göttingen 1857
Brüder Grimm	Kinder- und Hausmärchen. Band I–III. Ausgabe letzter Hand. Mit den Original-Anmerkungen der Brüder Grimm. Mit einem Anhang sämtlicher, nicht in allen

	Auflagen veröffentlichter Märchen und Herkunftsnachweisen. Herausgegeben von Heinz Rölleke, Verlag Philipp Reclam Jun., Stuttgart 1980
Brüder Grimm Gedenken	Herausgegeben von Ludwig Denecke u. a., Marburg 1963 ff.
Brüder Grimm-Gesellschaft Jahrbuch	Hgg. von Hartmut Kugler, Bernhard Lauer u. a., Kassel 1991,1992, 1993, 1994, 1995, 1996, 1997, 1998, 1999, 2000, 2001/2, 2003/4, 2005/6, 2007/8, 2009/10
Brüder Grimm Journal	Kassel 2006/1/2007/2/2008/3/2009/4/ 2011/5 /2014/6/2015/7/2016/8/2017/9/2019/10
Brüder Grimm Volkslieder	Aus der Handschriftensammlung der Universitätsbibliothek Marburg, herausgegeben von Charlotte Oberfeld, Peter Assion, Ludwig Denecke, Lutz Röhrich und Heinz Rölleke, drei Bände, Marburg 1985, 1987 und 1989
	Nachlass Grimm Staatsbibliothek zu Berlin – Preußischer Kulturbesitz, Berlin 2021
Hanauer Geschichtsverein 1844 e.V. (Hg.)	Neues Magazin für Hanauische Geschichte, Hanau 2007
Harland, August	Sagen und Mythen aus dem Solling, in: Zeitschrift des historischen Vereins für Niedersachsen, Jg. 1878, S. 76–100
Haxthausen, August von	Geistliche Volkslieder mit ihren ursprünglichen Weisen, Paderborn 1850
Henniger, Karl/ Harten, Johann von	Niedersachsens Sagenborn, Band II, Hildesheim 1909
Heßler, Carl	Hessischer Sagenkranz. Sagen aus Kurhessen, 4. Auflage, Kassel 1928
Hildebrandt, Irma	Es waren ihrer Fünf. Die Brüder Grimm und ihre Familie, Köln 1984
Hock, Sabine	GRIMMS HESSEN. Ein literarischer Reiseführer auf den Spuren der Brüder Grimm, Frankfurt/M. 2007
Hoffmann, Gerd/ Rölleke, Heinz	Der unbekannte Bruder Grimm. Deutsche Sagen von Ferdinand Philipp Grimm. Aus dem Nachlass herausgegeben von Gerd Hoffmann und Heinz Rölleke, Düsseldorf/Köln 1979
Hoffmeister, Philipp	Hessische Volksdichtung in Sagen und Märchen, Schwänken und Schnurren, Marburg 1869

Hoffmeister, Philipp	Märchen, Fliegen, Zeichenkreide. Die Liebhabereien des hessischen Predigers Philipp Hoffmeister (1804–1874), herausgegeben vom Förderverein Kultur- und Sozialzentrum Klosterkirche Nordshausen e.V., in Verbindung mit Karin Berkemann, Marburg 2013
Huber, Jörg Adrian	Die Brüder Grimm in Kassel, Gudensberg 2007
Iba, Eberhard Michael unter Mitarbeit von Walter Iba	Auf den Spuren der Brüder Grimm von Hanau nach Bremen, 2. Auflage, Regensburg 1981
Iba, Eberhard Michael	Auf den Spuren der Brüder Grimm: Eine literarische Reise entlang der Deutschen Märchenstraße mit Märchen, Sagen und Liedern. Band I: Von Hanau nach Höxter, 3. Auflage, Hofgeismar/Strassen (Lux) 2000
Iba, Eberhard Michael	Aus der Schatzkammer der Deutschen Märchenstraße, Band I: Sagen, Geschichten, Märchen und Erzählungen aus Bremen, Bremerhaven, Verden und Nienburg, Bremen 1987
Iba, Eberhard Michael	Aus der Schatzkammer der Deutschen Märchenstraße, Band II: Nördliches Weserbergland, Hameln 1993
Iba, Eberhard Michael	Deutsche Märchenstraße. Ein Reise- und Lesebuch mit Märchen, Sagen und Legenden, 2. Auflage, Hameln 2018
Iba, E. Michael/ Johnson,Thomas L.	The German Fairy Tale Landscape. The storied world of the Brothers Grimm, Hameln 2015
Iba, Walter	Aus Großvaters Märchentruhe, Hameln 2015
Justi, Karl Wilhelm	Die Vorzeit: Ein Taschenbuch für das Jahr 1826, Marburg und Kassel 1825
Kasseler Literatur-Spaziergang	Herausgegeben von Peer Schröder/ Ulrike Janke/ Konstanze Liebelt/ Karl-Heinz Nickel/ Andrea Scherer/ Kersti Schwarze Kassel 1997
Kaste, Hansulrich	Aus der Chronik. Vom ehemaligen fürstlichen Amt Fürstenberg, Manuskript, Fürstenberg 1977
Keindorf, Gudrun	Wege der Überlieferung. Zu Funktions- und Bedeutungswandel der „Sagen" von der Burg Plesse, Plesse Archiv, Heft 10, Bovenden 1995
Ketels, Herta	Der Schneider von Freiensteinau, Manuskript, Freiensteinau 1977

Kling, Burkhard	Die Brüder Grimm – Leben und Wirken. Führer durch das Brüder Grimm-Haus in Steinau an der Straße, Steinau/Worms 2011
Kling, Burkhard	Die Brüder Grimm und die Märchenwelt: Führer durch das Brüder Grimm-Haus in Steinau an der Straße, Steinau/Worms 2011
Knierim, Kurt	Hans Wilhelm Kirchhoff, Manuskript, Spangenberg o. J.
Koch, Ernst	Prinz Rosa-Stramin, Kassel 1834
Kurz, Carl Heinz	Bovender Sagen, Hann. Münden 1980
Lauer, Berhard	Die Brüder Grimm – Leben und Wirken, Kassel 2005
Lauer, Bernhard	Dorothea Viehmann und die Brüder Grimm, Sonderdruck aus der Chronik der Stadt Baunatal, herausgegeben im Auftrag der Stadt Baunatal von Heinrich Pflug, Baunatal 1997
Lauer, Bernhard/ Mayer, Andrea	Auf den Spuren der Brüder Grimm in Kassel, Kassel 2007
Lauer, Bernhard/ Mayer, Andrea	Auf den Spuren der „Märchenfrau“ in Kassel und Baunatal, Kassel 2009
Lemster, Michael	Die Grimms. Eine Familie und ihre Zeit, München/Salzburg 2021
Löwer, Carl	Die Sage vom Honighof, in: Festschrift zum 4. Dorftag der Gemeinde Wickenrode, am 24.6.1938, S. 4
Lucae, Friedrich	Das edle Kleinod an der hessischen Landeskrone, Rotenburg 1701
Lyncker, Karl	Deutsche Sagen und Sitten in hessischen Gauen, Kassel 1854
magazin aus der mitte:	Gute Seiten aus Nordhessen. Reiche Region: Märchen, märchenhafte Orte und Sagenhaftes, Herausgeber: Regionalmanagement Nordhessen GmbH, Kassel, Sommer 2010, Heft 4
Mascos, Werner	Großen Marburgern auf der Spur, 3. Auflage, Marburg 1991
Martus, Steffen	Die Brüder Grimm. Eine Biographie, 2. Auflage, Berlin 2010
Motel, Heinz	Berühmte Persönlichkeiten und ihre Verbindung zu Göttingen, 3. Auflage, Göttingen 1993
Müller, Torsten W.	Mackenrode im Eichsfeld. Beiträge zur Dorfgeschichte, Mecke Verlag, Duderstadt 2011

National Geographic Deutschland	Hüter der Märchen: Die Brüder Grimm, Dezember 1999, S. 150–181
Oberfeld, Charlotte	Volksmärchen aus Hessen, Marburg 1962
Oberfeld, Charlotte/ Bimmer, Andreas C.	Hessen. Märchenland der Brüder Grimm, Kassel 1984
Oberhauser, Fred/ Kahrs, Axel	Literarischer Führer Deutschland, Frankfurt/M. und Leipzig 2008
Paetow, Karl	Die schönsten Wesersagen an der Märchenstraße von Kassel bis Bremen, 5. Auflage, Hameln 1989
Perrault, Charles	Histoires ou contes du temps passé, avec des Moralités. Les Contes de ma mère l'Oye, Paris 1697
Pfister, Hermann von	Sagen und Aberglaube aus Hessen und Nassau, Marburg 1885
Raspe, Rudolph Erich/ Gottfried August Bürger	Des Freiherrn von Münchhausen wunderbare Reisen und Abenteuer zu Wasser und zu Lande, wie er dieselben bei der Flasche im Zirkel seiner Freude selbst zu erzählen pflegte. Zuerst gesammelt und englisch herausgegeben von R.E. Raspe. Übersetzt und hier und da erweitert von G. A. Bürger, 7. Originalausgabe der deutschen Bearbeitung, Göttingen 1855
Redeker, Wilhelm	Westphälische Sagen, meist aus mündlicher Überlieferung gesammelt und mitgeteilt. In: Westphalia. Beiträge zur vaterländischen Geschichte und Altertumskunde. 1. Band, Minden 1830, S. 35–69
Rölleke, Heinz	Die älteste Märchensammlung der Brüder Grimm. Synopse der handschriftlichen Urfassung von 1810 und der Erstdrucke von 1812, Cologny Genève 1975
Rölleke, Heinz	Kinder- und Hausmärchen. Die handschriftliche Urfassung von 1810, Stuttgart 2007
Rölleke, Heinz	Die Märchen der Brüder Grimm. Eine Einführung, München 1985
Rölleke, Heinz (Hg.)	Die wahren Märchen der Brüder Grimm, Frankfurt/M. 1989
Rölleke, Heinz/ Schindehütte, Albert	Es war einmal ... Die wahren Märchen der Brüder Grimm und wer sie ihnen erzählte, Frankfurt/M. 2011

Römer, Dorothee — Ludwig Emil Grimm in Carlshafen, HNA-Serie: Spuren der Hugenotten, in: HNA Hofgeismarer Allgemeine, 31.1.2013

Rohde, Heinrich — Weserwellen. Geschichten und Sagen aus dem Gebiet der Oberweser und der Diemel, 4. Auflage, Hofgeismar o. J.

Ruppel, Heinrich/ Häger, Adolf — Der Schelm im Volk. Einige Schock Schwänke, Schnurren und Schelmereien dem Volksmund nacherzählt, 3. Auflage, Kassel 1952

SBB-PK, Nachl. Grimm = — Staatsbibliothek zu Berlin – Preußischer Kulturbesitz, Nachlass Grimm

Schambach, Georg/ Müller, Wilhelm — Niedersächsische Sagen und Märchen. Aus dem Munde des Volkes gesammelt und mit Anmerkungen und Abhandlungen herausgegeben, Göttingen 1855

Schede, Hans-Georg — Die Brüder-Grimm-Biographie, Hanau 2009

Schoof, Wilhelm — Zur Entstehungsgeschichte der Grimm'schen Märchen, Frankfurt/M. 1931

Schulte Kemminghausen, Karl — Westfälische Märchen und Sagen aus dem Nachlass der Brüder Grimm, 3. Auflage, Münster 1976

Schwalm, Johann Heinrich — Aus Sagas Schloss. Lustige Geschichten aus dem Hessenlande, Leipzig 1919

Schwalm, Johann Heinrich — Der Schollenpflüger 6/1933

Seiler, Josef — Volkssagen und Legenden des Landes Paderborn, Kassel 1848

Seitz, Gabriele — Die Brüder Grimm. Leben – Werk – Zeit, 2. Auflage, München 1985

Seitz, Gabriele — Brüder Grimm: Im Himmel steht ein Baum, Dran häng ich meinen Traum, Volkslieder, Kinderlieder, Kinderzeichnungen, Winkler Verlag, München 1985

Sittig, Karl — Sagen des südhannoverschen Berglandes, Hann. Münden 1924

Sohnrey, Heinrich — Tchiff tchaff, toho! Gestalten, Sitten und Bräuche, Geschichten und Sagen aus dem Sollinger Walde, Berlin 1924

Steinau, Philipp von (Pseudonym für Ferdinand Grimm) — Volkssagen der Deutschen, Zeitz 1838

Strack, Wilhelm	Wegweiser durch die Gegend um Eilsen mit einer petrografischen Karte, Durchschnittsriss, Kupfern und Holzschnitt – und Bruchstück aus den noch ungedruckten Wallfahrten ins Heidenland von Karl Klodowig August Hoym Freiherr von Münchhausen, 2. Auflage, Lemgo 1817
Stubenvoll, Willi	Grimms Küche. 210 Originalrezepte aus dem Haus der großen deutschen Märchensammler, München 1984
Universität Kassel	Märchen, Mythen und Moderne. 200 Jahre Kinder- und Hausmärchen der Brüder Grimm. Internationaler Kongress vom 17. bis 20. Dezember 2012 an der Universität Kassel
Utermöhlen, Bernd	Warum in Buxtehude die Hunde mit dem Schwanz bellen, Manuskript Buxtehude 2009
Voges, Theodor	Sagen aus dem Lande Braunschweig, Braunschweig 1895
Voigt, Chr.	Unterhaltungsstoffe aus dem Geschichts- und Sagenkreise der Stadt Göttingen, Göttingen 1882
Vonjahr, Heinz	Fünf Jahre Schauenburger Märchenwache, in: Jahrbuch Landkreis Kassel 2002, S. 83 ff.
Vonjahr, Heinz	Grimm'sche Märchen aus Hoof ..., in: Jahrbuch Landkreis Kassel 1985, S. 155 ff.
Vonjahr, Heinz	Marie Hassenpflug und Friedrich von Dalwigk, in: Jahrbuch Landkreis Kassel 1990, S. 37 ff.
Vonjahr, Heinz	Der (un)glückliche Finder. Philipp Hoffmeister zum 125. Todestag ..., in: Jahrbuch Landkreis Kassel 1999, S. 41 ff.
Vorbaum, Friedrich	Sagen aus dem Vaterlande, Elberfeld 1838
Wehrhan, Karl	Sagen aus Hessen und Nassau, Leipzig 1922
Weichelt, Hermann	Hannoversche Geschichten und Sagen, zweite Ausgabe, Leipzig 1908
Weishaupt, Jürgen	Die Märchenbrüder. Jacob und Wilhelm Grimm – ihr Leben und Wirken, 2. Auflage, Kassel 1986
Werle, Josef M.	Deutsche Fabeln aus tausend Jahren. Eine Anthologie, München 1998
Wickenrode, Gemeinde	Festschrift zum 4. Dorftag der Gemeinde Wickenrode, 24.6.1938
wikimedia Foundation Inc.	Wikipedia, die freie Enzyklopädie

Winkelmann, Johann Justus — Gründliche und wahrhafte Beschreibung der Fürstentümer Hessen und Hersfeld …, Bremen 1711

Winzentsen, Franz — Die Branntweinflasche von der Buxtehuder Heide, Buxtehude 2003

Wüstefeld, Karl — Obereichsfeldischer Sagenschatz, Heiligenstadt 1920

Die ZEIT Geschichte — Die Brüder Grimm. 200 Jahre Märchen. Ein deutscher Welterfolg und seine Autoren, Hamburg Nr. 4/2012

Quellennachweis

SBB-PK, Nachl. Grimm = Staatsbibliothek zu Berlin – Preußischer Kulturbesitz, Nachlass Grimm

ALSFELD:	II: *Die Fettaugen*, Benzel 1991, S. 58 ff.
BAD HERSFELD:	I: *Der ausgehende Rauch,* Brüder Grimm: Deutsche Sagen, Nr. 249
BAD KARLSHAFEN:	I: *Sieburg*, SBB-PK, Nachl. Grimm 1756 – VI, Bl. 151/ Brüder Grimm: Deutsche Sagen, Kindermann-Bieri, Band 3, 1993, Nr. 151, Originaltitel Siegeburg *Königstisch*, SBB-PK, Nachl. Grimm 1756 – VI, Bl. 152/ Brüder Grimm: Deutsche Sagen, Kindermann-Bieri, Band 3, 1993, Nr.152
BAD KARLSHAFEN:	II: *Die Entstehung der Stadt Karlshafen*, Rohde, S. 43 ff. Die letzten drei Sätze ausgelassen *Der Zauberer auf dem Krukenberg*, SBB-PK, Nachl. Grimm 1756 – VI, Bl. 157/Brüder Grimm: Deutsche Sagen, Kindermann-Bieri, Band 3, 1993, Nr.157, Originaltitel: Der Zauberer auf dem Krukeberg
BAD OEYNHAUSEN:	II: *Der Farnsamen*, Redeker, S. 67, Originaltitel: Der Farrensamen, ebenfalls enthalten in: Hoffmann/Rölleke: Der unbekannte Grimm. Sagen von Ferdinand Philipp Grimm, unter dem Titel: Bergkirchen, S. 88 f. *Die Unterirdischen auf dem großen Hope*, Redeker, S. 66, ebenfalls enthalten in: Hoffmann/Rölleke: Der unbekannte Grimm. Sagen von Ferdinand Philipp Grimm, unter dem Titel: Die Zwerge auf dem großen Hope, S. 84 f.
BAD SOODEN-ALLENDORF:	I: *Die Goldmaria und die Pechmaria*, Bechstein: Deutsche Märchen 1857, Nr. 11
BAD WILDUNGEN:	I: *Brotpudding*, in: Willi Stubenvoll: Grimms Küche, Nr. 66, *Brottorte*, dito Nr. 69
BAD WILDUNGEN:	II: *Der Wassermann*, Curtze, S. 162 ff.
BAUNATAL:	I: *Der Teufel und seine Großmutter*, Brüder Grimm 1857: KHM Nr. 125

BAUNATAL:	II: *Der arme Müllerbursch und das Kätzchen*, Brüder Grimm 1857: KHM Nr. 106 Zitat über die Knallhütte: L. E. Grimm, Erinnerungen aus meinem Leben, S. 524
BEBRA:	I: *Die klugen Leute*, Brüder Grimm 1857: KHM Nr. 104
BODENWERDER:	II: *Des Baron Münchhausens Abenteuer auf der Reise nach Russland …*, in Rudolph E. Raspe/ Gottfried A. Bürger, S. 3 ff.
BORKEN:	I: *Ursprung der von Hund*, SBB-PK, Nachl. Grimm1756 – VI, Bl. 59/Brüder Grimm: Deutsche Sagen, Kindermann-Bieri, Band 3, 1993, Nr. 71
BOVENDEN:	II: *Die Schwanringe zu Plesse*, Brüder Grimm: Deutsche Sagen, Nr. 546, im Originaltext: Hökelheim =Höckelheim und Parnhosen=Parensen *Das stille Volk zu Plesse*, Brüder Grimm: Deutsche Sagen, Nr. 30
BRAKEL:	II: *Der Geist im Glas*, Brüder Grimm 1857: KHM Nr. 99
BREMEN:	II: *Eine Lüge, so groß es nur eine geben kann*, Variante des Grimm'schen Märchens KHM Nr. 71 *Sechse kommen durch die ganze Welt*, in: Bolte/Polivka: Anmerkungen zu den Kinder- und Hausmärchen der Brüder Grimm, zweiter Band, S. 80 ff. (Jo-)Hanne Smidt hat auch für die Brüder gesammelt; über den Verbleib der von Jacob Grimm am 19. Januar 1816 angemahnten „Bremer Märchen, Lieder und Sagen" ist nichts bekannt. Vgl. Fritz Erfurth, S. 40
BUXTEHUDE:	II: *Warum in Buxtehude die Hunde mit dem Schwanz bellen*, Manuskript Bernd Utermöhlen *Der Hase und der Igel*, Brüder Grimm 1857: KHM Nr. 187, von Wilhelm Schröder auf Plattdeutsch aufgezeichnet und am 26.4.1840 im *Hannoverschen Volksblatt* veröffentlicht, hochdeutsche Fassung E. M. Iba
CALDEN:	I: *Brauch zu Meimbressen* SBB-PK, Nachl. Grimm 1756 – VI, Bl. 147/Brüder Grimm: Deutsche Sagen, Kindermann-Bieri, Band 3, 1993, Nr. 147, Originaltitel: Gebrauch zu Meimbressen *Die Sandkirmes zu Westuffeln*, SBB-PK, Nachl.

	Grimm 1756 – VI, Bl. 148 / Brüder Grimm: Deutsche Sagen, Kindermann-Bieri, Band 3, 1993, Nr.148, Originaltitel: Westuffeln
EBERGÖTZEN:	II: *Die Jungfrau von Radolfshausen* Schambach/Müller, Nr.130, *Max und Moritz*, Wilhelm Busch, Erster Streich
ESCHWEGE:	II: *Die Kirche zu Eltmannshausen*, SBB-PK, Nachl. Grimm 1756 – VI, Bl. 53 / Brüder Grimm: Deutsche Sagen, Band 3, 1993, Kindermann-Bieri, Nr. 53
FRANKENBERG:	II: *Die Frau unter den Wichtelmännchen*, Lyncker, S. 45 ff. Der letzte Absatz wurde gestrichen.
FREIENSTEINAU:	II: *Christkindleins Wiege*, Bindewald 1873, S. 20 f. *Der Schneider von Freiensteinau*, Manuskript Ketels
FRITZLAR:	I: *Fritzlars Verwüstung*, SBB-PK, Nachl. Grimm 85, Nr. 15 / Hoffmann/Rölleke 1979, S. 60, Originaltitel: Fritzlar
FRITZLAR:	II: *Eine Königswahl in Fritzlar*, Hartmann Walter, in: Otto Appel (Hg.) u. a., Neues Hessisches Lesebuch, S. 267 f.
FULDATAL:	I: *Auf den Bergen fließt ein Wasser*, Brüder Grimm Volkslieder, S. 67, Lied ohne Titel *Der Grenzstreit*, Brüder Grimm: Deutsche Sagen, Nr. 287
FÜRSTENBERG:	II: *Ein König zu Besuch*, in: Hansulrich Kaste, Aus der Chronik. Geschichten aus Alt-Fürstenberg, S. 31, bearbeitete Fassung: E. M. Iba
GELNHAUSEN:	II: *Kaiser Barbarossas Burg*, Philipp von Steinau, Pseudonym für Ferdinand Grimm, 1838, S. 17 f. *Kaiser Friedrichs Jagdauszug*, Jacob Grimm, Deutsche Rechtsaltertümer, 260, übernommen aus Lyncker: Deutsche Sagen und Sitten in hessischen Gauen, S. 149 f.
GÖTTINGEN:	II: *Der arme Müllerbursch und das Kätzchen*, Variante KHM Nr. 106, von Herman Grimm, in: Bolte/Polivka, Band 2, S. 467 f. *Das Lied von der guten Buttermilch*, Seitz, Brüder Grimm: Volkslieder, Kinderlieder, Kinderzeichnungen, S. 33 ff.
GREBENHAIN:	II: *Die Teufelsmühle zu Ilbeshausen und der Teufelsstein*, Bindewald 1873, 1. Sage, S. 147 f.,

	2. Sage S. 157, 1. Sage stark bearbeitet von E. M. Iba
GREBENSTEIN:	II: *Das verzauberte Burgfräulein*, Eckart, S. 141 f., Quellentext ohne Titel
GUDENSBERG:	I: *Kaiser Karl des Großen Auszug*, Brüder Grimm: Deutsche Sagen, Nr. 26 *Der Schmied und der Odenberg*, Jacob Grimm: Deutsche Mythologie, S. 905, Quellentexte ohne Titel
GUDENSBERG:	II: *Karls durstendes Heer am Glissborn und im Odenberg*, Jacob Grimm: Deutsche Mythologie, S. 890 f., Quelle ohne Titel
HAMELN:	II: *Die Kinder zu Hameln*, Brüder Grimm: Deutsche Sagen, Nr. 245
HANAU:	II: *König Drosselbart*, Brüder Grimm 1857: KHM Nr. 52
HANN. MÜNDEN:	II: *Spuren im Stein*, Brüder Grimm: Deutsche Sagen, Nr. 136 *Der einfältige Bauer*, Schambach/Müller, Märchen Nr. 28: Hann. Münden, vgl. KHM 7
Heilbad HEILIGENSTADT:	II: *Der Trommler*, Brüder Grimm 1857: KHM Nr. 193 Dieses Märchen stammt aus dem Eichsfeld, quasi stellvertretend ordne ich es Heiligenstadt zu, dem historischen Zentrum des Eichsfelds
HELSA:	II: *Der Honighof und Frau Holle*, in: Festschrift zum 4. Dorftag der Gemeinde Wickenrode am 24. Juni 1938, S. 4, Originaltitel: Die Sage vom Honighof
HERBSTEIN:	II: *Der Traum von der Brücke*, Benzel 1993, S. 159 f.
HESSISCH LICHTENAU:	I: *Frau-Holle-Bad*, Brüder Grimm: Deutsche Sagen, Nr. 6 Originaltitel: Frau Hollen Bad *Der Teufelsstein bei Reichenbach*, Brüder Grimm: Deutsche Sagen, Nr. 198, Originaltitel: Teufelsstein bei Reichenbach
HESSISCH LICHTENAU:	II: *Frau-Holle-Teich*, Brüder Grimm: Deutsche Sagen, Nr. 4 Originaltitel: Frau Hollen Teich *Die Karpfenfänger*, Hoffmeister 1869, S. 99 f.
HESSISCH OLDENDORF:	II: *Die Wichtelmännchen im Oldendorfer Brauhaus*, Philipp von Steinau, Pseudonym für Ferdinand Grimm,

1838, S. 243 ff., Originaltitel:
Wichtelmännchen zu Oldendorf
Der Hohenstein, das Dachtelfeld und der weiße Hirsch,
Philipp von Steinau 1838, S. 247 ff.
Originaltitel: Das Dachtelfeld

HÖXTER: II: *Die drei Spinnerinnen*, Brüder Grimm 1857:
KHM Nr. 14

HOFGEISMAR: II: *Der letzte Schöneberger und die Hofgeismarer Stutewecke*, Falckenheiner, S. 357 ff., Quellentitel:
1. Sächsische Sage vom Ausgange des Mannesstammes der Dynasten von Schöneberg bei Hofgeismar

HOLZMINDEN: II: *Der wilde Jäger Hackelberg*, Brüder Grimm:
Deutsche Sagen, Nr. 172, Quelle: Hans Wilhelm Kirchhof: *Wendunmuth IV*, Nr. 283, 1563,
Neufassung E. M. Iba
Hackelberg, Schambach/Müller, Nr. 97, Originaltitel:
Hackelnberg

HOMBERG: I: *Die Riesin auf der Burg zu Homberg*, Jacob Grimm:
Deutsche Mythologie, S. 513, Quellentext ohne Titel

HOMBERG: II: *Der Erleborn*, Hoffmeister, S. 51 f.

HOYA: II: *Der Graf von Hoya*, Brüder Grimm:
Deutsche Sagen, Nr. 35, Hammelmann,
Oldenburger Chronik 1609

KALLETAL: II: *Vom Schlossbau zu Varenholz*, Paetow, S. 175 ff.

KASSEL: I: *Der Froschkönig oder der eiserne Heinrich*,
Brüder Grimm 1857: KHM Nr. 1
Welsche Nüsse einzumachen, in: Willi Stubenvoll:
Neues Altes aus Grimms Küche, Nr. 128

KASSEL: II: *Tischchendeckdich*, Goldesel und Knüppel aus dem Sack, Brüder Grimm 1857: KHM Nr. 36
Dieses Märchen wurde übermittelt von Eleonore Storch, Schwägerin des Henschel
Firmengründers Georg Christian Carl Henschel,
vgl. Artikel von Holger Ehrhardt in der
HNA Kassel vom 11.1.2018

KAUFUNGEN: I: *Die heilige Kunigund*, Brüder Grimm:
Deutsche Sagen, Nr. 482; am Quellentext größere Veränderungen vorgenommen

KAUFUNGEN: II: *Kaiserin Kunigunde*, Philipp von Steinau,
Pseudonym für Ferdinand Grimm, 1838, S. 102 f.

KNÜLLWALD: II: *Der Predigerstuhl bei Wallenstein*, Wehrhan, S. 171 f.

LAHNTAL: II: *Wie Sarnau entstand*, Jacob Grimm: Deutsche Mythologie 1844, S. 504 f.
Riesen backen gemeinsam, Jacob Grimm: Deutsche Mythologie 1844, S. 510 f.
Beide Quellentexte ohne Titel

LIEBENAU: I: *Liebenau – Marienau*, Grimm, SBB-PK, Nachl. Grimm 1756 – VI, Bl. 52 / Brüder Grimm: Deutsche Sagen, Kindermann-Bieri, Band 3, 1993, Nr. 52, Originaltitel Liebenau

LÜGDE: I: *Die drei Vögelchen*, Brüder Grimm 1857: KHM Nr. 96, hochdeutsche Fassung von E. M. Iba Original in plattdeutscher Sprache, Titel: De drei Vügelkens, ins Hochdeutsche übertragen von E.M.Iba

MACKENRODE: II: *Die Schlange und die Krone*, Torsten W. Müller: *Mackenrode im Eichsfeld.* Beiträge zur Dorfgeschichte, S. 287, Mecke Verlag Duderstadt 2011. Die Sage stammt von Lehrer Schneppe, die dieser 1910 in der Flurnamensammlung Eichsfelder Lehrer aufgezeichnet hat.

MARBURG: II: *Aschenputtel*, Brüder Grimm 1857: KHM Nr. 21

MELSUNGEN: II: *Bartenwetzer*, Hoffmeister 1869, S. 105
Der Nachtwächter von Melsungen, Hoffmeister 1869, S. 11 f.

MORSCHEN: II: *Das Rangekorn*, Hoffmeister 1869, S. 69 f.

NAUMBURG: I: *Die Kaiserin hatte einen alten Mann*, Brüder Grimm Volkslieder: Oberfeld/Assion/Denecke/Röhrich/Rölleke, Bd. 1, S. 14
Es war ein feiner Zimmergesell, Brüder Grimm Volkslieder: Oberfeld/Assion/Denecke/Röhrich/Rölleke, Bd. 1, S. 28 f., beide Lieder ohne Titel

NENTERSHAUSEN: I: *Der Liebste Roland* Brüder Grimm 1857: KHM Nr. 56

NEUKIRCHEN: II: *Der Pflüger und die jungen Frauen*, Lyncker, S. 87 f., Originaltitel: Der Pflüger und die Jungfrauen
Neukirchner Babiller, Eckhardt/Krause, S. 248
Originaltitel: Neikercher Babiller

NIEDENSTEIN: II: *Die Hunde*, Lyncker, S. 138 ff.

NIENBURG: II: *Die glühenden Kohlen in Nienburg*, Weichelt, S. 36 f.

NIESTE: II: *Die Niester Riesen, der Sensenstein und der Sichelnstein*, Schambach/Müller, Nr. 162, V. + Nr. 2
Originaltitel: Hünensteine + Der Sensenstein und Sichelstein

	Wie der Teufel den Sensenstein zertrümmern wollte, Quellentext: Sittig, S. 21
NIESTETAL:	I: *Der Teufel als Baumeister*, Jacob Grimm: Deutsche Mythologie, S. 977 f., Quellentext ohne Titel
POLLE:	II: *Simeliberg*, Brüder Grimm 1857, KHM 142
RAUSCHENBERG:	II: *Das Märchen vom Hinkelchen und vom Hühnchen*, Oberfeld 1962, S. 11 f. Dieses Märchen wurde im August 1939 von Hildegard Zeiß in Haina aufgezeichnet, die es einer alten Frau aus Rauschenberg verdankt. Einen Ort Hetjeshausen gibt es in Deutschland nicht, es handelt sich zweifelsohne um den kleinen Hof Zettrichhausen bei Rauschenberg.
REHBURG-LOCCUM:	II: *Bernhard und Allwine oder das „Mährchen" vom Rehburger Brunnen*, Autor: L**S, ein unbekannter Badegast in Bad Rehburg im Jahre 1797, Niedersächsische Staats- und Universitätsbibliothek Göttingen, Ex Bibliotheca Regia Acad. Georgiae Aug. In Teilen neu gefasst von E. M. Iba
ROTENBURG an der Fulda:	II: *Die Rotenburger Bornschisser*, nach: Lucae, Friedrich: *Das edle Kleinod an der hessischen Landeskrone*, Rotenburg 1701, Stadtarchiv Rotenburg, sowie Winkelmann, Johann Justus: *Gründliche und Wahrhafte Beschreibung der Fürstentümer Hessen und Hersfeld …*, S. 268 f., Bremen 1711, neu erzählt von E. M. Iba, Quellentext ohne Titel. *Die weiße junge Frau auf dem Hausberg*, Lyncker, S. 85, Originaltitel: *Die weiße Jungfrau von der Trottenburg*
SCHAUENBURG:	I: *Der alte Sultan*, Brüder Grimm 1857: KHM Nr. 48
SCHAUENBURG:	II: *Herr Fix und Fertig*, Brüder Grimm 1812: KHM Nr. 16
SCHIEDER-SCHWALENBERG	II: *Die Rache der Zwerge*, Seiler, S. 22 ff.
SCHWALMSTADT:	I: *Die Goldkinder*, Brüder Grimm 1857: KHM Nr. 85
SCHWALMSTADT:	II: *Die drei Brüder*, Brüder Grimm 1857: KHM Nr. 124
SÖHREWALD:	I: *Der Lenzingskeller*, SBB-PK, Nachl. Grimm 1756 – VI, Bl. 49/Brüder Grimm: Deutsche Sagen, Kindermann-Bieri, Band 3, 1993, Nr. 49
SONTRA:	I: *Fräulein von Boyneburg*, Brüder Grimm: Deutsche Sagen, Nr. 10

SPANGENBERG: I: *Der Liebenbach*, Brüder Grimm, Deutsche Sagen, Nr. 106

STEINAU: II: *Die Hochzeit der Frau Füchsin*, Brüder Grimm 1857: KHM Nr. 38, 1. Märchen
Prof. Rölleke vermutet, dass der 1. Teil dieses Märchens auf einer Erzählung der Frau Gottschalk, Ehefrau eines Steinauer Arztes, beruht.

TRENDELBURG: I: *Der Erdfall*, SBB-PK, Nachl. Grimm 1756 – VI, Bl. 50/ Brüder Grimm: Deutsche Sagen, Kindermann-Bieri, Band 3, 1993, Nr. 50, Originaltitel: Der Erdfall bei Gottsbüren. Der Grimm'sche Titel ist nicht ganz korrekt, denn der Erdfall liegt eher bei Trendelburg.

TRENDELBURG: II: *Der Diemelnix*, SBB-PK, Nachl. Grimm 1756 – VI, Bl.51 / Brüder Grimm: Deutsche Sagen, Kindermann-Bieri, Band 3, 1993, Nr. 51
Die Weissagung, Lyncker, S. 177 ff.

VERDEN: II: *Klaus Störtebeker und Godeke Michels*, Beneke: S. 110 ff. + Henniger/von Harten, S. 134 ff.
Die beiden Quellentexte miteinander vereint von E. M. Iba.

WABERN: I: *Die Wichtellöcher bei Uttershausen*
Das Geldfeuer auf dem Dosenberg, beide Sagen: Jacob Grimm, Deutsche Mythologie, S. 428, beide Quellentexte ohne Titel

WALDECK: II: *Reinhold das Wunderkind*, Curtze, S. 96 ff.

WESERTAL: II: *Giesela und die Burg von Gieselwerder*, Rohde, S. 62 f., Originaltitel: Gieselwerder; um den letzten Satz gekürzt
Das Fährhaus bei Lippoldsberg(e), Schambach/Müller, Nr. 52

WIEDENSAHL: II: *Die böse Stiefmutter*, Busch 1910, Nr. 7

WILLINGSHAUSEN: I: *Droll*, Wilhelm Schoof, S. 67 f., Quellentext ohne Titel, einige Sätze ausgelassen. Zur Entstehung schreibt Schoof (S. 68): *Es scheint, dass dieses von Wilhelmine von Schwertzell erdichtete Märchen eine Parodie auf den angeblich von Professor Rommel im Jahre 1817 entdeckten Runenfund in Willingshausen bei Aufdeckung einiger vorgeschichtlicher Grabhügel darstellen soll, über welchen Wilhelm Grimm am*

	22. Januar 1818 an Pfarrer Bang in Goßfelden schrieb: „Die Runen, die in Willingshausen entdeckt wurden, scheinen mir (nach der Zeichnung) zufälliges Gekritzel; an Runen wenigstens ist gar nicht zu denken."
WILLINGSHAUSEN:	II: *Vom Grauen Männchen im Grauen Born*. Eckhardt, S. 33 f.
WITZENHAUSEN:	I: *Die Perlschnur der Frau Holle*, Philipp von Steinau, Pseudonym für Ferdinand Grimm, 1838, S. 163, *Schloss Ludwigstein*, Philipp von Steinau, 1838, S. 162, Quellentexte ohne Titel
WITZENHAUSEN:	II: *Der Ludwigstein*, SBB-PK, Nachl. Grimm 1756 – VI, Bl. 58 / Deutsche Sagen, Kindermann-Bieri, Band 3, 1993, Nr. 58 *Der Wichtelstein bei Witzenhausen*, Lyncker, S. 48 f.
WOLFHAGEN:	I: *Der Wolf im Hagen*, SBB-PK, Nachl. Grimm 1756 – VI, Bl. 59/Brüder Grimm: Deutsche Sagen, Kindermann-Bieri, Band 3, 1993, Nr. 59, Originaltitel: Der Wolf im Hagen *Wer nun ein faules Gritchen hat*, Brüder Grimm Volkslieder: Oberfeld/Assion/Denecke/Röhrich/ Rölleke, Bd. 1, S. 57 f., Lied ohne Titel
WOLFHAGEN:	II: *Der Glockenborn*, SBB-PK, Nachl. Grimm 1756 – VI, Bl.56 / Brüder Grimm: Deutsche Sagen, Kindermann-Bieri, Band 3, 1993, Nr. 56 *Der leichtfertige Liebhaber*, Johannes Bolte: Volkslieder aus Hessen, gesammelt von den Brüdern Grimm, in: Zeitschrift des Vereins für Volkskunde, 18. Jahrgang, Berlin 1908, S. 86 f., 1. Lied 3a: Jacob Grimm, 2. Lied 3b: Wilhelm Grimm

Ortsregister

Bildnachweis

Titelbild:
oben links: Das Fridericianum, hier war die Kurfürstliche Bibliothek untergebracht, Arbeitsstätte von Jacob und Wilhelm Grimm, © Bernhard Lauer, Bildarchiv Brüder Grimm Gesellschaft, Kassel
Mitte: Die Brüder Grimm, Illustration Markus Lefrançois, Kassel
rechts: Brüder Grimm-Haus, Steinau an der Straße, © Bilddatenbank Deutsche Märchenstraße
Großes Bild: Das Brüder Grimm-Denkmal in Hanau, Bilddatenbank Deutsche Märchenstraße © Bildstelle Hanau

Teil I:
Franck, Hans/Strauß, Wolfgang, Geschehenes und Gesehenes: Heitere Zeichnungen von Ludwig Emil Grimm, S. 44 + 45 (=Homberg und Schwalmstadt);
alle anderen Zeichnungen von Ludwig Emil Grimm:
Bildarchiv Brüder Grimm-Gesellschaft e.V., Kassel

Teil II:
Alle Illustrationen Markus Lefrançois, Kassel

Weitere Bücher

Dem der sich nun selbst auf die Reise auf den Spuren der Brüder Grimm begeben will, sei das Reise- und Lesebuch zur Deutschen Märchenstraße empfohlen:

ISBN 978-3-8271-9152-6

18,00 €

Dieses Buch möchte Ihr Begleiter sein. Es zeigt Ihnen den Verlauf der Deutschen Märchenstraße von der Brüder-Grimm-Stadt Hanau bis in die Hansestadt Bremen. Sechzig Orte an der vielfältigen Route werden anschaulich und immer mit einem besonderen Augenmerk auf das Märchenhafte präsentiert. Unzählige Bilder verführen dazu, sofort aufzubrechen, um selbst wahrlich märchenhafte Burgen und Schlösser, sagenumwobene Landschaften, verwinkelte Fachwerkstädte und inspirierende Skulpturenpfade zu entdecken.

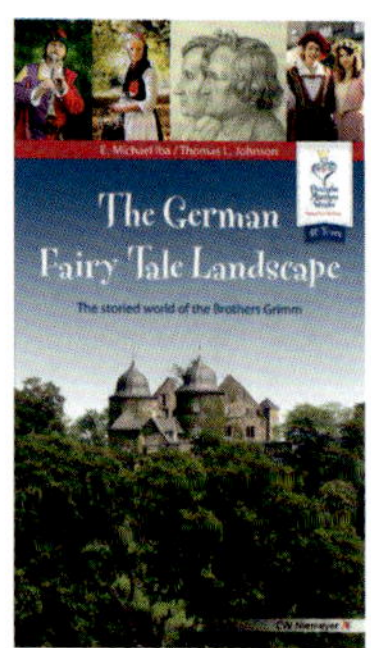

ISBN 978-3-8271-9139-7

14,90 €

Welcome to the remarkable German Fairy Tale Landscape

This new English language volume takes the reader to each of the 53 towns and cities of the German Fairy Tale Route plus Berlin and Göttingen, included in this volume because of the important role they played in the life and work of the Brothers Grimm. With hundreds of pictures, historical descriptions of each site plus informative sidebars, sightseeing tips and connections to the location's fairy tales and legends, the more than 400 pages of this book include twelve of the most favorite Grimm fairy tales along with a wide selection of important legends and sagas.